List

Kampen

Wenningstedt

Braderup

Munkmarsch

Westerland ① Tinnum

Keitum

Archsum

Morsum

Rantum

Hörnum

Sie können sich in Schlick einpacken lassen, sich ein Rasul-Bad gönnen oder sich einer Hawaii-Massage unterziehen – auf Sylt herrscht an Wellness-Angeboten wahrlich kein Mangel. Was überrascht, denn eigentlich sind sie gar nicht notwendig. Das Entspannendste auf Sylt ist ein schlichter Strandspaziergang. Zumindest mir geht's so.

Natürlich muss man das Ganze richtig angehen. Sobald man den Strandzugang passiert hat, hält man erst einmal inne und lässt seinen Blick über das herrliche Breitwandpanaroma des Sylter Weststrandes schweifen: aufgetürmte Dünen, lang gestreckter Horizont und endlose Nordsee. Auf der einen Seite raschelt das Dünengras, auf der anderen rauscht das Meer. Man hört das Kreischen der Möwen und spürt den Wind, der einem mehr oder weniger heftig um die Ohren pfeift. Dann atmet man noch einmal tief die frische Meeresluft ein und stampft los.

Und irgendwann passiert es dann: Während man läuft und läuft, hat man – eingehüllt in einen akustischen Kokon – die anderen Strandspaziergänger um sich herum vergessen. Die Gedanken schweifen nicht mehr um die alltäglichen Probleme. Der Kopf wird frei. Nordfriesisches Zen. Oder wie es der ehemalige Keitumer Pfarrer Traugott Giesen einmal formuliert hat: „Sylt stellt die innere Uhr wieder richtig." Meine innere Uhr läuft immer im Takt, wenn ich auf der Insel bin.

Text und Recherche: Dirk Thomsen **Lektorat:** Peter Ritter **Redaktion und Layout:** Sven Talaron **Karten:** Judit Ladik, Hans-Joachim Bode, Michaela Nitzsche, Gábor Sztrecska **Fotos:** Alle Fotos von Dirk Thomsen, außer: Rolf Gnutzmann (S. 16/17, 23, 239); Insel Sylt Tourismus Service, www.westerland.de (S. 48, 56, 57, 80); Liv Kern (S. 66); Ribe VikingeCenter (S. 244/245); Sylt Marketing (S. 163); Knud Thomsen (S. 72); Lars Thomsen (S. 27) **Covergestaltung:** Karl Serwotka **Covermotive:** oben: der Westerländer Strand, unten: Lister Ellenbogen

2. KOMPLETT ÜBERARBEITETE AUFLAGE 2012

SYLT

DIRK THOMSEN

Kartenverzeichnis

Zeichenerklärung für die Karten und Pläne

Autobahn	△ Camping	🛈 Information
Bundesstraße	Badestrand	Schloss/Burg
Hauptverkehrsstraße	Aussichtspunkt	Kirche
Nebenstraße	★ Allgem. Sehenswürdigkeit	M Museum
Wanderung	Leuchtturm	Schiffsanlegestelle
Fahrradtour	Windmühle	P Parkplatz
	Steinzeitgrab	Krankenhaus
		Post

Was haben Sie entdeckt?

Haben Sie nett in einem Fischrestaurant gegessen? In welcher Unterkunft haben Sie sich besonders wohl gefühlt?

Wenn Sie Anregungen, Empfehlungen oder auch Kritikpunkte haben, lassen Sie es mich bitte wissen. Schreiben Sie an:

Schreiben Sie an: Dirk Thomsen Stichwort „Sylt" | c/o Michael Müller Verlag GmbH | Gerberei 19, D – 91054 Erlangen | dirk.thomsen@michael-mueller-verlag.de

Vielen Dank ...

für Ratschläge, Tipps und Unterstützung: Liv und Jan Kern, Gudrun Maurer, Silke Möller, Sven Talaron, Lars Thomsen und Nils Thomsen.

Ein herzliches **Dankeschön** auch an die Leser Thomas Diedrichsen, Hanna Fischer, Charline Horter, Simone Krautwig, Brigitte Maiwald, Eva Pagel sowie ganz besonders Diethard Brohl.

Mein **besonderer Dank** gilt: Peter Ritter, Harriet und Knud Thomsen, Antje und Bernd Harke, Hannelore und Rolf Gnutzmann.

 Nachhaltig reisen mit dem Michael Müller Verlag

Alles im Kasten

Wohin auf Sylt ?

① Westerland → S. 87

In der Inselmetropole kann man städtisches Flair genießen, seiner Shoppinglust frönen, auf der langen Kurpromenade flanieren, nachmittags in hübschen Cafés Kuchen essen und spätabends ins Nachtleben eintauchen. Bei gutem Wetter geht's an den Strand, bei schlechtem in die Sylter Welle mit Meerwasserschwimmbecken, Sauna, langen Rutschen und allem, was das Badeherz begehrt. Fischfreunde vergnügen sich im Sylt Aquarium, Kulturreisende werfen einen Blick in die alte Ortskirche und schauen sich auf dem Friedhof mit den „sprechenden Grabsteinen" um. Empfangen werden in der Inselmetropole alle gleich – von grünen Riesen, die sich am Bahnhof gegen den Wind stemmen.

② Der Norden → S. 121

Zwischen Dünen und Heide haben sich im Inselnorden vier Orte angesiedelt: das Familienbad Wenningstedt, das kleine Braderup, das exklusive Kampen und der Hafenort List. In den ersten beiden Dörfern lässt sich ein ruhiger Urlaub verbringen, in Kampen kann man in den Edelboutiquen seinen Geldbeutel strapazieren oder auf der berühmten „Whiskymeile" auf VIP-Safari gehen. List glänzt mit dem Erlebniszentrum Naturgewalten, tatsächliche Naturgewalten befördern ein Stück weiter nördlich die letzte Wanderdüne Deutschlands Stück für Stück nach Osten. Und am Lister Ellenbogen kann man auch in der Hauptsaison noch richtige Inseleinsamkeit genießen.

Leuchtturm
List-Ost

Königshafen

Uthörn

List

Süder-
heidetal

Westerland

③ **Der Osten** → S. 169

Hier präsentiert sich die Insel ganz und gar ländlich. Richtig ruhig geht es in Munkmarsch und Archsum zu, weit mehr touristische Aufmerksamkeit genießt das grüne Keitum: ein Friesendorf par excellence mit schattigen Alleen, üppig bepflanzten Gärten und hübschen alten Kapitänshäusern. In Morsum wartet das spektakuläre gleichnamige Kliff auf staunende Besucher, auf dem Friedhof des Ortes wandelt in manchen Nächten ein kopfloses Skelett.

④ **Der Süden** → S. 211

Auf dem dünnen Finger Sylts haben gerade mal zwei Orte Platz: Rantum und Hörnum. Näher liegen sich Wattenmeer und Nordsee sonst auf der Insel nirgends. Das für die Silhouette der Insel so typische Rantumbecken ist ein Naturreservat, das kurioserweise einst aus militärischen Gründen errichtet wurde. In Hörnum kann man vom klassisch rot-weiß geringelten Leuchtturm einen tollen Blick über die gesamte Insel genießen. Und wer es versäumt, die Hörnum-Odde zu umwandern, ist selber schuld. Hier, am Ende der Insel, ist man den Elementen ganz nahe.

Wattenmeer

Morsum   Morsum-Kliff

Hindenburg-
damm

Osterende

③

Sylt: Die Vorschau

Dünen, Heide und Abbruchkanten

„Nirgends wird einem der Hauch des Alls so aufs Butterbrot geschmiert." Die kosmologisch-kulinarische Metapher des Kunstkritikers Alfred Kerr zeigt vor allem eines: Es ist schwer, den Reiz Sylts in Worte zu fassen. Vieles liegt im Atmosphärischen oder ist die Summe verschiedenster Eindrücke.

Zunächst wäre da die angesichts der geringen Fläche erstaunliche landschaftliche Vielfalt zu nennen: ein vierzig Kilometer langer Strand, eingerahmt von einer einzigartigen Dünenlandschaft, die sich wie ein weißer Gebirgszug am Meer auftürmt; dann – als schöner Kontrast – die „rote Braut", die Heide, die besonders hübsch zwischen Braderup und Kampen blüht; oder die „Sylter Sahara", die letzte Wanderdüne Deutschlands im Norden der Insel, die sich jedes Jahr ein kleines Stückchen Richtung Osten aufmacht; nicht zu vergessen die Kliffs und Abbruchkanten, die auf Sylt in allen möglichen farb-lichen Schattierung erstrahlen: weiß in Braderup, grün in Keitum, fast ein bisschen überspannt schwarz-weiß-rot in Morsum und ganz und gar rostrot beim berühmtesten Sylter Kliff zwischen Wenningstedt und Kampen.

Was das Naturerlebnis noch erheblich potenziert, ist der weite Sylter Horizont, der – gepaart mit der geduckten Landschaft – einen einzigartigen Blick im Breitwandformat ergibt. Untermalt wird diese 16:9-Augenweide durch das Rauschen des Meeres, das Kreischen der Möwen und die steife Brise, die salzhaltige, gesunde Luft in die Nase des Strandbesuchers weht …

Gräber, Friesenromantik und Naturgewalten

Meisterwerke der Renaissancemalerei, Perlen der barocken Baukunst? Fehlanzeige. Wer an kulturhistorischen Sehenswürdigkeiten interessiert ist, muss sich auf der kleinen Nordseeinsel Sylt naturgemäß bescheiden. Vielleicht hilft es, die Uhr neu zu justieren und viele,

viele Jahrhunderte zurückzugehen in die Steinzeit, denn die Insel ist geradezu übersät mit prähistorischen Gräbern. Die wichtigsten sind der Tipkenhoog in Keitum, der von einem humorvollen Geist bewohnt wird; der benachbarte Harhoog, der für ein Steingrab erstaunlich weit herumgekommen ist; und der Denghoog in Wenningstedt, in den man sogar hineinkrabbeln kann.

Gräber ganz anderer Art und wesentlich jüngeren Datums findet man auf den Friedhöfen der Kirchen in Keitum, Morsum und Westerland: Die Angehörigen der dort bestatteten Seefahrer haben die Taten oder Charaktereigenschaften ihrer Liebsten in Stein gemeißelt und so der Nachwelt überliefert. Ein Blick auf die „sprechenden Grabsteine" ist wie ein Blick zurück in längst vergangene Seefahrerzeiten.

Alles andere als vergangen, sondern quicklebendig sind die friesischen Traditionen auf der Insel. Man trifft sich immer noch zum Biikebrennen, stellt an Weihnachten einen Jölbaum in seinen

Pesel – und man wohnt in reetgedeckten Friesenhäusern mit bunt bemalten Klöntüren. Besonders zahlreich sind diese traditionellen Friesenhäuser in Keitum vertreten, denn das Dorf im Inselosten hat sich sein historisches Ortsbild weitgehend bewahrt. Hier kann man an alten Kapitänshäusern, finanziert durch den Walfang, vorbeischlendern und im Heimatmuseum mehr über das Leben der alten Sylter erfahren.

Kein Museum, dafür aber ein wirklich empfehlenswertes „Erlebniszentrum" kann man in List unter die Lupe nehmen. Es nennt sich „Naturgewalten", und dieser Name ist Programm: Wie fühlt sich eine Orkanböe an, wie lebt es sich mit der Gefahr von Sturmfluten, was macht das Klima mit uns – oder besser: Was machen wir mit ihm?

Von den Wonnen des Fischbrötchens

Wenn Gourmets an Sylt denken, sehen sie Sterne. Dreimal zwei und dreimal einen Michelin-Stern kann die Insel für

Sylt: Die Vorschau

sich verbuchen. Ob nun schwäbisch-friesisch, nachhaltig-regional, kräuter-orientiert oder mediterran angehaucht – der Feinschmecker hat die freie Auswahl bei der Suche nach *seiner* Küche. Die Sternerestaurants sind fast gleichmäßig über die Insel verteilt, nur im exklusiven Kampen findet sich merkwürdigerweise keines.

Das muss potenzielle Besucher des Ortes nicht schrecken: Denn auch hier, in der sternenfreien Zone, gibt es *den* Sylter Gaumengenuss schlechthin: das Fischbrötchen. Gut ist es immer, egal ob es mit Matjes, Aal oder Krabben belegt ist. Dennoch: Das ultimative Geschmackserlebnis stellt sich erst ein, wenn man sich sein Fischbrötchen nach einem langen Strandspaziergang zu Gemüte führt. Doch Vorsicht! Am Strand hat man natürliche Feinde: hungrige Möwen, die zum Sturzflug ansetzen und dem rechtmäßigen Besitzer das Brötchen samt Fisch aus der Hand schlagen … Ob Matjes, Aal oder Krabben ist auch den Möwen egal.

Promis, Zwerge und andere Fabelwesen

Sylt wird auch die „Insel der Reichen und Schönen" genannt. Geprägt wurde dieses Image in den 1960er- und 70er-Jahren, als Gunter Sachs, die Bardot und andere Berühmtheiten an der Buhne 16 in Kampen Partys feierten. Ob sie jemals so wild waren wie kolportiert? Wer weiß das schon? Die Wogen haben sich jedenfalls geglättet, wer in Sachen Promi-Sichtung unterwegs ist, wird ein bisschen Geduld mitbringen oder sich gezielt bestimmte Locations wie die Sansibar im Süden der Insel aussuchen müssen.

Gänzlich von der Insel verschwunden sind jene Wesen, die Sylt noch vor den Friesen, den gewöhnlichen Badegästen und den VIPs bevölkerten: So lebten etwa in der Heide rund um Braderup einst Zwerge, die später einem heimtückischen Attentat mit heißer Grütze zum Opfer fielen. Sogar einen König hatten sie. Der residierte im Den-

hoog und ernährte sich ganz stilecht von Iltisbraten.

Wo es Zwerge gab, da gab es natürlich auch Riesen. Die waren den Menschen nicht immer wohlgesinnt, eine Zeitlang zogen sie sogar deren Steuern ein. Warum sie von der Insel verschwanden, weiß heute kein Mensch mehr. Im Jahr 2001 jedenfalls sind vier von ihnen wieder aufgetaucht: Ganz in Grün stehen sie vor dem Westerländer Bahnhof und trotzen dort dem Wind.

Mehr Meer geht nicht

War noch was? Natürlich ... das Meer! Das kommt rund um Sylt auf zweierlei Weise vor: als Nordsee und als Wattenmeer. Die Verwandtschaftsverhältnisse zwischen beiden sind eher lose: Ersteres ist weit und offen, manchmal tosend und stürmisch, dann wieder brav und spiegelglatt — eben ein Meer, wie man es sich vorstellt. Letzteres offenbart seine vorrangige Eigenschaft bereits im Namen. Der leitet sich von „waten" ab, bedeutet also in etwa: „Meer, das sich durchwaten lässt". Das freilich nur zweimal am Tag für mehrere Stunden, wenn die Gezeiten dafür sorgen, dass weite Teile des Meeresbodens trockenfallen. Übrig bleibt ein Teppich aus Sand, Schlick und Ton, der nicht nur den Füßen schmeichelt, sondern auch allerlei bizarres Meeresgetier zum Vorschein bringt: etwa den Sand fressenden Wattwurm, der die verspeiste Kost in Form beachtlicher „Spaghettihäufchen" wieder ausscheidet. Wenn das Wattenmeer wieder vollgelaufen ist, kann man es mancherorts auch hervorragend zum Baden und Schwimmen nutzen: etwa ganz im Süden der Insel bei Hörnum, wo es sich als „gezähmtes Meer" insbesondere für Kinder und Schwimmanfänger gut eignet. Eines haben Nordsee und Wattenmeer übrigens gemein: die nicht unbedingt tropischen Wassertemperaturen ...

Auf der Suche nach der perfekten Welle

Hintergründe & Infos

Natur und Umwelt

„Wir saßen still und rochen die See, die Wolken wanderten über uns hin, Wind kam auf, die Wellen hatten plötzlich weiße Köpfe …"

Eindrücklich beschreibt Hans Fallada das Naturerleben auf Sylt, das maßgeblich geprägt wird von der Nordsee und ihrer ruhigeren Schwester, dem Wattenmeer. Die Insel selbst beeindruckt mit bizarren Dünenbergen, weitflächigen Salzwiesen und rot-violett blühender Heide. Knapp die Hälfte der Inselfläche steht unter Landschafts- oder Naturschutz.

Die Nordsee

Die Nordsee ist ein Randmeer des Atlantischen Ozeans und hat mit über 350 Millionen Jahren schon ein beträchtliches Alter auf dem Buckel. Ihre jetzige Form erhielt sie allerdings erst vor 11.000 Jahren, als die letzte Eiszeit zu Ende ging. Sie erstreckt sich von der Küste Großbritanniens bis zu den Fjorden Norwegens und hat damit eine Fläche von über 570.000 Quadratkilometern. Mit durchschnittlich 95 Metern Tiefe ist sie ein vergleichsweise flaches Meer, in der Deutschen Bucht, in der auch Sylt liegt, ist sie an keiner Stelle tiefer als

Die Tetrapoden sollten die Kraft der Nordsee brechen

56 Meter. Da die Nordsee eine breite Verbindung zum Ozean hat, ist sie wesentlich salzreicher als etwa die Ostsee. Wer sich vorab zu Hause eine Geschmacksprobe zusammenbasteln will: In einem Liter Nordseewasser sind etwa 30 Gramm Salz gelöst ... Möglich und sicher auch wahrscheinlicher sind allerdings Vor-Ort-Kostproben: beim Baden am 40 Kilometer langen Weststrand Sylts. Allerdings sollte man sich darauf einstellen, dass die Wassertemperaturen die 20-Grad-Grenze selbst im Sommer nicht übersteigen und gewöhnlich sogar ein wenig darunter liegen. Das ist nicht gerade mollig, doch der bisweilen recht muntere Wellenschlag katapultiert den Körper schnell auf eine angemessene Betriebstemperatur.

Manchmal treiben es die Nordseewellen freilich zu arg, und richtig gefährlich kann es werden, wenn eine **Sturmflut** wütet. Sturmfluten treten meist im Herbst und Winter auf und entstehen weit vor der Küste, wenn kalte arktische und warme tropische Luftmassen auf ein Tief über dem Meer treffen. Die Druck- und Temperaturunterschiede saugen Luft an, hohe Windgeschwindigkeiten und Sturmwirbel sind die Folge. Der Wind peitscht das Meer auf, die Wellen vor Sylt erreichen so schon einmal eine Höhe von über sieben Metern. Sturmfluten dieses Ausmaßes sind in der Vergangenheit regelmäßig über Sylt hereingebrochen, ja, die Geschichte der Insel liest sich streckenweise fast wie eine Chronik verheerender Flutkatastrophen. Ganze Ortschaften wurden dabei von der Landkarte gelöscht, Teile der Insel versanken unwiederbringlich im Meer, und zahllose Menschen kamen in den Fluten um.

Wesentlich friedlicher als die Nordsee selbst geben sich ihre Bewohner, zumindest die meisten von ihnen. Allzu viele **Meeresbewohner** wird man bei einem Sylt-Aufenthalt sicher nicht zu Gesicht bekommen, bei drei Spezies stehen die Chancen auf eine Sichtung aber recht gut. Zwei davon sind leider alles andere als Sympathieträger. Am untersten Ende der Beliebtheitsskala rangieren wahrscheinlich die **Quallen**. Die Tiere bewegen sich mit pumpenden Bewegungen ihres Schirms fort, unterstützt werden sie dabei von der Unterströmung des Meeres. Da diese entgegen der Windrichtung verläuft, werden sie vermehrt bei Ostwind an den Weststrand der Insel gespült. Quallen bestehen hauptsächlich aus Wasser, sodass von den angespülten Exemplaren bald nur noch ein Abdruck im Sand übrig bleibt. Zumindest theoretisch. Denn bis es so weit ist, sind sie in der Regel schon zum Gegenstand der Zerlegungskünste meist jüngerer Strandbesucher geworden, und so manch eine Qualle erlebt ihre Auflösung ins Nichts am Ende zerteilt und mehr oder minder tief im Sand verscharrt.

In der Rolle des hilflosen und mit ihrem glibberigen Schirm obendrein noch beklagenswert ausschauenden Opfers ist die Qualle freilich nur am Strand. Ist sie in ihrem eigentlichen Element, packt sie ihre Waffen aus. Die befinden sich an ihren Tentakeln, wo winzige Nesselkapseln mit Ameisensäure und anderen giftigen Substanzen auf ihre Entladung warten. Das geschieht bei Berührungen mit potenziellen Feinden oder Beutetieren und vollzieht sich in atemberaubender Geschwindigkeit und mit enormer Wucht: Die winzigen Projektile mit der Giftfracht beschleunigen auf das Fünfmillionenfache der Erdanziehung und durchdringen die Haut des Opfers mit der gleichen Kraft, die beim Abschuss einer Gewehrkugel wirksam wird. Fatalerweise sind die intellektuellen Fähigkeiten der Qualle äußerst begrenzt, sodass sie keinen Gedanken daran verschwendet, dass schwimmende oder paddelnde Badegäste nicht wirklich zum arteigenen Beuteschema passen ... Ein „Kuss der Medusa" kann durchaus unangenehm sein, brennender Schmerz, Hautrötungen und Juckreiz sind meist die Folge. Allzu große Sorgen muss man sich dennoch nicht ma-

Energie aus dem Meer – Offshore-Windanlagen

Deutschland im Jahr 2030: Riesige Felder von Windrädern bedecken Teile der Nordsee und liefern saubere Energie für die strombedürftige Republik. Bereits 15 Prozent des Energiebedarfs werden durch Windparks gedeckt. Besonders effektiv sind dabei die großen Offshore-Windanlagen vor der deutschen Küste.

So weit die Zukunftsperspektive. Bis dahin ist es allerdings noch ein langer Weg für die Investoren der Offshore-Parks. Große Windräder auf hoher See zu verankern und zu betreiben erweist sich als recht schwierig. Die Techniker des Testfeldes vor Borkum hatten mit dem Seegang, der salzigen Luft und bemerkenswerterweise mit dem teilweise zu starken Wind zu kämpfen.

Ebenso wichtig wie die Robustheit der großen Rotorenmasten wird der finanzielle Atem der Investoren sein. Die Konzerne E.ON und Vattenfall haben für das Testfeld 180 Millionen Euro auf den Tisch legen müssen, immerhin 50 Millionen davon hat ihnen der Bund zugeschossen. 20 Prozent der Jahreskosten legen die Betreiber für Wartungskosten zurück. 20 Millionen Kilowattstunden soll ein Windrad pro Jahr liefern. Wenn die hochgesteckten Ziele erreicht werden – 2011 konnte man immerhin 5 Prozent mehr Energie produzieren als geplant –, ist ein wichtiger Schritt in Richtung saubere Energiegewinnung getan. Um eine 15-prozentige Deckung des deutschen Strombedarfs durch Windenergie zu erzielen, sind allerdings noch 4000 bis 5000 Windräder zu errichten und geschätzte 75 Milliarden Euro zu investieren. Der Bund hat schon einige Flächen in der Nordsee zur Anlage von Windparks freigegeben. So soll auch vor Sylt ein Windpark entstehen, ca. 30 Kilometer vor der Westküste und damit außerhalb der Sichtweite der Badegäste.

chen: Lediglich eine Berührung mit der Gelben Haarqualle, im Volksmund „Feuerqualle" genannt, kann unter Umständen akute Schockzustände auslösen. Vor den Sylter Stränden kommt sie aber nur sehr selten vor.

Ebenfalls unter die Kategorie „unliebsame Bekanntschaften" fallen die **Schaum-algen**. Das einzelne Exemplar ist ein winziger Einzeller, doch schließen sich die Schaumalgen zu riesigen Kolonien zusammen und vermehren sich massenhaft, wenn sich das nährstoffreiche Nordseewasser im Frühjahr und Sommer erwärmt. Sind die Nährstoffe aufgebraucht, setzt bei den von einer eiweißhaltigen Hülle umgebenen Zellkolonien ein rascher Zerfallsprozess ein. Die Wellen der Nordsee entfalten dann die Wirkung eines überdimensionierten Schneebesens und schlagen das Eiweiß steif, das sich schließlich wie ein kleiner Schaumberg am Strand auftürmt. Da das Ganze auch noch übel riecht, lassen die gelblichen Schaumtürmchen so manchen Strandbesucher an all die vielen in die Nordsee verklappten Chemikalien denken. Der Schaum ist jedoch zunächst einmal ein Stück Natur und vollkommen ungefährlich. Dennoch ist die seit drei Jahrzehnten verstärkt auftretende Schaumentwicklung an den Küsten ein Hinweis auf den hohen Belastungsgrad der Nordsee. Über Abwässer und Industrieabgase gelangen unter anderem Stickstoff und Phosphor in die Nordsee, die einen vorzüglichen Nährstoff für die Algen bilden.

Gibt es unter den Meeresbewohnern auch sympathische Zeitgenossen? Ja, es gibt sie, und mit ein bisschen Glück kann man sie bei Ostwind sogar vom Sylter Weststrand aus erspähen. Genau genommen wird man nur einen markanten Teil von ihnen zu sehen bekommen, nämlich eine dreieckige schwarze Rücken-flosse. Ihr stolzer Besitzer ist der **Schweinswal**, der auch „Kleiner Tümmler" genannt wird, denn er wird im Durchschnitt nur 1,80 Meter lang und ist mit den Delfinen verwandt. Die am Rücken schwarz und am Bauch weiß gezeichneten Wale leben in kleinen Gruppen von bis zu 50 Tieren zusammen. Im Juli bringen sie ihre Jungen zur Welt, sodass gelegentlich am Sylter West-strand auch vorbeiziehende Mutter-Kind-Pärchen vor den Augen der entzückten Badegäste auftauchen.

Aufgeschäumte Algen am Westerländer Strand

Zu Beginn des 19. Jahrhunderts war die Population von Schweinswalen in den Gewässern vor Sylt so groß, dass sich sogar die Jagd auf die Meeressäuger lohnte. Nur hundert Jahre später hatte sich der Bestand bereits deutlich reduziert, was weniger auf die Jagd als auf die Überfischung seiner Beutetiere zurückzuführen war. Im Laufe des 20. Jahrhunderts ging die Anzahl der Tiere – unter anderem bedingt durch die fortschreitende Meeresverschmutzung – noch weiter zurück, sodass der Wal bald auf der „Roten Liste der gefährdeten Tierarten Deutschlands" landete. Mittlerweile hat sich der Bestand aber wieder erholt, im Schutzgebiet zwischen Amrum und Sylt sollen sich Schätzungen zufolge im Durchschnitt an die 6000 Tiere im Meer tummeln. Bliebe schließlich noch die Frage zu klären, wie der Wal zu seinem ungewöhnlichen Namen kam. Manche behaupten, die Bezeichnung gehe auf keinen Geringeren als Aristoteles zurück: Bei einer eingehenden Untersuchung des vermeintlichen Fisches sei ihm aufgefallen, dass dessen Innereien Ähnlichkeiten mit denen von Landtieren aufweisen, und so habe er den Wal kurzerhand „Meerschwein" genannt, woraus sich dann sein heutiger Name entwickelt habe. Andere lassen den großen Philosophen aus dem Spiel und begnügen sich mit profaneren Erklärungsversuchen: Der Wal sei von den Metzgern wie ein Landschwein verwertet worden …

Das Wattenmeer

Bei abfallendem Wasser bietet sich dem Syltbesucher ein faszinierendes Panorama: das Watt. Wie eine riesige feuchte Mondlandschaft breitet es sich vor seinen Augen aus, ein Ende ist kaum in Sicht. Kein Wunder: Sylt liegt inmitten der größten zusammenhängenden Wattlandschaft der Erde, sie erstreckt sich von Dänemark bis in die Niederlande.

Watt bis zum Horizont

Was ist nun eigentlich ein Watt? Ganz einfach: Watten sind Gebiete mit Flachwasser, die parallel zur Küste liegen, den Gezeiten ausgesetzt und gleichzeitig durch Inseln oder Sandbänke vor der Brandung geschützt sind. Damit ein Watt entstehen kann, müssen allerdings noch weitere Voraussetzungen erfüllt sein: Der Meeresboden muss flach abfallen, damit sich das von der Strömung angespülte Material (Sand, Schlick, Ton etc.) absetzen kann; der Tidenhub (die Differenz zwischen Hoch- und Niedrigwasser) muss eine regelmäßige Höhe von mindestens 1,50 Metern erreichen, damit die Strömung genug Kraft besitzt, die Sedimente anzuliefern; im Wattgebiet müssen Flussmündungen liegen, da das vom Meer angelieferte Sedimentmaterial allein nicht ausreicht; das Hinterland muss flach sein, damit die Fließgeschwindigkeit der einmündenden Flüsse nicht zu hoch ist; und schließlich bedarf es noch eines gemäßigten Klimas, denn in tropischen Zonen würden unter ähnlichen Bedingungen zum Beispiel Mangrovenwälder und keine Wattlandschaften entstehen.

Die Auflistung der Bedingungen zeigt schon: Watten sind eher selten. Zwar gibt es weltweit ein paar Flussmündungen und Lagunen, in denen sich kleine Watten gebildet haben, aber eines in den Ausmaßen, wie es vor etwa 7500 Jahren an der Nordseeküste entstanden ist, ist einzigartig auf der Erde.

Gezeiten, Priele, Schlick und „Ingi"

Zweimal am Tag fließt Wasser ins Watt, und zweimal zieht es sich wieder zurück. Der Wechsel von Ebbe und Flut, der aus einem komplexen Zusammenspiel der Anziehungskräfte von Mond und Erde resultiert, ist am Wattenmeer ein ganz besonders eindrucksvolles Schauspiel. Während das Wasser am Sylter Weststrand bei Ebbe nur um ein paar Meter zurückweicht, fällt das Wattenmeer fast komplett trocken. Da ein **Gezeitenzyklus**, d. h. einmal Ebbe und Flut, bedingt durch die Rotation des Mondes um die Erde 12 Stunden und 25 Minuten dauert, verschiebt sich das Eintreffen von Hoch- und Niedrigwasser jeden Tag um einige Minuten. Dazu beeinflussen unter anderem auch noch Wind und Strömung das Ein- und Auslaufen der Wassermassen. Genaue Auskunft über das tägliche Eintreffen von Flut und Ebbe geben Gezeitenkalender.

Bei Flut dringen in ca. sechs Stunden über zwei Milliarden Kubikmeter Wasser in das Sylter Watt. Mit bis zu acht Metern die Sekunde strömt es durch die **Priele.** Manche dieser Rinnen, die das Watt wie fein mäandernde Adern eines Blattes durchziehen, führen auch bei Ebbe noch Wasser. Die Flut bringt Unmengen von Mineralien in das Watt, die sich dort ablagern. Die gröberen Mineralien wie Sand und Schill, also Muschel- und Schneckenschalenstücke, sinken – da schwerer – zuerst auf den Boden; je feiner das angeschwemmte Material, desto höher lagert es sich ab. So entstehen im Watt verschiedene Zonen. Vom Land her gesehen die erste ist das **Schlickwatt.** Der ölige, einen fauligen Geruch verströmende Wattboden besteht dort aus Ton und Sand, durchmischt mit Tier- und Pflanzenresten. Frisch abgelagerter Schlick ist schwarz, durch Oxidation nimmt der Boden bald seine typische graubraune Farbe an. Auf die Schlickzone folgt das **Mischwatt,** in dem sich grobe und feine Ablagerungen die Waage halten. Die dritte Zone ist das **Sandwatt,** das den größten Anteil an feinkörnigem Sand aufweist. Diese Aufteilung in fein säuberlich gegeneinander abgrenzbare Zonen ist allerdings eher idealtypisch. Muschelbänke durchziehen das Watt, an manchen Stellen hat sich großflächig Seegras festgesetzt, und die Strömung bringt das schöne klassifizierende Dreizonenschema auch noch einmal gehörig durcheinander.

Zwischen Watt und Deich erstrecken sich die **Salzwiesen,** auf Friesisch „Ingi" genannt. 300 Hektar werden vor der Ostküste Sylts von diesem einzigartigen Naturgebiet bedeckt. Auch die Salzwiesen teilen sich, je nachdem, wie oft sie überspült werden, in verschiedene Zonen. Die Rotschwingelwiese zum Beispiel wird relativ selten vom Meer bedeckt (10 bis 70 Mal im Jahr). Sie wird auch oft beweidet, so wächst auf den Rotschwingelwiesen unter anderem auch das Salzwiesenlamm heran, das bald als Delikatesse auf den Speisezetteln der regionalen Restaurants landet. Die Andelwiese steht 100 bis 200 Mal im Jahr unter Wasser. Die sogenannten „Queller", Pflanzen, die sich an den hohen Salzgehalt des Wassers angepasst haben, werden über 700 Mal im Jahr überspült und bilden kleine Inseln im Watt. Die Salzwiesen sind das Zuhause von über 50 verschiedenen Pflanzenarten, die sich nur hier in diesem einzigartigen salzhaltigen Biotop ausgebildet haben. Darunter sind die hellblau bis lila blühende Strandaster, der immergrüne Strandflieder und das Andelgras, das die gleichnamigen Wiesen dominiert. Auf den Salzwiesen vor Hörnum wächst die **Keilmelde** mit ihren graugrünen Blättern. Sie kann sich in den salzhaltigen Wiesen nur dadurch am Leben halten, dass sie das Salz in einigen Ästen ablagert, die sie dann absterben lässt.

Wattbewohner

Seine Spuren sind im Watt nicht zu übersehen. Der **Wattwurm** hinterlässt nämlich seine Haufen auf dem Sand. Sie überziehen die Sandfläche und verraten nicht nur den Standort des Wurms, sondern auch sein Alter. Je größer der Haufen, desto älter der Wurm. Die Würmer graben sich eine u-förmige Röhre, die bis zu 30 Zentimeter tief im Watt liegt. Der Wattwurm scheint auf den ersten Blick eine unerschöpfliche Nahrungsquelle zu haben: Sand. Er nimmt den Sand auf und scheidet ihn in den sichtbaren Haufen aus. Doch der Wurm lutscht den Sand nur. Er ist an den kleinen Algen interessiert, die am Sand haften. Durch die Aufnahme von Sand entsteht an dem einen Ende der Röhre ein Trichter, an dem man auch den Aufenthaltsort eines Wattwurms feststellen kann. Solange sich der Wurm in der Nähe des Trichters aufhält, ist er vor Räubern wie dem Austernfischer oder der Scholle einigermaßen sicher. Erst wenn er sich an das andere Ende seiner Röhre, den „Kotgang", begibt, wird es für ihn gefährlich. Es kann durchaus passieren, dass ihm einer seiner Feinde das Hinterteil abbeißt. Zum Glück für den Wurm wächst sein Hintern nach. Wattwürmer werden bis zu 20 Zentimeter lang und haben je nach Alter eine braune bis schwarze Farbe. Der Wattwurm hat übrigens einen Cousin auf dem Festland: den Regenwurm.

Neben unzähligen Wurmarten vergraben sich auch Muscheln im Sand des Watts. So zum Beispiel die **Herzmuschel.** Sie hat zwei Rohre, die sie aus dem Schlick reckt. In das eine Rohr strömt Wasser ein. Die Kiemen in der Muschel filtern die Nahrung aus dem Wasser und geben die Überreste durch das zweite Rohr wieder ab. Das Geräusch, das dabei entsteht, führt auf dicht mit Muscheln besiedelten Flächen zum berühmten „Wattknistern". Die Muscheln haben einen ausfahrbaren Fuß, mit dem sie sich in den Sand graben können. Die namensgebenden herzförmigen Schalen findet man häufig bei einem Strandspaziergang.

Auf einer Wattwanderung begegnet einem mit Sicherheit auch ein weiterer Filtrierer, die **Miesmuschel.** Im Gegensatz zur Herzmuschel gräbt sie sich allerdings nicht im Wattgrund ein. Mit Hilfe von klebenden Fäden verankert sie sich am Boden oder heftet sich an eine andere Muschel. So entstehen große Kolonien von Miesmuscheln. Eine dieser blauschwarz gefärbten Schalentiere kann bis zu drei Liter Meerwasser in der Stunde filtrieren. Manchmal ist dies auch mit bloßem Auge zu sehen, wenn das trübe Meer um die Bänke zeitweise ganz klar wird. Die Muschelbänke bieten zudem noch ca. 80 verschiedenen Tier- und Pflanzenarten ein Zuhause, festigen den Meeresboden und tragen so ihren Teil zum Küstenschutz bei. Da die Miesmuschel sich nicht eingräbt, ist sie bei Ebbe eine begehrte Beute, besonders der Austernfischer hat sich im Widerspruch zu seinem Namen ganz auf das Knacken von Miesmuscheln verlegt. Weit mehr als vom Austernfischer ist die Miesmuschel aber von der Pazifischen Felsauster bedroht, die seit Anfang der 1980er-Jahre die Bänke in der Blidselbucht südlich von List bevölkert und sich von dort weiter ausgebreitet hat (→ S. 163).

Auch die **Scholle,** einer der beliebtesten Plattfische Deutschlands – ob nun auf Büsumer oder Finkenwerder Art –, verbringt einen Teil ihres Lebens im Wattenmeer: ihre Jugend. Anfangs sieht sie aus wie ein normaler Fisch, erst im Alter von ein bis zwei Monaten wandert ihr linkes Auge auf die rechte Seite. Dann legt sie sich auf ihre linke Seite und wird so zum eigentlichen Plattfisch. Charakteristisch für die zwischen 25 und 60 Zentimeter groß werdenden Fische sind die orangefarbenen Flecken auf ihrer Oberseite.

Schollen ernähren sich von Muscheln und unvorsichtigen Wattwürmern. Dabei können sie ein Alter von bis zu 50 Jahren erreichen – wenn sie nicht vorher in die Küche einer der unzähligen Fischrestaurants an der Küste geraten. Bei Ebbe ziehen sich die Fische in die Priele des Wattenmeers zurück. Man kann sie dort dann beim Wattwaten mit den Füßen erspüren und mit etwas Geschick mit den Händen aufsammeln. Das nennt man Buttpedden bzw. Buttgrabbeln. Besser und umweltbewusster ist es allerdings, die Fische in Ruhe zu lassen. Greenpeace und der World Wide Fund For Nature (WWF) führen die Scholle unter der Kategorie „überfischt", d. h., sie wird schneller gefangen und verspeist, als sie nachwachsen kann.

Jedes Jahr legen Tausende von Zugvögeln im Wattenmeer einen Halt ein. Darunter sind die großen Schwärme des Knutts – die Watvögel sind auch als Islandstrandläufer bekannt –, der Pfuhlschnepfen, Ringelgänse und Enten, deren Migrationsverhalten den Syltern einst Gelegenheit bot, ihren Speisezettel zu erweitern (→ S. 142). Ein ständiger Bewohner des Wattenmeeres ist der oben bereits erwähnte **Austernfischer**. Obwohl er in der Regel nicht größer wird als eine Taube, ist er schwer zu übersehen. Sein orangefarbener Schnabel und seine roten Beine kontrastieren auffällig mit seinem schwarz-weißen Gefieder. Auch zu überhören ist der Austernfischer nicht, er ist einer der lautesten Vögel im Watt. Seinem schrillen Rufen kann man nicht entkommen. „Durch ihre schwarz-weiße Färbung, den Stechschritt und die laute Kasernenhofstimme hätten sie den idealen preußischen Nationalvogel abgegeben", meint der Kosmos-Naturführer „Vögel an Strand und Küste". Der Schnabel

Nationalpark Schleswig-Holsteinisches Wattenmeer – der Mensch als Gast

Sylt liegt inmitten des größten deutschen Nationalparks: Über 440.000 Hektar umfasst das geschützte Gebiet des Nationalparks Schleswig-Holsteinisches Wattenmeer, der sich von der dänischen Grenze bis zur Elbemündung erstreckt. Die Grenze zum Land wurde auf 150 Meter vom Deich festgelegt, damit ist die Insel Sylt selbst kein Bestandteil des Nationalparks. Eröffnet wurde der Nationalpark am 25. Juli 1985, seine anfängliche Größe von 285.000 Hektar wurde 1999 auf die heutigen Ausmaße erweitert. Seit den 1960er-Jahren hatten Naturschützer für den Nationalpark geworben, ein prominenter Unterstützer war Bernard Grzimek, der damalige Bundesnaturschutzbeauftragte. Er fasste das Motto des Nationalparks in einem Satz zusammen: „Der Mensch wird hier nur Gast in der Natur sein, nicht aber in erster Linie Gestalter wie in der übrigen Landschaft." Das Projekt musste gegen große Widerstände auch in der Bevölkerung durchgesetzt werden, bedeutete es doch erhebliche Einschränkungen für die Fischerei und auch den Tourismus.

Der Nationalpark ist in zwei Schutzzonen eingeteilt. Die erste umfasst über 30 Prozent der gesamten Fläche und schließt unter anderem sehr sensible Bereiche wie Seehundbänke und Brutplätze von Seevögeln ein. Diese Zone ist der Öffentlichkeit mit Ausnahme eines einen Kilometer breiten Streifens an der Küste prinzipiell nicht zugänglich, Ausnahme sind geführte Wattwanderungen. Ein Beispiel für den Schutzzonenbereich I ist der Königshafen bei List. Eine „verschärfte Variante" dieses Schutzbereichs ist die sogenannte Nullnutzungszone im Wattenmeer südlich des Hindenburgdamms, in der jegliche menschliche Aktivität verboten ist. In Schutzzone II ist eine nachhaltige wirtschaftliche Nutzung erlaubt, zum Beispiel die traditionelle Krabbenfischerei.

des Austernfischers kann verschiedene Formen annehmen. Lebt er am Strand, ist die Schnabelspitze oft stumpf, da er damit die Muscheln aufbricht. Lebt er im Watt, läuft der Schnabel spitz zu, da er mit ihm nach Würmern stochert. Austernfischer können über 30 Jahre alt werden und leben monogam. Ihre Brutplätze befinden sich nicht im Watt, sondern meistens in den Dünen oder auf den Wiesen. Es sind allerdings schon brütende Austernfischerpaare in Ortschaften auf Häuserdächern gesichtet worden.

Er gehört zur Nordseeküste wie die Scholle: der **Seehund.** Neidisch betrachten die Touristen, die mit den Ausflugsschiffen zu den Seehundbänken hinausgefahren sind, die wohlig und faul auf den Sandbänken liegenden Tiere. Die Robben strecken ihre kegelförmigen Körper der Sonne entgegen und blinzeln zufrieden in die sommerliche Sonne. Wenn die Flut beginnt, die Sandbänke zu überspülen, liefern die Seehunde einen weiteren Beweise für ihre Vorliebe für die wärmenden Sonnenstrahlen. Nur widerwillig lassen sie sich vom Wasser wegschwemmen, der ranghöchste Seehund hat es am besten, er liegt auf der höchsten Stelle der Sandbank und wird als letzter fortgetragen.

Seehunde brauchen die Sonne, sie ist für sie überlebenswichtig, gerade im Sommer. Dann findet zum einen der jährliche Haarwechsel statt, das dazu nötige Vitamin D wird unter Einfluss des Sonnenlichts ausgeschüttet. Zum anderen bringen die Seehunde zwischen Juni und Juli ihre Jungen auf den Sandbänken zur Welt. Zwar können die kleinen Robbenbabys gleich nach der Geburt schwimmen, doch müssen sie noch etwa fünf Wochen die äußerst fetthaltige Muttermilch zu sich nehmen, um gegen die Gefahren und die Kälte der Nordsee gewappnet zu sein. Seehunde werden bis zu 110 Kilogramm schwer und erreichen eine Länge von bis zu 1,90 Metern. Sie sind ausdauernde und wendige Schwimmer und können bis zu 40 Meter tief tauchen. Ein oder zwei Tage lang kann sich der Seehund dabei auf der Suche nach Essbarem – vor allen Dingen Plattfische wie die Scholle – im Meer aufhalten, bevor er für eine wohlverdiente Pause auf eine Sandbank zurückkehren muss. Seehunde sehen unter Wasser besser als an Land, verlassen sich aber auf der Jagd nach Fischen offenbar eher auf die hochsensiblen Tastsensoren in ihren Barthaaren.

Die Seehundbestände in der Nordsee – in der Ostsee kommen sie kaum vor – sind immer wieder gefährdet. Vom 19. bis zur Mitte des 20. Jahrhunderts machte man Jagd auf die Tiere, zeitweise geleiteten Jagdführer ganze Gruppen von schießwütigen Badegästen zu den Sandbänken. 1973 wurde die Jagd auf den Seehund verboten, sodass sich die Zahl der Tiere wieder erhöhte. Die Seehundjagd konnte die Tiere aber nie in ihrem Bestand bedrohen, 1988 schien jedoch dann aber dennoch das Aus für den Seehund gekommen zu sein. Ein regelrechtes Massensterben setzte ein, zwei Drittel der Population verendeten an einem Hundestaupevirus. Das Wort **Seehundsterben** machte die Runde. Die Tiere fielen dem Virus so schnell zum Opfer, weil ihr Immunsystem unter anderem durch diverse Umweltgifte stark belastet war. Die angeschwemmten Kadaver mussten auf Sondermülldeponien gebracht werden. Doch die Bestände erholten sich erstaunlich schnell, bis 2002 innerhalb von fünf Monaten erneut der Staupevirus die Hälfte aller Nordsee-Seehunde dahinraffte. Nur 10.000 blieben übrig, doch auch diesmal ging es rasch wieder aufwärts. 2005

Kegelrobben beim Sonnenbad

wurden schon wieder 15.000 Seehunde im Wattenmeer gezählt, 2011 waren es bereits 18.000 Tiere allein im deutschen Wattenmeer.

Seehunde wollen und müssen ungestört bleiben. Kommen ihnen auf den Sandbänken Surfer, Segler oder Wattwanderer zu nahe, fliehen sie und können sich so nicht ausreichend in der Sonne erholen. Oft lassen sie dabei auch ihre Jungen zurück, die nun mit klagenden Lauten nach ihren Müttern rufen. Diese sogenannten **Heuler** sollte man als Strand- oder Wattspaziergänger nicht gleich an sich nehmen und zur nächsten Schutzstation tragen. Wenn der Mensch sich entfernt, kommt meist auch das Muttertier wieder zurück. Findet man allerdings ein abgemagertes, krank wirkendes Seehundbaby am Strand, handelt es sich wahrscheinlich um einen verwaisten Seehund. Doch auch in diesem Fall sollte der Finder nicht gleich selbst Hand anlegen, sondern die nächste Schutzstation anrufen.

Ein naher Verwandter des Seehundes ist die **Kegelrobbe.** Sie wird größer als der Seehund (2,30 Meter) und um einiges schwerer (300 Kilogramm). Der kegelförmige Kopf gibt der Robbe ihren Namen. Kegelrobben bringen ihren Nachwuchs im Winter zur Welt. Der muss die gesamte Säugezeit auf dem Land verbringen, da die Tiere körperlich den winterlichen Nordseetemperaturen noch nicht gewachsen sind – ein evolutionärer Nachteil, denn so sind sie Feinden noch schutzloser ausgesetzt, zumal sie anscheinend auch eine niedrige Fluchtdistanz haben. So konnte der Mensch lange Jagd auf die an den Stränden ruhenden Kegelrobben machen. Bereits im Mittelalter standen sie wohl öfters auf dem Speisezettel der Friesen, das jedenfalls belegen archäologische Ausgrabungen. In der Nordsee galten die Tiere im 20. Jahrhundert bereits als ausgestorben. In den 1960er-Jahren etablierte sich dann aber eine Kolonie von Kegelrobben aus der Ostsee vor Amrum. Mittlerweile leben wieder über hundert Robben vor den Nordfriesischen Inseln. Sie bringen im November/Dezember unter anderem auch auf der Hörnum-Odde ihre Jungen zur Welt. Die Strandabschnitte sind in dieser Zeit gesperrt.

Die Insel

40 Kilometer Strand – damit wirbt Sylt um Touristen. Doch die Insel hat mehr zu bieten. Nicht umsonst nennt sie elf Naturschutzgebiete ihr Eigen. Eine einzigartige Dünen- und Heidelandschaft erwartet den Besucher.

Für eine Insel zeigt sich Sylt landschaftlich sehr abwechslungsreich. Im Westen dominieren der lange Strand und die Dünen die Insel. Im Nordosten hat sich die größte Heidelandschaft Schleswig-Holsteins erhalten, und auf der vorspringenden „Nase" im Osten der Insel kann man sogar fast schon ländliches Flair genießen. Die Ursprünge dieser Vielfalt liegen tief in der Vergangenheit: Ein paar Millionen Jahre muss man da schon zurückgehen.

Die ersten erdgeschichtlichen Ablagerungen sind deutlich am Morsum-Kliff im Osten der Insel zu sehen: schwarzer Glimmerton. Er wurde vor elf bis neun Millionen Jahren im Obermiozän angelagert, als die Landschaft im Norden dem heutigen Wattenmeer ähnelte. Im folgenden Unterpliozän wurde feiner Sand auf den Glimmerton geschichtet. Der Sand verfärbte sich zu Brauneisenstein und rosarotem Limonitsandstein. Das Meer zog sich in den folgenden Millionen Jahren zurück, eine Art Flusslandschaft erstreckte sich über den Norden Europas. Die Flüsse brachten den feinen weißen Sand heran, dessen Kaolintonpartikel noch heute im Morsumer und im Weißen Kliff bei Braderup zu finden sind. Die Schichten lagerten sich übereinander ab. Erst die vor 500.000 Jahren einsetzenden Eiszeiten verschoben die Gesteinsschichten, sodass die Erdgeschichte am Morsum-Kliff in senkrechten Schichten abzulesen ist.

Der Eiszeit verdankt Sylt auch seine Entstehung. Die Gletscher brachten aus dem Norden Unmengen von Moränenschutt, der den eigentlichen Inselkern bildet. Als die letzte Eiszeit zu Ende ging, schmolzen die Gletscher und ließen

Erdgeschichte zum Mitlesen am Morsum-Kliff

den Meeresspiegel ansteigen. Vor ca. 8000 Jahren wurde der Geestkern durch das Meereswasser vom Festland, Föhr und Amrum getrennt. Das Klima stabilisierte sich vor ca. 4000 Jahren, die Gletscherschmelze wurde gestoppt, sodass auch der Meeresspiegel konstant blieb. Wäre er weiter gestiegen, wäre Sylt nicht entstanden.

Durch parallel zur Westküste laufende Strömungen wurde Sylts Kern in die Länge gezogen. Abbruchmaterial des Geestkerns wurde vom Meer weggeschwemmt und im Süden und im Norden quasi wieder angesetzt. Dies sagt zumindest eine wissenschaftliche Theorie: die **Dünenhaken-Theorie.**

Durch die Meerströmung gelangte Abbruchmaterial auch in den Osten der Insel. Die Sedimente lagerten sich um die niedrig liegenden Teile der Geest ab und erhoben sich bald über den Meeresspiegel. Sie bilden das fruchtbare Marschland, das von Keitum über Archsum bis nach Morsum reicht.

Dünen – Berge aus Sand

Radelt man von Kampen nach List, kann man die für Sylt prägende Landschaft am besten erleben. Hohe Berge aus Sand, bewachsen mit Strandhafer, Dünengras und einzelnen Heideflächen, türmen sich vor dem Radfahrer auf. Den „rauen Charme der skandinavischen Tundra" meint das „Große Sylt-

Buch" zu spüren. Auch wenn die Dünenlandschaft besonders im Norden beeindruckend zu erfahren ist, die Sandberge bedecken fast ein Drittel der Insel.

Dünen werden vom Wind errichtet. Er wirbelt den von der Brandung abgelösten und angespülten Sand auf; auf Sylt liegt im wahrsten Sinne des Wortes Sand in der Luft, wie jeder Strandgänger bei stärkerem Wind am eigenen Leib erfahren kann. Der Sand verfängt sich an Felsen und Pflanzen und türmt sich langsam zu einem Berg auf. Das kann Jahrhunderte dauern, man nimmt an, dass die ältesten Dünen Sylts 1000 v. Chr. entstanden sind. Je nach Alter teilt man die Sandberge in die Kategorien Primär-, Weiß-, Grau- und Braundüne, die sich auch durch unterschiedliche Vegetation unterscheiden. Die Sandberge können – wenn man sie sich selbst überlässt – ihr Aussehen und ihren

Strandhafer gibt den Dünen Halt

Standort wechseln, dafür sorgt der beständig wehende Wind. Eine solche **Wanderdüne** hat sich auf Sylt erhalten: die sogenannte „Sylter Sahara" bei List (→ S. 158). Sie bewegt sich im Jahr durchschnittlich vier Meter nach Osten.

Ein Sanderling flitzt über den Strand

Gehalten werden die Dünen durch Pflanzen, die sich der lebensfeindlichen Sandlandschaft angepasst haben. Wichtigste und häufigste Pflanze ist der **Strandhafer.** Diese Grasart versteht es, mit einem weitverzweigten Wurzelwerk auch noch das letzte Tröpfchen Wasser zu finden; die Wurzeln einer Pflanze können aneinandergereiht bis zu 35 Kilometer Länge erreichen. Und selbst wenn der Strandhafer vom Sand überweht wird – er kann sich auch durch eine meterdicke Sandschicht wieder ans Tageslicht bohren. Die stabilisierende Wirkung des Strandhafers wurde von den Syltern erst recht spät erkannt, er diente den Bauern zuvor unter anderem als Stallstreu.

Immer wieder brachte der aufgewehte Sand die Sylter in Schwierigkeiten, in Rantum schütteten die Dünen mehrmals die Kirche zu. Erste Versuche, die Dünen mit Dünenhalmen und Strandhafer zu befestigen, datieren aus dem 16. Jahrhundert. Bis man die richtige Pflanzweise herausgefunden hatte, vergingen aber ein paar Hundert Jahre. Unter den Preußen begann im 19. Jahrhundert die systematische Dünenbefestigung mit der planmäßigen Anpflanzung von Strandhafer gerade auf den die Insel vor dem Meer schützenden Vordünen. Doch auch mit Sandschleusen, die den Flugsand in die Dünentäler leiteten, und mit Sandfangzäunen aus Holzbündeln wurde versucht, die Dünenlandschaft zu domestizieren. Strandhafer und Sandfangzäune werden heute immer noch verwendet. 120 Kilometer Zaun werden im Jahr errichtet und 12 Hektar Strandhafer angepflanzt. Dünen sind empfindliche Gebilde. Legt der Spaziergänger durch einen tiefen Tritt auch nur einen Teil der Wurzel einer Dünenpflanze frei, so kann die Pflanze alsbald eingehen und die Düne ihren Halt verlieren. Deswegen ist es auch nicht erlaubt, in den Dünen die vorgeschriebenen Pfade zu verlassen.

Auf der windzugewandten Seite der Dünen herrscht der Strandhafer vor, auf der anderen ist die Vegetation breiter: Kriechweiden, Sanddorn, die weiß blühende Dünenrose und schwarzer Holunder haben hier ihre Wurzeln geschlagen. In den feuchten Dünentälern lassen sich Sumpf- und Wasserpflanzen wie der Wassernabel mit seinen runden, gekerbten Blättern nieder.

Auch auf eine eigene Fauna müssen Dünen nicht verzichten. Der tagaktive **Küsten-Sandlaufkäfer** macht hier Jagd auf andere Insekten. In den Braundünen lässt die **Kreuzkröte** ihr knarrendes Rufen ertönen. An heißen Tagen ist es allerdings nicht zu hören, dann gräbt sich die Kröte in den feuchten Sand ein, um nicht auszutrocknen. Viele Vogelarten haben sich die Dünen als Brutgebiet ausgesucht, die **Brandenten** nutzen teilweise alte Kaninchenhöhlen, um ihre

Küken sicher aufzuziehen. Von März bis Mai hält der **Sanderling** Einzug auf Sylt. Ausgebrütet wurden die flinken Jungvögel in der Arktis, dann suchen die zur Gattung der Strandläufer gehörenden kleinen Vögel mit ihrem geraden Schnabel nach Essbarem am Strand.

Der auffälligste und häufigste Vogel auf Sylt ist die Möwe, ob nun die **Lachmöwe** mit ihrem schwarzen Kopf oder die **Silber-** oder die **Heringsmöwe.** Letztere sind nur schwer voneinander zu unterscheiden: Beide haben einen auffällig gelben Schnabel, Silbermöwen sind aber etwas größer als ihre nahen Verwandten. Außerdem hat die Silbermöwe blassrote Beine, die Heringsmöwe hingegen stakst auf orangefarbenen Beinen durch die Dünen. Dass die Unterschiede geringfügig sind, finden wohl auch die Möwen selbst: Sie paaren sich untereinander.

Silber- oder Heringsmöwe? Sie wissen es wahrscheinlich selbst nicht

Möwen sind Überlebenskünstler und haben sich der menschlichen Umwelt perfekt angepasst. Fischereiabfälle oder Mülldeponien (und auch Mülleimer) bieten den Vögeln ausreichend Nahrung. Eine halbe Bratwurstsemmel hat sich schon in einem von einer Heringsmöwe ausgeschiedenen Speiball gefunden. „Kulturfolger" nennt der Biologe Tiere mit solchem Verhalten. Auch die Scheu vor dem Menschen haben die Möwen verloren: Der Autor selbst hat schon ein paar Mal an der Westerländer Kurpromenade beobachten können, wie eine Möwe im Flug einem Badegast seinen Snack aus der Hand schlug, um die Beute dann andernorts ungestört verspeisen zu können. Um den Vögeln wieder den nötigen Respekt beizubringen, ist es verboten, sie zu füttern.

Doch Möwen sind nicht nur Müllschlucker, ebenso wie viele andere Vögel ernähren sie sich aus dem Watt. Dabei sind Muscheln eine Hauptnahrungsquelle, die die geschickten Vögel greifen und aus der Luft auf einen harten Untergrund fallen lassen, um an das Muschelfleisch zu kommen. Brutplatz der Möwen sind die Dünen. Hunderte von Vögeln bilden in den Sandbergen Kolonien, in denen sie ihre Eier ablegen und scharf bewachen. Zu nahe sollte man ihnen nicht kommen, denn sie schrecken nicht davor zurück, übel riechenden Kot auf die Eindringlinge abzuwerfen.

Die Möweneier waren früher eine begehrte Delikatesse. „Dass man auch die Eier von Möwen essen kann und dass sie köstlich munden, das lernte ich auf Sylt", gab schon der Komponist Richard Strauß an einen Freund weiter. Die

Möwen haben nämlich die Angewohnheit, bei Verlust eines Geleges noch einmal zwei Eier „nachzulegen". Reiche Beute für die Sylter also, die sich in der Brutzeit der Vögel ein ordentliches Zubrot verdienen konnten. Die Eier waren so begehrt, dass sich die Inselnachbarn heimlich nachts nach Sylt aufmachten, um hier in den Möwenkolonien zu plündern. Als Abwehrmaßnahme wählten die Sylter einen **„Eierkönig"**, der in den Dünen auf dem Lister Ellenbogen zur Brutzeit übernachtete und die Gelege bewachte. 30.000 bis 50.000 Eier im Jahr verkauften die Sylter auf das Festland. Die Möweneier sollen sich übrigens durch einen leichten Meeresgeschmack auszeichnen.

Der Weg in die Braderuper Heide

Die rote Braut – die Heide

„Di Hiid es Brir / En ljucht da ruar" („Die Heide ist Braut / und leuchtet rot"), schrieb der nordfriesische Dichter Jens Emil Mungard. Die im Hochsommer in Rottönen erblühende Heide erinnerte ihn an eine Braut kurz vor der Hochzeit – allerdings auch daran, dass alles einmal vergeht: „Wat es, forgair."

Über 2900 Hektar Heidelandschaft gibt es auf Sylt, fast die Hälfte aller Heideflächen in Schleswig-Holstein. Die Heide auf Sylt bedeckte vormals das gesamte Gebiet zwischen Kampen und Keitum. Heute gibt es nur noch zwei großflächige Heidelandschaften auf der Insel: um den Flugplatz herum und die **Braderuper Heide** (→ S. 136). Über 2500 Tier- und 150 Pflanzenarten nennen die Heide ihr Zuhause, die Hälfte der Heideflora steht schon auf der Liste der bedrohten Arten. Die **Krähenbeere** mit ihren schwarzen Früchten ist die am häufigsten anzutreffende Heideart (Blütezeit April bis Juni). Ist der Boden trockener, findet man auch die **Besenheide** mit ihren hellroten Blütenkronen (Blütezeit Juli bis Oktober). Am Morsum-Kliff und in der Braderuper Heide gibt es noch zwei Areale mit der subatlantischen **Küstenheide.** Ist der Boden feucht, fast schon sumpfartig, wächst in den Tälern auch die **Glockenheide** (Blütezeit August bis Oktober). Der Kenner kann hier auch den **Sonnentau** entdecken, eine fleischfressende Pflanze, die mit ihren klebrigen Tentakeln ahnungslose Insekten einfängt. Der Sonnentau ist stark gefährdet und steht unter Naturschutz.

In der Heide finden sich in der Brutzeit die Nester von Brandgänsen und Austernfischern. Umschwirrt werden sie bei der Brutpflege von über 600 verschiedenen Schmetterlingsarten, zum Beispiel Fuchs- oder Zitronenfalter und Pfauenaugen.

Obwohl die Heide zum natürlichen Bewuchs der Braundünen und der Geest zählt, ist sie nicht ohne Zutun des Menschen entstanden. Sie wurde teilweise angepflanzt. Die Rodung der Wälder beschleunigte die Bodenerosion, die Heide gab dem Boden wieder Halt. Doch sie bedarf der ständigen Pflege. Bleibt diese aus, droht die Heide zu verholzen. Entweder man brennt gezielt die verholzten Partien ab oder greift zum sogenannten **Plaggen**: Mit Hilfe von Maschinen wird die oberste Humusschicht abgetragen, damit aus dem darunterliegenden Rohhumus neue Heide nachwachsen kann. Die sanfteste Methode ist freilich die Beweidung der Heide mit Schafen oder Ziegen. Auch auf Sylt ist seit 1999 wieder eine Schafherde aus 300 Heid- und Moorschnucken im Einsatz.

Rosa rugusa – ein invasiver Neophyt

Weiß bis rosa blüht die Rose auf Sylt. Keine Hecke, keine Düne und kein Friesenwall verzichtet auf die bis zwei Meter hoch wachsende Pflanze. Die schönen Blüten der Sträucher werden in der Zeit von Mai bis Juli bis zu sieben Zentimeter groß, ebenso beeindruckend sind ihre großen runden Hage-

butten. Sylt-Rose wird sie auf der Insel genannt, gemeinhin ist sie aber als Kartoffelrose bekannt, und man findet sie nicht nur auf Sylt, sondern im gesamten Küstenbereich.

Die Kartoffelrose ist allerdings kein endemisches Gewächs. Sie kommt ursprünglich von der sibirischen Halbinsel Kamtschatka und ist – was angesichts des sibirischen Klimas nicht weiter verwundert – sehr anspruchslos. Ihr reicht ein sandiger Boden, der Wind, der hohe Salzgehalt in der Luft sowie die harte Winter machen ihr nichts aus. So schien es 1890 eine gute Idee, die ostasiatische Rose als Windschutz auf Sylt einzuführen. Das Problem dabei: Die kargen Lebensbedingungen in Sibirien haben die Pflanze auch sehr aggressiv gemacht. Ihre Samen werden über die gesamte Insel verteilt, da die Vögel die Hagebutten fressen und die Samen wieder ausscheiden. Das Wurzelwerk breitet sich zudem sehr schnell aus. Einen natürlichen Feind hat die Rose auch nicht, denn der lang andauernde sibirische Bodenfrost stellt sich auf Sylt nicht ein. Und so droht die Kartoffelrose zur bestimmenden Pflanze der Insel zu werden und die heimische Vegetation – darunter die zwar anspruchslose, aber fragile Heide – zu verdrängen.

Buhnen: von den Preußen auf die Insel gebracht

Buhnen, Tetrapoden und Aufspülungen – der Küstenschutz

Wann geht Sylt nun eigentlich unter? Immer wieder frisst das Meer bei einer Sturmflut einen Teil der Insel, 2008 zum Beispiel nahm sich das Orkantief „Emma" zehn Meter Dünen von der Südspitze. Jährlich trägt das Meer vor allem an der Westküste eine Million Kubikmeter Strand mit sich fort. Um Christi Geburt war Sylt noch doppelt so groß wie heute.

Die Sylter kämpfen schon lange um die Existenz ihrer Insel. Um das Marschland im Osten zu sichern, bauten sie schon im Mittelalter einen **Deich** zwischen Archsum und Rantum. Endgültig Ruhe brachte 1937 der Nössedeich auf der Südseite des östlichen Landvorsprungs.

Doch die größten Landeinbußen sind an der Westküste zu beklagen. Man geht von durchschnittlich einem Meter Landverlust jährlich aus, an der nördlichen und südlichen Inselspitze sind es sogar 2,50 Meter. Würde der Mensch nicht gegen diesen Schrumpfungsprozess vorgehen, so wäre die Insel in einigen Hundert Jahren an ihrer schmalsten Stelle zwischen Rantum und Hörnum durchbrochen. Und auch der Rest der Insel hätte dann nur noch ein paar Tausend Jahre vor sich.

Schon seit Mitte des 19. Jahrhunderts wird versucht, der schrittweisen „Auflösung" der Insel entgegenzuwirken. Die Preußen befestigten systematisch die Dünen (→ S. 28) und rammten parallele Reihen von Holzpflöcken in den Strandboden, füllten die Hohlräume mit Steinen auf und trieben diese **Buhnen** im rechten Winkel zur Küste bis zu 100 Meter in das Meer hinein. Man hoffte, dadurch die Kraft der Wellen und der Strömung entscheidend mindern und Sandabtragungen einschränken zu können. Im 20. Jahrhundert wurde zunächst konsequent an diesem Konzept festgehalten. Buhnen – mittlerweile aus Stahl und dann aus Beton gefertigt – wurden zum festen Bestandteil des Sylter Küstenbereichs. Die erhoffte Wirkung blieb allerdings aus. Zu diesem Ergebnis kam schließlich auch ein Gutachten von 1957, dennoch sollten noch

Jahre vergehen, bis die Buhnen großflächig abgetragen wurden. Die noch verbliebenen Exemplare stellen heute eine Gefahr für Badende da. Die gelben, kreuzförmigen Warnschilder weisen die Inselurlauber darauf hin.

Wenn vergleichsweise zierliche Pfahlreihen aus Holz, Stein oder Beton nicht halfen, vielleicht konnten es dann sechs Tonnen schwere Monster aus Beton. In den 1960er-Jahren begann man, vor Hörnum und Westerland vierbeinige Klötze aus grauem Beton im Meer zu versenken. Diese sogenannten **Tetrapoden** waren ursprünglich für den Hafen von Casablanca konstruiert worden und sollten nun auch im hohen Norden vor der Brandung schützen. Der Erfolg blieb aus, wie die Buhnen wirkten die Betonklötze wenig effektiv gegen die Sandabtragung. Auf der Leeseite der Tetrapoden verstärkte sich der Sandabbau sogar. Die Tetrapoden hatten aber noch einen weiteren Nachteil. Man hatte ganz auf ihr Gewicht vertraut und die Betonklötze nicht verankert. Das Meer erwies sich aber als stärker, bei schweren Sturmfluten wurden die Tetrapoden versetzt und verteilten sich über den gesamten Strand.

Das Spülschiff in Aktion

Anfang der 1970er-Jahre kam dann die rettende Idee. Wenn Sand verloren geht, warum ihn nicht wieder aufschaufeln? Das dazu benötigte Material wurde einfach dem Meeresboden entnommen. 1972 und 1978 wurde mit diesen **Strandaufspülungen** der Strand vor Westerland aufgefüllt. Den Sand nahm man aus dem Watt vor Archsum bzw. Rantum und brachte ihn durch eine Rohrleitung zu seinem Bestimmungsort. Seit den 1980er-Jahren ist nun ein Spülschiff im Einsatz – im Grunde genommen ein schwimmender Bagger. Er entnimmt vor der Insel Sand vom Meeresboden, fährt mit seiner Ladung an eine Boje, von der aus der Sand wiederum mittels einer Rohrleitung und Zugabe von Wasser an den Strand gespült wird. Dort wird er durch Planierraupen verteilt.

Auf diese Weise wurden zwischen 1972 und 2010 ca. 40 Millionen Kubikmeter Sand an die Westküste gespült. Da der jährliche Sandverlust bei ca. einer Million Kubikmeter liegt, konnte dem Schwund so Einhalt geboten werden – und das auch noch mit einer umweltverträglichen Substanz. Doch die Aufspülungen haben ihren Preis. 2010 mussten Bund und Land rund sechs Millionen Euro aufbringen, um eine Strandlänge von 5,7 Kilometern mit dem notwendigen Material zu versorgen. Außerdem hat die Sandentnahme eine ganz einleuchtende Kehrseite: Jedes Jahr entsteht vor der Küste ein riesiges Loch im Meeresboden, Berechnungen zufolge könnten dort 1000 Einfamilienhäuser Platz finden. Dieses Loch erhöht bei einer Sturmflut die Wirkung der Wellen, die Brandung verstärkt sich und damit natürlich auch der Sandabbau. Dennoch: Eine bessere Lösung für den Erhalt der Insel ist bisher nicht gefunden worden.

Wie sich der **Klimawandel** auf den Zustand der Insel auswirken wird, ist ebenfalls noch nicht sicher. Das Bundesamt für Seeschifffahrt und Hydrographie kam 2007 beruhigenderweise zu dem Schluss, dass sich die Zahl der Sturmfluten in den letzten 25 Jahre nicht signifikant erhöht hat. Im gleichen Jahr rechnete eine Konferenz von Experten auf Föhr bis 2050 nur mit geringen durch den Klimawandel ausgelösten Veränderungen. Auch der Weltklimarat hat seine Prognose für die Erhöhung des Meeresspiegels nach unten korrigiert, für die Nordsee wird ein Anstieg von einem halben Meter vorausgesagt. Dieser halbe Meter sei bei den Deichbau- und Küstenschutzmaßnahmen schon eingeplant, sagen manche der Experten. Andere sehen die Zukunft düsterer und befürchten in den nächsten hundert Jahren große Landverluste für die Insel. Die Hörnum-Odde – also die Südspitze Sylts – werde wohl nicht zu halten sein. Das prognostizierte Szenarium: Durch den ansteigenden Meeresspiegel werden die Wellen nicht mehr so gebremst, die Sturmfluten werden mit höherer Kraft auf die Insel wirken, und die Strandvorspülungen werden nicht mehr ausreichen oder zu kostenintensiv sein.

Die Naturschutzgebiete auf Sylt

Nicht nur das Wattenmeer ist ein geschütztes Gebiet, auf der Insel Sylt selbst finden sich elf Naturschutzgebiete (NSG).

Das NSG **Nord-Sylt** reicht vom Ellenbogen im Norden über das Listland bis nach Kampen. Schon seit 1923 existiert dieses Gebiet mit seinem „Star", der einzigen Wanderdüne Deutschlands (→ S. 158).

Das **Lister Koog** liegt in der Bucht Königshafen und ist ein Feuchtbiotop, das über 100 Vogelarten als Brutgebiet dient.

Die **Vogelkoje** in Kampen erstreckt sich zwar nur über 10 Hektar, ist aber seit 1935 auch als Naturschutzgebiet ausgewiesen (→ S. 142).

Zwischen der Vogelkoje und Kampen liegt das NSG **Nielönn**, das ebenfalls Vögeln als Lebensraum dient.

Das **Rote Kliff** zwischen Kampen und Wenningstedt ist nicht etwa wegen des schönen Anblicks bei Sonnenuntergang Naturschutzgebiet, sondern wegen der einzigartigen Landschaft, die sich zwischen den zwei Orten erstreckt (→ S. 142).

Das Gleiche gilt für die **Braderuper Heide,** die zusammen mit dem Weißen Kliff unter Schutz steht (→ S. 136).

Das **Morsum-Kliff** verdankt seinen Status unter anderem seiner besonderen geologischen Formation, bei der bis zu zehn Millionen Jahre alte Erdschichten nebeneinander geschichtet sind (→ S. 195).

Das künstlich angelegte **Rantumbecken** bietet unzähligen Vögeln einen Brut- und Rastplatz und ist seit 1962 Naturschutzgebiet (→ S. 215).

Auch die Dünenlandschaft zwischen Westerland und Rantum ist geschützt, seit 1979 im NSG **Baakdeel.**

Die Dünen zwischen Rantum und Hörnum sind 1973 zum NSG **Rantumer Dünen** zusammengefasst worden.

Wenn die Nordspitze geschützt ist, gehört es die Südspitze auch. Die **Hörnum-Odde** ist seit 1972 Naturschutzgebiet (→ S. 234).

Am Nössedeich bei Archsum werden bei Ebbe
die Überreste eines Steinzeitgrabes sichtbar

Inselgeschichte

**Sturmfluten, wandernde Dünen, ein karger Boden und ein raues Klima –
viel Raum für angenehmes Lebens ließ die Insel den Menschen nicht. Trotzdem siedelten schon vor über 6000 Jahren Menschen auf der nördlichsten
Insel Deutschlands.**

„Wir armen Leute [besitzen] ein dür und mager Eilandt, das Jarliches durch
Sturm und Ungewitter augenscheinlich verringert, und am guten Lande ab-
nimpt", so schrieben die Sylter 1611 an ihren Landesherren und baten um eine
Steuerminderung. Die Insel war arm und bot nur äußerst ungünstige Bedingungen, um ein Auskommen zu finden. Zwar setzten immer wieder einmal
Phasen des wirtschaftlichen Aufschwungs ein, doch machte die Natur den Syltern stets einen Strich durch die Rechnung. In beängstigender Regelmäßigkeit
drohten gewaltige Sturmfluten die Insel zu ertränken, drei besonders verheerende mussten die Sylter allein in der zweiten Hälfte des 16. Jahrhunderts über
sich ergehen lassen. Und dann gab es da noch die nach Osten wandernden
Sandberge, denen die kleinen Siedlungen oftmals schutzlos ausgeliefert waren.

Wind und Wetter setzen der Insel heute noch zu. Allerdings haben sich die
Rahmenbedingungen komplett verändert: Ihren Lebensunterhalt müssen die
Sylter schon lange nicht mehr mühsam dem kargen Land oder dem Meer
abringen. Die Insel lebt mittlerweile von ihren Gästen, die Jahr für Jahr hier ihren Urlaub verbringen.

Großsteingräber und Ringburgen

Vor 6000 Jahren kamen die ersten Menschen nach Sylt. Ob sie mit dem Boot zur Insel rudern mussten oder ob Sylt damals noch eine Verbindung mit dem Festland hatte, ist nicht bekannt. Die frühen Siedler rodeten mit ihren Feuersteinbeilen die Wälder und betrieben Acker- und Viehwirtschaft. 47 **Großsteingräber** unter Grabhügeln aus jener Zeit sind durch die archäologische Landesaufnahme auf der Insel nachgewiesen, das besterhaltene ist der Denghoog in Wenningstedt (→ S. 125). Als man das Grab im 19. Jahrhundert öffnete, fand man nicht nur die Skelette der Begrabenen, sondern neben Steinwerkzeugen und aus Ton gebrannten Gefäßen auch einen verzierten Backteller, der immerhin nachweist, dass es schon damals frisches Brot auf der Insel gab.

Ab der ersten Hälfte des 2. Jahrtausends v. Chr. wurde das Leben der Siedler härter. Der Meeresspiegel hob sich noch einmal und überspülte Teile der Insel, und die Dünen nahmen sich mehr und mehr vom Ackerland. Damit wurden die Bewirtschaftungsflächen erheblich verkleinert, eine Entwicklung, die sich bis in die Eisenzeit (ca. 500 v. Chr. bis 600 n. Chr.) fortsetzte. Die Bauern zogen sich mehr und mehr auf das höher gelegene Gelände zurück und bewirtschafteten die Felder gemeinsam. Bei Archsum wurde eine Siedlung ausgegraben, die diese Entwicklung belegt: Aus anfänglich fünf kleinen Gehöften entwickelte sich im 1. Jahrhundert n. Chr. ein einziges Großgehöft. Die Arbeitsteilung in dieser vorgeschichtlichen Kolchose machte es einfacher, sich seinen Lebensunterhalt zu sichern.

Ebenfalls im 1. Jahrhundert n. Chr. sind die drei **Ringburgen** Sylts entstanden. Anders als der Name suggeriert, handelt es sich dabei nicht um Burgen im herkömmlichen Sinn, sondern um ringförmige Wallanlagen, die ursprünglich wohl kultischen Zwecken dienten. Von der Rantumburg weiß man allerdings nur noch aus Quellen, sie ist schon längst von den Dünen begraben worden. Auch die Archsumburg (→ S. 193) ist heute nicht mehr zu sehen. Nur die Tinnumburg (→ S. 204) ist als Ringburg noch zu erkennen, allerdings stammt ihr heute noch sichtbarer Wall aus einem späteren Jahrhundert.

Doch die Bautätigkeit flaute alsbald ab, und es ist anzunehmen, dass die Bevölkerung Sylts im 5./6. Jahrhundert stetig abnahm. Keine guten Voraussetzungen für weltgeschichtliche Ereignisse. Oder doch? Zumindest die Sage weiß von außerordentlichen Geschehnissen zu berichten: Im 5. Jahrhundert – so heißt es – seien von Wenningstedt die Angeln und Sachsen unter ihren Häuptlingen Hengist und Horsa aufgebrochen, um Britannien zu erobern. Dort schlugen sie in einer epischen Schlacht, in der Horsa heldenhaft den Tod fand, das feindliche Heer, und Hengist schwang sich zum König über Britannien auf. Belegt ist die Geschichte vom großen Heeresaufbruch von Sylt freilich nicht. Die Angeln und Sachsen können genauso gut einen anderen Ort an der Küste als Ausgangspunkt ihrer Invasion gewählt haben.

Wie dem auch sei, sicher ist, dass die Bevölkerungszahl nach Jahren des Schwundes im 8. Jahrhundert wieder stieg: Die Friesen waren auf Sylt eingetroffen.

Friesen, Sturmfluten und Heringe

„Der Name der Friesen [hat] bei den Germanen einen hellen Klang", schrieb der Römer Tacitus im 1. Jahrhundert n. Chr. Die **Friesen** lebten zur Zeit des römischen Historikers noch zwischen der Rhein- und der Wesermündung. Im Lauf der Jahrhunderte zogen sie Richtung Elbmündung, im 7. Jahrhundert waren sie dann im heutigen Nordfriesland angelangt, hundert Jahre später bevölkerten die ersten von ihnen die Insel Sylt. Mit den Friesen kam auch das Christentum nach Sylt. Wohl schon im 9. Jahrhundert entstand mit Sankt Peter in Rantum die erste Kirche der Insel. Doch die Friesen pflegten ihre ganz eigene Auslegung des christlichen Glaubens. So musste der Papst entsetzt feststellen, dass sie „den Priestern die Schuld an Unwetter und Sturmfluten, an Seuchen und an Unglücksfällen" gaben ...

1528 wurden die Sylter protestantisch

1141 war es dann so weit: Sylt trat offiziell in die Weltgeschichte ein. Die Insel wurde erstmals in einer Urkunde erwähnt. Aus dem 12. Jahrhundert stammen auch die zwei ältesten noch heute im Kern erhaltenen Kirchen Sylts, Sankt Severin in Keitum und Sankt Martin in Morsum. Ihre Taufsteine belegen, dass Sylt Teil des friesischen Handelswegnetzes war, das sich vom norddeutschen Festland über die Nordseeküste bis in die Ostsee zog. Der Keitumer Taufstein stammt wahrscheinlich aus Bad Bentheim im Südwesten des heutigen Niedersachsen, der Morsumer Stein von der schwedischen Insel Gotland. Trotz dieser weitreichenden Handelsbeziehungen, die der Nordsee zeitweise den Namen „Mare frisicum" eintrugen, führten die Sylter kein eben komfortables Leben, bedrängt wurden sie immer wieder vom Meer. Das 14. Jahrhundert begann gleich mit einer Sturmflut, die aber nur der Vorbote einer noch verheerenderen Katastrophe war. Die ereignete sich am 16. Januar 1362 und ist als **Marcellusflut** oder „**Erste Grote Mandränke**" in die Geschichte eingegangen. Alten Chroniken zufolge soll die Flut an der gesamten friesischen Nordseeküste 100.000 Hektar Land verschlungen und ebenso vielen Menschen den Tod gebracht haben. Auch wenn diese Zahlen wahrscheinlich überzogen sind, besteht kein Zweifel daran, dass die Marcellusflut immense Schäden angerichtet und massenhaft Todesopfer gefordert hat. Auf Sylt wurden weite Teile des östlichen Marschlandes überflutet, sodass sich die Silhouette der Insel erheblich verändert haben dürfte. Doch als wären die Sylter mit der Marcellusflut und ihren Folgen nicht genug gebeutelt gewesen: Im gleichen Jahrhundert grassierte auch noch die Pest auf Sylt, eine Hungersnot brach aus, und obendrein sandte der dänische König zum ersten Mal Steuereintreiber auf die Insel.

Das 15. Jahrhundert schien dagegen vielversprechend zu beginnen. Ein Heilsbringer für die Sylter tauchte auf: der Hering. Um 1425 veränderten die Heringsschwärme aus nur ihnen bekannten Gründen ihre Zugrichtung. Waren sie vorher aus dem Eismeer in die Ostsee gezogen, so schwammen die Hauptschwärme plötzlich an der dänischen Westküste entlang nach Helgoland. Diese Gelegenheit ergriffen die Sylter sofort beim Schopfe und spezialisierten sich auf den **Heringsfang,** der ihnen eine Zeit lang einen gewissen Wohlstand einbrachte, denn der Hering fand gerade zur Fastenzeit reißenden Absatz auf dem Festland. Der Heringsfang wurde so bedeutend für die Sylter, dass sie den Fisch sogar in ihr Wappen aufnahmen.

Doch auch in Zeiten des wirtschaftlichen Aufschwungs zeigten sich die Naturgewalten alles andere als gnädig. Am 1. November 1436 brach die **Allerheiligenflut** über Sylt herein, das Dorf Eidum wurde vom Meer verschlungen, das alte Rantum verschwand ebenfalls in den Wellen. Und auch die Obrigkeit ließ die Sylter nicht in Ruhe, diesmal in Gestalt des Herzogs von Schleswig. Der setzte ihnen Strandvögte vor die Nase, die der zunehmenden Strandräuberei Einhalt gebieten sollten (siehe auch S. 217).

Ab etwa 1528 hielt die Reformation Einzug auf Sylt. Die Priester auf der Insel folgten dem Beispiel ihrer Kollegen auf dem nordfriesischen Festland und hielten Predigten im reformatorischen Sinne Martin Luthers. Besiegelt wurde die Hinwendung zum Protestantismus 1542, als im Herzogtum Schleswig und damit auch auf Sylt die evangelische Kirchenordnung offiziell eingeführt wurde. Zu dieser Zeit dürften etwa 2000 Menschen auf der Insel gelebt haben.

Walfänger und Robbenjäger

Im 17. Jahrhundert wurden die Sylter direkt von der großen Weltgeschichte betroffen. Der **Dreißigjährige Krieg** erreichte auch die abgelegene Insel. Die Truppen der katholischen Liga unter ihrem Feldherrn Wallenstein hatten 1626 den dänischen König in einer Schlacht geschlagen, und kaiserliche Soldaten landeten nun auch bei Morsum. Die Dorfbewohner verschanzten sich in der Kirche, und die feindlichen Söldner zogen sich wieder zurück, unter anderem, weil der dänische König den Syltern Verstärkung schickte.

Auch die Natur hatte wieder einige unliebsame Überraschungen im Angebot. Die erste ereilte die Sylter gleich zu Beginn des 17. Jahrhunderts. Die Heringsschwärme verschwanden genauso plötzlich und unerklärlich, wie sie aufgetaucht waren, sodass sich die Sylter ihrer wichtigsten Erwerbsquelle beraubt sahen. Am 11. Oktober 1634 war es dann einmal mehr die Flut, die die Insel heimsuchte. Die **Buchardiflut** oder **„Zweite Grote Mandränke"** war die schwerste Sturmflut seit 1362. Zwar forderte sie nach allem, was wir wissen, auf Sylt nur wenige Todesopfer, doch zerstörte sie fünf Sommerdeiche mit schweren Folgen für das dahinterliegende Marschland.

Das 17. Jahrhundert schien also kein gutes für die Insel zu werden. Die Rettung brachte mal wieder ein Tier: der Wal, speziell der Pottwal, den man bereits Ende des 16. Jahrhunderts in großen Massen vor Grönland und Spitzbergen entdeckt hatte. Der Wal war ein wichtiger Rohstofflieferant: Aus seinem Fett gewann man Tran, das als Lampenöl und Schmierfett diente; aus seinem Kopf holte man sich den Walrat, der sich besonders gut zur Herstellung nichtrußender Kerzen eignete; und sein Darm lieferte Ambra, das auch noch heute – allerdings in synthetischer Form – die Basis vieler Parfüms bildet. Auch die Barten des Wales, mit der er Plankton aus dem Meer filtert, fanden Verwendung: in Korsetts, Reifröcken und auch Sonnenschirmen. Die Jagd auf die Pottwale lohnte sich also, ein einziges erlegtes Exemplar konnte einige Tausend Taler einbringen.

Die ersten Sylter **Walfangkapitäne** werden bereits 1636 erwähnt: die Brüder Bunde und Tam Petersen aus Tinnum. Die Zahl der Sylter in diesem blutigen Geschäft nahm von Jahr zu Jahr zu, denn die seeerfahrenen Insulaner waren bei den Eignern der Walfangschiffe beliebt, als einfache Besatzungsmitglieder, aber auch als Kommandeure. Auf der Insel entstanden Schulen, die der nachfolgenden Generation eine solide Bildung und gute Kenntnisse der Navigation und der Schiffsführung vermittelten. 150 Jahre nach den ersten beiden Walfangkapitänen aus Tinnum wurden an die 150 Schiffe von Sylter Kommandeuren befehligt.

Schon 1652 kam ein Chronist zum dem Schluss, dass „der Wallfisch-Fange gut Geldt in den Beutel trägt". Und in der Tat brachten die zurückkehrenden Wal-

„Mitt Bössen, Schwert und Forken" – wie ein König und Fischerfrauen die Schweden vertrieben

Am 16. Mai 1644 trafen bei der Lister Bucht neun dänische Kriegsschiffe unter dem Kommando ihres Königs Christian IV. auf 26 unter schwedischer Flagge segelnde Kriegs- und Transportschiffe. Es kam zu einem heftigen sechsstündigen Gefecht, an dessen Ende sich die schwedischen Schiffe in die Bucht zurückzogen. Neun Tage später flüchteten die Schweden arg mitgenommen aus der Bucht nach Holland. Warum Holland? Weil hier ihr Auftraggeber saß, der in Schweden in vielerlei Regierungsgeschäfte verwickelte Handelsmogul Lodewijk de Geer. Der hatte die Flotte zusammengestellt, um Druck auf den dänischen König auszuüben, der kurz zuvor die Abgaben für Handelsschiffe im Öresund erhöht hatte. Die Besatzung bestand zu einem guten Teil aus Söldnern. Praktischerweise herrschte aber seit einem Jahr Krieg zwischen Schweden und Dänemark, und so hatten sich de Geers bunt gemischter Truppe noch ein paar schwedische Kriegsschiffe angeschlossen.

Das unmittelbare Ergebnis der erwähnten Schlacht waren zunächst einmal Hunderte von Toten auf beiden Seiten. Sie alle mussten auf Geheiß der auf Sylt angelandeten, bereits ziemlich zerrupften Truppe de Geers von den Insulanern begraben werden: „Gestern sind hier auf List fünf Gruben gemacht, darinnen bei 500 Todte, theils

fänger Wohlstand auf die Insel. Der erfolgreichste Sylter Kapitän, Lorens Petersen de Hahn (1668–1747), war mit elf Jahren zum ersten Mal zur See gefahren und wurde als 25-Jähriger schon Kommandeur. Im Lauf seiner Karriere erlegte er sage und schreibe 169 Wale und häufte ein beachtliches Vermögen von 100.000 Talern an. Er baute sich in Westerland ein für Sylter Verhältnisse großes Haus mit einer prächtigen Innenausstattung. Die meisten anderen Kapitäne wählten Keitum als Ruhesitz und ließen sich dort große, mit farbenfrohen Türen versehene Friesenhäuser errichten, die auch Kapitänshäuser genannt wurden. Die gute Stube, der Pesel, sowie die Küche wurden mit blauen Delfter Kachel verkleidet. Vorrecht des Kommandeurs war es, die mächtigen Unterkiefer des Grönlandwales für sich zu behalten, die dann so manchen Hauseingang schmückten.

Der neue Wohlstand der Sylter war jedoch nicht leicht erkauft, denn der Walfang war ein gefährliches Unternehmen. Sobald die Häfen eisfrei waren, machten sich die Sylter Männer auf den Weg nach Hamburg oder Holland. Bis zu ihrer Rückkehr sollten Monate ins Land ziehen, gewöhnlich trafen sie erst im Herbst wieder auf der Insel ein. Dazwischen lag eine Mischung aus Gefahr, Entbehrung und harter Arbeit. Schon die Fahrt zu den Häfen, in denen die Walfangschiffe ankerten, war nicht ohne Risiko. So manch einer wurde bereits von der Nordsee verschlungen, bevor die eigentliche Mission begann. Auch die Reise in die Arktis war alles andere als eine Kreuzfahrt. Zu den gewöhnlichen Fährnissen in Gestalt der Stürme gesellte sich das Eis, dem die Schiffe oft hilflos ausgeliefert waren. 1777 wurde ein Walfangschiff gleich sieben Monate im Eis eingeschlossen. Und schließlich war auch die Jagd auf den Wal selbst kein reines Zuckerschlecken. Ein Pottwal misst immerhin bis zu 18 Meter und wiegt an die 50 Tonnen. In kleinen Walfängerbooten ruderten sich

ohne Kopf, ohne Arme, Beine und Lenden." Danach wollten sich de Geers Recken ans Plündern machen, was angesichts der Umstände ein Kinderspiel zu sein schien: Die Sylter Männer waren auf Fischfang, und so musste man sich lediglich mit den Frauen herumschlagen. Die jedoch bewaffneten sich mit „Bössen [Büchsen], Schwert und Forken" und zogen nach List, wo sie sich auf das feindliche Heerlager stürzten. Ihre stärkste Waffe war allerdings – so will es wenigstens die Legende – ihre Kleidung. Mit Bedacht hatten sich die Frauen in ihre Sonntagstracht geschmissen, und die zeichnete sich unter anderem durch die hohen Kopfhauben („Hüüv") aus, die sie groß und auch ein bisschen furchterregend erscheinen ließen. Und dann kam es so, wie es kommen musste: Die Moral der Angegriffenen war unverzüglich dahin, angesichts der vermeintlichen Riesen flohen sie auf die in der Bucht liegenden Schiffe und suchten dann so schnell wie möglich das Weite.

Tatsächlich wurden die Soldaten wohl nur überrascht, und da der Feldzug ohnehin schon verloren war und die martialischen Frauen darüber hinaus noch von den zu Hilfe eilenden Dänen begleitet wurden, ergriff die verängstigte Truppe lieber die Flucht. Wie dem auch sei: Der dänische König jedenfalls war sehr angetan von diesem Sieg und gewährte den Listern die Ehre, ihre Bucht fortan „Königshafen" nennen zu dürfen.

die Seeleute bis auf fünf Meter an den beeindruckenden Koloss heran und warfen ihre Harpunen auf das Tier. Steckte der Wurfspeer in der Speckschicht des Wals, trat dieser die Flucht an und tauchte ab. Nun galt es, sich mit dem Boot so lange mitziehen zu lassen, bis der Wal erschöpft auftauchte und man ihm dann mit einer Lanze den Todesstoß versetzen konnte. Tauchte der Wal auf seiner Flucht unter eine Eisscholle, musste die Fangleine schnell gekappt werden, damit das Boot nicht auf dem Eis zerschellte. Auch mit einem Schwanzschlag konnte der Wal sich für seine Qualen rächen und das Fangboot zerschmettern. Es gibt sogar Berichte von Pottwalen, die mit dem Kopf gezielt die Boote rammten. War der Wal getötet, zurrte man ihn neben dem Schiff fest und begann das blutige Werk des Zerlegens.

Grab des Kapitäns Hans Hansen Theunis in Keitum

So gefährlich die Arbeit der Walfänger, so unkomfortabel war auch ihr Leben an Bord. Die Seeleute mussten sich auf engstem Raum unter Deck drängen, und auch die Verpflegung war nicht unbedingt dazu angetan, in Freudentaumel auszubrechen: „Sonntag: Graue Erbsen mit Pökelfleisch. Montag: Gelbe Erbsen mit Stockfisch. Dienstag: Graue Erbsen mit Fleisch. Mittwoch: Gelbe Erbsen mit Stockfisch. Donnerstag: Gelbe Erbsen mit Stockfisch. Freitag: Graue Erbsen mit Fleisch. Sonnabend: Erbsen mit Stockfisch." Eine gesunde Ernährung gerade bei schwerer körperlicher Arbeit sieht anders aus, kein Wunder, dass die Walfänger immer wieder an Skorbut erkrankten.

Um die Mitte des 18. Jahrhunderts ging die goldene Ära des Walfangs langsam zu Ende. Die Bestände waren rückläufig, Folge der ungehemmten Jagd auf die Meeressäugetiere. 1836 fand die letzte Walfangfahrt mit einem Sylter Kapitän statt – geradezu symbolisch, dass sein Schiff im Eis stecken blieb und aufgegeben werden musste. Manche der Walfänger fanden ein neues Auskommen in der Jagd auf Robben, auch als **„Robbenschlag"** bekannt. Man ruderte an das Packeis, stieg aus, schlug die langsam flüchtenden Robben mit einem Knüppel auf den Kopf und zog den betäubten Tieren das Fell mitsamt der Speckschicht vom Leibe. Einen wirklichen Ersatz für das gute Geld im Walfang bot der Robbenschlag aber nicht. Außerdem galt er als unehrenhafter, da ungefährlicher als der Walfang. Doch glücklicherweise konnten die Sylter Seefahrer ihr Know-how auch auf anderem Gebiet nutzen.

Handelskapitäne, Gonger und friesische Nationalisten

Im 18. Jahrhundert blühte die Handelsschifffahrt auf, große Handelsgesellschaften in Hamburg, Kopenhagen oder Bremen suchten nach erfahrenen Seeleuten. Ende des 18. Jahrhunderts verdiente sich ein Viertel der Sylter Bevölkerung, nämlich an die 600 Seeleute, ihren Lebensunterhalt auf Handels-

Kapitänshaus in Keitum: finanziert mit Walrat, Ambra und Tran

schiffen. Sylter Seeleute waren auf jedem Weltmeer anzutreffen. Kapitän Dirk Meinert Hahn brachte 1838 eine Gruppe von deutschen Auswanderern trotz enormer Schwierigkeiten sicher auf seinem Schiff „Zebra" nach Australien. Auf dem Kontinent angekommen, kümmerte sich der Kapitän auch noch um einen Siedlungsplatz für die Emigranten. Aus Dankbarkeit nannten sie ihre südöstlich von Adelaide gelegene neue Heimat Hahndorf.

Nicht immer jedoch betätigten sich die Sylter Seeleute in gleicher Weise als Wohltäter. Belegt ist die Geschichte des Rantumer Steuermanns Peter Nicolai Lassen (1811–1865), der entsetzt zur Kenntnis nehmen musste, dass sein Kapitän vor der Westküste Afrikas „mit Drohungen und Schlägen schwarze Sklaven an Bord" bringen ließ. Auf die Vorhaltungen Lassens reagierte der Kapitän kühl: „Bringe ich sie nicht nach Amerika, tut es ein anderer. Auch gibt es keinen reichlicheren Verdienst als dieses."

Doch in welcher Mission auch immer: Auch die Handelsschifffahrt war ein risikoreiches Unternehmen. Viele Sylter Seeleute kamen in der Fremde durch das gefürchtete Gelbfieber ums Leben oder wurden Opfer von Schiffsunglücken. Da wundert es nicht, dass sich zahlreiche Schauergeschichten um die ertrunkenen Seeleute rankten. Die konnten nämlich als Untote wiederkehren, als sogenannte **„Gonger"**. In schweren Seestiefeln, in denen noch das salzige Wasser schwappte, betraten sie nachts das Haus ihrer Familie, löschten die Kerzen oder legten sich zu ihren Angehörigen ins Bett. Am nächsten Morgen waren die Gonger wieder verschwunden, nur eine Lache Meerwasser auf dem Boden zeugte von ihrem Besuch …

Realer als die Gonger waren die Piraten, die im 18. Jahrhundert noch eine ernstzunehmende Gefahr auf den Weltmeeren darstellten. Sie betätigten sich unter anderem im Menschenhandel und boten ihre Gefangenen an der marokkanischen und algerischen Küste auf dem Sklavenmarkt feil. Zur menschlichen Handelsware zählte auch so mancher Sylter, dessen Schiff gekapert worden war. Einige der Unglücklichen wurden von ihren Angehörigen freigekauft, andere mussten auf die Solidargemeinschaft vertrauen: Immer wieder gab es in den Sylter Dorfkirchen Kollekten, um die sogenannten Sklavenkassen zu füllen, aus denen dann die notwendigen Mittel für den Freikauf bereitgestellt wurden. Reichlich skurril ist die Geschichte des Wenningstedter Seemanns Andreas Frödden, der 1724 auf ganz andere, ungewöhnliche Weise aus den Klauen der Piraten befreit wurde: Als er auf dem Sklavenmarkt ausgestellt und zum Kauf angeboten wurde, richtete ein bärtiger, kostbar gekleideter Moslem in breitestem Friesisch das Wort an ihn: „Best dü ek en Söl'ring?" Frödde bejahte, der Moslem zückte die Geldbörse, legte den verlangten Obolus für den verdutzten Seemann auf den Tisch und entließ ihn umgehend in die Freiheit. Des Rätsels Lösung: Der fein gewandte Fremde war Jens Baathen aus Archsum, seinerseits ehemaliger Sklave, der später zum Islam übergetreten war und schließlich sein Glück in Algier gefunden hatte ...

Das Ende der Sylter Handelsschifffahrts-Herrlichkeit wurde 1806 mit der von Napoleon über Europa verhängten Kontinentalsperre eingeläutet. Der große Kaiser wollte damit England wirtschaftlich in die Knie zwingen. Auch Dänemark schloss sich der Handelssperre an, sodass die unter dänischer Herrschaft stehenden Sylter Seeleute erst einmal an Land festsaßen. Zwar nahm der Seehandel nach Napoleons Waterloo 1815 langsam wieder Schwung auf, doch das Sylter Seefahrer-Kontingent hatte sich offenbar erschöpft, zur Mitte des 19. Jahrhunderts heuerten nur noch 300 Insulaner an Bord von Handelsschiffen an. Als bleibendes Ergebnis der Epoche bescheinigte der zeitgenössische Sylter Chronist Christian Peter Hansen (siehe auch S. 58) seinen Landsleuten einen gewissen Zuwachs an Wissen und Weltläufigkeit: „Als Heringsfischer waren die Sylter arm und roh. Als Walfänger nahmen sie zu an Wohlstand und Sittlichkeit [...]. Als Handelsschiffer nahm ihre Zahl ab, aber ihre Bildung und Sittlichkeit im Ganzen zu."

Möglicherweise beeinflusste dieser Bildungszuwachs auch die Besinnung auf friesische Traditionen, die zu Beginn des 19. Jahrhunderts einsetzte. Auf der Insel fanden sich nun Vereine, die friesisches Brauchtum und die friesische Sprache pflegen wollten. Friese zu sein war „in", man kreierte sogar die noch heute in vielen Vorgärten flatternde, gold-rot-blau quergestreifte Friesenfahne und ein eigenes Wappen, die beide jeglicher historischer Grundlage entbehrten. Hintergrund dieser Entwicklung ist mit Sicherheit auch, dass sich die Nordfriesen zu Beginn des Zeitalters des Nationalismus verstärkt von den Dänen absetzen wollten. Der dänische König war in seiner Eigenschaft als Herzog von Schleswig auch Landesherr über Sylt – wenn man das sehr komplizierte dynastische Beziehungsgeflecht grob zusammenfassen will. Er war bestrebt, Schleswig und damit eben auch Sylt stärker in den dänischen Nationalstaat zu integrieren. Das stieß bei den Nordfriesen zunehmend auf Widerstand. Zum Protagonisten des Widerstands wurde Uwe Jens Lornsen (→ Kasten), der für eine eigenständige Verwaltung der zwei Herzogtümer Schleswig und Holstein eintrat. Inselchronist Christian Peter Hansen favorisierte eine andere Lösung und wollte die beiden Herzogtümer in einem deutschen Nationalstaat aufgehen sehen.

Tagesausflug Antrum
ab Hamm

Di. 3. März
10 März   12:00
              Rückkehr 18:00
3 Std. Aufenthalt

                        26,-
                        ? P.

Uwe Jens Lornsen – „Ich verabscheue alle Gnadenbettelei"

Kein Ort in Sylt ohne einen Uwe-Jens-Lornsen-Weg oder eine -Straße. Auch die größte Erhebung der Insel ist nach ihm benannt: die Uwe-Düne in Kampen. Geehrt wird er nicht nur auf Sylt, auf dem Festland gilt er als nationaler Vorkämpfer für die Freiheit Schleswig-Holsteins.

Uwe Jens Lornsen stammte aus einer alten Seefahrerfamilie, doch dem 1793 in Keitum Geborenen war die Laufbahn als Kapitän verwehrt. Die Kontinentalsperre, die Napoleon Bonaparte 1806 im Krieg gegen England über Europa verhängte, ließ eine entsprechende Berufswahl wenig lukrativ erscheinen. So schickte der Vater seinen Sprössling zum Jurastudium nach Kiel. Nach dem erfolgreichen Abschluss wurde Lornsen Beamter im Dienste des Königreichs Dänemark, zu dem Anfang des 19. Jahrhunderts auch Sylt sowie die Herzogtümer Schleswig und Holstein gehörten.

Lornsen machte schnell Karriere und wurde auf eigenes Betreiben 1830 Landvogt auf Sylt. Ein Novum, hatten doch die dänischen Könige stets darauf geachtet, keine Sylter in das höchste Verwaltungsamt der Insel zu entsenden. Kurz vor seinem Dienstantritt veröffentlichte Lornsen die Schrift „Über das Verfassungswerk in Schleswigholstein". Wie der Titel schon nahelegt, forderte er die Zusammenlegung der zwei alten Herzogtümer und eine von Dänemark unabhängige Verwaltung mit einer freiheitlichen Verfassung. Komplette Autonomie sah die Schrift noch nicht vor. Mit Lornsens Worten: „Der König und der Feind sey uns gemeinschaftlich."

In der aufgeregten Stimmung des Jahres 1830 – in Frankreich und Belgien kam es zur Revolution – wurde die Schrift als Hochverrat aufgefasst, der dänische König ließ Lornsen sofort verhaften und in Rendsburg in Festungshaft setzen. Seine Freunde reichten Gnadengesuche ein, die alle abgelehnt wurden, Lornsen selbst wollte nicht um Straferlass bitten. Er musste jedoch nur ein Jahr einsitzen und kehrte dann zurück nach Keitum. 1833 emigrierte er nach Brasilien, aber nicht etwa aus politischen Gründen, vielmehr quälte ihn eine geheimnisvolle Hautkrankheit. Möglicherweise handelte es sich um eine Schuppenflechte, die er sich bei seiner Festungshaft zugezogen hatte. Im tropischen Klima Rio de Janeiros hoffte Lornsen, Linderung zu finden.

Politische Fragen beschäftigten ihn aber auch am fernen Zuckerhut weiter. In seinen Exilschriften wurde er radikaler und forderte nun die Unabhängigkeit der Herzogtümer Schleswig und Holstein von Dänemark. Er arbeitete sogar eine demokratische Verfassung aus. Als er erfuhr, dass seine Schwester Erkel schwer erkrankt war, kehrte er 1837 nach Europa zurück. Dort angekommen, erfuhr er vom Freitod Erkels, die wahrscheinlich an Depressionen litt.

Um Heilung von seiner ihn immer mehr plagenden Krankheit zu finden, reiste er nach Genf. Mehr und mehr wurde auch Lornsen selbst von Schwermut niedergedrückt. Mitte Februar 1838 wurde seine Leiche am Ufer des Genfer Sees angespült, Lornsen hatte sich erschossen. Sein selbst gewähltes Ende machte ihn zum Märtyrer und zu einer Symbolfigur für den Unabhängigkeitskampf der zwei norddeutschen Herzogtümer. Schauspiele und Gedichte wurden über ihn geschrieben, wobei man geflissentlich übersah, dass Lornsens Freitod wohl eher auf seine depressive Gemütsverfassung als auf politische Verfolgung zurückzuführen war.

Im Zuge der deutschen Einigungsbewegung ab Mitte des 19. Jahrhunderts wurde er dann sogar postum in die Rolle eines Vorkämpfers für die Vereinigung Schleswigs und Holsteins mit Preußen gedrängt. Dafür hatte sich Lornsen aber nie ausgesprochen. Eher kann er als Verfechter eines modernen Verfassungsstaates gelten.

Das Denkmal für Uwe Jens Lornsen in Keitum

Am Ende war es Hansens Vision, die sich erfüllte. Zunächst beendete der Sieg Preußens und Österreichs im Deutsch-Dänischen Krieg von 1864 die dänische Herrschaft über Schleswig und Holstein und damit auch die über Sylt. Nach dem Preußisch-Österreichischen Krieg von 1866 kamen Schleswig und Holstein dann unter preußische Herrschaft und wurden so 1871 Teil des Kaiserreichs Deutschland. Dass damit nun auch Sylt zu Deutschland gehörte, verstärkte eine Entwicklung, die das Gesicht der Insel für immer verändern sollte. Sylt wurde das Ziel von Touristen.

Badegäste, Künstler und Soldaten

Im Sommer 1855 hatte der Landvogt Werner von Levetzau eine zukunftsweisende Idee. Er stellte am Strand von Westerland einen Badekarren auf, gewissermaßen die „technologische Keimzelle" des modernen Badetourismus: eine hölzerne Umkleidekabine, die ins seichte Wasser gezogen wurde, wo man sie verließ, um ein wenig im Wasser zu planschen. Damit war das Seebad Westerland geboren und öffnete sich den **Badegästen.** Die kamen jedoch zunächst nur in geringer Zahl, in der ersten Saison zählte man gerade einmal hundert Sommerfrischler. Ein Grund für den zögerlichen Start war die schwierige Anreise. Sylt gehörte in den 1850er-Jahren noch zu Dänemark, für die meistens aus Deutschland kommenden Gäste kein kleines Grenzhindernis. Dazu kam, dass die Verkehrsanbindung äußerst miserabel war. Die Badegäste mussten erst ins dänische Hoyer gelangen und dann mit der Fähre nach Munkmarsch übersetzen. Von da ging es dann auf staubigen Wegen an die Westküste. Der Service in dem gerade einmal 466 Einwohner zählenden Dorf Westerland war auch nicht vom Feinsten. Man ging etwas unbeholfen mit den zahlenden Gästen um, sprach miteinander nur im Sylterfriesisch, und so manch ein Alteingesessener sah sogar die eigene Jugend durch die lockeren Sitten der vor-

nehmlich aus der Stadt angereisten Inselbesucher gefährdet. Der „Sylter Mä-
ßigkeitsverein", ursprünglich gegründet, um den überbordenden Alkoholkon-
sum der seefahrenden Sylter zu bremsen, erlebte ein kleines Revival. „Nun, die
Sylter sehen es im allgemeinen als zweifelhaftes Glück an, wenn ihre Insel als
Badeort einst berühmt würde", konstatierte C. P. Hansen und zog des Schluss,
dass die Sylter auf den Tourismus wirtschaftlich gar nicht angewiesen seien.
Da irrte er allerdings, der Wohlstand war aufgrund der Krise der Handelssee-
fahrt im Sinken begriffen, und die Sylter waren mehr und mehr auf die Landwirtschaft und die Fischerei zurückgeworfen. So nimmt es nicht wunder, dass
mit der Zeit die Vorurteile gegenüber den Badegästen schwanden und der
„friesische Erwerbssinn" (Das große Sylt-Buch) die Oberhand gewann.

Einen Aufschwung nahm das Geschäft mit den Badegästen, nachdem Sylt erst
Teil des preußischen Königreiches und fünf Jahre später in das kaiserliche
Deutschland eingegliedert wurde. 1868 kamen 1099 Badegäste nach Westerland, gut 20 Jahre später waren es fast schon siebenmal so viele. 1905 zog es
dann bereits über 20.000 Menschen an die Westküste, und kurz vor dem Ersten Weltkrieg erreichte die Insel mit 32.000 Badegästen eine Bestmarke, die
für vierzig Jahre bestehen bleiben sollte. Der anwachsende Gästeverkehr
veränderte das Gesicht der Insel nachhaltig. In Westerland wurden Häuser im
Bäder- und Jugendstil aus dem Boden gestampft, und in Kampen wurde 1906
die Nordwestheide komplett überbaut. Bereits im Juli 1888 war die erste Lok
der „Sylter Ostbahn" von Munkmarsch nach Westerland gedampft und hatte
so für eine schnellere Fahrt zu den Ferienquartieren gesorgt (siehe auch S. 93).

„Unter allen Umständen bade man ohne Kleider", empfahl 1850 der Westerländer Arzt Otto Jenner den Badegästen. Damit war er seiner Zeit weit voraus.
An den Stränden des Seebades Westerland galten strengere Regeln. Der Badegast kam gar nicht erst in den Genuss, das salzige Wasser der Nordsee in vol-
lem Umfang auf seiner Haut zu spüren. Man zog sich – wie erwähnt – in den
Badekarren um, um dann im voluminösen Badekleid ein wenig mit den Füßen
im Wasser zu planschen. Züchtigkeit wurde großgeschrieben im Seebad
Westerland, die Herren und die Damen hatten jeweils ihren eigenen Strand,
die auch noch zwei Kilometer voneinander getrennt lagen. Ein Schild „Halt!
Damenbad! Halt!" machte auch den Kurzsichtigsten darauf aufmerksam, dass
er sich auf verbotenes Terrain wagte. Nur ein einziger Mann durfte den
Damenstrand betreten: der Badearzt. Erst 1902 hob man die Trennung mit
der Einrichtung eines Familienbades auf. „Das gemeinschaftliche Baden voll-
zog sich in fröhlichster Stimmung aller Badenden in tadelloser Ordnung",
schrieb die Kurzeitung erleichtert über dieses gewagte Experiment. Dafür, dass
auch wirklich alles unter Kontrolle blieb, machte man zwei Faktoren verantwortlich: das gestrenge Wirken des „Badeinspekteurs" und – aus heutiger
Sicht ein wenig überraschend – den Wellenschlag. Denn der „erhöht nicht nur
das Badevergnügen in außerordentlicher Weise, sondern gibt auch jedem Badenden sich selbst so viel zu schaffen, dass irgendwelche Nebengedanken
überhaupt nicht aufkommen können". Doch weder Wellenschlag noch Bade-
inspektor konnten den Drang zum anderen Geschlecht gänzlich unterdrü-
cken. Westerland hatte zu Beginn des 20. Jahrhunderts den Ruf eines Verlob-
ungsbades. 1909 wurde hier 69 Heiratsversprechen gezählt.

Auf der Kurpromenade Westerlands bahnte sich
um die Jahrhundertwende so manche Ehe an

1914 war es mit dem munteren Treiben am Weststrand erst einmal vorbei.
Der **Erste Weltkrieg** war ausgebrochen. Die Leuchtfeuer der Insel wurden
ausgestellt, das Seebad Westerland wurde geschlossen. Statt Sommerfrischler
rückten Infanteristen und Artilleristen auf Sylt ein. Sie zogen in die Ferienwohnungen ein, errichteten Befestigungen und Barackenlager in den Dünen.
Den Syltern war ihre wichtigste Einnahmequelle mal wieder versiegt. Denn die
kaiserliche Armee zahlte nur 14 Pfennig für einen gemeinen Soldaten und 61
Pfennig für einen Feldwebel. Da konnte sich noch glücklich schätzen, wer einen General beherbergen durfte: Für solcherart militärische Schwergewichte
konnten 2,25 Mark von der Heeresverwaltung kassiert werden. Zu den
finanziellen Einbußen gesellte sich im Laufe des Krieges die zunehmend
schlechtere Versorgungslage. Wenigstens fanden auf oder bei Sylt keine krie-
gerischen Handlungen statt. Dass es leicht dazu hätte kommen können, belegt
ein in den Akten des britischen Marineministeriums erhalten gebliebenes
Memorandum des jungen Marineministers Winston Churchill. Dort wird eine
Landung britischer Truppen auf Sylt vorschlagen.

Nach dem Ende des Krieges erwarteten die Sylter natürlich, dass ihr Badebetrieb wieder Schwung aufnehmen würde. Doch ihre Hoffnungen sollten enttäuscht werden. Die Insel wurde im Laufe der **Zwanzigerjahre** zwar von so
manchen Prominenten aus Politik, Sport und Kultur besucht, doch die Gästezahlen der Vorkriegszeiten stellten sich nicht wieder ein. Max Schmeling ließ
sich mit Hans Albers am Strand ablichten. Der Außenminister Gustav Stresemann schrieb sogar ein Gedicht über seinen Aufenthalt („Flatternde Fahnen
am Badestrand / Vielhundertfältig, von jedem Land …"). Marlene Dietrich
verbrachte die Nächte im mondänen und angesagtesten Nachtclub Westerlands, dem „Trocadero", in dem auch der damals bekannte Bandleader Teddy

Staufer auftrat. Doch die wirtschaftliche Lage der meisten Deutschen war in der Weimarer Republik zu unsicher, um sich einen längeren Aufenthalt an der See gönnen zu können. Da nutzte den Syltern auch der Bau des Hindenburgdamms 1927 nicht, der endlich die lang geforderte Verbindung mit dem Festland herstellte. Die Gästezahlen stagnierten, und mit dem Ausbruch der Weltwirtschaftskrise 1930 sanken sie sogar.

Während der goldenen Zwanzigerjahre herrschte also eine trübe Stimmung auf Sylt. Auf ganz Sylt? Nein, in einem kleinen Dorf im Norden der Insel gab sich die Creme des Weimarer Kulturlebens die Klinke in die Hand. „Wie ein Trunkener lief ich stundenlang den Strand entlang oder durch den flüssigen Sand der Dünen, meine Gesänge schreiend … schreiend mit den Möwen", frohlockte etwa Emil Nolde. Dabei war der Maler sogar relativ spät dran, er kam erst 1930 für einen Sommer nach Sylt, da sein Haus in Seebüll renoviert werden musste (→ S. 246). Die Karriere des **Künstlerdorfs Kampen** begann dagegen bereits um die Jahrhundertwende. Die Anhänger der „Lebensreform" und der Jugendbewegung, die sich von den gesellschaftlichen Zwängen des wilhelminischen Kaiserreichs befreien wollten, entdeckten den unendlichen Strand und die kargen Dünen für sich. Ferdinand Avenarius, der Herausgeber der einflussreichen Zeitschrift „Der Kunstwart", baute sich in Kampen ein Haus, um abgeschieden von der Zivilisation leben zu können (→ S. 50). 1920 kaufte Siegfried Jacobsohn, der Herausgeber der „Weltbühne", ein altes Friesenhaus in Kampen, das zusammen mit der Pension „Haus Kliffende" (→ S. 143) zum Dreh- und Angelpunkt der nun nach Sylt kommenden Künstler wurde. Jacobsohn berichtete darüber ausführlich und teilweise bissig seinem Freund Kurt Tucholsky. 1921 erhielt Jacobsohn Besuch von Thomas Mann. Der war so angetan von den Reizen Sylts, dass er noch zweimal wiederkam und 1927 im Gästebuch des Hauses Kliffende jene Sätze hinterließ, die noch heute jeden Sylt-Prospekt zieren: „An diesem erschütternden Meere habe ich tief gelebt." Der Verleger Ernst Rowohlt schockte derweil die Kampener, indem er auf der Kurpromenade geräucherte Bücklinge zerriss, ein Flasche Korn dazu schwenkte und „Es lebe die Anarchie!" rief. „Wir saufen abwechselnd Porter und Grog, dass die Schwarte kracht", schrieb Jacobsohn an Tucholsky, den er aber auch mit solchen Schilderungen nicht auf die Insel locken konnte. Tucholsky fuhr lieber an die Ostsee. Der mittellose Schriftsteller Hans Fallada machte auch Station auf Sylt, fand die Insel aber zu teuer („Tageskurtaxe pro Person eine Mark"). Immerhin traf er in Kampen aber Ernst Rowohlt, der ihm gleich einen Job als Rezensent anbot.

Doch nicht nur die Ikonen des Literaturbetriebs fanden sich auf der Insel ein. Die gefeierte Ausdruckstänzerin Gret Palucca kam 1924 zum ersten Mal auf die Insel, gab dort ihrem „angeborenen Zwang zum Rhythmus" nach und tanzte auch schon mal nackt durch die Lister Dünen. Um ihre Verbundenheit mit Sylt zu ehren, ist heute ein Ausflugsschiff nach ihr benannt. Den Kampener Strand bevorzugten die Dadaisten Hans Arp und Kurt Schwitters, und auch Wassily Kandinsky machte dort ausgedehnte Spaziergänge mit seinem russischen Malerkollegen Alexej Jawlensky. Der war allerdings weniger begeistert von Sylt, er dachte daran sich zu „erhängen, so schrecklich war es, aber nicht einmal einen Baum gibt es dort."

Avenarius, Weidemann und Gert –
Lebensreformer und Dekadenzler im Ziegenstall

1903 baute sich **Ferdinand Avenarius** (1856–1923), Schriftsteller und Heraus-geber der Zeitschrift „Der Kunstwart", das „Haus Uhlenkamp" in Kampen – eine für die Dorfbewohner seltsame Mischung aus Schweizer Alpenhütte und Friesenhaus. Der besondere Clou des Hauses blieb den Kampenern aber ver-borgen. In einer Vertiefung zwischen den zwei Schornsteinen war im Reet-dach eine große Kupferwanne installiert worden, in der sich Avenarius – ge-schützt vor den pikierten Blicken der Dorfbewohner – nackt den Sonnen-strahlen aussetzen konnte. Avenarius war nämlich ein führender Vertreter der Lebensreformbewegung, die unter anderem mit der Betonung von Körper-lichkeit und Natürlichkeit die verkrusteten Sitten um die Jahrhundertwende aufbrechen sollte. 1876 war Avenarius – übrigens ein Neffe von Richard Wagner – zum ersten Mal auf die Insel gekommen und war hellauf begeistert von der Natur Sylts. Das ging so weit, dass er sich als einer der Ersten für den Naturschutz starkmachte. Mit Erfolg: 1923, kurz vor seinem Tod, wurden das Lister Dünengebiet und das Morsumer Kliff zum Schutzgebiet erklärt.

Einer seiner naturverbundenen Mitstreiter war **Magnus Weidemann** (1880–1967), ursprünglich Pfarrer, der sich mit 40 Jahren aus seinem Seelsorgerberuf zurückgezogen hatte und dessen Credo fortan lautete: „Das nackte Baden erzieht ein neues Menschentum." Als „Schönheitssucher" und „Lichtmensch" kam er durch die Propagierung einer natürlichen Körperlichkeit zur Aktfotografie. Per Zeitungsanzeige suchte er Mädchen und Frauen, die „einem älteren, edeldenkenden Künstler einmal als Modell" dienen könnten. Die Fotografien Weidemanns waren wohlgemerkt keine Pornografie, sie sollten die Ideale der Freikörperkultur feiern. Weidemann versuchte sich auch als Dichter und als Maler. In seinen Dünenbildern gelang es ihm, die raue Schönheit der Landschaft einzufangen. Wie auch andere Anhänger der „Lebensreform" geriet er in den 1930er-Jahren in den Bann des National-sozialismus, und seine Verehrung der friesischen Landschaft glitt ins Völkische ab. Weidemann starb 1967 in Keitum und wurde auf dem dortigen Dorffriedhof begraben.

Von ganz anderem Kaliber als die Lebensreformer war die Grotesktänzerin **Valeska Gert** (1892–1978, eigentlich Gertrude Valeska Samosch). Sie war im Berlin der Zwanzigerjahre durch satirische bis freizügige Tänze bekannt ge-worden und hatte auch in Stummfilmen mitgespielt, darunter in „Die freud-lose Gasse" von G. W. Pabst. 1920 kam sie das erste Mal nach Kampen und wurde dort bis zu ihrer Flucht vor den Nazis im Jahr 1938 – Valeska Gert war Jüdin – zum regelmäßigen Sommergast. Nach dem Zweiten Weltkrieg und ihrer Rückkehr nach Deutschland gründete sie in Kampen eines der skur-rilsten Lokale Sylts. Im „Ziegenstall" saßen die Gäste auf Melkschemeln oder Holzbänken. Die Kellner – alles darstellende Künstler – gaben spontan Chansons zum Besten, Transvestiten traten auf, und über allen wachte die weiß geschminkte Valeska. An der Wand prangte der Spruch: „Gäste sind wie Ziegen – sie werden gemolken und meckern." 1978 starb Valeska Gert einsam und vergessen in Kampen. Ihre Leiche wurde erst ein paar Tage nach ihrem Tod entdeckt.

Aufnahme fanden die Kreativmenschen unter anderem in Clara Tiedemanns Haus Kliffende. Der Ansturm scheint so groß gewesen zu sein, dass sich die Hausherrin ihre Gäste fast handverlesen aussuchen konnte. Wer bei ihr unterkommen wollte, musste schon eine Empfehlung von einem Verleger, Schriftsteller oder anderem bekannten Künstler vorweisen können. Der Kunstkritiker Hans Sahl fasste die Faszination, die Sylt und speziell Kampen auf die Künstler ausübte, in einem Satz zusammen: „Kampen […] verschaffte mir ein Gefühl von Freiheit, wie ich es kaum anderswo kennengelernt habe." Doch die Tage der Freiheit am Meer fanden 1933 ein jähes Ende.

„Hitler-Eiche", Bunker und Kasernen

Ein Tag nach der Machtergreifung der Nationalsozialisten in Berlin am 30. Januar 1933 marschierte auch die SA durch die Straßen Westerlands, „in straffer Geschlossenheit und musterhafter Ordnung", wie eine Zeitung artig jubelte. Schon bei der Reichstagswahl im September 1930 war die **NSDAP** stärkste Partei auf Sylt geworden, sicher auch ein Ergebnis der schlechten wirtschaftlichen Lage, die die Gästezahlen auf der Insel kontinuierlich abnehmen ließ. Doch bereits vor dem deutschlandweiten Erstarken der Nazis hatten sich die Sylter von den rechtsextremen Parteien verführen lassen, in ihrer Mehrheit wählten sie deutschnational. So ist es wenig verwunderlich, dass die Propaganda der Nazis auf Sylt auf fruchtbaren Boden fiel. Bereits 1931 hatte es Übergriffe auf „jüdisch aussehende" Badegäste gegeben, im gleichen Jahr lieferten sich Kommunisten und SA eine Straßenschlacht in Westerland. 1933 konnte sich der rechte Hass dann ungezügelt ausleben. Die drei jüdischen Geschäfte in Westerland wurden boykottiert, einen Arbeiter führte die SA mit dem Schild „Ich roter Lump" durch die Straßen, und 1934 verhängten Westerland und Wenningstedt ein Aufenthaltsverbot für Juden. Die anderen Dörfer folgten alsbald, sodass die Ortsgruppenleiter in Berlin mit der entsetzlichen Meldung „Sylt judenfrei" aufwarten konnten.

Am Strand zierten nun Hakenkreuzfahnen die Strandburgen, und der Heimatverein „Söl'ring Foriining" wurde überzeugten Nazis anvertraut. Auch der Führer-Kult trieb heftig Blüten. Westerland ernannte Hitler zum Ehrenbürger, und es gab sogar Pläne, eine Düne nach ihm zu benennen. Genehmigt wurde das freilich nicht, stattdessen musste sich die Insel mit der Anpflanzung einer „Hitler-Eiche" auf dem Keitumer Schulhof begnügen.

Auch die Naziprominenz machte Station auf der Insel. Reichsmarschall Hermann Göring hatte besonders Gefallen an Sylt gefunden. Er baute sich in Wenningstedt ein Haus, dass er „Min Lütten" taufte. Den dickbeleibten Göring am Strand zu fotografieren war übrigens verboten, jedem frechen Paparazzo drohte die „Einziehung des Apparats und des Films". Der Oberbefehlshaber der Luftwaffe hatte allerdings auch berufliche Gründe für seine Inselaufenthalte. Sylt wurde nach 1935 systematisch zu einem Militärstützpunkt ausgebaut, denn Hitler betrachtete die Insel als nördlichste „Speerspitze des Dritten Reiches", und sein getreuer Reichsmarschall Göring trieb die Militarisierungspläne gehorsam voran. In List wurde die Verkehrsfliegerschule in einen Seefliegerhorst umgewandelt, in der Mitte der Insel der Flughafen Westerland

Jens Emil Mungard – „Ströntistel es min Bloom"

Die Stranddistel verwendet der nordfriesische Dichter Jens Emil Mungard als ein Symbol für sich selbst: „En Proter haaa wat biid!" Einen Stachel hätten sie nämlich beide. Ein einfacher Mensch ohne Widersprüche war der 1885 geborene Keitumer wirklich nicht. Er schrieb über 800 Gedichte, sechs Theaterstücke und diverse Prosastücke und gilt als wichtigster Dichter des Nordfriesischen. Aber er hatte auch stets Probleme mit seiner Frau und seiner Familie, unter anderem weil Mungard nicht mit Geld umgehen konnte. Er lag zudem des Öfteren mit seinem Vater Nann Peter Mungard, der sich ebenfalls dem Erhalt des Nordfriesischen verschrieben hatte, über Kreuz. Als jedoch 1920 darüber abgestimmt werden musste, ob Nord-Schleswig zu Dänemark oder dem Deutschen Reich gehören sollte – eine Bedingung des Versailler Friedensvertrages – und sich sein Vater gegen die Mehrheit der Sylter stellte und für die dänische Lösung eintrat, da hielt Mungard zu seinem Vater und stellte sich mit ihm ins gesellschaftliche Abseits auf der Insel. Der Vater musste Sylt verlassen, Mungards Hof in Keitum wurde abgebrannt, sein zweiter landwirtschaftlicher Betrieb in Archsum fiel 1924 ebenfalls einem Brand zum Opfer. Seine Frau reichte die Scheidung ein. Und auch Mungard ging aufs Festland, um dort Arbeit zu finden. Als die Nazis an die Macht kamen, griff Mungard sie in ein paar Gedichten an – eine Ausnahme unter den deutschen Heimatdichtern. Er wurde 1936 das erste Mal verhaftet und bekam Schreibverbot. „Wer keine Hitler-Hymnen schreibt, darf nichts mehr schreiben", kommentierte er das Verbot in einem Brief an einen Bekannten. 1939 wurde er in das KZ Sachsenhausen verschleppt, ein Jahr später starb er dort an einer Lungenentzündung, deren Behandlung der KZ-Kommandant ihm verweigerte hatte. Auf dem Grabstein seines Vaters in Keitum steht auf Sölring: „Gehorche Gott, tue recht, weiche keinem!" Eine Devise, nach der auch der Sohn zu leben versucht hatte.

erweitert und im Süden das Rantumbecken vom Meer abgetrennt, um es als Landeplatz für Wasserflugzeuge nutzen zu können (siehe auch S. 215). Auch Hörnum geriet ins Blickfeld der Nazis und wurde systematisch zum Fliegerstützpunkt ausgebaut. Überall auf der Insel entstanden Kasernen, und der Weststrand war alsbald von Bunkern übersät.

Mit dem Beginn des **Zweiten Weltkriegs** wurde Sylt wieder Sperrgebiet. Das Grau der Uniformen beherrschte nun das Leben in den Dörfern. 1940 flog die britische Luftwaffe einen größeren Bombenangriff auf die Insel, glücklicherweise fielen die meisten Bomben ins Meer. 1945 wurde Sylt zur „Festung" ausgerufen, doch widersetzte man sich den über den Hindenburgdamm rollenden britischen Panzern nicht. Sylt ergab sich klugerweise ohne Gegenwehr.

Flüchtlinge, Prominente und Bauboom

Die einzigen Gäste Sylts gleich nach dem Krieg waren britische Soldaten. Sie hatten in den Hotels und Pensionen Quartier bezogen. In den nun leer stehenden Kasernen wurden Flüchtlinge untergebracht, die es aus Pommern, Schlesien oder Ostpreußen bis nach Schleswig-Holstein geschafft hatten. 14.000

Der Bunker an der Hörnum-Odde wurde 2009 Opfer der Naturgewalten

Vertriebene wurden nach Sylt gebracht, damit verdoppelte sich die Einwohnerzahl der Insel. Erst 1947 wurde der Badebetrieb wieder freigegeben, die britische Armee zog ab, aber Badegäste kamen nicht. Nur wenige konnten sich angesichts der allgemeinen schlechten Versorgungslage die überteuerten Preise in den Kurhotels leisten.

Mit der Währungsreform 1948 und dem einsetzenden Wirtschaftswunder stiegen dann wieder die Gästezahlen, und auch Kampen revitalisierte seinen Ruf als Künstlerdorf. Der Verleger Peter Suhrkamp bot sein Haus seinen Schriftstellern kostenlos als Unterkunft an. Eine Gegenleistung erwartete er nicht, vielmehr riet er seinen Autoren: „Lassen Sie sich fallen! Werden Sie nicht unruhig, verzweifeln Sie nicht, wenn Sie drei, vier Wochen keine Zeile schreiben können." Auch der Schweizer Schriftsteller Max Frisch machte mit seiner Familie in Kampen Station. Er badete „ohne alles, und das ist herrlich", in der Nordsee, und wenn er aus dem Fenster blickte, dann sah er nur „sechs Häuser, weit ins Weite verstreut, jedes einsam".

Das sollte sich bald ändern. Seit den späten 1950er-Jahren entwickelte sich Sylt und insbesondere Kampen zu einem Treffpunkt der bundesrepublikanischen Eliten aus Politik und Wirtschaft. Viele davon bauten, kauften oder mieteten sich hier ein Haus als Feriendomizil, darunter Berthold Beitz, Friedrich Karl Flick und Axel Springer. Alsbald gesellte sich Prominenz (und Möchtegern-Prominenz) aus Sport und Showbiz hinzu, und Sylt kam nach und nach in den Ruf, die Insel der **Reichen und Schönen** zu sein. Speerspitze war und blieb Kampen, das ab Mitte der 1960er-Jahre – auch dank der Hofberichterstattung in der Boulevardpresse – zum „berühmtesten Dorf" der Republik avancierte. Dass sich das voyeuristische Interesse dabei vorzugsweise auf das

Zeugen des Westerländer Baubooms der 1970er

vermeintlich ungezügelte Partyleben des Jetsets am Kampener Nacktbade-
strand „Buhne 16" fokussierte, versteht sich von selbst. Auch der seriösere
Journalismus ließ sich nicht (immer) lumpen, und so verging kaum ein
Sommerloch, das nicht mit Kampener Geschichten rund um Partylöwen wie
Gunter Sachs, Oswalt Kolle oder Curd Jürgens gefüllt worden wäre.

Vom Hype um Kampen profitierten auch die anderen Dörfer der Insel, auch
wenn die Gäste hier in der Regel weniger illuster waren. „Ali Hüüsing sen tö
Tir stopet fol fan Baarilir" („Alle Häuser sind zur Zeit proppenvoll mit Bade-
leut"), dichtete die Sylterin Anna Gantzel 1970. Die Grundstückspreise waren
gestiegen, mehr und mehr Häuser gebaut worden, allein in Westerland hatte
sich deren Zahl innerhalb von zehn Jahren verdoppelt. Auch Bausünden wie
etwa der Abriss einiger Hotels aus der Gründerzeit und die gleichzeitige
Errichtung eines Betonhochhauses als Kurzentrum waren dabei nicht ausgeblieben. Als schließlich sogar ein 25-Stockwerke-Gigant an der Kurpromenade
in Planung war, rührte sich allerdings Widerstand. Eine Bürgerinitiative
wehrte sich derart vehement gegen den Bau, dass die Pläne 1972 fallen gelassen wurden.

Genau wie in anderen Feriengebieten steht die Frage, wie die Bedürfnisse der
wachsenden Anzahl an Urlaubsgästen und die der einheimischen Bevölkerung
in Einklang zu bringen sind, auch heute noch oben auf der Agenda. 2009
zählte man über 860.000 Touristen auf der Insel und damit 250.000 mehr als
noch zehn Jahre zuvor. Von dieser Entwicklung, die auch im Wirtschafts-
krisenjahr 2010 nur geringfügig gebremst wurde (830.000 Gäste), profitiert
ein nicht unbeträchtlicher Teil der Inselbevölkerung, denn viele sind direkt
oder indirekt am Geschäft mit dem Tourismus beteiligt. Die Kehrseite sind die

steigenden Grundstücks- und Miet-
preise sowie die hohen Lebenshal-
tungskosten, die so manch einen Sylter zwingen, seinen Wohnsitz auf das
billigere Festland zu verlegen. Mittlerweile pendeln täglich über 3000
Menschen über den Hindenburgdamm. „Es geht alles weg," sagt der
Westerländer   Stadtbaumeister   in
einem Interview mit dem Magazin
„Der Spiegel". Wenn sich die Entwicklung fortsetze, werde es bald „so
gut wie kein privates Wohneigentum
mehr für Dauerwohner" auf der Insel
geben. Der Einwohnerschwund hat
aber bereits jetzt spürbare Folgen: So
wurde 2011 bereits darüber nachge-
dacht, einen Zwangsdienst für die
dann nicht mehr ganz so freiwillige
Feuerwehr einzuführen, da man die
für den Brandschutz auf der Insel
nötigen Mannschaftszahlen nicht aufrechterhalten kann.

Um die Zukunft der Insel wird
auch im Wahlkampf gestritten

Ein Problem der Sylter Tourismusbranche wird auch darin gesehen,
dass die Inselgemeinden lange Zeit
ausschließlich für ihre eigenen Belange planten, dabei aber die Gesamt-
entwicklung des Inseltourismus außer Betracht blieb. Deswegen wird schon
seit geraumer Zeit die Forderung erhoben, eine umfassende Strukturanalyse
vorzulegen, die sich unter anderem mit den folgenden Fragen auseinander-
zusetzen hätte: Wie kann die drohende Verkehrsüberlastung der Insel ver-
mieden werden; wie können die Erfordernisse des Umweltschutzes und die
Interessen der Tourismusbranche vernünftig ausbalanciert werden; und
schließlich: welchen Stellenwert sollen in Zukunft touristische Großprojekte
wie die 2007 in Rantum eröffnete TUI-Ferienanlage im Gesamttableau des
Inseltourismus einnehmen? Möglicherweise war die 2008 beschlossene Fusion
von Westerland, dem Sylter Osten und Rantum zur Großgemeinde Sylt ein
erster Schritt in die Richtung, hier zu gemeinsamen Lösungen zu kommen.

Im Mai 2008 stimmten die Bürger der Gemeinde Westerland, Rantum und
Sylt-Ost für eine **Fusion** der drei Kommunen: offizieller Titel der vereinigten
Gemeinden ist schlicht „Sylt". Auswirkungen für den Gästebetrieb hat die
Fusion allerdings nicht. Nach wie vor gibt es in jedem Ort (jetzt Ortsteil)
eine Kurverwaltung, die Zimmer vermittelt, Gästekarte verkauft etc. Nur die
Anschriften ändern sich: Die für Westerland lautet jetzt „25980 Sylt, OT
Westerland", die für Keitum „25980 Sylt, OT Keitum" und so fort.

Typisch friesisch, typisch Sylt

Sylt ist friesisch, und entsprechend sind seine Traditionen. Wie andernorts auch sind die Grenzen zwischen inszenierter Folklore und echter Brauchtumspflege fließend. Ausschließlich um Letztere kümmert sich seit 1905 der Söl'ring Foriining, auf Hochdeutsch schlicht Sylter Verein.

Gegründet wurde der Sylter Heimatpflegeverein von Pastor Friedrich Riewerts, der angesichts der zunehmenden Zahl von Badegästen auf der Insel feststellte: „Es schwindet alte Eigenart, Sprache und Sitte immer mehr." Der Söl'ring Foriining hat heute weit über 1000 Mitglieder und ist der größte lokale Heimatverein in Schleswig-Holstein. Er unterhält die Museen „Altfriesisches Haus" und das Heimatmuseum in Keitum, den Denghoog in Wenningstedt und die Vogelkoje in Kampen. Zudem ist er zuständig für die Pflege einiger der Naturschutzgebiete. Der Söl'ring Foriining hält auch die alten Volkstänze und Trachten am Leben, darunter das im wahrsten Sinne des Wortes herausragendste Stück: die Hüüv, die traditionelle schwarze Samthaube der Sylter Frauen, die schon einmal dabei half, die Insel vor Eindringlingen zu schützen (→ S. 40). Natürlich hat sich der Verein auch der Pflege des Sylterfriesischen verschrieben. Mehr Informationen zum Söl'ring Foriining unter www.soelring-foriining.de.

Roter Leib und schwarze Hüüv:
die Tracht der Sylter Frauen

Biikebrennen

„Tjen di Biiki ön!", schallt es jedes Jahr am Abend des 21. Februar auf der Insel. Schon morgens haben die Sylter jeweils einen großen Stapel Holz an bestimmten Plätzen in den Dünen und auf der Marsch zusammengetragen: die Biike. Am Abend versammelt man sich um die Stapel, es werden Reden auf Friesisch gehalten und Lieder gesungen, dann wird die Biike angezündet. Danach begibt man sich zum Grünkohlessen. Am nächsten Morgen ist dann Petritag, an diesem alten friesischen Festtag haben die Kinder schulfrei.

Das Ritual des Biikebrennens geht wohl auf sehr alte Bräuche zurück, vielleicht sogar auf das germanische Mittwinterfest. Mit dem Einzug des Christentums auf der Insel wurde das Biikebrennen mit dem Petritag kombiniert, um dem Ganzen einen christlichen Anstrich zu geben. Aus historischen Berichten geht hervor, dass das Feuer ursprünglich an langen Stangen umhergetragen wurde. Manchmal thronte auch eine Strohpuppe, der Pider, über dem

Biikebrennen in Wenningstedt

Feuer – er symbolisierte den Winter. Laut Inselchronist C. P. Hansen waren die Biiken einst auch die Zeit des Abschieds der Walfänger von ihren Familien, die sie bis zum Herbst nicht mehr sehen sollten. Kurz nach dem Fest seien die Männer in See gestochen. Dem widerspricht die neuere Heimatforschung: Zur Zeit der Biike hätten sich die Sylter Seefahrer lediglich getroffen, um ihre Heuer und Verträge miteinander zu besprechen. In See seien sie erst später gestochen, da die Häfen zu diesem Zeitpunkt noch gar nicht eisfrei waren.

Die Biike und der darauf folgende Petritag waren lange Zeit die wichtigsten Festtage im Leben der Sylter. Und noch heute gilt den Syltern die Biike als „ihr" Fest, auch wenn die Marketingstrategen der Fremdenverkehrsämter den 21. und 22. Februar als attraktiven Termin für Touristen entdeckt haben. Mehr und mehr Inselgäste mischen sich unter das Sylter Publikum und lauschen wahrscheinlich etwas verständnislos den friesischen Reden („Lef Sölring Lönslir, lef Frinjer, lef Gasten fan nai en fiir …"). Die Zeit des Biikebrennens wird mittlerweile von vielen Appartementvermietern und Hoteliers zur Hauptsaison gerechnet.

Jöölboom, Eierrollen und Maskenlaufen

Wenn es wieder weihnachtet auf der Insel, dann stellen traditionsverbundene Sylter nicht etwa eine Tanne ins Wohnzimmer. Nein, bei einem echten Friesen ziert der **Jöölboom** den Pesel. Da auf der Insel früher Nadelbäume rar gesät waren, begnügte man sich mit einem Holzstab mit drei Querlatten, an denen Weihnachtsschmuck und vier Figuren aus Salzteig angebracht wurden: Adam und Eva, ein Pferd als Zeichen von Ausdauer, ein Hund für die Treue und ein Hahn für die Wachsamkeit. Dörrobst und Kränze aus Immergrün vervollständigten den Sylter Weihnachtsbaum. Der Jöölboom war lange Zeit in Vergessenheit geraten, erst in den 1980er-Jahren feierte er eine Renaissance.

Nach der Biike und dem Petritag steht den Sylter Kindern schon bald eine neue Gaudi ins Haus: Zu Ostern sucht man nämlich auf der Insel nicht nach Eiern, man wirft oder rollt sie. Ersteres geschieht unter anderem am Grünen Kliff in Keitum. Wessen Osterei den beherzten Wurf vom Kliff heil übersteht, darf weiterspielen. Beim Eierrollen gilt das gleiche Prinzip: Zwei Eier werden aufeinander zugerollt, eine Runde weiter ist der, dessen Ei sich als bruchresistent erweist. Doch ob **Eierwerfen** oder **Eierrollen**: Die Kinder betreiben das Geschäft nicht mehr mit der gleichen Akribie wie in früheren Tagen. Da besorgte man sich bereits kurz nach der Biike besonders kleine und runde Eier, die als weniger zerbrechlich galten, und kochte sie zusammen mit Zwiebelschalen, um sie besonders bruchfest zu machen.

Wer Ostern und Weihnachten ein wenig anders feiert, der verabschiedet auch das alte Jahr auf seine eigene Weise. Die alten Sylter machten sich am Silvesterabend auf zum **Maskenlaufen**. In kleinen Gruppen zogen sie maskiert zu den Häusern derer, die sich nicht verkleidet hatten. Dort brachten sie ihnen ein Ständchen in friesischer Sprache, trugen ein Spottgedicht über den Hausbesitzer vor und wurden in die Gute Stube gebeten, wo der Gastgeber versuchte herauszufinden, wen er vor sich hatte. Nach der Demaskierung und der anschließenden Bewirtung zog man zum nächsten Haus weiter. Richtig lebendig ist dieser Brauch heute nur noch in Morsum.

Christian Peter Hansen – ein „lebendiges Konversationslexikon"

„Wir Insulaner bieten den Fremden ein offenes, ehrliches Antlitz, eine treue Hand, einen gastlichen Tisch und reinliche Wohnungen." So rühmte 1859 Christian Peter Hansen – kurz C. P. Hansen – in seinem „Fremdenführer auf der Insel Sylt" seine Sylter Landsleute. Doch Hansen, geboren 1803 in Westerland, machte sich nicht nur als Verfasser des ersten Reiseführers zur Insel einen Namen. Eigentlich war er von Beruf Lehrer und Organist in Keitum. Doch schon als Junge hatte er die von den Alten weitererzählten Insel-Sagen und -Legenden begierig aufgesogen. Und so machte er sich – ganz im Sinne der Gebrüder Grimm – im Erwachsenenalter daran, die alten Geschichten zu sammeln und aufzuschreiben. Wie er selbst einräumte, kam ihm dabei bisweilen seine „lebhafte Phantasie" in die Quere. So manch alte Geschichte hat er ausgeschmückt, anderes scheint er komplett erfunden zu haben.

Die Sagen waren aber nur eine Leidenschaft des umtriebigen Lehrers. Er schrieb eine Geschichte Sylts, eine Geschichte der friesischen Uthlande, eine Biografie Uwe Jens Lornsens und eine Abhandlung über die Anfänge des Schulwesens auf Sylt. Darüber hinaus sammelte er frühgeschichtliche Funde, die später den Grundstock für das Sylter Heimatmuseum bildeten. 1879 starb der Kenner der Sylter Geschichte, auf den sich heute noch die Bewahrer der Sylter Sprache und Bräuche berufen. Ein jährlich verliehener Preis für Verdienste um die friesische Sprache und Kultur trägt seinen Namen.

Langgestreckt und reetgedeckt: Friesenhaus in Tinnum

Friesenhäuser

„Reetgedecktes Friesenhaus", „Haus im friesischen Stil" – damit werben die Makler auf Sylt um Käufer. Doch haben die angebotenen Ferienhäuser, auch wenn sie mit Reet gedeckt sind, wenig mit einem echten Friesenhaus zu tun. Die Urform des für Sylt typischen uthlandfriesischen Hauses findet man bereits in der Bronzezeit. Im Laufe der Jahrhunderte entwickelte sich daraus ein Langhaustyp, der Wirtschafts- und Wohnbereich in einem Gebäude integrierte. Uthlandfriesisch heißt das Haus, weil es vor allen Dingen auf den Uthlanden, also den Inseln und Halligen vor der friesischen Küste, vorkommt. Das Hauptaugenmerk bei der Konstruktion der Häuser galt dem Schutz vor Sturmfluten. Das Friesenhaus ist ein Gebilde aus frei stehenden Holzständern, auf denen die Deckenbalken und darauf dann die Dachsparren ruhen. Die Fächer, also die Zwischenräume zwischen den Ständern, wurden mit Lehm, Grassoden (ausgestochene Grasstücke) oder Holzbohlen ausgefüllt. Etwa ab dem 17. Jahrhundert mauerte man Ziegelwände zwischen die Ständer, die Wände waren jedoch nicht tragend. Wenn eine Sturmflut das Haus unterspülte und die Wände wegbrachen, blieb die tragende Konstruktion der Holzständer intakt. Der Boden unter dem Dach bot nicht nur Raum für die Lagerung von Heu, sondern diente den Bewohnern auch als Zufluchtsort bei Fluten. Umgeben ist ein Friesenhaus von einem aus Buckelsteinen gebauten Friesenwall, der dem Langhaus einen fast schon burgähnlichen Charakter verleiht.

Das uthländische Friesenhaus hat einen lang gestreckten Grundriss. Man betritt das Haus durch die Klöntür, deren obere Hälfte separat zu öffnen ist. Das diente ursprünglich der Lüftung des Hauses, ohne dabei Gefahr zu laufen, dass Tiere oder auch Kleinkinder entwischen konnten. Man konnte sich aber auch ganz gemütlich auf den unteren Teil lehnen und bei geöffneter oberer Türhälfte einen gemütlichen Snack halten, daher der Name Klöntür. Hinter der Tür erstreckte sich ein Flur, der das Haus in zwei Bereiche teilte, den Wirtschaftsteil mit Stall, einer Dreschtenne und manchmal noch einer Kammer für die Magd und den Wohnbereich. Vom Flur gelangte man in die Küche,

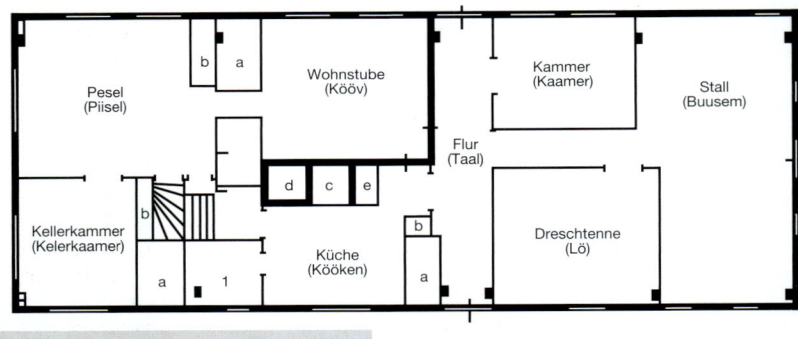

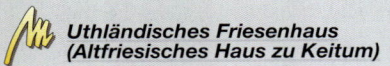

**Uthländisches Friesenhaus
(Altfriesisches Haus zu Keitum)**

1. Speisekammer
a. Bettstelle
b. Schrank

c. Offene Feuerstelle
d. Backofen
e. Nebenherd

die Kööken. Hier spielte sich in der Regel der Hauptteil des Lebens in einem Friesenhaus ab, hier wurde gekocht und gearbeitet.

Die Küche lag neben der Wohnstube, der Kööv, mit der sie sich in der Regel einen Beilegeofen (Bilegger) teilte: Geheizt wurde in der Küche, der hintere Teil des Ofens ragte in die Wohnstube und versorgte sie so mit rauchfreier Wärme. Alle anderen Räume des Hauses waren unbeheizt. Von der Küche ging es zu einer Speisekammer und durch eine niedrige Tür zu einem Kriechkeller hinab, dem einzigen unterkellerten Bereich eines Friesenhauses. Neben der Küche lag der Pesel oder Piisel, die Gute Stube des Hauses. Mit dem einsetzenden Wohlstand durch den Walfang im 18. Jahrhundert wurde dieses Repräsentationszimmer immer prächtiger ausgestaltet: Malerei an der Decke, englische Möbel und manchmal ein prächtiger Samowar zeugten vom Reichtum der Hausbesitzer. Typisch für den Pesel wurde die Auskleidung mit blau bemalten Delfter Kacheln. Der Raum war die meiste Zeit des Jahres ungenutzt, hier feierte man Hochzeit, Weihnachten und andere wichtige Feste. An den Pesel grenzte die Kellerkammer an. Sie lag über dem Kriechkeller und diente als Schlafzimmer.

Gebaut wird der Typ des uthländischen Friesenhauses heute nicht mehr, bereits im 19. Jahrhundert hatte man die Konstruktion mit Holzständern aufgegeben. Ein idealtypisches Friesenhaus aus dem 18. Jahrhundert findet man noch in Keitum. Das „Altfriesische Haus" ist heute ein Museum und kann besichtigt werden (→ S. 178).

Ringreiten

Jedes Jahr ab Pfingstsonntag werden auf den Reitwiesen im Sylter Osten eigenartige Konstruktionen aufgestellt: zwei Pfähle, dazwischen ein locker gespanntes Seil, daran ein Ring von 12 bis 25 Millimetern Durchmesser. Nun heißt es für die angetretenen Ringreiter, mit ihrer bis zu zwei Meter langen Lanze den Ring im vollen Galopp zu treffen. Im Lauf des Wettkampfs werden die Ringe immer kleiner, und die Anzahl der erfolgreichen Ringreiter dezimiert sich, bis am Ende nur noch ein Reiter übrig ist. Der wird dann zum König ausgerufen. Vorher sind die Ringreiter natürlich in einem Umzug zur Wettkampfstelle geritten. Ringreiten ist keine leichte Sportart, sie erfordert Zielgenauigkeit und eine gute Beherrschung des Pferdes.

Die Ursprünge des Ringreitens liegen im Dunkeln. Man vermutet, dass diese in ganz Nordfriesland und Teilen von Dänemark verbreitete Sportart ihre Wurzeln in mittelalterlichen Ritterturnieren hat. Eine ebenso alte Sylter Tradition wie etwa das Biikebrennen ist das Ringreiten allerdings nicht. 1841 erwähnt ein Chronist einen Wettkampf in Keitum, 1861 gründete sich immerhin schon der erste Ringreiterverein. Mittlerweile gibt es im Sylter Osten acht Vereine, die drei jüngsten, erst in den 1980er-Jahren gegründeten Riegen sind Frauen vorbehalten. Den ganzen Sommer treten die Reiter gegeneinander an. Bei den Wettkämpfen geht es nicht immer ganz abstinent zu. So berichtet das Protokoll des Morsumer Vereins anlässlich eines Turniers im Jahr 1973: „Der Umzug stockt – es gibt zuviel Punsch!" Auch die Heimatforscherin Silke von Bremen hält die Zielsicherheit der Reiter angesichts der Umtrünke für erstaunlich. Eine Erklärung für die Treffsicherheit lieferte ein Reiter bereits im 19. Jahrhundert: Echte Ringreiter würden einen Rausch vermeiden, „indem sie die Becher im unbemerkten Augenblick elegant nach hinten entleeren".

Wie dem auch sei, am letzten Sonntag im August kommt es in Sylt alljährlich zum großen Showdown: In einem Abschlussturnier werden der beste Ringreiter und die beste Ringreiterin unter jeweils vier Kandidaten ermittelt. Informationen über Veranstaltungen erhält man am besten über die Kurverwaltungen der Dörfer im Sylter Osten.

„Rüm Hart, Klaar Kiming" – Sylter Symbolik

„Weites Herz, klarer Horizont" bedeutet der Spruch, dem man in vielerlei Form begegnen kann: ob auf dem Banner der Sylter Rundschau oder auf einem der vielen Souvenirs, die man auf der Insel erstehen kann. Er gilt als Wahlspruch der Nordfriesen, dementsprechend findet man ihn auch auf der in vielen Vorgärten flatternden Nordfriesenfahne. Drei Querstreifen in Gold, Rot und Blau zieren die Flagge zusammen mit dem Wappen der Nordfriesen, einem halben Reichsadler, der dänischen Krone und einem Grütztopf. Letzterer half den Friesen einst, die Zwerge zu besiegen (→ S. 139). Wenn darunter nicht der oben zitierte Wappenspruch steht, dann das ebenso unvermeidliche „Lewer duar üs Slaav" („Lieber tot als Sklave"), das seinen Ursprung in einem Gedicht über einen widerspenstigen Hörnumer Fischer hat (→ S. 233).

Die Sylter selbst haben sich die nordfriesischen Farben ganz zu Eigen gemacht. „Die Sonne ist golden, Kampen-

Kliff ist rot, der Himmel blau", so erklären sie sich die Farbsymbolik. Selbst hinzugefügt haben sie noch ein eigenes Wappentier: den Hering. Der Grund ist nicht ganz klar: Entweder taten sie es, weil Sylt auf Dänisch „Hering" („Sild") bedeutet, oder weil sie ein Jahrhundert lang gut vom Heringsfang leben konnten.

Die verschiedenen Gemeinden der Insel haben natürlich auch ihre eigenen Wappen, doch sie sind alle wenig historisch und stammen aus dem 20. Jahrhundert. Nicht viel älter ist die Sylter Hymne, sie wurde vom Inselchronisten und Heimatdichter C. P. Christiansen im 19. Jahrhundert gedichtet. Hier die ersten Zeilen zum Mitsingen: „Üüs Sölring Lön, dü best üüs helig / dü blefst üüs ain, dü best üüs Lek!" („Unser Sylt, du bist uns heilig, / Du bleibst unser Eigen, du bist unser Glück!").

Sölring/Sylterfriesisch

„Bi Kiar", „Sjipwai" oder auch „Tĕrpstig" – die Straßennamen auf Sylt weisen den Besucher vom Festland schon darauf hin: Er befindet sich auf fremdsprachigem, sprich friesischem Gebiet. Die Straßennamen bedeuten übrigens „Am Teich", „Schafsweg" und „Dorfstraße". Auch die Dorfnamen finden sich auf den Ortsschildern in zwei Sprachen: Westerland ist Weesterlön, Kampen wird zu Kaamp, Tinnum zu Tinem usw. Die doppelte Namensnennung ist ganz offiziell, seitdem der Kieler Landtag das „Gesäts fort stipen foont friisk önj e öfentlikhäid" (Gesetz zur Förderung des Friesischen im öffentlichen Raum) im Jahr 2004 auf Drängen des Südschleswigschen Wählerverbands erlassen hat. Friesisch ist nun die zweite anerkannte Amtssprache neben Hochdeutsch im Kreis Nordfriesland und Helgoland.

Kein Sölring, sondern Plattdeutsch

Fünf Jahre zuvor war das Friesische bereits in die Europäische Charta der Minderheitssprachen aufgenommen worden. Die friesische Sprache ist germanischen Ursprungs und teilt sich in das Westfriesische, gesprochen in den Niederlanden, das Ostfriesische und eben das Nordfriesische. Letzteres ist aber eher ein Sammelbegriff, denn auf dem nordfriesischen Festland spricht man einen anderen Dialekt als auf Föhr, Amrum, Helgoland oder Sylt. Die Dialekte unterscheiden sich teilweise erheblich voneinander. Mit „Staal" bezeichnet der Sylter zum Beispiel einen Tisch, der Föhrer sagt „Boosel", der Helgoländer setzt sich an die „Taffel", und der Festlandfriese streckt seine Beine unter den „Skiuw".

Unter allen nordfriesischen Dialekten weist das Sylterfriesisch, das **Sölring,** die meisten Eigenheiten auf, Grund ist wahrscheinlich die Nähe zu Dänemark. Das Sölring hat auch eine lange schriftsprachliche Tradition, 1809 erschien das erste gedruckte Buch in Sylterfriesisch. Danach wurde es zur Sprache von Heimatdichtern wie Jens Emil Mungard (→ S. 52). Lebendig ist das Sölring auch noch in den Sylter Sprichwör-
tern wie „‚Ark Drööp helpt‘, sair de Man en peset ön Heef" („‚Jeder Trop-fen hilft‘, sagt der Mann und uriniert" – um es elegant zu übersetzen – „ins (leergelaufene) Wattenmeer").

Als Alltagssprache ist das Sölring allerdings nahezu ausgestorben. Waren es Ende des 19. Jahrhunderts noch 85 Prozent der Sylter, die sich auf Sölring verständigen konnten, sank der Wert bis Mitte des 20. Jahrhunderts auf sechs Prozent. Durch friesischen Sprachunterricht oder Gesprächsnachmittage, die vom Söl’ring Foriining ausgerichtet werden, versucht man, die Sprache am Leben zu erhalten.

Bleibt noch eine letzte Frage zu klären, die den weiter aus dem Süden Deutschlands stammenden Inselgast mit dem Tag seiner Ankunft beschäftigen wird: Warum begrüßen die Friesen sich bei jeder Tages- und Nachtzeit mit **„moin, moin"?** Wünschen sich die ausgeschlafenen Sylter etwa immer einen „guten Morgen". Nein, natürlich nicht. „Moin, moin" ist Plattdeutsch, die Lingua franca an der Nordseeküste, und leitet sich von „mooi" ab, was „schön" oder „gut"

„Am Teich", „Pfarrkoppel" und „Auf der Heide"

bedeutet. Man wünscht also einen „Guten" und lässt den Tag, Abend oder Morgen einfach weg. Die Verdoppelung soll den Gruß nur stärker betonen, gilt aber unter den wortkargen Nordfriesen fast schon als zu schwatzhaft: Die meisten begnügen sich mit einem einfachen „Moin".

Gräber und sprechende Steine

Denghoog, Tipkenhoog und Harhoog – das sind nur drei Beispiele vorzeitlicher Grabmäler, die sich auf Sylt befinden. 47 Gräber aus der Steinzeit zählten die Archäologen bei einer wissenschaftlichen Untersuchung der Insel. Dazu kommen noch zahlreiche **Grabhügel** aus der Bronze- und Eisenzeit, und noch im Mittelalter vergruben die Sylter die Asche der Verstorbenen in Urnen unter kleinen Grabhügeln. Dass sie auf Sylt in so großer Zahl vertreten sind, ist der geringen landwirtschaftlichen Nutzung der Insel zuzuschreiben.

Die späteren Sylter fanden eine andere Art, der Nachwelt Erinnerungen zu hinterlassen: die **sprechenden Grabsteine.** Die Seefahrer des 17. und 18. Jahrhunderts erzählten oder, besser, ließen auf ihren Grabsteinen ihr Leben erzählen und würdigen. Auf den Friedhöfen von Sankt Severin in Keitum (→ S. 176), Sankt Martin in Morsum (→ S. 196) und Sankt Niels in Westerland (→ S. 95) findet man viele Beispiele dieser steinernen Biografien. So ließ sich etwa der Kapitän Hans Hansen Teunis (1746–1803) nicht nur die bemerkenswerte Anzahl

seiner Walfangfahrten in Stein meißeln, sondern auch seine Tugenden: „Strebsahm war er als Versorger für die Seinen / dabey lag ihm die Erziehung Seiner längst Mutter Lose-Kinder sehr am hertzen."

Nicht nur die Kapitäne wurden mit solchen Grabsteinen geehrt, auch ihre Frauen berichten quasi aus dem Grab von ihrem Leben. Dabei bewiesen sich die Friesen mal wieder als recht sparsam. Die Steine blieben über Generationen im Besitz der Familie, manche wurden abgeschliffen, um sie erneut verwenden zu können, manche wurden auch einfach weiterverkauft. „Sprechende Grabsteine" sind allerdings kein Sylter Phänomen, man findet sie ebenfalls auf den Friedhöfen der Kirchen auf Föhr, Amrum und Rømø. Auf dem Friedhof von Sankt Clemens auf Amrum steht der Grabstein, der die sicher abenteuerlichste Lebensgeschichte eines nordfriesischen Seefahrers erzählt (→ S. 260).

Seefahrergeschichten auf dem Friedhof von Sankt Clemens auf Amrum

Reisepraktisches

Anreise

Mit dem Autozug (Sylt Shuttle): Wo Sie auch herkommen – die letzten Kilometer bis zur Insel dürfen Sie ausspannen und das Fahren anderen überlassen: In Niebüll (ca. 40 Kilometer nördlich von Husum) wird Ihr Auto, Motorrad oder Campingmobil auf den Sylt Shuttle der Deutschen Bahn verladen, der Sie samt Gefährt in etwa 35 Minuten nach Westerland bringt. Die Verladestation erreicht man entweder über die A 7 (bei der Ausfahrt Flensburg-Harislee weiter auf die B 19 Richtung Leck/Niebüll) oder über die A 23 (Richtung Heide, dann weiter über die B 5 bis Niebüll).

Der Autozug-Terminal Niebüll funktioniert so problemlos wie eine Mautstation. Man fährt in die vorgesehene Spur und wird am Zahlautomaten von einer freundlichen Stimme Schritt für Schritt durch den Vorgang geleitet. Danach geht's auf den Zug, Fahrer und Insassen bleiben im Wagen, werden zunächst durchs nordfriesische Marschland chauffiert und überqueren dann den Hindenburgdamm, der Sylt seit mittlerweile über 80 Jahren mit dem Festland verbindet. Auf der Insel angelangt, hat man in wenigen Minuten die Endstation Westerland erreicht.

So unkompliziert die Prozedur, so happig fallen allerdings auch die Preise aus (Stand: 2012): Am billigsten ist es naturgemäß für Motorräder, die mit 27 € für die einfache und 53 € für die Hin- und Rückfahrt zu Buche schlagen. Für Fahrzeuge bis 6 Meter Länge, 3 Tonnen Gesamtgewicht und 2,70 Meter Höhe zahlt man dann schon 47 € bzw. 86 €. Streckt sich das Gefährt unvorteilhafterweise mehr als 6 Meter in die Länge und mehr als 2,70 m in die Höhe, beginnen die Preise bei 112 € bzw. 224 € (bis 8 Meter Länge) und steigen dann gestaffelt bis zu einem Betrag von 279 € bzw. 558 €. In letzterem Fall müssten Sie allerdings schon ein über 15 Meter langes Wohnmobil bzw. Gespann Ihr Eigen nennen.

Ermäßigungen gibt es selbstverständlich auch, allerdings fallen die nicht immer so üppig aus, dass man spontan in Jubelstürme ausbrechen möchte: Wer sich für eine Anreise an weniger frequentierten Wochentagen entscheidet (Dienstag, Mittwoch und Donnerstag), spart 13 € auf die Rückfahrtkarte. Gültig ist das Ganze aber nur für das „Basismodell" mit den Maßen 6 Meter Länge, 3 Tonnen Gesamtgewicht und 2,70 Meter Höhe, sprich für ein normales Auto oder ein eher bescheidenes Campingmobil.

Wesentlich interessanter ist die Ermäßigungsvariante für größere Campingmobile und Gespanne. Bis 10 Meter Länge zahlt man für die Rückfahrtkarte anstatt 282 € nur 142 €, bis 15 Meter Länge fallen anstatt 420 € lediglich 203 € an. Um in den Genuss dieses Sondertarifs zu kommen, muss man allerdings am Terminal Niebüll eine Buchungs- bzw. Reservierungsbestätigung eines Sylter Campingplatzes vorlegen.

Die Fahrt mit dem Sylt Shuttle selbst können Sie übrigens nicht reservieren. Dafür fahren die Züge aber mit einer so hohen Frequenz (alle 60–90 Minuten, in Saisonspitzenzeiten auch alle 30 Minuten), dass Sie in jedem Fall am Anreisetag mitgenommen werden. Mit Staus und Wartezeiten ist vor allem im Juli und August ab der Mittagszeit zu rechnen. Ruhiger ist es am Vormittag (erste Fahrt Mo–Do um 5.05 Uhr, Sa 5.35 Uhr, So 6.05 Uhr) und am Abend (letzte Fahrt Mo–Fr 22.05 Uhr, Sa/So 21.35 Uhr).

Die Ostspitze Sylts von oben, links die Heide um das Morsum-Kliff

Informationen (auch zu weiteren Sondertarifen für Vielfahrer und Tagesbesucher) bezieht man am besten aus dem Internet unter www.syltshuttle.de. Dort sind auch die jeweils aktuellen Fahrpläne abrufbar. Wer lieber telefoniert, wählt die Servicenummer ☎ 01805/934567 (0,14 €/Min.).

Wer seinen **Navigator** mit den richtigen Daten füttern will, muss 25899 Niebüll, Kurt-Bachmann-Ring 2 eingeben.

Mit der Bahn: Auch ohne Ihr Auto bringt Sie die Deutsche Bahn sicher auf die Insel. Im Rahmen ihres Angebots „Direktreisen zu den Nordseeinseln" sind auch Verbindungen nach Sylt im Programm. So fährt etwa der IC 2310 „Nordfriesland" täglich um 6.38 Uhr direkt von Frankfurt/Main in ca. 10 Stunden nach Westerland. Eine zweite Variante ist der IC 2072 „Sylter Strand", der um 5.45 Uhr in

Dresden startet und für die Strecke in die Inselmetropole etwa 8 Stunden braucht. Ohne Vergünstigung zahlt man von Frankfurt/Main 123 € für die einfache Fahrt, mit der BahnCard 50 kann man den Preis auf die Hälfte reduzieren (auf das für diese Verbindung in Aussicht gestellte Sparpreis-Angebot „ab 29 €" sollte man dagegen eher nicht spekulieren ...).

Wer schneller vorankommen möchte, wird sich in einen ICE setzen, bis Hamburg-Altona fahren und dort entweder in einen IC oder in einen der Regionalzüge der Nord-Ostsee-Bahn (NOB) umsteigen, mit denen dann der Rest der Strecke zurückgelegt wird. Die Preise unterscheiden sich nur unwesentlich von denen der IC-Direktverbindungen.

Wenn Sie ihre Unterkunft über www.syltreisen.com, der Internetseite des Tourismusservice der Gemeinde Sylt, gemietet haben, können Sie bei der Bahn ein günstigeres Ticket buchen (ab 82 € für Hin- und Rückfahrt). Dazu muss man allerdings eine Buchungsbestätigung der Vermieter vorlegen.

Informationen in allen Reisezentren der DB, Reisebüros mit DB-Lizenz, über die Servicenummer ✆ 0180/5996633 (0,14 €/Min. und im Internet unter www.bahn.de. Die Nord-Ostsee-Bahn kann man unter der Servicenummer ✆ 0180/1018011 (0,39 €/Min. aus dem dt. Festnetz) bzw. im Internet unter www.nord-ostsee-bahn.de erreichen.

Mit der Fähre: Wer nicht in den Autozug steigen, seinen Wagen dennoch mitnehmen und dabei noch den einen oder anderen Euro sparen will, kann die Sylt-Überfahrt auch vom dänischen Fährhafen Havneby aus in Angriff nehmen. Der befindet sich auf der nördlich von Sylt gelegenen Insel Rømø, die man am besten über die A 23 und dann die B 5 erreicht. Da Rømø selbst über einen Damm mit dem Festland verbunden ist, bleibt's bei nur einer Fährfahrt, der von Havneby nach List auf Sylt. Von Hafen zu Hafen dauert es ca. 45 Minuten. Die Rückfahrtkarte für ein Motorrad kostet 45 €, die für einen normalen Pkw 75 €. Für Campingmobile bis zu 6 Meter Länge zahlt man 75 €, bis 8 Meter 104,20 €, bis 10 Meter 119,70 €, über 10 Meter 194,80 €.

Vom 14. März bis zum 23. Dezember startet die Fähre siebenmal am Tag (erste Abfahrt 5.15 Uhr, letzte 17.30 Uhr), in der übrigen Zeit nur fünfmal. Eingecheckt werden muss bis 20 Minuten vor der Abfahrt. Die Tickets bekommt man vor Ort (die Fahrkartenschalter haben in Havneby von 7.30 bis 17 Uhr, in List von 8 bis 18 Uhr geöffnet), man kann aber auch telefonisch (✆ 0180/3103030, 0,09 €/Min.) oder online buchen (www.syltfaehre.de). In der Hauptsaison sollte man für alle Fälle vorher reservieren, Online-Bucher erhalten bis 20 % Rabatt.

Mit dem Flieger: Der Sylter Flughafen liegt etwa zwei Kilometer östlich von Westerland und ist – wie könnte es anders sein – der nördlichste Airport Deutschlands. Direkt angeflogen wird er von Berlin/Tegel, Düsseldorf, Frankfurt/Main, Hamburg, Köln/Bonn, München und Stuttgart, und zwar von den Fluggesellschaften Air Berlin, Sylt Air und Lufthansa. Über die stark schwankenden Tarife informiert man sich am besten direkt bei den Airlines oder in einer der Flug-Suchmaschinen im Internet.

Flughafenstraße 1, ✆ 04651/920612, service@flughafen-sylt.de, www.flughafen-sylt.de. Eine **Taxifahrt** in die Innenstadt von Westerland dauert ca. fünf Minuten und kostet etwa 8 €. Eine **Busverbindung** vom und zum Flughafen bestand zu Redaktionsschluss nicht.

Ärztliche Versorgung

Wer im Urlaub Probleme mit der Gesundheit bekommt, muss sich auf Sylt keine Gedanken um die entsprechende Versorgung machen. In fast jedem Ort der Insel gibt es eine Apotheke, auf Sylt haben sich Ärzte jeder Fachrichtung niedergelassen, und mit der Westerländer Asklepios Nordseeklinik gibt es auch ein Krankenhaus, das sich um die Versorgung kümmert.

Asklepios Nordseeklinik, Norderstraße 81, Westerland, ☎ 04651/840.

Ärztlicher Notdienst: Rund um die Uhr erreichbar ist ☎ 01805/119292 (14 Ct./Min.). Die Anlaufpraxis befindet sich in der Asklepios Nordseeklinik.

Kinderärzte: Marlies Techau, Kiarwai 1, Tinnum, ☎ 04651/3452.

Rainer Stachow, Steinmannstr. 43, Westerland, ☎ 299696 (nur Privatpatienten).

Baden

„Man kann hier zu allen Tageszeiten und bei jeder Wasserhöhe baden, und dabei tragen die Bäder bei hohem und niedrigem Wasser einen so verschiedenen Charakter, dass binnen weniger Stunden die Starken und die Schwachen das ihnen zusagende Bad finden", schwärmte bereits 1857 einer der ersten Badegäste in Westerland. 40 Kilometer Sandstrand warten nach wie vor im Westen Sylts auf ihre Besucher. Für ein Bad in der Nordsee muss man sich allerdings ein wenig stählen, Schwimmbadtemperaturen erreicht das Meer vor Sylt nicht. Im August erwärmt es sich durchschnittlich auf 17° C. Die Wasserqualität wird regelmäßig überprüft, 2009 bescheinigte man der Nordsee vor der Insel die Qualitätsnote „sehr gut".

Die ersten Badegäste im 19. Jahrhundert mussten streng getrennt nach Damen und Herren ihre Zeit am Strand verbringen. Diese Geschlechtertrennung ist heute natürlich aufgehoben, doch an den bewachten Stränden vor den Orten im Westen existiert nach wie vor eine rigide Einteilung des Strandes in verschiedene Abschnitte: Es gibt Textil- und FKK-Strände sowie Hundestrände, an denen die Vierbeiner unangeleint toben dürfen und bei denen in manchen Orten noch einmal zwischen der textilen und der Freikörpervariante unterschieden wird (für das Begleitpersonal, versteht sich ...). Strandsportlern wird in Westerland ein Funbeach (am Brandenburger Strand) geboten, der unter anderem mit Beachvolleyball- und Beachsoccerfeldern aufwartet.

In den Sommermonaten kann es an den Weststränden in direkter Ortsnähe recht voll werden. Im Süden findet man zwischen Rantum und Hörnum, im Norden zwischen Kampen und List aber mit Sicherheit ein ruhigeres Plätzchen. Wem das Meer am Weststrand zu rau ist oder wer mit kleinen Kindern unterwegs ist, kann sich in den Osten der Insel ans Watten-

In Morsum, Tinnum und Archsum gibt es keine Strände. Braderup und Keitum liegen auf der Wattseite der Insel und bieten dem Strandbesucher bei Ebbe somit keine Abkühlungsmöglichkeit im Meer.

meer begeben, etwa nach Braderup, wo man neben vergleichsweise viel Platz auch noch einen wunderbaren Blick auf die dortige Heidelandschaft hat. Besonders empfehlenswert ist der Lister Ellenbogen – allerdings nur für Sonnenanbeter, denn wegen der gefährlichen Strömung ist das Schwimmen hier verboten.

Zu einem Strandurlaub am Meer gehört eigentlich auch der Strandkorb. Auf Sylt werden sie an den Ortsstränden vermietet und können in der Hauptsaison

Ein Bad in der Nordsee ist gesund

Schützen vor Wind und Wetter

auch schon einmal ausgebucht sein. Wer nicht auf das Strandmöbel verzichten will, sollte sich rechtzeitig eines reservieren, die Buchungsmöglichkeiten (auch übers Internet) sind im Reiseteil dieses Buches bei den jeweiligen Orten aufgeführt.

Barrierefrei auf Sylt

Die Tourismus-Services der Insel versuchen auch, sich auf Gäste im Rollstuhl einzustellen. An den Orten am Weststrand gibt es die Möglichkeit, Strandrollstühle auszuleihen. In einer Broschüre (auch als Download unter www.sylt.de) informieren die Fremdenverkehrsämter über geeignete Strandübergänge, barrierefreie Ferienwohnungen und Restaurants. Zudem finden sich hier Informationen zur Anreise und zu öffentlichen Verkehrsmitteln sowie weitere wichtige Adressen.

Essen und Trinken

Dominiert wird die Sylter Küche natürlich vom Fisch. Ganz voran geht dabei die Scholle, sie darf auf keiner Speisekarte eines friesischen Restaurants fehlen. Der Plattfisch wird auf vielerlei Arten zubereitet – ob nun nach Finkenwerder Art, also mit Speckwürfeln, oder nach Büsumer Art, also mit Nordseekrabben. Ebenso auf die Karte gehören Matjes, Bratheringe und Sylter Pannfisch, das heißt Heilbutt oder Schellfisch in einer Senfsahnesoße. Ganz besonders stärkt nach einem Strandspaziergang natürlich ein Fischbrötchen. Die bekannte Kette, die nach dem die Insel umgebenden Meer benannt ist, wird man auf Sylt aber nicht finden. Hier beherrschen die Fischrestaurants und -läden von

Jürgen **Gosch** und die Bistros von **Blum** den Markt. Dort kann man guten Fisch kaufen, günstige Fischgerichte verspeisen oder eben ein Fischbrötchen zum sofortigen Verzehr erstehen.

Aber auch der Gourmet muss bei einem Sylt-Aufenthalt nicht auf die gewohnte Küche verzichten. Sechs Sterne-Restaurants gibt es auf der Insel: In Westerland zaubert Jörg Müller seine mit einem Michelin-Stern und 18 Gault-Millau-Punkten prämierten Kreationen auf die Teller seiner Gäste, und im „Söl'ring Hof" in Rantum kocht Johannes King seine aus regionalen Produkten geschaffenen Gerichte vor den Augen der Feinschmecker, die Michelin zwei Sterne und dem Gault Millau 17 Punkte wert waren. Alexandro Pape erschafft seine Kunstwerke im „Fährhaus Munkmarsch" (zwei Sterne bzw. 17 Punkte), und Holger Bodendorf serviert seine mit 18 Punkten und einem Stern ausgezeichneten Gerichte im „Landhaus Stricker" in Tinnum. 2011 reihten sich noch Sebastian Zier vom „La Mer" im Lister Arosa-Resort (inzwischen zwei Sterne bzw. 17 Punkte) sowie Jens Rittmeyer vom „KAI3" im Hörnumer Hotel Budersand (ein Stern bzw. 16 Punkte) in die illustre Riege der Sylter Sterneköche ein.

Typisch für Sylt sind auch die Restaurants am Strand oder in den Dünen. Tagsüber fungieren sie als Bistro für die Badegäste, abends wird hier teilweise gehobene Küche serviert. Paradebeispiel eines solches Strandrestaurants ist die berühmte „Sansibar" südlich von Rantum.

„Die Reize der Insel sind keusch und karg und lenken den Sinn auf Grog", schrieb Thomas Mann von Sylt an seinen Bruder Heinrich. Das sehen viele Sylter anders, sie bevorzugen – als Friesen – natürlich ihr Nationalgetränk, den **Tee**. Im 18. Jahrhundert soll er in einer Kiste an den Strand angespült worden sein, so die Überlieferung, und seitdem genießen sie ihn. Es gibt wohl keinen Ort in Sylt, der nicht mit mindestens einem Teegeschäft oder -kontor aufwarten kann. Und so eine Tasse gut gebrühter Friesentee – gerade an windigen Tagen – ist ebenso aufmunternd wie ein Glas heißer Grog.

Sylter Wein – „unsere Mondmission"

Die Meldung ging im Sommer 2009 durch die Presse: Im hohen Norden wird Wein angebaut. Rheinland-Pfalz machte es möglich, das Bundesland trat 10 Hektar seiner Anbaurechte an Schleswig-Holstein ab. Und so konnte der Winzer Christian Ress seine 1600 Rebstöcke auf einem Feld zwischen Tinnum und Keitum anpflanzen. Vornehmlich wird die Traubensorte „Solaris" angebaut, sie ist robuster als andere Reben. Eigentlich gilt die Regel, dass ab dem 50. Breitengrad kein Weinbau möglich ist. Doch schon im wärmeren Mittelalter wurde im Norden Wein hergestellt. Möglicherweise verhilft die globale Erwärmung Sylt zu einer neuen Zukunft als Winzergebiet. Allerdings bedeutet der Klimawandel auch einen Anstieg des Meeresspiegels – möglicherweise bleibt die Sylter Weinanbaufläche also begrenzt ... Voraussichtlich 2012 wird der erste Sylter Wein in die Flaschen kommen, auf dem Etikett soll stolz stehen: „Schleswig-Holsteinischer Landwein. 55° Nord – Solaris/Rivaner".

Feste und Veranstaltungen

Auf Sylt ist eigentlich zu jeder Jahreszeit was los. Sportveranstaltungen, Konzerte oder Dorffeste – einen guten Überblick über das Angebot gibt die kostenlose Zeitschrift „TV Sylt", die in den Tourismus-Services und in den meisten Ferienwohnungen und Hotels ausliegt.

Februar

Am Abend des 21. Februar versammeln sich die Sylter zum traditionellen **Biikebrennen**. Man hält Ansprachen auf Sölring, prostet sich zu und geht danach zum Grünkohlessen, am folgenden Petritag ist dann schulfrei (→ S. 56).

März

Im dritten Monat des Jahres schlagen die Pulsmesser passionierter Läufer aus: Der **Syltlauf** von Hörnum nach List steht an. Man sollte sich aber frühzeitig anmelden (→ S. 239).

Mai

Im Mai/Juni beginnt die Saison des **Ringreitens** auf Sylt. Bis August messen sich die Sylter Traditionssportler miteinander auf den Ringreitplätzen der Dörfer im Osten von Sylt (→ S. 186 und S. 200).

In Hörnum findet um Pfingsten ein **Beach-Polo-Turnier** statt. Die Pferde preschen dann auf feinem Sand und nicht auf grünem Rasen an den Zuschauern vorbei (→ S. 239).

Juni

Der **Kampener Literatur- und Musiksommer** beginnt: Den ganzen Sommer über werden Lesungen und Vorträge namhaf-

Beim Syltlauf geht es auch über die Westerländer Kurpromenade

ter Literaten und Publizisten veranstaltet (→ S. 146).

Juli/August

Bei den **German Polo Masters** messen sich die Teams auf wendigen Rössern und ballsicheren Reitern in Keitum (→ S. 186).

In Rantum öffnet das **Meerkabarett** seine Pforten. Bekannte Kabarettisten und Comedians aus ganz Deutschland treten im Süden von Sylt auf (→ S. 219).

In Hörnum flitzen beim **Cat Festival** die Katamarane übers Wassers. Es gibt sogar eine Langstreckenregatta von Hörnum nach List (→ S. 239).

Ende Juli werden beim **Deutschen Windsurf Cup** die Besten der Disziplin gekürt, ein Event nicht nur für Freunde des Surfsports (→ S. 102).

Am letzten Juliwochenende lädt Wenningstedt zum **Dorfteichfest** (→ S. 126).

Anfang August begeht dann Hörnum sein **Hafenfest** (→ S. 239).

September

Anfang des Monats treffen sich traditionsverliebte Surfer in Kampen bei der Buhne 16 zum **Longboard Festival** (→ S. 146).

Ende September findet am Strand von Westerland der **World Cup Sylt** statt. Es treten die weltbesten Surfer gegeneinander an (→ S. 102).

November/Dezember

Im November beginnt auch auf Sylt die Weihnachtssaison. In allen Dörfern finden **Weihnachtsmärkte** statt, der älteste ist der in Morsum (→ S. 200).

Am zweiten Weihnachtsfeiertag stürzen sich beim **Weihnachtsbaden** furchtlose Schwimmer in die Nordsee. Man muss selber nicht kalt baden gehen, um das Spektakel zu genießen (→ S. 102).

Zwischen Weihnachten und Neujahr lädt Wenningstedt auf die **Kliffmeile**. Feiern und Musik im Festzelt ist angesagt (→ S. 127).

Heiraten auf Sylt

Traditionsbewusste tun es im fliesengekachelten Pesel des Altfriesischen Hauses in Keitum, Standesbewusste im alten Rathaus in Westerland oder im Kaamp-Hüs in Kampen, Seefeste machen es auf dem Ausflugskutter „Gret Palucca", und ganz Wagemutige tun es auf dem Hörnumer Leuchtturm. Sylt hat sich auf Heiratswillige eingestellt. Über 50 Paare geben sich alleine in Kampen jährlich das Jawort. Ganz traditionell kann man natürlich auch in den Dorfkirchen wie Sankt Severin in Keitum und Sankt Martin in Morsum heiraten. Doch die Sylter Gemeinden haben sich auch auf besondere Wünsche eingestellt: Die Pastoren von Wenningstedt, Westerland, Kampen und Hörnum segnen den Bund fürs Leben auch am Strand.

Informationen gibt das Standesamt Sylt, Rathaus, Andreas-Nielsen-Straße 1, Westerland, ✆ 04651/851-250/-51/-52, www.gemeinde-sylt.de. Weitere Informationen über Trauorte etc. unter www.hochzeit-sylt.proaktiv.de.

Hunde

Auf seinen Vierbeiner muss man auf Sylt natürlich auch nicht verzichten. Bei der Buchung der Unterkunft sollte man allerdings daran denken, die Vermieter zu fragen, ob sie auch Haustiere dulden. Dennoch gibt es für Sylt ein paar besondere Regeln: Mit dem Hund darf man offiziell nur an einen ausgewiesenen Hundestrand. Es gilt Leinenpflicht in Grünanlagen und der Westerländer Fußgängerzone. Und ganz besonders wichtig: Man sollte seinen Hund in den Naturschutzgebieten nicht von der Leine lassen. Der Hundebesitzer sollte ebenfalls daran denken, die „Hinterlassenschaften" seines treuen Freundes in den „Spenderboxen" zu deponieren, auch am Strand. Es gab laut Berichten in der Sylter Presse immer wieder Beschwerden von Gästen, sodass man sich schon überlegt hat, eine Kurabgabe für Hunde einzuführen.

Informationen: Auf www.sylt.de gibt es eine ausführliche Broschüre zum Urlaub mit Hund auf der Insel zum Download.

Tierschutzverein: Wenn man ohne seinen Vierbeiner unterwegs sein muss, bietet ihm das Tierheim für ein paar Stunden einen Unterschlupf. Keitumer Landstraße 106, Keitum, ✆ 33533, www.tierheim-sylt.de.

Tierärzte: Ivonne Kobilinski, Kiarwai 12, Tinnum, ✆ 2997791.

Stephanie Petersen, Keitumer Landstraße 10c, Tinnum, ✆ 995303.

Dirk-Arne Wohlenberg, Königskamp 25, Tinnum, ✆ 35677.

Internet

Erste Anlaufstelle für Informationen über die Insel sind natürlich die Seiten der Kurverwaltungen und Tourismus-Services. Sehr informativ ist auch die

Seite der Sylter Marketing-Gesellschaft: Unter **www.sylt.de** findet man gebündelt in Broschüren zum Download Wissenswertes von Angeln bis hin zur
Vermittlung von Ferienwohnungen. Auf **www.sylt-blog.info** posten Sylter etwas sporadisch das Neueste von ihrer Insel, darunter durchaus auch Kriti-
sches. Unter **www.shz.de/nachrichten/lokales/sylter-rundschau.html** kommt
man auf die Seite der Sylter Tageszeitung, auch hier findet man Aktuelles über
die Insel. Die Seite **www.sylt-tv.com** hat neben vielen anderen Nachrichten
eine wöchentliche News-Sendung sowie eine Sammlung von Links zu
Webcams und den Wetterdaten auf Sylt zu bieten.

Kurabgabe

Jeder Syltbesucher muss sie zahlen: die Kurabgabe. Die Vermieter von Ferienwohnungen sind verpflichtet, sie ihren Gästen in Rechung zu stellen. Sylter
Wohnungsbesitzer müssen jährlich eine Gästekarte erstehen, und Tagesbesucher müssen sie ebenfalls entrichten, wenn sie die Kontrollhäuschen an den
Strandübergängen passieren wollen. Der Betrag erscheint auf den ersten Blick
vielleicht vergleichsweise hoch, aber immerhin werden von der Kurabgabe unter anderem kulturelle Veranstaltungen gesponsert und die Rettungsschwim-
mer an den bewachten Stränden bezahlt. Auch die Helfer, die den Strand und
die öffentlichen Toiletten sauber halten, werden auf diese Weise entlohnt. Die
Kurabgabe muss nicht in jedem Ort erneut entrichtet werden, sie zählt für die
gesamte Insel.

Kurabgaben (pro Person* und Tag)				Stand: 2012
Ort	Hauptsaison		Nebensaison	
Archsum, Keitum, Morsum, Munkmarsch und Tinnum	01.05.–31.10.	3 €	01.01.–30.04. 01.10.–31.12.	1,50 €
Hörnum	01.04.–31.10.	2,60 €	01.01.–31.03. 01.11.–31.12.	1 €
Kampen	15.05.–30.09.	3 €	01.01.–14.05. 01.10.–31.12.	1,60 €
List	01.05.–30.09.	2,50 €	01.01.–31.03. 01.11.–31.12.	1 €
List hat auch eine Zwischensaison (01.04.–30.04. und 01.10.–31.10.): 1,50 €				
Rantum	01.05.–31.10.	3 €	01.01.–30.04. 01.11.–31.12.	1,50 €
Wenningstedt-Braderup	01.05.–30.09.	2,50 €	01.01.–30.04. 01.10.–31.12.	1 €
Westerland	01.05.–31.10.	3 €	01.01.–30.04. 01.11.–31.12.	1,50 €

* Kinder und Jugendliche bis 18 Jahre gratis.
Bei einer Schwerbehinderung ab 80 % wird eine Ermäßigung von 20 %
(in Hörnum 50 %) gegeben, Begleitperson gratis.

Klima und Reisezeit

Wer Sylts Lage auf der Karte so hoch oben im Norden vor Augen hat, wird erstaunt sein, dass das Inselklima recht mild ist. Im Winter ist es durchschnittlich 2° C wärmer als auf dem Festland. Dafür verantwortlich ist der Golfstrom, der allerdings auch dafür sorgt, dass die Sommertage auf Sylt etwas kühler ausfallen als auf dem Festland. Immerhin scheint auf Sylt die Sonne 100 bis 200 Stunden häufiger im Jahr als in Hamburg, 1700 Sonnen-

stunden kann Sylt im Durchschnitt im Jahr verbuchen. Zwischen Mai und August gehört die Insel sogar zu den sonnenreichsten Orten Deutschlands. Dass es nie richtig heiß wird, ist auch dem Wind zu verdanken, der meist aus Westen weht.

Doch auch wenn auf Sylt im Sommer länger die Sonne scheint als auf dem Festland, die Reisetasche nur mit leichter Bademode zu packen wäre zu optimistisch. Immer wieder kann es auch zu kurzen Schauern kommen, auch im August kann man mit Pech eine verregnete Woche haben. Beklagen Sie sich darüber aber nicht bei den Syltern, Sie werden nur eine altbekannte norddeutsche Weisheit zur Antwort bekommen: „Es gibt kein schlechtes Wetter, sondern nur die falsche Kleidung."

Das Sylter Klima in Zahlen

	Tagesmittel in Grad Celsius	mittl. Niederschlagshöhe in mm	mittl. Sonnenscheindauer in Stunden	mittl. Wassertemperatur in Grad Celsius
Januar	1	57,3	47	4
Februar	0,9	35,1	76	3
März	2,7	44,9	120	4
April	6	39,5	179	6
Mai	10,8	41,5	242	10
Juni	14,2	55,9	249	13
Juli	15,7	62,1	232	16
August	16,2	72,1	229	17
September	13,9	82,5	148	15
Oktober	10,4	88,5	98	13
November	6,1	94,3	55	9
Dezember	2,8	71,6	43	6
Jahresmittel/-summe	8,4	745,3	1718	9

Daten: Deutscher Wetterdienst, Offenbach

Fragt man einen Sylt-Fanatiker, zu welcher Jahreszeit man am besten auf die Insel fährt, ist die Antwort ebenso klar: „Natürlich immer." So sähen es auch die Hoteliers und Ferienwohnungsvermieter am liebsten. Doch das Motto „Das ganze Jahr Hauptsaison" gilt noch nicht auf Sylt. Hauptsaison ist in der Regel in den Monaten Mai bis September/Oktober, in denen man auch mit dem sonnenreichsten Wetter rechnen kann und die Insel folgerichtig das größte Besucheraufkommen verzeichnet. Hauptsaison-Preise verlangen viele Vermieter und Hotels allerdings auch für die Tage um das Biikebrennen, für Ostern und Weihnachten sowie Silvester. Will man einen sonnenreichen Badeurlaub verbringen, ist man sicher zwischen Mai und August am besten auf der Insel aufgehoben. Will man hingegen einsame Strandspaziergänge genießen, so ist die beste Reisezeit März oder November.

Lesenswertes zu und über Sylt

Fast wäre Sylt in die große Literaturgeschichte eingegangen: Theodor Storm entwarf noch kurz vor seinem Tod die Handlung für eine „Sylter Novelle". Die Protagonisten: der Sohn eines Strandräubers und die Tochter des Landvogts; das Sujet: die tragische Liebe zwischen Menschen ganz unterschiedlicher gesellschaftlicher Herkunft. Verwirklichen konnte Storm das geplante Opus allerdings nicht mehr. Immerhin liegt es als Fragment vor und ist unter dem Titel **Theodor Storms letzte Reise und seine „Sylter Novelle"** im antiquarischen Buchhandel erhältlich (Verlag Boyens & Co.). Komplett ausformuliert sind die folgenden Werke:

Lektüre rund um die Uhr

Sachbücher

Bremen, Silke von: Gebrauchsanweisung für Sylt. Piper, 2010. Die Inselführerin und Heimatforscherin schreibt sehr lesbar und vergnüglich über die Vergangenheit Sylts und den Alltag auf der Insel. Empfehlenswerte Lektüre.

Deppe, Frank: Sylter Originale. Sylter Wahrzeichen. Sylter Sagenwelt. Von Walfängern und Strandräubern. Sylter Flora und Fauna. Schon fünf Bändchen hat der auf Sylt lebende Journalist in seiner „Kleinen Inseledition" herausgebracht. Lebendig geschriebene und interessante Geschichten führen in die Vergangenheit und in die Natur der Insel ein. Sehr empfehlenswert, auch als Strandlektüre.

Ipsen, Dirk: Sylt. Verraten und Verkauft. Das Schwarzbuch über die Bau- und Umweltsünden auf Sylt. Längst nicht so reißerisch, wie der Titel vermuten lässt. Plädiert für einen schonenden Umgang mit der Natur Sylts.

Jessel, Hans: Das große Sylt-Buch. Ellert & Richter, 2009. Schön bebildertes Buch mit lesenswerten Artikeln zu Natur, Geschichte und Leben auf der Insel.

Landesvermessungsamt Schleswig-Holstein: **Insel Sylt. Wander- und Freizeitkarte**. Wer ausgedehnte Spaziergänge und Radtouren unternehmen möchte, dem sei diese Karte empfohlen. Auf ihr ist jeder noch so kleine Weg verzeichnet.

Kunz, Harry und Steensen, Thomas: Das neue Sylt Lexikon. Wachholtz, 2007. Für Leser, die wirklich alles über die Insel wissen wollen, ist dieses Standardwerk eine Empfehlung.

Raddatz, Fritz J.: Mein Sylt. Mareverlag, 2006. Wehmütig und anspruchsvoll zeigt der Literaturkritiker, wie man vom Erzählen und Nachdenken über Sylt zu den letzten Fragen vorstößt.

Streble, Heinz: Was find ich am Strand? Kosmos, 2003. Blasen- oder Knotentang? Dünen- oder Runzelrose? Wer wissen will, was er beim letzten Strandspaziergang entdeckt oder aufgesammelt hat, liegt mit diesem Naturführer richtig.

Belletristik

Boie, Margarete: Der Sylter Hahn. J. F. Steinkopf, 1988. Historischer Roman um den Walfänger Lorens Peter de Hahn. Boie hat in den Zwanzigern eine Reihe von Romanen über Sylt verfasst, die heute nur noch antiquarisch erhältlich sind.

Hörning, Winfried: Sylt. Literarische Reisewege. Insel, 1999. Eine Anthologie mit Sagen, Gedichten und Berichten von der Insel (u. a. von Thomas Mann, Stefan Zweig und Christian Kracht). Das komplette Epos „Pidder Lüng" von Detlev von Liliencron findet sich ebenfalls in dieser Sammlung.

Natürlich gibt es auch über Sylt Regionalkrimis. Darunter: **Ingwersen, Jörn: Schafsköpfen**. Aufbau, 2008. Witziger Krimi mit chaotischen Protagonisten. Ist nur noch im Doppelpack mit Ingwersens zweitem Sylt-Krimi **Falscher Hase** erhältlich.

Sylt aktiv

Genug vom faulen Herumliegen am Strand? Kein Problem – Sylt bietet genug Freizeitmöglichkeiten. Die einfachste und kostengünstigste: ein langer Strandspaziergang, auf dem man sich ordentlich durchpusten lassen kann. Wen es nach mehr dürstet, für den reicht das Angebot auf der Insel von Angeln bis Wellenreiten.

Der Weststrand gilt als schwieriges Surfrevier

Angeln

Wer beabsichtigt, Fische in der Nordsee zu fangen, benötigt einen Jahresfischereischein. Wer in den Binnengewässern sein Glück versuchen will, braucht einen Erlaubnisschein, den die Touristen-Services in Keitum, Morsum und Tinnum ausstellen. Auch einen Anglerverein gibt es auf Sylt: Anglerverein Sylt e. V., Winfried Manthey, Boy-Nielsen-Straße 31, 25980 Sylt, OT Tinnum, ☎ 04651/983410, www.anglerverein-sylt.de.

Golf

Vier Golfplätze hat die Insel zu bieten. Dennoch: Wer auf Sylter Greens das Putten üben oder seinen Abschlag bei nordfriesischem Gegenwind tätigen möchte, der sollte gerade in den Sommermonaten seine Spielzeiten im Voraus reservieren. Im Osten wartet der Golfclub Morsum auf Besucher, in der Inselmitte kann man 18 Löcher auf den Plätzen des Marine-Golf-Clubs und des Golf-Clubs Sylt spielen, und im Süden lässt sich das eigene Können im Golfclub Budersand erproben. Die drei letztgenannten Clubs kooperieren und bieten „Golfhopping" an. Man kann zu verminderter Greenfee auf allen drei Plät-

zen spielen. Wem das nicht genug ist, der kann „Golfhopping plus" oder „maxi" buchen. Man spielt dann auf den drei Sylter Plätzen und einmal auf Föhr oder auf dem Festland, oder man schwingt sein Eisen auf allen fünf Plätzen. Mehr Informationen unter www.die-golfinsel-sylt.de.

Joggen

Das muss der Traum jedes Joggers sein: bei Sonnenauf- oder -untergang am Strand der Nordsee entlanglaufen, die frische Meeresluft in den Lungen. Jogger finden auf der Insel schöne Strecken, ob nun am Strand, über die Holzbohlen der Strandpromenade oder durch die Sylter Heide. Höhepunkt des Sylter Joggerjahres ist mit Sicherheit der Syltlauf, der im März von List nach Hörnum, also über die gesamte Länge der Insel, führt. Auf der Insel werden auch Lauftreffs angeboten, so zum Beispiel vom TSV Tinnum.

Nordic Walking

Sylt ist ein Nordic-Walking-Park. Über 220 Kilometer stehen dem Walker zur Verfügung, verteilt auf

Endstation Clubhaus

drei Schwierigkeitsstufen und 26 Routen in unterschiedlicher Länge. Konzipiert wurde das Streckennetz von der Sporthochschule Köln und dem Deutschen Ski-Verband in Zusammenarbeit mit der Sylter Marketing-Gesellschaft. Hinweisschilder an den Wegen informieren über die Schwierigkeit und Länge der jeweiligen Strecke.

Informationen über den Park und Kursangebote zum Erlernen der Trendsportart gibt es bei den Tourismus-Services und Kurverwaltungen sowie unter www.sylt.de. Im Angebot ist dort auch ein Nordic-Walking-Routenplaner für 3,50 €.

Die Wege des Nordic-Walking-Parks sind ausgeschildert

Radfahren

Wer Zeit hat und kräftig in die Pedale treten kann, kommt mit dem Fahrrad gut über die Insel. Die Radwege sind gut ausgebaut und markiert. Einige schöne Landschaftsabschnitte kann man nur mit dem Rad erfahren, so zum Beispiel die Dünen zwischen Kampen und List. In jedem Ort gibt es mindestens einen Fahrradverleih. Mit zwei Dingen muss man als Radfahrer auf Sylt aber immer rechnen: mit einem Regenschauer und mit Gegenwind. Eine wissenschaftlich noch unbewiesene These des Autors ist allerdings, dass man immer Gegenwind auf der Insel hat – egal, in welche Richtung man fährt. Im Buch werden drei Radtouren beschrieben: von Westerland nach List und zurück (→ S. 115), von Westerland über das Rantumbecken nach Hörnum (→ S. 117) und von Rantum am Nössedeich entlang über Morsum nach Keitum (→ S. 226). Die Touren lassen sich auch miteinander kombinieren. Wer während einer Fahrradtour von schlechtem Wetter überrascht wird oder wer seine Kondition im Kampf gegen den Gegenwind frühzeitig aufgebraucht hat, der wird an jeder Bushaltestelle mit seinem Fahrrad von einem der Linienbusse mitgenommen. Die Busse der Sylter Verkehrsgesellschaft haben auf der Rückseite ein Gestell, auf dem fünf Räder Platz finden. Die Fahrradmitnahme kostet je nach Tarifzone zwischen 1,65 € und 4,10 €, transportiert werden die Räder allerdings nur über vier Tarifzonen.

Fahrradverleihe werden im Reiseteil dies Buches unter den einzelnen Orten aufgeführt. Haben Sie genug davon, gegen den Wind anzustrampeln, können Sie sich auch Fahrräder mit Elektromotor leihen. Die E-Bikes gibt es am Info-Pavillon der SVG am Bahnhof (☎ 04651/8361025), in den Touristen-Services in Keitum (→ S. 181) und Rantum (→ S. 219) sowie im Erlebniszentrum Naturgewalten in List (→ S. 157).

Reiten

Im Galopp am Meeressaum entlang über den Strand reiten, welcher Reiter träumt nicht davon? Auf Sylt hat man die Gelegenheit dazu. In Braderup, Keitum, Morsum und Tinnum gibt es Reitställe, in denen man nicht nur seine eigenen Pferde unterstellen, sondern auch welche mieten oder Reitkurse

Unterwegs im Watt

belegen kann. Fast 70 Kilometer Reitwege führen auf der Insel durch Heide, Dünen oder am Strand entlang. Wer mit seinem eigenen Vierhufer auf der Insel Ausflüge unternehmen will, muss sich bei der Gemeindekasse Sylt in Westerland die vorgeschriebene Pferdeplakette bzw. Kopfplakette besorgen (Bahnweg 20, 25980 Sylt, OT Westerland, ☎ 04651/8510, www.gemeinde-sylt.de).

Surfen und Segeln

Ende September/Anfang Oktober gerät Sylt jedes Jahr in den Fokus der Weltöffentlichkeit, zumindest in den der Surfinteressierten. Dann versammelt sich nämlich die Surfelite auf der Insel zum World-Cup-Rennen. Das Surfrevier vor der Insel gilt als sehr schwierig, ständig wechselnde Winde, mal weht der Wind stark, und die Wellen gehen hoch, mal herrscht Flaute. Doch nicht nur für den Profi ist Sylt ein ideales Gebiet, um seine Künste im **Windsurfen** oder im **Wellenreiten** zu erproben, auch „normale" Surfer oder Anfänger sind in Sylt gut aufgehoben. Es gibt viele Schulen, die Kurse anbieten oder Boards vermieten. Auch für das immer mehr gefragte **Kitesurfen** bietet das Meer vor Sylt ausreichend Gelegenheit, die Sportart ist ebenfalls im Programm der Surfschulen vertreten. Manche dieser Schulen haben auch für weniger wagemutige Anfänger ein Übungsrevier im ruhigeren Gewässer im Inselosten.

Wo gesurft wird, kann auch gesegelt werden. Die Häfen in List, Munkmarsch, Rantum oder Hörnum stehen Bootsbesitzern offen. Auch lernen kann man das **Segeln** auf Sylt, besonders das rasante Cat- oder auch Katamaransegeln steht im Moment hoch im Kurs.

Segel- und Surfschulen finden Sie in Westerland, Wenningstedt, List, Munkmarsch, Rantum und Hörnum. Wollen Sie vorher wissen, woher der Wind weht, schauen Sie unter www.windfinder.com nach.

Wattwandern

Einmal über die feuchte Mondlandschaft wandern, einmal mit nackten Füßen über den schwarzen Schlick spazieren, das sollte ein fester Programmpunkt jedes Sylturlaubs sein. Das Wattenmeer ist eine einzigartige Biosphäre mit faszinierenden Lebensformen. Wirkliche Einblicke in die Vielfalt dieses Naturraums bekommt man nur im Rahmen einer geführten Wattwanderung. Und noch etwas spricht für eine Führung: die Sicherheit. Unerfahrene Wattwanderer werden schnell vom zunehmenden Wasser überrascht und können auch leicht die Orientierung im Wattenmeer verlieren. Deswegen diese ernst gemeinte Bitte: Gehen Sie nie alleine ins Watt!

Angeboten werden Wattwanderungen von den Kurverwaltungen und Tourismus-Services der Inselorte, der Wattenmeerschutzstation in Hörnum, dem Naturzentrum Braderup und dem Erlebniszentrum Naturgewalten in List.

Strandsaunen

Erst heißt es ordentlich schwitzen und dann schnellen Schrittes über den Strand und sich ins kühle Meer stürzen. Ein Saunaerlebnis der besonderen Art, mancher Strandsaunabesucher berichtet von geradezu euphorischen Gemütszuständen nach der Abkühlung in der Nordsee. Gesund für Körper und Seele ist diese Art des Saunens allemal. Fünf Strandsaunen finden sich am Weststrand Sylts: in List, in Kampen, in Hörnum und in Rantum, wo es gleich zwei Strandsaunen gibt.

Übernachten

Wenn der Sommer naht, verwandelt sich – etwas übertrieben gesagt – ganz Sylt in eine Ferienappartementanlage. In fast jedem Haus ist eine **Ferienwohnung** oder ein Zimmer zu vermieten. Der Tourismus ist nun mal die Haupteinnahmequelle der Insulaner. Es gibt sogar (nicht verifizierbare) Geschichten von Syltern, die ihre Kinder über den Sommer in die Garage ausquartieren, um die Kinderzimmer als Fremdenzimmer zu vermieten. Doch nicht nur Ferienappartements sind im Angebot. Auch für Gäste, die lieber in einem **Hotel** absteigen, ist die Auswahl groß: Das Angebot reicht von der kleinen, familiengeführten Pension bis hin zum Fünf-Sterne-Luxushotel.

Für alle Übernachtungskategorien gilt auf Sylt allerdings eine Regel: Man sollte rechtzeitig buchen. Die Insel ist bei Touristen beliebt und hat viele Stammgäste, die sich schon früh für einen Aufenthalt entscheiden. Sylt ist kein günstiges Reiseziel, die Übernachtungspreise in den Hotels beginnen in der Hauptsaison bei ca. 100 € pro Doppelzimmer. Ferienappartements kann es ab ca. 40 € pro

Auf Sylt können die Gastgeber wählerisch sein

Zelten in den Dünen: der Campingplatz Westerlands

Übernachtung geben, doch es fallen zumeist noch die Endreinigung und teilweise Wäschegebühren an. Für die Hotels gilt: Werfen Sie einen Blick auf die Internetseiten der Häuser, es gibt oft Sonderpreise und -angebote, besonders in der Nebensaison. Die im Buch angegebenen Hotelübernachtungspreise beziehen sich auf die Hauptsaison und in der Regel auf den Preis pro Nacht, wenn nicht anders angegeben. Die Hauptsaison beginnt im Mai und endet Anfang Oktober. Einige Vermieter zählen jedoch auch die Zeit um das Biikebrennen im Februar, Ostern und Weihnachten sowie Sylvester zur Hauptsaison.

In den Ortsbeschreibungen im Buch finden Sie einige Hotels und Pensionen aufgelistet. Auf die Angabe der Sterne-Kategorisierung wurde bewusst verzichtet, weil sich viele Sylter Hoteliers an diesem System nicht beteiligen. So besitzt beispielsweise das Westerländer Luxushotel „Stadt Hamburg" keinen einzigen Stern, was natürlich nicht dem Standard des Hauses entspricht.

Ebenfalls verzichtet wurde auf die Beschreibung von Ferienwohnungen – das Angebot ist zu groß, um eine Auswahl zu treffen, die nicht nur auf dem Zufall beruhen würde. Zudem waren während der Recherche Ferienwohnungen in der Regel durch den Autor nicht einsehbar, da sie belegt waren. Stattdessen wird in den Ortskapiteln darauf hingewiesen, welche Lagen in den Orten ungünstig für einen ruhigeren Ferienaufenthalt sein könnten. Die meisten Ferienwohnungen werden über die Touristen-Services und Kurverwaltungen vermietet, in deren Katalogen und auf deren Internetseiten erhält man einen guten Überblick über das Appartementangebot auf Sylt.

Wer lieber im Zelt oder Wohnmobil bzw. -wagen übernachtet, findet auf Sylt ebenfalls einen Schlafplatz. Sieben **Campingplätze** mit über 1600 Stellplätzen zählt die Insel. An den Plätzen im Westen bieten sich herrliche Zeltmöglichkeiten direkt an den Dünen, im Osten campt man inmitten der grünen Marschlandschaft. Die Plätze in Morsum und Tinnum sind ganzjährig geöffnet, die anderen öffnen ihre Pforten von Ostern bis Oktober. Plant man einen Campingurlaub in der Hauptsaison von Juli bis September, so sollte man im Voraus reservieren. Wohnmobile und Wohnwagengespanne mit über 10 Metern Länge müssen beim Sylt Shuttle eine Buchungsbestätigung des Campingplatzes vorweisen, sonst werden sie nicht mitgenommen. Manche der Campingplätze bieten Wohnmobil- und -wagenbesitzern einen Rabatt für das Sylt Shuttle, wenn sie im Voraus buchen. Wildcampen ist übrigens auf der gesamten Insel untersagt. Man sollte sich auf jeden Fall daran halten, über die Hälfte der Insel ist schließlich Naturschutzgebiet.

Die Campingplätze befinden sich in Westerland, Wenningstedt, Kampen, Morsum, Tinnum, Rantum und Hörnum.

Unterwegs auf Sylt

Braucht man sein Auto auf Sylt? Nicht zwingend. Die Insel ist so groß nicht, und viele Wege lassen sich ganz problemlos mit dem Fahrrad zurücklegen, auch wenn man dabei wegen des Gegenwindes ab und zu gehörig ins Schwitzen geraten kann (Näheres zum Radfahren → S. 79).

Nützlich kann das Auto sein, wenn man beispielsweise in Hörnum an der Südspitze der Insel Quartier bezogen hat und schnell mal einen Ausflug zum Ellenbogen ganz in Inselnorden unternehmen will. Oder wenn man mit einer Schar kleinerer Kinder unterwegs ist und einen etwas ruhigeren Strandabschnitt abseits der Badeorte ins Visier genommen hat. Dort befinden sich meist auch größere Parkplätze, die allerdings in der Regel kostenpflichtig sind.

Die Busse der SVG nehmen auch Fahrräder mit

Eine gute Ergänzung oder sogar eine Alternative zu Rad oder Auto ist der öffentliche Personennahverkehr, für den die Sylter Verkehrsgesellschaft (SVG) zuständig ist. Die Busse der SVG fahren auf fünf Linien mit vergleichsweise kurzen Taktzeiten sämtliche Inselorte an, der zentrale Busbahnhof (ZOB) befindet sich am Westerländer Bahnhof. Innerhalb der Inselmetropole verkehren zusätzlich Stadtbusse. Die einzelnen Linien bedienen die folgenden Strecken:

Linie 1: von Westerland über Wenningstedt und Kampen nach List

Linie 2: von Westerland über Rantum nach Hörnum

Linien 3: von Westerland über Tinnum, Keitum, Munkmarsch, Braderup und Wenningstedt zurück nach Westerland

Linie 3a: von Westerland über Wenningstedt, Braderup, Munkmarsch, Keitum und Tinnum zurück nach Westerland

Linie 4: von Westerland über Tinnum, Keitum und Morsum nach Archsum

Linie 5/5a: von List über Westerland nach Hörnum

Strandverkehr: vom Lister Hafen zum Lister Weststrand

Die Insel ist in sieben Zonen eingeteilt. Wer etwa von Westerland nach List unterwegs ist (gut 16 Kilometer), durchfährt vier Zonen und zahlt dafür regulär

4,10 € (Erwachsene) bzw. 2,05 € (6- bis 14-Jährige). Fahrten innerhalb einer Zone schlagen mit 1,65 bzw. 1 € zu Buche, sehr weit kommt man damit allerdings nicht … Alle sieben Zonen kosten im regulären Tarif 6,60 bzw. 3,30 €.

Plant man mit den Seinen einen möglicherweise sogar über mehrere Stationen laufenden Ausflug, ist man mit dem Kauf einer **Familienkarte** gut bedient: Die gilt für alle sieben Zonen der Insel und wird in zwei Ausführungen angeboten: für einen Erwachsenen plus zwei Kinder (6–14 Jahre) zum Preis von 13,60 €; für zwei Erwachsene mit vier Kindern 19,20 €. Letztere Ausführung gibt's auch im Dreierpaket, das heißt für unbeschränkte Fahrten mit allen Bussen an drei aufeinanderfolgenden Tagen (41,80 €).

Wer allein unterwegs ist und einen großen Aktionsradius hat, kann überlegen, ob sich die Anschaffung einer **Wochenkarte** lohnt. Die kostet je nach Anzahl der Zonen, für die sie gültig ist, zwischen 9,70 € (eine Zone) und 46,80 € (sieben Zonen, also die gesamte Insel). Über die feineren Verästelungen des Tarifsystems informiert man sich am besten direkt im SVG-Pavillon am Westerländer Bahnhofsvorplatz bzw. unter ☎ 04651/8361029 oder unter www.svg-sylt.de (dort auch Online-Fahrpläne).

Inselrundfahrten Die SVG unterhält nicht nur den Linienverkehr, sondern bietet auch Ausflugsfahrten auf der Insel an. Die **kleine Inselrundfahrt** führt über Wenningstedt, Kampen, das Wanderdünengebiet der Sylter Sahara und den Königshafen nach List. Dort wird eine kurze Pause eingelegt, danach geht es über Braderup, Munkmarsch, Keitum und Tinnum zurück nach Westerland. Abfahrten von April bis Oktober täglich um 11 Uhr am ZOB, Rückkehr ca. 13 Uhr. Erwachsene 14 €, Kinder 10,50 €.

Die große **Inselrundfahrt** bedient bis nach Tinnum dieselbe Strecke, führt von dort dann aber weiter in den Süden nach Rantum und Hörnum, um schließlich wieder Westerland anzusteuern. Abfahrten ganzjährig täglich um 14 Uhr am ZOB (November–Januar 13 Uhr), Rückkehr ca. 17 Uhr (16 Uhr). Erwachsene 16 €, Kinder 10,50 €.

Rundflüge Wem die Inselerkundung im Boden nicht ausreicht, kann sich das Ganze auch aus der Vogelperspektive anschauen: Angeboten werden die Flüge von **Sylt Air**. Ein 15-minütiger Flug kostet 60 € pro Person bzw. 150 € pauschal (bis drei Personen), ein 30-Minuten-Flug schlägt mit 80 € pro Person bzw. 200 € pauschal zu Buche. Informationen unter ☎ 4651/7877 bzw. www.syltair.eu.

Wellness und Kuren

Auf der Insel gibt es kaum noch ein Hotel ohne Wellnessbereich mit Sauna oder sogar Swimmingpool sowie eine Anwendungsliste vom Peeling bis zur Massage. Der Tourismusfaktor Wellness wird auch auf Sylt großgeschrieben. Einen ersten Überblick über das umfassende Wohlfühlangebot findet man in den Tourismus-Services. Selbst wer die Wellnessangebote nicht annehmen möchte, wird Sylt in der Regel gesünder verlassen. Das hiesige **Reizklima** gilt als äußerst gesund. Die kleinen Meerwasserpartikel, die vom Wind durch die Luft transportiert werden, enthalten wichtige Mineralien und Spurenelemente. Westerland und Wenningstedt sind staatlich anerkannte Seeheilbäder. Bei rheumatischen, Kreislauf- und Gefäßerkrankungen, Erkrankungen der Atmungsorgane, Hautkrankheiten und Allergien soll eine Kur auf Sylt helfen.

Weitere Informationen zu Kur- und Wellnessangeboten gibt es im Syltness Center in Westerland, ☎ 0180/5009980 (0,14 €/Min.), www.westerland.de, oder bei der Marketing-Gesellschaft Sylt, ☎ 04651/82020, www.sylt.de.

Am Südstrand von Westerland

Westerland

Westerland

Die 9000-Einwohner-Stadt nennt sich stolz „Inselmetropole", und das nicht ganz zu Unrecht: Zwei oft proppenvolle Shoppingmeilen, unzählige Cafés und Restaurants und ein reges Nachtleben sorgen für städtisches Flair, das es auf der Insel sonst nirgendwo gibt.

Wer nach Sylt reist, kommt an Westerland kaum vorbei. Hier halten die Züge vom Festland, und von hier aus verteilt sich der Touristenstrom über die ganze Insel. Hauptakteur im bunten Anreisereigen ist der Autozug, der in der Hochsaison alle 30 Minuten vom Terminal Niebüll startet und seine beeindruckende Blechlawine in Westerland freigibt. Da kommt es ganz großstädtisch auch schon mal zu Staus und längeren Wartezeiten an den Ampeln. Beschaulich ist Westerland also nicht gerade.

Herzstück der Stadt ist das Karree aus Kurpromenade und den beiden Shoppingmeilen Friedrich- und Strandstraße, die schnurstracks auf die Promenade zulaufen. In Letzteren – mit dem Schwerpunkt Friedrichstraße – drängt sich Location an Location und in Saisonspitzenzeiten auch Tourist an Tourist. Im Grunde unterscheiden sich beide Straßen wenig von x-beliebigen Fußgängerzonen in einer x-beliebigen Stadt der Republik – wäre da nicht die unmittelbare Nähe zum Meer, die das Shoppen und Flanieren eben doch um einiges attraktiver macht als andernorts.

Architektonisch präsentiert sich Westerland im Wesentlichen nüchtern-funktional, denn wie vielerorts in Deutschland konnten sich die Stadtväter der 1960er- und 70er-Jahre auch hier nicht recht in ihrer Abriss- und Neubauwut zügeln. Und so mussten viele der alten Gründerzeitbauten schnell hochgezogenen Betonwaben weichen, die bis heute das Bild der Innenstadt prägen. Lediglich das Areal um die alte Kirche

Sankt Niels erinnert noch ein wenig an alte Zeiten, als Westerland noch ein Dorf war und vom Tourismus nichts wusste.

Gegründet wurde der Ort nach der großen Allerheiligenflut von 1436, die in der gesamten Deutschen Bucht und eben auch auf Sylt verheerende Schäden angerichtet hatte. Mit am stärksten betroffen war dort die ein paar Hundert Meter westlich der heutigen Westerländer Küstenlinie gelegene Siedlung Eidum, die die Flut praktisch von der Landkarte gelöscht hatte. Die Überlebenden gaben den völlig zerstörten Ort auf und wandten sich hilfesuchend an die benachbarten Tinnumer. Die stellten ihnen recht wertloses, mit Heide bewachsenes Land im Westen Tinnums zur Verfügung. Damit hatte die neue Heimat der Eidumer auch gleich ihren Namen: Westerland.

Die Westerländer lebten fortan mehr schlecht als recht von der Landwirtschaft und der Fischerei, nur der Walfang versprach ein besseres Auskommen. Erst Jahrhunderte später wendete sich das Blatt, und Westerland wurde zu dem, was es bis heute geblieben ist: ein Badeort. Als Initialzündung gilt das Jahr 1855, als der Landvogt von Levetzau am Westerländer Strand die ersten Badekarren aufstellen ließ. Damit auch alles hübsch züchtig ablief, wurden die „fahrbaren Umkleidekabinen" auf einen Damen- und einen Herrenstrandabschnitt verteilt – zwei Kilometer Sicherheitsabstand inklusive.

In den nächsten 50 Jahren sollte sich an der strikten Geschlechtertrennung nichts ändern. Fast pünktlich zum neuen Jahrhundert fiel dann aber auch diese Bastion: 1902 eröffnete in Westerland das erste Familienbad an der deutschen Nordseeküste, in dem fortan Männer, Frauen und Kinder gemeinsam ihrem Badevergnügen nachgehen durften. Keinen Zutritt hatte lediglich die besonders gefährdete Spezies der Junggesellen …

Dem Westerländer Badetourismus tat diese Neuerung offenbar gut. Aus den anfänglich gerade mal an die hundert Badepionieren jährlich waren 1905, als Westerland das Stadtrecht verliehen wurde, bereits 22.000 zahlende Gäste geworden; 1913 wurde dann sogar die 30.000er-Marke überschritten. Damit war dann allerdings der vorläufige Höhepunkt erreicht, und es sollte lange dauern, bis die Zahlen getoppt werden konnten. Zunächst bereitete der Erste Weltkrieg dem Aufschwung ein jähes Ende, und auch nach dem Krieg erholte sich Westerland nur schleppend. Zwar besuchten Filmstars wie Hans Albers oder Marlene Dietrich das Seebad, aber von den Gästezahlen aus den Vorkriegszeiten konnte man einstweilen nur träumen. Selbst der Bau des Hindenburgdamms im Jahr 1927, der die Anreise erheblich erleichterte, konnte nichts daran ändern.

Rasant bergauf ging es erst wieder in den später 1950er- und den 60er-Jahren, als Deutschland mitten im Wirtschaftswunder steckte. Die kontinuierlich ansteigenden Touristenzahlen – 1959 kratzte der inzwischen zum Nordseeheilbad geadelte Ort bereits an der 50.000er-Grenze – beflügelten auch die Vorstellungskraft der Stadtväter. „Nizza des Nordens" wollte man nun werden, und um sich großstädtisches Flair zu verleihen und noch mehr Gäste aufnehmen zu können, stürzte man sich in die bereits erwähnten baulichen Aktivitäten, die unter anderem das unmittelbar am Meer gelegene, hoch aufragende Kurzentrum hervorbrachten. Die ambitionierten Pläne fanden ihren Abschluss in dem Vorhaben, neben dem Kurzentrum ein weiteres Appartementhaus mit 25 Stockwerken zu bauen. „Atlantis" sollte der Gebäudekomplex heißen. Doch nun wehrten sich die Westerländer, es gründete sich eine Bürgerinitiative, die lautstark Protest erhob. Die Gemüter kochten hoch, Morddrohungen machten die Runde, Autoreifen wurden zerstochen und Stinkbomben geworfen, bis das Bauvorhaben 1972 unter anderem auf Initiative der Landesregierung gestoppt wurde. Doch auch ohne das im Bürgerprotest untergegangene „Atlantis" hatte das Stadtbild Westerlands einiges von seinem einstigen Charme verloren. Die Touristen scheint's nicht zu stören: Die Inselmetropole verbucht Jahr für Jahr fast die Hälfte aller Syltbesucher.

Abschied in Westerland

1988 geriet Westerland endgültig in den Mittelpunkt der Weltöffentlichkeit: „Die Ärzte" gaben im Kursaal ihr Abschiedskonzert. Der Ort für dieses „Weltereignis" war mit Bedacht gewählt worden, hatte die Band doch mit dem Song „Westerland" einen Hit gelandet. „Oh ich hab solche Sehnsucht / Ich verliere den Verstand / Ich will wieder an die Nordsee/ Ich will zurück nach Westerland", sangen die Fun-Punks, der Rest des Songs ist dann allerdings weniger schmeichelhaft für die Besucher der Stadt. Doch nicht deswegen hatte die Stadtverwaltung ernste Bedenken. Man fürchtete vielmehr eine Punker-Invasion im Seebad. Die Befürchtungen bestätigten sich nicht. Westerland wurde nur für ein paar Tage etwas bunter. 1993 gründete sich die nach eigenem Bekunden „beste Band der Welt" neu.

Giftgrüner Willkommensgruß: die Riesen am Westerländer Bahnhof

Bummel vom Bahnhof über die Kurpromenade zum Rathaus

Friedrichstraße, Kurpromenade und Strandstraße – wer sich einen Eindruck von der Stadt verschaffen will, ist hier genau richtig. Klassische Sehenswürdigkeiten sind zwar rar gesät, aber man kann typische Westerländer Atmosphäre schnuppern und während des Spaziergangs die eine oder andere Entdeckung machen. Abseits der Route warten dann noch zwei Kirchen, ein ungewöhnlicher Friedhof und das „Sylt Aquarium" auf einen Besuch.

Ausgangspunkt des Stadtbummels ist der **Bahnhof,** der 1927 im Zuge des Baus des Hindenburgdamms entstand. Zugegeben, viel gibt er nicht her, aber die Bahnhofshalle mit ihren Jugendstilanklängen ist einen Blick wert. Verwundert ist der Westerlandbesucher, wenn er den Bahnhofsvorplatz betritt. Vier überdimensionale Gestalten in giftgrüner Farbe und teilweise mit verdrehten Köpfen stemmen sich hier gegen die steife Brise. Es sind die **„Reisenden Riesen im Wind"**, ein Skulpturenensemble des Kieler Künstlers Martin Wolke. Die aus 2000 Kilo Polyester gegossene Riesenfamilie in der Standardbesetzung Vater, Mutter und zwei Kinder wurde 2001 vor dem Bahnhof aufgestellt und sorgte für einen Riesenwirbel. Die einen zeigten sich entsetzt über die „riesigen grünen Brechmittel", die ihnen hier vor die Nase gesetzt wurden, die anderen sprachen verzückt von einem „genialen Kunstwerk". Selbst wenn man die Latte nicht so hoch hängen mag, die „Reisenden Riesen" sind auf jeden Fall eine gelungene und witzige Überraschung und verfehlen ihre Wirkung nicht. Fast jeder Ankommende bleibt stehen, um die Skulpturen zu betrachten oder sich mit ihnen fotografieren zu lassen, und manch einer erprobt sogar seine Kletterkünste an den skurrilen Gestalten. Wieder andere nutzen die über den Platz verteilten Koffer und Taschen der Reise-Riesen-Familie als

Die Musikmuschel dreht dem Meer den Rücken zu

Sitzgelegenheiten. Und wer mit all dem nichts im Sinn hat, wirft vielleicht einen Blick auf das gegenüber der Skulpturengruppe postierte kleine Denkmal, das an die **Sylter Inselbahn** erinnert.

Schlendert man nun die Wilhelmstraße hoch, ist linker Hand die **Nicolai-Kirche** zu sehen (Näheres siehe S. 95) und am Ende der Straße eine weitere ungewöhnliche Skulptur: die **„Wilhelmine"**. Die dralle, üppige Dame aus Bronze, die sich zufrieden im Brunnen die Füße wäscht, soll Lebenslust und Fröhlichkeit ausstrahlen. „Lächelt mit ihr, ihr sollt es und könnt es!", forderte die Künstlerin Ursula Hensel-Krüger (1925–1992), als ihre Skulptur 1980 enthüllt wurde.

Die „Wilhelmine" markiert auch den Übergang in die **Friedrichstraße**, die Flaniermeile Westerlands, die gleich nach zwei Personen benannt ist: Friedrich Erichsen und Friedrich Wünschmann, beide Westerländer Bürger, die Teile ihrer Grundstücke für den Bau der Straße spendeten. Auf den ersten Blick scheint die Friedrichstraße eine Einkaufsstraße zu sein, wie man sie in Tausenden deutscher Städte findet. Einfallslose Zweckbauten reihen sich aneinander, eine Boutique folgt auf die andere. Doch je länger der Tag dauert, desto mehr ändert sich das Bild. In den vielen Restaurants, Cafés und Kneipen sammeln sich die Gäste. Nun kann man wirklich von einer Flaniermeile sprechen, auf der man sehen und gesehen werden will. Den besonderen Flair der Friedrichstraße macht aber ihre Nähe zur See aus. Es weht immer eine frische Brise durch die Straße, die Möwen kreischen, und man riecht das Meer.

Endpunkt der Friedrichstraße ist der Übergang zur Kurpromenade, der vom 1903 eröffneten **Hotel Miramar** beherrscht wird, einer der wenigen Gründerzeitbauten an der Shoppingmeile. Das nun wirklich strandnahe Miramar – ein wenig zu nahe, bereits vier Jahre nach der Eröffnung musste eine Schutzmauer errichtet werden – wurde im Auftrag des Berliner Unternehmers Otto Busse gebaut und befindet sich bis heute in Familienbesitz. Dank seiner Lage und seiner prächtigen Ausstattung zog es schon bald nach seiner Eröffnung Prominente jeglicher Provenienz an: Gerhart Hauptmann, Gustav Stresemann, Hans Albers und Max Schmeling sind nur einige Beispiele. Beinahe hätte auch Adolf Hitler das Hotel besucht – man schaffte sich extra neues Geschirr für den „Führer" an –, doch dem Nazidiktator kam 1934 der sogenannte Röhm-Putsch dazwischen.

Als das Miramar seine Tore öffnete, schritten die Badegäste noch durch die 1878 erbaute hölzerne Wandelhalle am Strand entlang. Ein Feuer und eine Sturmflut machten der Halle 1911 ein Ende, an ihre Stelle trat eine über 500 Meter lange Uferschutzanlage, die auch als **Kurpromenade** fungierte. Über die Jahre wurde die Promenade immer wieder verlängert, heute kann man hier auf einer Strecke von zwei Kilometern flanieren, das Meer und den Strand immer im Blick.

Mittelpunkt der Kurpromenade ist die **Musikmuschel** unterhalb des unansehnlichen Kurzentrums aus den 1960er-Jahren. Gruppen wie die „Romada Singers" greifen hier tief in die Schatztruhe der Evergreens, manchmal steht

Westerland → Karten S. 100/101 und S. 106/107

Nivea-Schnellzug oder Käseschieber ...

... waren nur zwei von vielen Spitznamen der Sylter Inselbahn. Sie brachte über hundert Jahre lang die Gäste von den Dampfern zu ihren Unterkünften. Die Schmalspurzüge verbanden Munkmarsch mit Westerland und Hörnum mit List. Und obwohl sich die Inselbahn seit ihrer Inbetriebnahme 1888 bald in die Herzen der Insulaner und der Gäste fuhr, war sie anfangs mit Skepsis betrachtet worden. Durch den Funkenschlag setzte sie oft die Heide in Brand, und die Fahrpreise (eine Mark pro Person, Hunde 20 Pfennig) galten, obwohl günstiger als die Kutschfahrten, als zu teuer – eine alte Sylter Klage ... Zudem war die Bahn nicht immer pünktlich, die Zugführer warteten schon mal auf Bekannte oder legten auf der Strecke eine kurze Pause ein, um ganz elementare menschliche Bedürfnisse zu befriedigen – für Toiletten war in den Zügen kein Platz.

Ein Schnellzug war die Inselbahn ohnehin nicht, selbst bei den wenigen geringfügigen Steigungen auf Sylt musste die Lok zweimal Anlauf nehmen. Ein guter Stoff für Legendenbildung: So erzählte man sich, im Zug hingen Hinweisschilder wie „Blumenpflücken während der Fahrt verboten". Eine andere Anekdote berichtet von einem gegen den starken Wind ankämpfenden Wanderer, der das Angebot des Zugführers, ihn mitzunehmen, mit den Worten beschied: „Nö danke, ich hab's eilig."

Der Bau des Hindenburgdamms leitete den Niedergang der Inselbahn ein, die Linie nach Munkmarsch wurde eingestellt, die Linie von Norden nach Süden transportierte allerdings bis 1970 die Kurgäste durch die Dünenlandschaft. Teile der Inselbahn tun noch heute ihren Dienst bei diversen deutschen Museumsbahnen. Die alte Bahntrasse ist zwischen Rantum und Hörnum und zwischen Westerland und Kampen zu einem Radweg ausgebaut worden.

Ausgelagert: die Rutschen der Sylter Welle

aber auch Klassik auf dem Programm, nur die Marschmusik aus den An-
fangsjahren der Musikmuschel hat mittlerweile ausgedient. Das alles ist nicht
jedermanns Geschmack, aber die einzigartige Atmosphäre – Meer, Sand und
Wind – kann durchaus versöhnlich stimmen.

Von der Musikmuschel geht's weiter Richtung Norden bis zum Übergang in
die Strandstraße, wo die **Sylter Welle** und das Kurhaus liegen. Die Freizeitan-
lage mit Meerwasserschwimmbad wurde 1993 eröffnet, die bunten Rutschen-
röhren kamen 2007 dazu. Mit der **Strandstraße** ist dann die zweite große Einkaufsstraße Westerlands erreicht. Auch hier hat der ungezügelte Bauboom der
1960er-/70er-Jahre seine Spuren hinterlassen. Es sind jedoch einige Häuser
aus der Gründerzeit erhalten geblieben, sodass die Strandstraße insgesamt
ruhiger und kleinstädtischer wirkt als die rege Friedrichstraße.

Am Ende der Strandstraße liegt das **Hotel Stadt Hamburg**, eines der ältesten
noch existierenden Hotels der Insel. Es wurde 1869 eröffnet und zählt heute
zu den deutschen Spitzenhotels. Gegenüber steht das wuchtige **Rathaus**, das
Ende des 19. Jahrhundert erbaut wurde und bis 1934 auch als Kurhaus und damit unter anderem der „geselligen Vereinigung des Badepublikums" diente. Im
Rathaus befindet sich neben dem alten Kursaal, der heute für Theateraufführungen und Konzerte genutzt wird, auch die **Spielbank Westerlands**, das
kleinste ganzjährig geöffnete Kasino Deutschlands. Der größte Gewinn, den je
ein Spieler im Kasino einfuhr, nimmt sich ebenfalls vergleichsweise bescheiden
aus: 1979 verlor die Bank an einem Abend 110.000 DM an einen Spieler.

Am Rathausplatz steht außerdem noch das Gebäude der Alten Post, in dem
die Stadtbücherei und das **Sylter Archiv** untergebracht sind. In Letzterem
drängen sich auf einer Fläche von 850 Regalmetern Akten, Zeitungen und Bücher zur Geschichte der Insel.

Abseits des Spaziergangs

Sankt Nicolai: Die unweit des Bahnhofs gelegene, 1908 eingeweihte Kirche verdankt ihre Entstehung den steigenden Gästezahlen auf der Insel – die alte Dorfkirche Sankt Niels (siehe unten) war einfach zu klein geworden. Der Westerländer Architekt Heinrich Bomhoff baute Sankt Nicolai im romanischen Stil aus rotem Ziegelstein, das Innere wurde aber nach byzantinischen Vorbildern ausgemalt. Davon sind allerdings nur noch Reste an den Geländern der Emporen erhalten geblieben, der übrige Innenraum wurde in den 1960er-Jahren – ganz im nüchternen Stil der Zeit – weiß getüncht. Die im Stil des Historismus gestalteten Fenster wurden ebenfalls entfernt und durch moderne Glaskunst ersetzt, die dem Kirchenraum aber durchaus eine weihevolle Atmosphäre verleiht. Ältestes Stück von Sankt Nicolai ist der romanische Taufstein, der noch aus der Kirche des untergegangenen Eidum stammt. Zum hundertjährigen Kirchenjubiläum wurde der Eingangsbereich des Turms erneuert. Den Besucher erwartet ein Vorraum mit zwei Glaswänden, die vom Keitumer Glaskünstler Hans Jürgen Westphal gestaltet wurden.
Im Sommer täglich 9–17 Uhr geöffnet. St.-Nicolai-Straße.

Sankt Niels: Wie Sankt Nicolai ist auch die alte Dorfkirche Sankt Niels (friesische Kurzform von Nikolaus) dem Heiligen Nikolaus, dem Schutzheiligen der Seefahrer, geweiht. Sie liegt im heutigen Alt-Westerland, der Kernsiedlung der Stadt. Hier haben sich noch einige alte Friesenhäuser erhalten, sodass man bei einem kleinen Spaziergang in den Sträßchen rund um die Kirche ein beschauliches Stück Westerland erleben kann.

Sankt Niels entstand Anfang des 17. Jahrhunderts, nachdem die gleichnamige Vorgängerkirche, die noch aus der Eidumer Zeit stammte, in sich zusammengestürzt war. Den Neubau – eine kleine, von außen einfach gestaltete Saalkirche – mussten die Dorfbewohner selbst finanzieren. Zum Inventar der insgesamt schlicht eingerichteten Kirche gehört ein spätgotischer Schnitzaltar. Er zeigt die Krönung Marias, ungewöhnlich für eine protestantische Kirche, vermutlich gehörte er bereits zur Ausstattung der Eidumer Kirche. Im 19. Jahrhundert wurde der „katholische" Mittelteil übrigens

Die alte Dorfkirche

Letzte Ruhestätte für Unbekannte

entfernt und erst in den 1920er-Jahren wieder eingesetzt. Das älteste Stück der Kirche hängt über der Apsis, ein Prozessionskreuz aus dem 13. oder 14. Jahrhundert. Auf eine andere Geschichte verweist eine Tafel, die links vom Kircheneingang hängt. Sie erinnert an Daniel Wienholt, Sohn eines Londoner Kaufmanns. Er ertrank 1799 beim Untergang der englischen Fregatte „Lutine" und wurde auf Sylt angeschwemmt. Der Strandvogt nahm Kontakt mit der Familie auf – man hatte die Leiche Wienholts aufgrund eines Briefes, den er noch bei sich trug, identifiziert – und schickte ihr die letzten Habseligkeiten des Ertrunkenen zu. Aus Dankbarkeit stiftete die Familie Wienholt Geld für die Orgel und eben die auf Englisch verfasste Gedenktafel, auf der auch dem Strandvogt besonders gedankt wird. Das Schiff, mit dem Daniel Wienholt unterging, blieb auf ganz besondere Weise im Gedächtnis. Die Schiffsglocke der „Lutine" wurde geborgen und hängt heute im traditionsreichen Versicherungskonzern Lloyds in London. Die Glocke wurde bis ins 20. Jahrhundert stets geläutet, wenn ein Schiffsuntergang zu beklagen war.
Im Sommer täglich 9–17 Uhr geöffnet. Kirchenweg.

Friedhof für Heimatlose: An der Ecke Käpt'n-Christiansen-Straße/Elisabethstraße liegt der Friedhof für unidentifizierte Ertrunkene, die an den Stränden Sylts angespült wurden. Schlichte Holzkreuze markieren ihre Gräber. Der Friedhof wurde 1855 damals noch außerhalb des Stadtgebiets angelegt, zuvor hatte man die angespülten Leichen in den Dünen verscharrt. Die Beerdigungen auf dem Friedhof entwickelten sich in der zweiten Hälfte des 19. Jahrhunderts sogar zu so etwas wie einer Touristenattraktion, wie ein Zeitzeuge berichtet. „Herren in Strandschuhen" und „Damen in Tenniskostümen" versammelten sich, um der Begräbnisprozession zuzusehen, Fotografen machten Bilder, um sie am nächsten Tag als Souvenir verkaufen zu können. Die Königin von Rumänien, häufiger Gast auf der Insel, freute sich sogar, dass sie einen

Balkon hatte, „der auf den höchst poetischen Friedhof der Heimatlosen blickt".
1905 fand hier die letzte Beerdigung statt. Seitdem ist der Friedhof eine kleine
Oase der Ruhe unweit des Stadtzentrums. Gegenüber wurde 1998 die katholische **St.-Christopherus-Kirche** errichtet, ein moderner Beton-Ziegel-Bau, dessen ellipsenförmiger Innenraum mit den gemauerten Säulen eine andachts-
volle Atmosphäre ausstrahlt.

Sylt Aquarium: „Eine Welt – zwei Ozeane", so lautet das Motto des im Süden
Westerlands beim Strandaufgang „Himmelsleiter" gelegenen Meerwasser-
Aquariums. 2004 wurde die neue Attraktion eröffnet, auf 1300 Quadratmetern wird dem Besucher in 25 Becken die Lebenswelt der Meeresbewohner in
der Nordsee und in den Tropen nähergebracht. Lippfische, Goldbrassen,
natürlich Schollen, Petermännchen, Doktorfische, Napoleonfische, Leopar-
den-Stechrochen, Zebrahaie und Rotfeuerfische präsentieren sich in den großen Becken, die „Korallenwelt" fasst sogar 500.000 Liter Meerwasser und ist
damit eines der größten Becken in Deutschland. Beeindruckend sind die Glas-
tunnel, die unter den Becken hindurchführen – hier wähnt man sich schon beinahe auf einer Tauchexpedition. Weniger beeindruckend ist der uninspiriert

Westerland → Karten S. 100/101 und S. 106/107

Käpt'n Corl – der „Strandkapitän"

Das Sylter Original Käpt'n Corl hieß eigentlich Carl Christiansen und war
ein erfahrener Seemann. 1864 in Westerland geboren, heuerte er schon mit
15 Jahren auf seinem ersten Schiff an, mit 27 war er bereits Kapitän in
Diensten der Deutschen Ost-Afrika-Linie. 1902 kehrte der Seebär in seine
Heimat zurück und übernahm das Kommando auf den Dampfern der Sylter
Dampfschifffahrtsgesellschaft. Fortan schipperte er die Badegäste von der
Hoyerschleuse auf dem Festland nach Munkmarsch. Käpt'n Christiansen
ließ sich dabei nicht so leicht aus der Ruhe bringen. So blieb er sechs Wochen an Bord seines Dampfers, als dieser im vereisten Wattenmeer festlag.
Auch von den Fragen der Bordgäste ließ er sich nicht irritieren, schon gar
nicht von der nach der Dauer der Überfahrt: „Zwei Stunden, die Rückfahrt
vier Stunden ... Sie wissen doch, die Erde ist rund. Von Hoyer nach Sylt geht
es bergab, umgekehrt bergauf."

Nach dem Bau des Hindenburgdamms 1927 kam der Schiffsverkehr zum
Erliegen, und Käpt'n Corl, wie Christiansen nun genannt wurde, heuerte als
„Strandkapitän", also als Fremdenführer, bei der Kurverwaltung Westerlands
an. Er führte die Gäste durch die Stadt und über die ganze Insel. Seine Führungen waren so beliebt, dass sich ihm teilweise über 500 Gäste anschlossen.
Auch hier kam der Seemann seiner Aufgabe mit trockenem friesischem Humor nach. „Ist das bis zum Horizont wirklich alles Wasser?", fragte ihn einmal ein offensichtlich aus dem Binnenland stammender Kurgast. „Nee," so
die prompte Antwort, „da sind auch ein paar Fische drin."

Die Stadt Westerland ehrte das 1937 verstorbene Inseloriginal mit der
Käpt'n-Christiansen-Straße. Eine Glosse der Sylter Rundschau trägt ebenfalls seinen Namen.

gestaltete Eingangsbereich mit Souvenirs und Bistro, ganz und gar übertrieben sind die Eintrittspreise.

Täglich 10–18 Uhr, Eintritt für Erwachsene 13,50 €, Kinder und Jugendliche (3–18 Jahre) 9,50 €, Familienkarte (2 Erw., 2 Kinder) 35 €, für Führungen wird ein Aufschlag von 3 € bzw. 1,50 € fällig. Gaadt 33, ✆ 83625-22, info@syltaquarium.de, www.syltaquarium.de.

Basis-Infos   (→ Karten S. 100/101 und S. 106/107)

Telefonvorwahl: 04651

Autovermietung Es gibt diverse Autovermieter in Westerland, hier eine Auswahl:

Syltcar.com im Pavillon der SVG, ✆ 8361025, www.syltcar.com.

Europcar, Trift 2, ✆ 7178, www.europcar.de.

Sixt, Norderstr. 13, ✆ 0 1805/252525, www.sixt.de.

Sylt-Travel in der Shell-Tankstelle, Trift 7, ✆ 040/24424914, www.sylt-travel.de.

Grieser Autovermietung, Friedrichstr. 37–39, ✆ 8892660, www.syltmietwagen.de.

Bücherei In der Alten Post ist die umfangreichste der Inselbüchereien untergebracht. Ausgeliehen werden können nicht nur Bücher, sondern auch DVDs und Spiele. Außerdem gibt's einen Internetzugang (0,05 €/Minute). Mi geschlossen, sonst Mo–Do 10–12 und 15–18 Uhr, Fr 10–12 Uhr (Do durchgehend bis 20 Uhr), Sa 8.30–12 Uhr. ✆ 22710, www.inselbuecherei-sylt.de.

Einen ruhigen Platz zum Lesen auf der Promenade finden Sie bei der Musikmuschel in der **Nolde-Lounge.** Reproduktionen der Gemälde des Malers schmücken die Wände und kostenlose Tageszeitungen liegen bereit. Täglich 9–19 Uhr.

Fahrradverleih Ihre Dienste bieten u. a. an:

Leksus, Norderstr. 42, Lorens-de-Hahn-Str. 23 und Bismarckstr. 9, ✆ 835000, auch Lieferung ins Haus.

Velo-Quick, Industrieweg 20, ✆ 21506, www.veloquick.de.

Charly's Radverleih (✆ 0170-8337604) und **Niels' Verleih** (✆ 28277), beide im Kirchenweg 7, gleich gegenüber vom Bahnhof.

M&M ist über die ganze Insel verteilt, in Westerland gibt es vier Filialen. Ebenfalls mit Hauslieferung im Angebot. Bismarck-

str. 46, Norderstr. 106, direkt am Bahnhof und in der Strandstr. 27. ✆ 35777, 🖅 35933, www.mm-sylt.de.

Internet easy@internet Kleines Internetcafé gleich neben der Touristeninformation in der Friedrichstraße am Übergang zur Kurpromenade. Ein weiteres gibt es am Kurzentrum **58** in der Andreas-Diercks-Straße. Jeweils per Münzeinwurf (1 € = 9 Min.).

In der Touristeninformation in der Strandstraße finden sich auch Terminals mit Internetzugang. Surfen kann man darüber hinaus in der Stadtbücherei in der Alten Post.

Kinder Die **Villa Kunterbunt 34** bietet in der Hauptsaison eine fast ganztägige Betreuung von Kindern (3–13 Jahre) an. Ein

Spielplatz mit Trampolin, Leuchtturm und Piratenschiff soll die Kleinen bei Laune halten. Zusätzlich gibt es ein vielfältiges Programm vom Wikingertreff bis zur Detektiv-Ausbildung, das allerdings extra berechnet wird. In der Hauptsaison (Mai–Oktober) kosten 3 Stunden Betreuung pro Kind 8 € (ohne Gästekarte der Gemeinde Sylt 11 €). Mo–Fr 9–17 Uhr, Sa/So geschlossen. An der Oberen Strandpromenade zwischen Strandstraße und Brandenburger Straße, ✆ 998275.

Der **Confetti Kinderclub** 🔲 des Hotels Dorint (→ Übernachten) steht auch Nichthotelgästen offen. Gaad 31, ✆ 850-444.

Kino **Kinowelt** 🔲 Programmkino mit 4 Sälen, in denen die gängigen Blockbuster laufen. Übrigens das einzige Kino auf Sylt. Strandstr. 9, ✆ 83622-0, 📠 83622-23, www.kinowelt-online.de/westerland.

Kurabgabe → S. 74.

Post Die Filiale Westerland befindet sich in der Kjeirstr. 17.

Postleitzahl 25980

Strandkörbe Man kann einen Strandkorb direkt bei den Vermietern am Strand buchen oder schon im Voraus über das Internetportal www.westerland.de. Ein Tag kostet zwischen 7,50 € und 9,50 €. Der Preis sinkt, wenn man über einen längeren Zeitraum mietet.

Touristeninformation Tourismus-Service Westerland. Die Hauptstelle befindet sich gleich am Strandübergang am Ende der Strandstraße. In der Hauptsaison Mo–Fr 9–17 Uhr, Fr 9–13 Uhr, Sa/So geschlossen. Strandstr. 35, ✆ 9980, 📠 9986000, info@westerland.de, www.westerland.de.

Weitere Informationsstellen versorgen die Gäste in der Friedrichstraße (ebenfalls unweit des Strandübergangs, Mo–Fr 9–18 Uhr, Sa 10–17 Uhr, So 11–17 Uhr) und im Pavillon vor dem Bahnhof (täglich 9–18 Uhr).

Über die vielen Veranstaltungen und Angebote kann man sich auch im Internet unter **www.westerland.de** informieren. Einen guten Überblick bietet auch die kostenlose, alle 2 Wochen erscheinende Zeitschrift **TV-Sylt**.

Sonnenuntergang am Westerländer Strand

Ü bernachten
4 Vier Jahreszeiten
5 Haus Braunschweig
14 Sylter Seewolf
18 Haus Noge
19 Hotel Jörg Müller
20 Long Island House
22 Dorint
27 Achter Dünem
28 Landhaus Sylter Hahn
29 Friesenhaus Sander
30 Jugendherberge 'Dikjen Deel'
31 Campingplatz Westerland

N achtleben
7 Sunset Beach
9 Cohibar

E inkaufen
13 Zur Alten Dorfschmiede

S onstiges
6 Surfschule Westerland
23 Lucky's
25 Confetti Kinderclub

Die Punkte 34–90 finden Sie
auf der Karte S. 106/107

E ssen & Trinken
1 Hardy auf Sylt
2 Seenot
3 Skipper
8 Kiek In
10 Rennings
11 Franz Ganser
12 Steak & Haxenhäuschen
15 Lille Kamp
16 Altes Zollhaus
17 Beach House Seeblick
19 Restaurant Jörg Müller
21 Web Christel
22 Ebbe & Food
24 Alte Friesenstube
26 Siam
32 Die Osteria
33 Strandoase Sylt

Feste / Veranstaltungen

Deutscher Windsurfing Cup. Ende Juli machen sich die deutschen Windsurfer vor dem Brandenburger Strand daran, den besten der Nation in drei Disziplinen zu küren. Wer mitmachen will, meldet sich unter www.windsurfcup.de an.

World Cup Sylt. Jedes Jahr Ende September treffen sich die besten Surfer der Welt auf Sylt, und zwar ebenfalls am Brandenburger Strand. In den Disziplinen Wellenreiten, Slalom und Freestyle kämpft die Surferelite um Weltranglistenpunkte. Eine der wichtigsten sportlichen Veranstaltungen auf Sylt und auch für Nichtsurfer ein sehenswertes Spektakel. Informationen unter www.windsurfworldcup.de.

Weihnachtsbaden. Am 26. Dezember stürzen sich am Strand unter der Musikmuschel wagemutige Schwimmer in die eiskalte Nordsee – ob mit Badehose oder ohne. Gewärmt werden die unerschrockenen Wassersportler von den Anfeuerungsrufen des glühweinbeseelten Publikums. Anmeldung im Westerländer Tourismus-Service und unter www.westerland.de.

Einkaufen
(→ Karten S. 100/101 und S. 106/107)

Antiquitäten Zur Alten Dorfschmiede ⓭ Antiquitätenladen in einem weißen Friesenhaus, im Angebot sind mit schöner Patina belassene alte Möbel (in erster Linie aus dem Norden). Dazu passend und etwas günstiger handgemachtes italienisches Geschirr, das allerdings nicht antik ist. Auch wenn die angebotenen Objekte das Reisebudget überfordern sollten, sind die ge-

schmackvoll ausgestellten Möbel allemal einen Blick wert. Die gekauften Objekte werden auch verschickt oder geliefert. Keitumer Chaussee 11, ☎ 22136, ☏ 201599.

Bücher Voss Buchhaus & Papeterie ⓻ Gut sortierte und für Sylter Verhältnisse große Buchhandlung in der Friedrichstr. 27 (www.vosssylt.de). Großes Angebot an Literatur zu Sylt.

Badebuchhandlung Rolf K. Klaumann ⓼ Kleine Buchhandlung mit der nötigen und gängigen Urlaubsliteratur. Friedrichstr. 7.

Buchhandlung Becher ⓻ Sehr kleine Buchhandlung, dafür vollgestopft mit Büchern. Sehr gut sortiert zum Thema Sylt. Nette Beratung. Wilhelmstr. 3.

Bücherwurm ⓽ Nicht sehr groß, aber mit freundlicher Besitzerin und gut sortiertem Sylt-Sortiment. Strandstr. 13.

Fisch Gosch. Eine Sylter Institution. Deswegen hat Gosch auch vier Niederlassungen allein in der Friedrichstraße: eine an der Ecke zur Neuen Straße ⓻ und die anderen drei am Abzweig zur Boysenstraße ⓼. Hier gibt es die leckeren Fischbrötchen im Straßenverkauf, aber es ist auch jeweils ein Bistro angeschlossen. Natürlich ist auch Fisch pur im Angebot, die Matjes von Gosch sind nach wie vor sehr lecker! www.gosch.de.

Blum ⓺ Neben Gosch die zweite Anlaufstelle in Westerland, um guten Fisch zu kaufen. Insgesamt ist Blum fünfmal auf Sylt vertreten. Dem Laden ist auch ein Bistro angeschlossen. Neue Str. 2, ☎ 835014, www.blumaufsylt.de.

>>> Mein Tipp: Salatkogge Sylt 🔟 Nicht versäumen! Auch wenn man über Geschmack streiten kann: In dem von außen unscheinbaren Laden gibt es mit die besten Fischsalate Sylts. Fischbrötchen, Fischsuppe und einfach nur Fisch ist hier natürlich auch im Angebot. Strandstr. 28, ✆ 23559, www.salatkogge.de. **<<<**

Grafik Sylter Kunstsupermarkt 🔢 In der kleinen Galerie gibt es nett anzusehende Gebrauchsgrafik in allen Größen und Preislagen. Elisabethstr. 1.

Für den Hund Koko von Knebel 🔢 Nobles für den Vierbeiner, sei es ein Argyll-Pullunder oder ein Halsband mit Bling. Strandstr. 3–5, www.kokovonknebel.com.

Kinderspielzeug Harlekin 🔢 Vom Sandeimer bis zum Brettspiel ist hier alles zu finden. Bollerwagen und allerlei Kinderbedarf, wie z. B. Reisebetten, werden hier auch verliehen. Strandstr. 6.

🔖 **Märkte** Samstags und mittwochs (nur April–Oktober) wird vor dem Rathaus von 7 bis 13 Uhr ein Wochenmarkt abgehalten, auf dem u. a. regionale und Bioprodukte angeboten werden. ◼

Salate Sylter Salatfrische 🔢 Wollen Sie sich nach all den Schollen Finkenwerder Art gesünder ernähren? Gleich neben der Buchhandlung Voss gibt's frischen Salat, den man sich je nach Gusto selbst zusammenstellen kann (auch zum Mitnehmen). Wirklich sehr gut schmeckt das Hausdressing, das praktischerweise genauso heißt wie die Salatbar: Sylter Salatfrische. Unbe-

dingt probieren. Friedrichstr. 25, www.sylter-salatfrische.de.

Schokolade Sylter Schokoladenmanufaktur 🔢 In dem kleinen Laden gleich neben dem Café Wien gibt es die leckere, in Sylt hergestellte Schokolade mit Sorten wie Whisky Trüffel oder Rosa Pfeffer, seit neuestem ist auch der „Muh Spezial" aus der Milch Sylter Kühe im Sortiment. Strandstr. 13.

Schuhe Carpe Diem 🔢 Für den Fall, dass man genug von Badelatschen und Flipflops hat und die Urlaubskasse noch nicht vollständig geleert ist, wird man hier edle Fußbekleidung von Gucci bis Prada finden. Elisabethstr. 1 (eine weitere Filiale in der Strandstraße), www.carpediem-sylt.de.

Surfen Surfshop 🔢 Laut eigenem Bekunden der erste Surferladen auf Sylt. Im Angebot ist alles, was der Surfer braucht, vom Brett bis zum Neoprenanzug. Wilhelmstr. 5, www.surfshop-sylt.de.

Tee Sylter Teekontor 🔢 Bis unter die Decke stapeln sich die Dosen mit den Teemischungen. Wirklich gut ist der „Sylter Sonntagstee". Paulstr. 15, www.sylter-teekontor.de.

Teehaus Janssen 🔢 Hauseigene Teemischungen vornehmlich aus biologischem Anbau. Abends auch Teeseminare oder Kleinkunstabende. Strandstr. 28, www.teehaus-janssen.de.

Sylter Teehaus Teekula 🔢 Schräg gegenüber der „Wilhelmine" bietet der familiengeführte Laden Tee wie „Sylter Walfänger-Mischung" oder auch „Schlanker Hans" an. Wilhelmstr. 4, www.sylter-teehaus.de.

Aktiv in Westerland

(→ Karten S. 100/101 und S. 106/107)

Bowling Lucky's 🔢 Etwas abseits des Zentrums (hinter dem Bahnhof) bietet Lucky's nicht nur Bowling und Kinder-Bowling an, sondern auch Kegeln, Darts, Billard etc. Eine American Sportsbar mit Burgern und Steaks gehört ebenfalls dazu. Industrieweg 10, ✆ 9868-98, 📠 9868-75, info@luckys-sylt.de, www.luckys-sylt.de.

Minigolf Gegenüber dem Sylt Aquarium liegt ein Minigolfplatz.

Schwimmen/Sauna Sylter Welle. Das Freizeitbad liegt unüberseh- und -hörbar am Strandübergang Strandstraße. Ein Wellenbecken und ein Kinderbecken, ein Whirlpool, ein wirklich tolles Außenschwimmbecken, natürlich alle mit Meerwasser gefüllt, nicht

zu vergessen die insgesamt über 120 m langen Rutschen sowie eine Saunalandschaft (ebenfalls mit einem Außenbereich), Sonnenbänke und ein Bistro stehen dem Gast zur Verfügung. Für 5 Stunden zahlt der Erwachsene 12 €, wenn er nur baden will, mit Saunanutzung sind's dann schon 19,50 € (Kinder 7,50 € bzw. 14 €). Günstiger wird es für Frühschwimmer am Di, Do oder Sa von 7 bis 10 Uhr (5,50 €/Kinder 3 €, jeweils ohne Sauna) oder täglich abends von 18 bis 22 Uhr (9,50 €/Kinder 6 €, mit Sauna 15,50 €/ 12 €). Familien können sich auch den Ferien-Pass zulegen (94 €), mit man während des Aufenthalts unbegrenzt das Freizeitbad besuchen kann. Schummeln ist übrigens

Der Westerländer Strand ist ein ideales Surfrevier

ausgeschlossen, ein Codearmband über-
wacht, in welchen Bereichen man sich bewegt hat. Geöffnet Mo–So 10–22 Uhr (Di, Do
+ Sa ab 7 Uhr). ℘ 9986000, ℘ 0180/5009980
(0,14 €/Minute), www.westerland.de.

Strandgymnastik   Montags, mittwochs
und freitags findet in der Hauptsaison ab 9
Uhr am Strand an der Friedrichstraße kostenlose Strandgymnastik statt.

Surf- und Segelschulen   Die seit 30 Jahren von Hans Heinicke geleitete **Surfschule
Westerland** 6 liegt direkt beim Strandübergang Brandenburger Straße. Im Angebot
sind Surfkurse, Kitesurfen, Catsegeln und
Wellenreiten. Anfänger müssen vor der
Brandung nicht erschrecken, es gibt auch
ein Übungsrevier auf der Ostseite der Insel.
Brandenburger Str. 15, ℘ 27172, ℘ 8358497,
info@sunsetbeach.de, www.sunsetbeach.de.

Tennis   Der **Tennis-Club Westerland** öffnet seine Courts auch für die Gäste der Insel. Am Seedeich 38, ℘ 6729, www.tennis-
club-westerland.de.

Wellness   Wird in Westerland großgeschrieben, jedes größere Hotel hat einen
Wellnessbereich eingerichtet. Gebündelt
findet man die Wellness im **Syltness Center** mit Ayurveda, Thalasso, Schlickpackun-
gen, Fußreflexzonenmassage, Aromathera-
pie, Lomi Lomi Nui etc. Sie können hier
auch Ihr Krankengymnastikrezept abturnen.
Während der Hauptsaison empfiehlt es
sich, vor Urlaubsantritt Termine zu buchen.
Die Preise für die diversen Angebote kann
man im Internet unter www.westerland.de
einsehen oder am Telefon (℘ 0180/5009980
(0,14 €/Min.) erfragen. Dr.-Nicolas-Str. 3.

Übernachten
(→ Karten S. 100/101 und S. 106/107)

Campingplätze   Campingplatz Westerland 31 Hier kann man sein Zelt mitten in
den Dünen aufstellen. Natürlich gibt es
auch Stellplätze für Wohnwagen und Reise-
mobile. Ein großer Spielplatz, das Restaurant
Osteria, ein Biergarten und Fahrradvermie-
tung gehören ebenso zum Angebot. Der Platz
liegt hinter dem Südwäldchen an der Rantumer Straße. Wohnwagen kosten ab 15 €,

Zelte ab 9,75 €. ℘ 836160, ℘ 8361625. Außerhalb
der Campingsaison lautet die Anschrift: Kieler
Chaussee 7, 24214 Gettorf. ℘ 04346/368866,
℘ 368868, info@duenen-camping.de,
www.campingplatz-westerland.de.

Ferienwohnungen   Appartementvermieter gibt es in Westerland wie Sand am
Meer. Man muss jedoch nicht direkt bei ihnen buchen, sondern kann sich über **www.**

westerland.de oder www.sylt.de eine Wohnung besorgen. Je näher das Appartement an der Friedrichstraße und der Strandstraße liegt, desto lauter kann es sein. Das Gleiche gilt für die Einfallstraßen nach Westerland (Norderstraße, Süderstraße und Lorens-de-Hahn-Straße). Unbedingt abraten möchte ich von einem Appartement an der Keitumer Chaussee. Auf der wälzen sich jeden Tag die Pkws vom Autozug.

Hotels Hotel Wünschmann Das Hotel liegt im Kurzentrum und damit nicht weit entfernt vom Strandübergang an der Strandstraße. Es bietet einen großzügigen Wohnbereich im Erdgeschoss, einen als Pesel eingerichteten Frühstücksraum sowie 39 helle Zimmer. Dazu gibt's einen kleinen Wellnessbereich mit Sauna. Parkplätze kosten extra. EZ 98–152 €, DZ 162–286 €, Frühstück inklusive. Andreas-Dirks-Str. 4, ☎ 5025, ✆ 5028, info@hotel-wuenschmann.de, www.hotel-wuenschmann.de.

Strandhotel Monbijou Die 28 Zimmer des ebenfalls im Kurzentrum gelegenen Hotels haben alle einen Balkon, ca. die Hälfte der nicht besonders spektakulär eingerichteten Zimmer hat Seeblick. Der Hammer ist der Frühstücksraum, in dem man sein Marmeladenbrötchen mit Panoramablick auf das Meer verspeisen kann. Die Zimmer zur Seeseite kosten natürlich mehr. EZ 90–140 €, DZ 160–250 €, Suiten ab 225 €. Andreas-Dirks-Str. 6, ☎ 991-0, ✆ 27870, info@hotel-monbijou.de, www.hotel-monbijou.de.

Hotel Stadt Hamburg Das 1869 eröffnete, traditionsreiche Hotel ist eine der Top-Adressen auf Sylt. In äußerst stilvollem und geschmackvollem Ambiente kann der (wohlgemerkt betuchte) Gast seine Zeit auf Sylt verbringen. Das Haus mit der weißen Fassade bietet 72 Zimmer und Suiten, ein Restaurant, ein Fitnessstudio, ein Spa und alles, was sonst noch der Wellness dient. Für das Frühstück wird ein Aufpreis verlangt. EZ 110–260 €, DZ 250–340 €, Suiten sind ab 390 € aufwärts zu haben. Strandstr. 2, ☎ 858-0, ✆ 858-220, mail@hotelstadthamburg.com, www.hotelstadthamburg.com.

Hotel Haus Braunschweig Das kleine Hotel empfängt seine Gäste in einem Haus von 1902 und ist strand- und zentrumsnah gelegen. Die 15 Zimmer geben sich einfach und sind mit leicht antiken Elementen ausgestattet. EZ mit Etagendusche 49 €, EZ mit Dusche 65 €, DZ 110 €. Johann-Möller-

Str. 38, ☎ 9823-0, ✆ 9823-45, haus braunschweig@web.de, www.haus-braun schweig.de.

Hotel Vier Jahreszeiten Das Haus wurde 1914 im Bäderstil erbaut und 80 Jahre später entkernt und modernisiert. Strandnah gelegen, hat es 19 gemütlich-modern eingerichtete Zimmer im Angebot. WLAN ist in allen Räumen und auf der Liegewiese verfügbar. Im hoteleigenen Haus Rungholt in der benachbarten Steinmannstraße werden auch 21 Appartements vermietet. EZ 139 €, DZ 199–209 €, Suiten ab 239 €. Johann-Möller-Str. 40, ☎ 9867-0, ✆ 9867-77, vierjahreszeiten.sylt@t-online.de, www.sylt-vier-jahreszeiten.de.

Hotel Miramar Das edle und traditionsreiche Luxushotel liegt gleich an der Kurpromenade, direkter am Meer kann man in Westerland nicht wohnen. Hier übernachteten schon Hans Albers und Max Schmeling, heute zählt Boris Becker zu den prominenten Gästen. Das elegant im Jugendstil eingerichtete Haus hat 90 Zimmer und Suiten, ein Schwimmbad und einen Wellnessbereich. Selbstverständlich können die derart verwöhnten Urlauber im hoteleigenen qualitätsvollen Restaurant speisen. EZ 205–

Hotel Stadt Hamburg:
Haus mit Tradition

Westerland → Karten S. 100/101 und S. 106/107

270 €, DZ 305–420 €, Suiten ab 370 €. Friedrichstr. 43, ☏ 855-0, ✆ 855222, info@hotel-miramar.de, www.hotel-miramar.de.

Hotel Wiking 35 Im Zentrum Westerlands in einem grauen Plattenbau verbergen sich stilvoll eingerichtete Zimmer im modernen Friesenlook. Neben Einzel- und Doppelzimmern sind auch Dreibettzimmer für Familien im Angebot. Im Hotel befinden sich auch eine kleine Bar und ein Restaurant. Einen Saunabereich gibt es auch. EZ 94–174 €, DZ 158–232 €. Steinmannstr. 11, ☏ 83002, ✆ 830299, hotel@wiking-sylt.de, www.wiking-sylt.de.

Aubis Hotel Sylt 38 Das in einer ruhigen Seitenstraße gelegene Hotel mit der Beton-Hochhausfassade hat 29 modern ausgestattete Zimmer im Angebot. Das Aubis ist kein Luxushotel, aber durchaus ansprechen. EZ 94 €, DZ 152–162 €. Bomhoffstr. 3, ☏ 996-0, ✆ 996-100, info@aubis.de, www.aubis.de.

Hotel Jörg Müller 19 Der Sternekoch Jörg Müller führt nicht nur eines der besten Restaurants der Insel, sondern auch ein Hotel. 22 luxuriöse Zimmer und Suiten in edlem Landhausstil – natürlich unter Reetdach – und ein Wellnessbereich stehen dem Gast zur Verfügung. DZ ab 190 €, Suiten ab 260 €. Süderstr. 8, ☏ 27788, ✆ 201471, Hotel-Joerg-Mueller@t-online.de, www.Hotel-Joerg-Mueller.de.

Hotel Sylter Seewolf 14 Das zentrumsnah, aber ruhig in einer Parallelstraße zur Friedrichstraße gelegene Hotel besteht aus zwei Häusern. Der Komplex wurde Anfang 2010 komplett renoviert und kernsaniert. Die Zimmer sind klar und modern mit ein paar Schnörkeln eingerichtet. Auch eine Schwimmhalle steht für die Gäste bereit. EZ 119–199 €, DZ 198–378 €, Suiten ab 139 € pro Person. Bötticherstr. 13/14, ☏ 8010, ✆ 80199, anfrage@sylter-seewolf.de, www.sylter-seewolf.de.

Dorint 22 Das Strandresort liegt nur durch einen Fahrradweg getrennt von den Dünen im Süden Westerlands. Die 73 Studios sind maritim-modern gestaltet und haben alle eine Kitchenette. Das Restaurant heißt Ebbe & Food, World of Spa nennt sich der 800 Quadratmeter umfassende Wellnessbereich, in dem Yin-Yang-Teilmassagen, Meeressalzpeeling und vieles mehr angeboten werden. Das Dorint bietet mit dem Confetti-Club auch eine Kinderbetreuung an. Die Studios kosten ab 248 € aufwärts. Schützenstr. 20–24, ☏ 850-0, ✆ 850-150, info.sylt@dorint.com, www.dorint.com/sylt.

Ü bernachten

35	Hotel Wiking
38	Aubis Hotel Sylt
44	Hotel Stadt Hamburg
48	Hotel Wünschmann
55	Strandhotel Monbijou
84	Hotel Miramar
88	Strandhotel Sylt
89	Hotel Niedersachsen

E inkaufen

39	Teehaus Janssen
40	Salatkogge Sylt
45	Harlekin
49	Bücherwurm
53	Koko von Knebel
54	Sylter Schokoladen Manufaktur
60	Carpe Diem
64	Kunstsupermarkt
69	Blum
71	Sylter Teekontor
74	Gosch
76	Surfshop
78	Buchhandlung Becher
79	Voss Buchhaus
80	Sylter Salatfrische
82	Gosch
83	Badebuchhandlung
87	Sylter Teehaus 'Teekula'

S onstiges

34	Villa Kunterbunt
56	Kinowelt
58	easy@internet

N achtleben

37	Thommy's Music Café
43	Gatz auf Sylt
47	Nanu
50	Kleist Club
52	Classic Club
61	Wunderbar
63	Qube
65	Pablito's
70	American Bistro
72	Irish Pub
77	Conny's Bar
81	Jever Bierstube
90	Badezeit

E ssen & Trinken

36	Schneckenhaus
42	Fisch-Hüs
44	Hotel Stadt Hamburg
46	Culinarium
57	Jürgen's Bistro
62	Ingo Willms
66	Mariso/Pizzariva
67	Blum's Seafood Bistro
68	Blockhouse
84	Hotel Miramar
85	Bella Italia
86	Abi's Friesenkate

Strandhotel Sylt 88 Hochklassige Unterkunft, die ihren Namen zu Recht trägt: Näher am Strand ist man nur in den Dünen. Die Zimmer sind geschmackvoll und edel eingerichtet, ein Wellnessbereich mit Sauna und Solarium darf da natürlich nicht fehlen. Im Angebot sind nur Suiten regulär ab 215 € aufwärts, allerdings gibt es auch während der Hauptsaison vergünstigte Angebote. Margarethenstr. 9, ☏ 838-0, ✆ 838-454, info@sylt-strandhotel.de, www.sylt-strandhotel.de.

Hotel Niedersachsen 89 Ein traditionsreiches Hotel in modernem Gewand: Seit 1925 in Familienbesitz, präsentiert sich das Hotel nach dem Um- und Ausbau 2009 in einem klaren Design mit nordischen Anklängen. 24 Zimmer, 12 Suiten und 3 Ferienwohnungen, Saunabereich sowie ein Garten mit hauseigenen Kaninchen warten auf die Gäste. Geheizt wird umweltfreundlich mit Erdwärme. Die Sommerhauptsaison im Hotel ist zweigeteilt (Mitte April bis Mitte August/Mitte August bis Anfang Oktober). EZ 110–130 €/99–117 €, DZ 160–190 €/146–172 €. Suiten ab 205 €/185 € für zwei Personen, die günstigste Ferienwohnung 137 €/117 € (eben-

Die Punkte 1–33 finden Sie auf der Karte S. 100/101

falls zwei Personen). Margarethenstr. 5, ☎ 9222-0, 🖷 7729, sylt@hotel-niedersachsen. de, www.hotel-niedersachsen.de.

Landhaus Sylter Hahn 28 Das gehobene Hotel liegt abseits des Zentrums im Süden von Westerland. Eingerichtet ist es im eleganten Landhausstil, das Ambiente ist edel. Eine Sauna und ein Schwimmbad sollen dem Gast beim Entspannen helfen. EZ 90–95 €, DZ 130–170 €. Robbenweg 3, ☎ 92820, 🖷 928222, info@sylter-hahn.de, www.sylter-hahn.de.

Long Island House 20 Von außen wirkt das in einem ruhigen Wohngebiet gelegene Hotel recht unscheinbar. Doch innen wähnt man sich in Amerika. Die 10 Zimmer präsentieren sich im eleganten Hampton-Stil, einem reduzierten Landhausstil. Moderner Frühstücksraum mit Blick auf den Garten und sehr zuvorkommende Besitzer. EZ 116 €, DZ 166–196 €, die Suite kostet 216 €. Eidumweg 13, ☎ 9959-550, 🖷 9959-551, info@sylthotel.de, www.sylthotel.de.

Hotel Achter Dünem 27 Das Hotel in dem weißen Backsteinhaus mit Walmdach liegt abseits des Trubels im Süden Westerlands. Die Zimmer sind komfortabel, aber nicht über die Maßen originell eingerichtet. Eine große Liegewiese mit Strandkörben erspart auch schon mal den Weg zum Strand. EZ 105 €, DZ 135–155 €. Lerchenweg 18, ☎ 82360, 🖷 823620, hotel-achter-duenem@t-online.de, www.hotel-achter-duenem.de.

Haus Noge 18 Die kleine Pension ist in einem schmucken, alten weißen Haus untergebracht und liegt strand- und zentrumsnah. Jedes Zimmer hat nach der Renovierung seinen eigenen Charakter erhalten. EZ 65 €, DZ 95 €. Dr.-Ross-Str. 31, ☎ 92860, 🖷 27759, anfrage@haus-noge-sylt.de, www.haus-noge-sylt.de.

Friesenhaus Sander 29 Die Pension liegt im ruhigen Süden Westerlands. Hier kann man relativ preiswert in einem reetgedeckten Haus aus dem 18. Jahrhundert übernachten. Die Zimmer sind altmodisch eingerichtet und haben auch nicht alle ein eigenes Bad, die Preise sind dafür aber recht günstig. Die Besitzer sind sehr zuvorkommend und hilfsbereit. EZ (Etagendusche) 30–32 €, DZ 65–67 €. Lerchenweg 13 a, ☎ 927245, 🖷 927246.

Jugendherberge Dikjen Deel **30** Die Herberge liegt südlich von Westerland in den Dünen, etwa 45 Min. vom Zentrum entfernt, dafür sind es nur 200 m zum bewachten Strand. 114 Betten hat das Haus, dazu bietet es zwischen Juni und September noch Zeltplätze für Jugendliche und Jugendgruppen an. Die Herberge hat eine eigene Bushaltestelle direkt an der Rantumer Straße. Übernachtung mit Frühstück ab 22,10 €. Fischerweg   36,   ✆ 8357825,   📞 8357826, westerland@jugendherberge.de, www.jugendherberge.de/nordmark.

⟮ Essen & Trinken

(→ Karten S. 100/101 und S. 106/107)

Cafés Die meisten Cafés in Westerland liegen in der Friedrich- und der Strandstraße und fungieren abends als Kneipen mit kleinem Speiseangebot. Hier eine kleine Auswahl:

Café Diavolo **75** Ein typisches Beispiel für die multifunktionalen Cafés in Westerland. Café und Bistro, abends dann Bar. Terrakotta und warme Farbtöne bestimmen das Innere. Friedrichstr. 22, ✆ 995508.

Café Orth **73** Dieses Café hat Tradition, seit 1925 werden hier die Badegäste bewirtet. 2005 wurde es renoviert. Nun kann man innen auf edlen Baststühlen seinen Kaffee genießen oder draußen im Strandkorb sitzen und den Menschen beim Flanieren zuschauen. Im gleichen Haus kann man auch übernachten, das Café vermietet 6 Zimmer. Friedrichstr. 30, ✆ 7212, www.cafe-orth-sylt.de.

Café Luzifer **59** Der Haupteingang zu diesem Café liegt etwas versteckt im Kurzentrum, doch wenn man einmal drinnen ist, kann man seinen Kaffee über der Musikmuschel genießen mit einem einzigartigen Blick auf die Kurpromenade und das Meer. Am Übergang von Friedrichstraße auf die Kurpromenade gibt es auch noch einen Zugang zum Café. Andreas-Dirks-Str. 10, ✆ 927722, www.luzifer-sylt.de.

≫ Mein Tipp: **Café Wien** **51** Eine weitere Café-Institution auf Sylt. Sehen und Gesehenwerden geht hier aber nur bedingt, draußen sitzt man hinter Pflanzen und Stellwänden. Der Kuchen ist hier allerdings ausgesprochen lecker. Strandstr. 13, ✆ 5335, www.cafe-wien-sylt.de. **≪**

Restaurants Alte Friesenstube **24** Das Restaurant im ältesten Haus Westerlands ist stimmungsvoll als gemütlicher friesischer Pesel mit rustikalen Möbeln und Kacheln an den Wänden eingerichtet. Kulinarisch bietet das Haus gehobene regionale Küche. Passend dazu gibt es die Speisekarte auf Platt. Wer das nicht versteht, kann sich von den Kellnerinnen die Karte übersetzen lassen oder sich an die internationale Küche halten. Scampi heißen auch auf Platt Scampi. Hauptspeisen wie „Filet vom freelopen Schaap" ab ca. 20 €. Im Sommer kann man sein Essen auch im schönen Garten genießen. Geöffnet ab 18 Uhr, außerhalb der Saison montags Ruhetag. Gaadt 4, ✆ 1228, altefriesenstube@t-online. de, www.altefriesenstube.de.

Altes Zollhaus **16** Hier gibt es gehobene internationale Küche mit mediterranem Touch. Im rot gestrichenen Restaurant mit schicken dunklen Holzmöbeln wird u. a. „Loup de Mer auf Rucola-Kartoffelpüree" serviert. Die Preise für die Hauptspeisen beginnen ab ca. 25 €, das Menü gibt es für ca. 30 €. Abends weisen Fackeln den Besuchern den Weg. Das Restaurant hat viele Stammgäste, man sollte also vorher reservieren. Täglich geöffnet ab 17 Uhr. Boysenstr. 18, ✆ 449443, 📞 0180/506034012596, info@altes-zollhaus-sylt.de, www.alteszollhaus-sylt.de.

Bella Italia **85** Eine Pizzeria, wie man sie auch von zu Hause kennt. Zentral gelegen und mit der typischen umfangreichen Karte von Insalata mista über Pizza und Rigatoni bis zum Tiramisu. Die Pizzen gibt es schon ab ca. 8 €. Wilhelmstr. 6, ✆ 23302, 📞 27484, info@bellaitaliasylt.de, www.bellaitaliasylt.de.

Blockhouse **68** Das Restaurant der Steakhouse-Kette macht mit dem Slogan „Rettet die Fische, esst Steaks" Werbung. Ein Steak mit Beilagen bekommt man hier ab ca. 16 €. Täglich 11.30–24 Uhr geöffnet. Neue Str. 1, ✆ 886720, www.block-house.de.

Blum's Seafood Bistro **67** Liegt gleich neben dem Fischgeschäft und ist eine der fünf Filialen der Sylter Fischrestaurant-Kette. Hier gibt es fangfrischen Fisch, der vor den Augen der Gäste zubereitet wird. Die Tagesangebote sind teilweise wirklich günstig. Täglich geöffnet. Neue Str. 4,

Friesischer Imperativ

✆ 29420, 📠 33400, info@fisch-blum.de, www.fisch-blum.de.

Café Restaurant Seenot  Das Restaurant liegt mitten in den Dünen direkt am Strand, trotzdem ist der Zutritt in Badekleidung nicht gern gesehen. Die Betreiber haben die ehemalige Rettungsstation zur Gaststätte umgebaut. Auf der windgeschützten Terrasse ist im Sommer schwer Platz zu finden. Kein Wunder: Hier kann man nach einem längeren Strandspaziergang hervorragend einkehren. Auf der Mittagskarte stehen kleine Gerichte um die 7 €, lecker die Scholle Finkenwerder Art für ca. 17 €. Täglich ab 11.30 geöffnet, warme Küche gibt's bis 22 Uhr. Lornsenstr. 31, ✆ 929838, 📠 929837.

Culinarium Das Restaurant ist hervorgegangen aus einem Wein- und Zigarrengeschäft. Auf die Speisekarte kommen nur die edelsten Gerichte, ob nun Foie gras oder Hummer. Dazu gibt es ausgewählte Weine. Das hat natürlich alles seinen Preis (Hauptspeisen ab 18 € aufwärts). Täglich ab 12 Uhr geöffnet, November–März geschlossen. Strandstr. 6, ✆ 929518, thomastimmsylt@t-online.de, www.thomas-timm-sylt.de.

Die Osteria Das rustikal, aber originell eingerichtete Restaurant liegt am Westerländer Campingplatz am Strandübergang Südwäldchen. Pasta und Pizza gibt's ab ca. 10 €, die Portionen sind reichlich. Auch

Frühstück für Spätaufsteher (12–17 Uhr) ist im Angebot. Täglich von 12 bis 1 Uhr geöffnet. Fischerweg 32, ✆ 29819, 📠 23037, info@osteria-sylt.de, www.reiners-osteria-sylt.de.

Ebbe & Food Das Restaurant mit gehobener Küche gehört zum Strandhotel Dorint. Stylish und schick eingerichtet, den Gast erwarten eine kreative, gehobene Küche. Die Hauptspeisen gibt es ab ca. 25 € aufwärts. Täglich ab 12 Uhr geöffnet. Schützenstr. 20–4, ✆ 850-162.

Fisch-Hüs In dem gutbürgerlichen Fischrestaurant gibt's Klassiker wie Sylter Pannfisch oder Labskaus für ca. 13 € aufwärts. Mittagsgerichte sind schon ab ca. 10 € zu haben. Der wirkliche Renner ist aber – so sagt der Inhaber – die Currywurst für 5,20 €, dazu gibt es nämlich ein Gläschen Prosecco. Während der Saison täglich ab 11.30 Uhr durchgehend geöffnet. Strandstr. 10, ✆ 22423, 0175/2435247, 📠 5619.

Franz Ganser. Das kleine Restaurant Seit über 25 Jahren wird hier auf Spitzenniveau gekocht. Der Gastraum ist im hellen, rustikalen Chic eingerichtet, die Tische sind natürlich vornehm eingedeckt. Gehobene regionale Küche, manchmal schleicht sich eine schwäbische Note ein. Mittagsgerichte gibt es ab ca. 18 €, abends ziehen die Preise an, dann kosten die Hauptspeisen ab ca. 25 € aufwärts. Geöffnet Mi–So 12–14

Uhr und ab 18 Uhr, Di nur ab 18 Uhr, Mo Ruhetag. Bötticherstr. 2, ☎ 22970, www.ganser-sylt.de.

Abi's Friesenkate  86 Einfach und rustikal eingerichtet, aber günstig. Durch die große Rundscheibe wirkt das Lokal auf den ersten Blick wie ein Laden. Natürlich gibt's Fisch, aber auch Fleischgerichte wie Lammsteaks für 11 €. Täglich 11.30–22.30 Uhr geöffnet. Wilhelmstr. 4, ☎ 24281.

Hardy auf Sylt 1 In dem von einem englischen Spion erbauten Rundhaus wird regionale Küche der südlicheren Art geboten, hier wird nämlich elsässisch gekocht, da darf das Sauerkraut natürlich nicht fehlen. Hauptspeisen gibt's in der atmosphärischen Gaststube ab ca. 20 € aufwärts, begleitet von einer umfangreichen Weinkarte. Ab 18 Uhr geöffnet, Mo Ruhetag. Norderstr. 65, ☎ 22775, ✆ 29520, SuzanneSpeisser@hotmail.com, www.hardyaufsylt.de.

Hotel und Restaurant Jörg Müller 19 Die Gourmets und Restaurantkritiker überbieten sich bei Jörg Müllers mit einem Michelin-Stern ausgezeichneten Restaurant in Superlativen. „Große Kochkunst", eine „Gourmet-Institution", lauten die Urteile über die Küche des Kochkünstlers. Erlesene Gerichte wie „Gänseleber mit Gugelhupf und Traminergelee" oder „Gebackene Erdbeeren auf Rhabarberschaum" werden in einem eleganten Ambiente serviert. Mit 138 € pro Person für das 6-Gänge-Menü muss der Feinschmecker schon rechnen.

Etwas günstiger, dafür aber bodenständiger geht es in das zweite Restaurant, dem **Pesel**, zu. In dem selbstverständlich friesisch gekachelten Restaurant werden etwas preisgünstigere Gerichte (ab ca. 21 €) in hoher Qualität angeboten. Darüber hinaus bietet der Sternekoch auch Kochkurse an. Eine rechtzeitige Reservierung für beide Restaurants wird empfohlen. Der Pesel steht den Gästen in der Saison von 12 bis 14 Uhr und ab 18 Uhr offen, dienstags nur ab 18 Uhr. Das Gourmetrestaurant hat nur von 18 bis 23 Uhr geöffnet. Montag ist in beiden Restaurants Ruhetag. Süderstr. 8, ☎ 27788, ✆ 201471, hotel-joerg-mueller@t-online.de, www.hotel-joerg-mueller.de.

Hotel Stadt Hamburg 44 Das Traditionshotel hat natürlich ein Restaurant, das in einem edlen, gediegenen Ambiente gehobene Küche mit mediterranen Elementen offeriert. Ein 3-Gänge-Menü mit u. a. „Dorschfilet mit Blaumuschel-Raviolo" bekommt man ab ca. 42 € pro Person. Im **Bistro** gibt es günstigere Gerichte in lockerer Atmosphäre schon ab ca. 12 €. Das Bistro hat in

Der Gourmet-Tempel Jörg Müllers in einem hübschen Friesenhaus

Im Restaurant des Hotels Miramar speist man im Jugendstilambiente

der Saison täglich ab 12 Uhr geöffnet, das Restaurant ab 18 Uhr. Strandstr. 2, ✆ 858-0, 🖷 858-220, mail@hotelstadthamburg.com, www.hotelstadthamburg.com.

Jürgens Bistro 57 Kleines, zentral gelegenes Restaurant, in dem die Gäste in gemütlichem, schickem Ambiente eng beieinandersitzen. Das Bistro bietet nach eigenem Bekunden „delikate Küche", Hauptgerichte ab ca. 20 € sprechen dafür. Täglich ab 17 Uhr geöffnet, Küche bis 24 Uhr. Elisabethstr. 1a, ✆ 23438.

Kiek In 8 Den Gast, der der Aufforderung nachkommt und mal in das Restaurant reinschaut, erwartet eine qualitätsvolle regionale Küche mit leichten italienischen Anklängen. Dunkle Holztische und Friesenstuben-Atmosphäre bestimmen den Gastraum. Der Service ist freundlich und zuvorkommend. Große Weinauswahl. 12–14 Uhr und abends ab 18 Uhr geöffnet, dienstags Ruhetag (Juli/August täglich geöffnet). Johann-Möller-Str. 2a, ✆ 5232, 🖷 22015, post@kiekin-sylt.de, www.kiekin-sylt.de.

Lille Kamp 15 Gutbürgerliches Restaurant mit gehobener Hausmannskost in Alt-Westerland. Auf der großen Terrasse kann man im Sommer sehr gut draußen sitzen. Hauptspeisen von Kutterscholle bis Rumpsteak gibt es ab 16 €. In der Lotsenpfanne, die man allerdings vorbestellen sollte, schwimmen Seezunge, Lachs, Scholle, Steinbeißer, Rotbarsch mit Garnelen und Scampi in Peter-

silienbutter (25 €). Geöffnet von 17.30 bis 24 Uhr, außerhalb der Saison ist sonntags Ruhetag. Westersteeg 1, ✆ 24452, 🖷 27060, info@lillekamp.de, www.lille-kamp.de.

Mariso 66 Die Küche des Restaurants in der Paulstraße gibt sich spanisch, und genauso ist es auch eingerichtet. Eine schöne, große Terrasse lädt zum Draußensitzen ein. Neben günstigeren Mittagsangeboten gibt es abends Tapas und Hauptgerichte ab ca. 17 €. In der Hauptsaison täglich von 12 bis 24 Uhr geöffnet. Paulstr. 10, ✆ 299711, 🖷 299713. Gleich neben dem Restaurant liegt das **Pizzariva**, das – wie der Name schon anklingen lässt – italienische Küche anbietet. Pizzas ab ca. 10 €, auch zum Mitnehmen. Öffnungszeiten und Adresse wie das Mariso, ✆ 299713.

Strandoase Sylt 33 Das Strandcafé und Restaurant liegt in den Dünen südlich von Westerland und verfügt über eine große Sonnenterrasse mit herrlichem Blick auf die Nordsee. Mittags gibt es Hauptspeisen ab 11 €, abends kostet die Scholle um die 18 €. Nachmittags wird frischer Blechkuchen angeboten. Schön ist der in die Dünen gebaute Steg mit Strandkörben. Wenn Sie nur in das Restaurant wollen und nicht an den Strand, sollten Sie den Parkplatzwächter darauf hinweisen, vielleicht müssen Sie dann keine Gebühr entrichten. Das Strandcafé hat täglich ab 11 Uhr geöffnet. Rantumer Str. 333, ✆ 0162/2117590.

Rennings 🔟 Klares, modernes Interieur mit dunklem Holz. Auf der Karte finden sich Fisch wie auch Pasta, die Spezialität des Hauses sind allerdings Steaks, die nur von norddeutschen Biorindern stammen. Mindestens 6 Wochen wird das Fleisch unter bestimmten klimatischen Bedingungen im Hightech-Kühlraum abgehangen. Die Preise für die Hauptspeisen beginnen bei ca. 20 € aufwärts, Mi und Do ist Scampi-Tag, am Fr werden Spare Ribs für ca. 19 € angeboten. Täglich ab 17 Uhr geöffnet, Di Ruhetag. Keitumer Chaussee 5a, ✆ 9954485.

Beach House Seeblick 🔟 Hoch oben auf den Dünen an der südlichen Strandpromenade liegt dieses Strandrestaurant. Modern und mit klarer Linie eingerichtet. Auf der Karte stehen die Standards wie Labskaus, Pannfisch oder Steaks, aber auch raffiniertere Gerichte wie Maishuhnbrust mit frischen Kräutern oder Seehecht mit Schafskäse. Hauptgerichte gibt's ab ca. 16 €. Täglich ab 11.30 Uhr geöffnet. Käpt'n-Christiansen-Str. 42, ✆ 28878, seeblick-sylt@t-online.de, www.seeblick-sylt.de.

Skipper 🔳 Das außerhalb des Zentrums gelegene Restaurant ist schlicht, aber mit maritimem Chic eingerichtet. Auf der Karte fangfrischer Fisch ab ca. 14 €. Geöffnet Do–Di ab 17 Uhr. Norderstr. 43, ✆ 8049417, Skippersylt@aol.com, www.skipper-sylt.de.

Restaurant Hotel Miramar 🔳 Speisen wie einst Hans Albers? Das Ambiente des Restaurants im Traditionshotel ist gediegen-elegant geblieben, auf der Karte finden sich allerdings moderne Klassiker wie „Buttermakrelenfilet auf Apfelmus-Reis". Natürlich gibt es den Fisch nur fangfrisch. Hauptspeisen ab ca. 20 €. Täglich mittags von 12 bis 14 Uhr, abends ab 18 Uhr geöffnet. Wer will, kann auch schon zum Frühstücksbuffet kommen (7.30–11 Uhr). Friedrichstr. 43, ✆ 855-0, 🖷 855222, info@hotel-miramar.de, www.hotel-miramar.de.

Restaurant Ingo Willms 🔳 Das Restaurant liegt in einem markanten Gebäude in der Elisabethstraße. Innen ist es modern mit dunklem Holz eingerichtet. Gekocht wird qualitätsvoll und gutbürgerlich. Hauptge-

„Mit so großer Geschicklichkeit einen kolossalen Backenzahn ausgezogen ..."

So lobte ein Patient die erste deutsche Zahnärztin – die in Westerland geboren wurde. Henriette Pagelsen kam 1834 auf die Welt, heiratete mit 19 Jahren den Gutsbesitzer Christian Hirschfeld, doch die Ehe hielt nicht sehr lang und wurde 1863 geschieden. Nach diesem für diese Zeit ungewöhnlichen Schritt beschloss Henriette Hirschfeld, sich noch einen Schritt weiter zu wagen und einen Beruf auszuüben! Sie entschied sich dazu, Zahnmedizin zu studieren, da „ich so viel von Zahnärzten gequält worden (bin), dass ich mir sagte: ‚Das muss man doch besser machen können.'"

Da Frauen der Zugang zur Universität zu dieser Zeit in Deutschland noch verwehrt war, ging Henriette Hirschfeld im Alter von 32 Jahren nach Amerika, um in Philadelphia ihr Studium aufzunehmen. Auch hier zählte sie zu den Pionieren, sie war erst die zweite Frau in den USA, die zur Zahnärztin ausgebildet wurde. Nach zwei Jahren kehrte sie nach Deutschland zurück und eröffnete in Berlin eine Praxis, in der sie vornehmlich Frauen und Kinder behandelte. Sie heiratete erneut – den Arzt Karl Tiburtius –, und obwohl sie zwei Söhne auf die Welt brachte, gab die außergewöhnliche Frau ihren Beruf nicht auf. Sie gründete in Berlin sogar noch die erste von Frauen geführte Poliklinik, in der vor allem Arbeiter behandelt wurden. 1911 starb Henriette Hirschfeld-Tiburtius in Berlin. Am Standort ihrer einstigen Praxis hält eine Gedenktafel die Erinnerung an die erste Zahnärztin Deutschlands wach, und in Westerland, ihrem Geburtsort, erhielt 2007 anlässlich eines Zahnarztkongresses ein bis dato namenloser Fußgängerweg den Ehrennamen Henriettenweg.

richte ab ca. 20 €. Mittags ist es günstiger. Eigenes Raucherzimmer im Turm. Terrasse mit Piazza-Atmosphäre. Ganzjährig geöffnet, mittags 12–14.30 Uhr, abends 17.30–22 Uhr, sonntags Ruhetag. Elisabethstr. 4, ☏ 995282, 🖷 995158.

Schneckenhaus 🔢 Der Name sagt schon alles. In dem kleinen, gemütlichen Lokal gibt es Schnecken als Vorspeise, Schnecken als Suppe und als Hauptspeise Rumpsteak mit Schneckenragout. Die Hauptgerichte kosten ab 20 € aufwärts, die Beilagen werden extra abgerechnet. Reservierung wird empfohlen. Ganzjährig geöffnet ab 17.30 Uhr, dienstags Ruhetag. Norderstr. 6, ☏ 23275, 🖷 967368.

Steak- & Haxenhäuschen 🔢 Gemütlich ist es in dem Lokal in einem alten Friesenhaus. Die Gerichte sind raffinierter, als der Name verheißt (z. B. Lammkoteletts mit Mintgelee für ca. 20 €), zudem gibt es eine wechselnde Tageskarte mit saisonalen Gerichten. In der Saison ab 17.30 Uhr geöffnet. Keitumer Chaussee 16, ☏ 7473, 🖷 28150, haxevon1973@aol.com.

Web Christel 🔢 In dem verwinkelten Restaurant wird qualitätsvolle Küche von regional bis international geboten, ob Bouillabaisse von Edelfischen oder Medaillons vom Hirsch. Hauptspeisen ab ca. 24 €. Täglich ab 17 Uhr geöffnet, mittwochs Ruhetag. Süderstr. 11, ☏ 22900, 🖷 8892939, www.webchristel.de.

Siam 🔢 Thailändisches Restaurant schräg gegenüber vom Aquarium. Für den asiatischen Flair sorgt der Bambus-Look der Inneneinrichtung. Kao Pad, Priau Wan oder Gaeng Ped wird ab ca. 10 € an die eingedeckten Tische gebracht. Die Speisen werden auch geliefert. Täglich ab 17 Uhr geöffnet, im Sommer auch tagsüber. Fischerweg 15, ☏ 6444, www.siam-sylt.de.

Nachtleben

(→ Karten S. 100/101 und S. 106/107)

Westerlands Nachtleben findet – nicht weiter verwunderlich – rund um die Friedrich- und die Strandstraße statt. Besonders in der Paulstraße zwischen den beiden Flaniermeilen ballen sich die Kneipen und Bars.

Discos/Clubs Classic Club 🔢 2009 anstelle des Cave Club eröffnet, ist der Classic Club vor allen Dingen eine Partylocation für die Generation Ü 40. So nimmt es nicht wunder, dass vor allen Dingen Hits der 1970er und 1980er aufgelegt werden und dass um eine gepflegte Garderobe gebeten wird. Täglich ab 21 Uhr geöffnet. Strandstr. 3–5, ☏ 9958943, www.classic-club-sylt.de.

Nanu 🔢 Club und Disco für Mann und Mann. Strandstr. 23.

Kleist Club 🔢 Laut Eigenwerbung die Gay Disco Nr. 1. Geöffnet ab 20 Uhr, bis 22 Uhr Happy Hour. Elisabethstr. 1a, ☏ 24228.

Thommy's Music Café 🔢 Publikum jeden Alters findet sich zum Tanzen in der in einer Seitenstraße gelegenen Disco zusammen. Di, Mi, Fr und Sa ab 22 Uhr geöffnet, Happy Hour bis 23 Uhr. Bomhoffstr. 8a, www.sylt-thommys.de.

Qube 🔢 Die Betreiber der 2010 eröffneten Disco haben ihr Handwerk im legendären „Pony" in Kampen gelernt. Das jüngere Publikum wird mit einer modernen Licht- und Soundanlage angelockt. Der musikalische Schwerpunkt liegt auf House-Music. In der Hauptsaison täglich ab 22 Uhr geöffnet. Andreas-Dirks-Str. 10, www.qube-club-sylt.de.

Kneipen American Bistro 🔢 Hier treffen sich beim Surfcup die Surfer, um bei Cocktails und Drinks jede Welle und jeden Windhauch des Wettkampftages zu diskutieren. Dazu gibt's günstige Gerichte ab 9 €. Im Keller liegt das Prime, in dem zu allen Arten von Tanzmusik abgehottet wird. Täglich ab 18 Uhr geöffnet. Paulstr. 3, ☏ 927050, www.american-bistro-sylt.de.

Das Pablito's in der Paulstraße

Badezeit 90 An der südlichen Strandpromenade direkt am Strand gelegen. Tagsüber Strandrestaurant und Café mit einfachen Gerichten ab 8,50 €, abends Restaurant und Kneipe. Vor dem Lokal finden im Sommer jeweils freitags Strandpartys statt. ☎ 834020, ✆ 834022, www.badezeit.de.

Cohibar 9 Für den gepflegten Cocktail bietet sich die kleine Bar an. Happy Hour täglich von 18 bis 20 Uhr. Bötticherstr. 10, ☎ 22673.

Conny's Bar 77 Ebenfalls eine kleine Bar, am Tag kann man hier seinen Kaffee genießen, abends dann Cocktails. Natürlich auch zum Draußensitzen, denn die Bar liegt in der Friedrichstraße.

Gatz auf Sylt 43 Kleine Kneipe in der Strandstraße gleich neben dem Fisch-Hüs. Der Mittelpunkt ist der Tresen, hinter dem der Wirt die Gäste unterhält. Dazu läuft deutscher Schlager. Je später der Abend, desto weniger hetero das Publikum.

Irish Pub 72 In dem gemütlichen Pub kann man auf gepolsterten Lederbänken ein Guinness schlürfen. Ab und zu gibt's auch Livemusik. Ab 17 Uhr geöffnet. Raucherraum. Paulstr. 15, ☎ 299621.

Jever Bierstube 81 Wie der Name schon erahnen lässt, eine Kneipe, in der man nach dem Tag am Strand ein gepflegtes Pils genießen kann. Auch kleine Gerichte im Angebot. Friedrichstr. 29, ☎ 6216.

Pablito's 65 Der kleine Bruder des Mariso (→ Restaurants). Nette Tapas- und Weinbar. Schöne Veranda zum Draußensitzen. Ab 12 Uhr geöffnet. Paulstr. 6, ☎ 299711.

Sunset Beach 7 Bistro/Café gleich am Strandübergang zum Brandenburger Strand. Hier kann man den Surfern beim Segeln zuschauen, kein Wunder, gehört das Sunset Beach doch zur gleichnamigen Surfschule. Bis 22 Uhr geöffnet. ☎ 27172, www.sunsetbeach.de.

Wunderbar 61 Die „sakrale Huldigungsstätte des deutschen Schlagers" auf Sylt. Immer voll, bombige Stimmung zum Liedgut von Rex Gildo und Konsorten. Wer's mag … Mo–Sa ab 21 Uhr. Paulstr. 6, ☎ 21701, www.sylt-wunderbar.de.

Zocken Spielbank Sylt. Nach Shopping, Menü im Gourmetrestaurant und der Kurtaxe noch Geld übrig? In dem kleinen Spielkasino können Sie alles auf eine Karte setzen, nicht nur was für Derivatehändler. Black Jack, Roulette und Automaten warten auf den Zocker. Mittwochs ist Ladys-Tag, Sekt gibt's umsonst. Eher leger, keine Krawattenpflicht, Jackett wird aber gerne gesehen. Blaues, gediegenes Interieur. Eintritt 2 €. Geöffnet ab 11 Uhr für die Automatenspieler, ab 19.30 Uhr für das große Spiel, in der Nebensaison montags und dienstags Ruhetag. Andreas-Nielsen-Str. 1, ☎ 23045-0.

Die Spielbank befindet sich im Rathaus

Die Dünen zwischen Kampen und List

Radtour 1: Von Westerland nach List

Entlang der Westküste geht es durch herrliche Dünenlandschaften zum Lister Hafen, unterwegs kommt man an einigen Sylter Sehenswürdigkeiten vorbei. Da es sich um eine der Hauptfahrradrouten auf der Insel handelt, kann es im Sommer an manchen Stellen schon mal voll werden.

Dauer: Je nach Wind und Geschwindigkeit ist man 1:30–2 Std. bzw. 3–4 Std. (hin und zurück) unterwegs. Achten Sie, bevor Sie losfahren, auf die Windrichtung. Es ist wirklich mühsam, bei starkem Gegenwind auf Sylt Rad zu fahren.

Hinweis: Es ist jederzeit möglich, die Tour abzubrechen und zu einer der Bushaltestellen zu fahren. Alle Busse der Sylter Verkehrsgesellschaft haben hinten Fahrradträger angebracht (→ Reisepraktisches, S. 83).

Länge: ca. 40 Kilometer (hin und zurück)

Wegbeschreibung: Startpunkt der Tour ist der Parkplatz neben dem Syltness Center in Westerland. Der Radweg beginnt gleich rechts des Parkplatzes (mit Blick Richtung Meer), nach ein paar Metern geht's

ebenfalls rechts zum Strandübergang an der Brandenburger Straße. Den lassen wir links liegen und fahren geradeaus weiter, bis der Radweg in die Lornsenstraße übergeht. Auf Höhe des Cafés Seenot teilt sich der Weg in einen Rad- und einen Fußgängerweg. Wir fahren halblinks auf dem Radweg weiter. Nach ca. 500 Metern werden die Wege wieder zusammengeführt. Gerade auf dieser Strecke kann es zu zäh fließendem Verkehr kommen, da auch die Fußgänger den Weg benutzen.

Wir passieren rechts die Asklepios Nordseeklinik, die in den 1930er-Jahren als Klinik für die Luftwaffe gegründet wurde und seit 1945 als Krankenhaus für die gesamte Insel fungiert. 500 Meter nach der Klinik haben wir den Ortsrand von Wenningstedt erreicht. „Seedüne" heißt die Straße, auf der wir geradeaus weiterfahren, bis sie eine Rechtskurve in den Hochkamp beschreibt. Wir biegen gleich nach der Kurve rechts in die Dünenstraße ab. Auch auf der geht es nun erst einmal ein ganzes Stück (ca. einen Kilometer) geradeaus weiter. Wir passieren den Strandübergang Strandstraße und kommen rechts am Minigolfplatz vorbei. 200 Meter weiter biegt die Dünenstraße rechts in den kurzen Weg „Dünental" ein. Am Ende des Weges fahren wir halblinks in den Lerchenweg. Den radeln wir bis zum Ende durch. Vor uns sehen wir schon den Wenningstedter Dorfteich. Wir biegen links ab, und nach einem kurzen Stück mit Blick auf ein, zwei Friesenhäuser fahren wir rechts in den Weg „Bi Kiar" (Sölring für „Am Teich"). Wer will, kann am beschaulichen Dorfteich eine kleine Pause einlegen.

Der eingeschlagene Weg führt weiter an der Friesenkapelle und dem Abzweig zum prähistorischen Denghoog vorbei. Beim Inselzirkus biegen wir links auf den Radweg nach Kampen ab. Jetzt geht es wieder strikt geradeaus an Ackerfeldern vorbei, auf denen nicht Krähen, sondern Möwen nach Essbarem forschen. Der Weg verläuft parallel zur Landstraße, auf deren anderer Seite man den schwarz-weiß beringten Kampener Leuchtturm sieht. Kurz darauf haben wir den Ortsrand von Kampen erreicht. Rechter Hand ist hinter einem Ferienhaus die reetgedeckte Kampener Feuerwehrwache zu erkennen.

Ab Kampen wird die Radtour landschaftlich richtig interessant. 300 Meter nach dem Ortseingang sieht man schon die größte Erhebung der

Insel, die Uwe-Düne. Nach kurzer Zeit überqueren wir die Kurhausstraße und haben von hier einen unschlagbaren Blick auf das Tal des Naturschutzgebietes „Dünenlandschaft auf dem Roten Kliff". Links sieht man das Restaurant Sturmhaube, das in die Dünen gebaute Haus Kliffende und den kleinen Leuchtturm „Quermarkenfeuer", und man erhascht ebenfalls einen Blick auf die Nordsee. Rechts schauen wir auf die reetgedeckten Häuser Kampens und auf das Wattenmeer. Bei klarer Sicht können wir auch schon List, unser Ziel im Norden, erspähen.

Nun geht es das Tal hinab, dann gleich eine schöne Steigung hinauf in die bizarre Dünenlandschaft des Inselnordens. Nur mit dem Rad oder zu Fuß lässt sich die Landschaft richtig erfahren. Dennoch: Bitte verlassen Sie nicht den Radweg! Die gesamte Dünenlandschaft ist Naturschutzgebiet. Der Weg ist von nun an auch nicht mehr gepflastert. Jetzt geht es auf staubigen Schotterpisten geradeaus weiter. Etwa zwei Kilometer nach dem Ortsende passieren wir links das Hamburger Kinderheim, eine Einrichtung der Hansestadt. Die nun unbefestigte, löcherige Schotterpiste verläuft an der „Akademie am Meer" vorbei immer weiter geradeaus Richtung List. Nach einem Kilometer macht der Weg einen Knick nach rechts, hier türmen sich die bewachsenen Dünen besonders schön übereinander.

Nach 800 Metern erreichen wir die Landstraße, die wir bei der Ampel queren. Nun ist es nicht mehr weit nach List. Es geht noch ein Stück durch ein Dünental, in dem einem bei ungünstiger Wetterlage der Wind besonders um die Ohren pfeift. Vom Radweg, der nun parallel zur Landstraße verläuft, hat man einen guten Blick auf die Wanderdüne Sylts, der nur Radfahrern vergönnt ist. Autos dürfen nämlich auf dieser Strecke nicht anhalten. Bald erreichen wir den Ortsrand von List. Nun geht es noch gut zwei Kilometer durch den Ort, ein weniger schöner Teil der Tour, bis wir den Hafen erreichen. Wer will, kann nun den gleichen Weg wieder zurückfahren. Wer genug vom Radfahren hat, setzt sich am Hafen in den Bus (→ Reisepraktisches, S. 83).

Radtour 2: Von Westerland übers Rantumbecken nach Hörnum

Eine Tour, die vom ländlichen Sylt über ein Vogelschutzgebiet bis zur Dünenlandschaft mit Wattenmeerblick alle Landschaftsformen der Insel abfährt. Außerdem kann man mit der Tinnumburg eine prähistorische Wallanlage in Augenschein nehmen.

Dauer: 2–3 Std. (je nach Wind) bzw. 4–5 Std. (hin und zurück)

Länge: ca. 21 Kilometer bzw. 37 Kilometer (hin und zurück, verkürzte Variante)

Hinweis: Bei wirklich sehr starkem Wind ist die Fahrt über den Deich des Rantumbeckens nicht zu empfehlen. Wie für Radtour 1 gilt, dass Sie es mit Ausnahme des Wegs zum Rantumbecken nie weit bis zur nächsten Bushaltestelle haben. Bei einsetzendem schlechtem Wetter können Sie die Tour also jederzeit abbrechen.

Wegbeschreibung: Wir starten gegenüber dem Busbahnhof in Westerland. Es geht erst einmal in Richtung Hörnum, also nach Süden. Nach 300 Metern queren wir an einer Ampel die Straße (gegenüber liegt ein Weingeschäft), fahren ein sehr kurzes Stück weiter Richtung Hörnum und

Hier lässt sich niemand aus der Ruhe bringen

biegen dann links in die Tinnumer Straße ein. Auf der geht es 700 Meter geradeaus, ein nicht sehr ansprechendes Stück teilweise durch Gewerbegebiet. Kurz vor der Bushaltestelle auf der gegenüberliegenden Straßenseite biegen wir rechts in den Borrigwai ein, der in einem Schotterweg endet. Diesen fahren wir geradeaus weiter. Vor uns sehen wir schon die Tinnumburg. Um die Burg herum führt ein Holzweg, den man allerdings nicht mit dem Rad befahren darf, also schieben wir ein Stückchen. Am Ende biegen wir links ab und radeln bis zur Weggabelung am Campingplatz. Hier biegen wir rechts ab, fahren ca. 200 Meter, biegen dann links in einen asphaltierten Weg ein und radeln an einem Pferdehof vorbei. Nun befinden wir uns im ländlichen Sylt. Hier grasen Pferde, wiederkäuen Kühe, weiden Schafe, und Galloway-Rinder lassen ihre rotbraune Mähne im Wind wehen. Durch dieses Idyll fahren wir ca. 700 Meter, dann kreuzen wir eine größere, von Autos befahrene Straße und biegen gleich in den nächsten Weg rechts ab. Unübersehbar liegt vor uns der Deich des Rantumbeckens, den wir nach etwa 600 Metern erreicht haben. An der Treppe müssen wir das Rad auf den Deich tragen, auf dem es nach links geht (durch ein Schafgatter).

Nach gut 400 Metern fahren wir rechts auf den Damm, der das Rantumbecken vom Wattenmeer trennt. An dieser Stelle kann der Kurzentschlossene auch noch sein Ziel ändern und geradeaus am Nössedeich entlang nach Morsum und dann nach Keitum weiterfahren (→ Radtour 3, S. 226). Für den Radler, der am Ziel Hörnum festhält, beginnt nun einer der eindrucksvollsten Streckenabschnitte. Man fährt quasi zwischen Meer und Meer, der Wind pfeift einem um die Nase, furchtlose Schafe weiden auf dem Deich, auf dem Rantumbecken sieht man Vogelschwärme, und wenn man zur richtigen Zeit losgefahren ist, erstreckt sich auf der linken Seite das leergelaufene Wattenmeer.

Nach ca. vier Kilometern ist es allerdings mit diesem Naturschauspiel vorbei, man durchquert ein Gatter, kommt am Hafen von Rantum vorbei, fährt geradeaus wieder durch ein Gatter und auf dem Deich weiter, der einen Bogen nach rechts beschreibt. Nach ca. 400 Metern muss man wieder an einer Schafschranke vorbei. Es geht eine kleine Treppe hinunter und auf einen schmalen Fußweg, der in einer kleinen Straße, dem Dikwai, endet. Wir halten uns links und folgen der Straße, die einen Rechtsknick macht. Vor der Kreuzung des Dikwai mit der Landstraße fahren wir links auf den Radweg, der uns an reetgedeckten Häusern vorbei durch Rantum führt. Nach 600 Metern queren wir noch einmal eine Straße und müssen dabei durch zwei Wegschranken hindurch.

Nach ca. 200 Metern touchiert der Radweg die Landstraße, nach weiteren 400 Metern biegt der Weg nach der Bushaltestelle aber Richtung Dünen und Wattenmeer nach Osten ab. Nun folgt ein weiterer sehr schöner Streckenabschnitt, auf dem wir am Wattenmeer entlang durch eine sehenswerte Dünenlandschaft radeln. Nach ca. 1,5 Kilometern führt der Weg leider wieder auf die Landstraße zu, wir passieren den Parkplatz der Sansibar und fahren nun wieder ein Stück neben der Inselstraße. Nicht unweit der Sansibar kommen wir am hohen Mast der LORAN-Station vorbei, hier führt der Weg endlich wie-

Der Deich des Rantumbeckens

der von der befahrenen Straße weg, und wir bewegen uns wieder aufs Meer zu.

Nach einem Kilometer passieren wir das Jugenderholungsheim „Puan Klent", das mit weltkriegsbedingten Unterbrechungen seit den 1920er-Jahren in Betrieb ist, und radeln dann wieder ein schönes Stück am Wattenmeer entlang. Zwei Kilometer nach dem Jugendheim queren wir eine Zufahrtsstraße und fahren nun wieder parallel zur Landstraße, die direkt nach Hörnum führt. Auch den Hörnumer Hafen, das Ziel dieser Tour, kann man auf diesem Weg problemlos erreichen (immer geradeaus, am Schluss links orientieren). Hübscher, allerdings auch mit einem kurzen Anstrenger verbunden – einmal muss das Rad geschultert werden – ist die folgende Alternative: Etwa 1,5 Kilometer nach dem Ortseingang biegt man nach links auf den Berliner Ring ab, fährt dann in die zweite Straße (Budersandstraße) rechts hin-

ein und radelt vorbei an ruhig gelegenen Ziegelsteinhäusern bis zur Kreuzung mit dem oberen Dünenweg, in den man links einbiegt. Unübersehbar liegt links die Kirche St. Thomas mit ihrer eigenwilligen Architektur. Es geht nun einen Hang hinauf. Am Ende des Weges bietet sich bereits ein schöner Blick auf den Hafen. Jetzt muss das Fahrrad die etwas steile Treppe hinuntergetragen werden, und schon ist der Hafen erreicht, wo man sich mit einem Fischbrötchen stärken kann.

Wer jetzt noch Puste hat, radelt den gleichen Weg zurück. Man kann aber in Rantum auch auf dem Radweg nach Westerland bleiben, also nicht auf das Rantumbecken abbiegen, und so den Weg zum Ausgangspunkt zurück etwas verkürzen. Wer genug vom Radfahren hat, steigt in den Bus zurück nach Westerland. Die Haltestelle befindet sich dankenswerterweise gleich am Hafen (→ Reisepraktisches, S. 83).

Stranddünen am Lister Ellenbogen

Der Norden

Der Norden

Im nördlichen Teil der Insel drängen sich die Badeorte: Wenningstedt, Kampen und List. Darüber hinaus zeigt Sylt hier seinen Ellenbogen und seine Sahara.

Badeort ist aber nicht gleich Badeort. Zwischen Wenningstedt und Kampen liegen Welten: Ersteres ist ein beschauliches Familienbad, Letzteres steht für Exklusivtourismus und rauschende Strandpartys der Schickeria – kein anderer Ort hat das Image der Insel so nachhaltig geprägt wie Kampen. In List hat sich der Badetourismus vergleichsweise spät entwickelt. Lange war das Dorf Standort des Militärs, außerdem liegt List am Wattenmeer. Allerdings ist die Insel auch hier nicht sonderlich breit, sodass der Sylter Weststrand selbst mit dem Rad schnell zu erreichen ist.

Von den kurzen Entfernungen profitieren auch Urlauber, die sich in Braderup, dem vierten Ort des Inselnordens, eingemietet haben. Das eigentliche Plus der kleinen Gemeindeschwester von Wenningstedt ist aber die Heidelandschaft nördlich des Dorfes. Die in Rot- und Violetttöne getauchte Braderuper Heide wurde bereits 1923 zum Naturschutzgebiet erklärt und bietet beste Möglichkeiten für schöne Spaziergänge – Blick aufs Wattenmeer inklusive.

Einen ganz anderen Zuschnitt hat die ebenfalls schon früh als Schutzgebiet ausgewiesene Landschaft nördlich von List: Hier türmt sich der Sylter „Wüstensand" zu einer beeindruckenden Wanderdüne auf, der einzigen in ganz Deutschland. Wir befinden uns im Listland, das seinen nördlichen Abschluss in einer lang gestreckten, schmalen Halbinsel findet, einer völlig unberührten Naturlandschaft, die so heißt, wie sie aussieht: Ellenbogen.

Noch etwas vergessen? Klar, zwei markante Kliffs, das berühmtere von beiden ist rot und rostet still vor sich hin …

Wenningstedt

Zwischen dem trubeligen Westerland und dem exklusiven Kampen liegt das gemütliche Wenningstedt. Ein ausschweifendes Nachtleben oder Möglichkeiten für ausufernde Shoppingtouren bietet der Ort nicht. In Wenningstedt machen vor allem Familien Urlaub.

Das Familienbad Wenningstedt liegt an der Westküste Sylts und bildet seit 1927 zusammen mit seiner etwa zwei Kilometer entfernten Ostküsten-Schwester Braderup (→ S. 135) eine Gemeinde. Der Hauptort ist eindeutig Wenningstedt: Dort findet man die administrativen Einrichtungen, die meisten Restaurants, die Geschäfte des Einzelhandels, den Touristen-Service und die meisten touristischen Angebote.

Wenningstedt geht im Süden fast nahtlos in seinen Nachbarn Westerland über. Dennoch könnte der Unterschied nicht größer sein: Anders als in der Inselmetropole dominieren hier keine Betonbettenburgen das Stadtbild, und große Einkaufsstraßen gibt es ebenso wenig. Die Seeseite des Ortes ist geprägt von relativ breiten Straßen, Ferienhäusern und kleinen Appartementanlagen. Im alten Dorfkern befindet sich ein Dorfteich, der einzige auf Sylt und ein wirklich beschauliches Fleckchen, an dem man nach einem Spaziergang Rast machen und unzählige Wasservögel beobachten kann. Seit 2001 kann man sogar ein Stück in den Teich „hineinspazieren", denn zu diesem Zeitpunkt wurde er mit einer hölzernen Seebrücke versehen. Am und südlich vom Dorfteich sind noch einige alte friesische Kapitänshäuser erhalten geblieben.

Entstanden ist Wenningstedt vor der friesischen Besiedlung Sylts, möglicherweise handelt es sich sogar um die älteste Gründung der Insel überhaupt. Ein Indiz für den vorfriesischen Ursprung des Ortes ist das „-ing" im Stadtnamen, das auf eine Gründung durch den germanischen Volksstamm der Angeln hinweist. Die wiederum sollen sich unter der Führung der Häuptlinge Hengist und Horsa gemeinsam mit den Sachsen einst von Wenningstedt aufgemacht haben, um England zu erobern – so jedenfalls heißt es in alten Überlieferungen.

Weniger sagenumwoben und damit auch weniger spektakulär verlief die Geschichte von „Wynningstede" seit seiner ersten urkundlichen Erwähnung im Jahr 1462. Die Dorfbewohner waren nicht gerade mit Reichtum gesegnet, selbst der Walfang, der im 17. Jahrhundert vielen Syltern ihr Auskommen gab, half da nur, über das Gröbste hinwegzukommen. Auch der Ansturm der Gäste ab der zweiten Hälfte des 19. Jahrhunderts ging an dem Ort vorbei: Zählten die benachbarten Westerländer 1886 ihre Gäste schon nach Tausenden, verirrten sich nach Wenningstedt gerade einmal 158 Urlaubswillige. Erst nach dem Ersten Weltkrieg ging es mit dem Tourismus auch in Wenningstedt bergauf. Berühmtester Gast der 1930er-Jahre war Hermann Göring, der sich im Süden des Ortes gleich ein Haus bauen ließ. „Min Lütten", innen ganz dekorativ nach dem erlesenen Geschmack des gewichtigen Reichsmarschalls mit hakenkreuzverzierten Teppichen ausgestattet, steht heute noch und befindet sich in Privatbesitz.

Nach dem Zweiten Weltkrieg setzte wie auf ganz Sylt auch in Wenningstedt der große Gästeboom ein. Wie in fast allen Inselorten baute man nun Ferien- und Appartementhäuser, große Bausünden wie in Westerland ersparten sich die Wenningstedter allerdings. Seit den 1980er-Jahren spezialisiert sich der Ort auf Familien als Urlaubsgäste.

„Ehre dem Erhabenen" – Buddha in Wenningstedt

Der Bau des Hindenburgdamms 1927 verband Sylt nicht nur mit dem Festland, er verhinderte auch, dass Wenningstedt zum buddhistischen Zentrum Deutschlands werden konnte. Eben diesen Plan verfolgte der Berliner Arzt Paul Dahlke (1865–1928). Auf zahllosen Reisen, die ihn unter anderem in die Südsee und nach Ceylon geführt hatten, war er mit den Lehren Buddhas vertraut geworden und verbreitete sie später in Übersetzungen und eigenen Schriften in Deutschland. Die Stille und der farbenfrohe Himmel Sylts ließen ihn an Ceylon denken, und so kaufte er in Wenningstedt ein Grundstück, auf dem er ein buddhistisches Kloster errichten wollte. Doch als er vom bevorstehenden Bau des Hindenburgdamms hörte, war ihm klar, dass es mit der Beschaulichkeit des Ortes bald ein Ende haben würde. So gab er seinen Plan auf und ließ stattdessen in der Braderuper Heide ein Backsteindenkmal für den Erleuchteten errichten: „Namo Buddhaya. Ehre dem Erhabenen. P. Dahlke 1927", lautete die Inschrift. 1939 wurde das Denkmal abgerissen, die Luftwaffe brauchte den Platz für den Westerländer Flughafen.

Wenningstedts begehbarer Dorfteich

Sehenswertes

Friesenkapelle: Auffälligstes Merkmal der kleinen, 1914 erbauten Saalkirche am Dorfteich ist die im friesischen Stil blau-weiß gekachelte Altarwand. Sie wurde 1965 im Rahmen von Umbaumaßnahmen installiert und verleiht der Kirche eine ganz eigentümliche heimelige Atmosphäre – man fühlt sich unversehens an einen Pesel, die Gute Stube der Friesenhäuser, erinnert. Rechts neben dem Altar sieht man ein einem Wikingerschiff nachempfundenes Kerzenschiff. Ebenfalls mit Kerzen bestückt ist der große flämische Leuchter, der in der Mitte der Kirche hängt. Das Deckengewölbe ist mit biblischen Motiven ausgemalt, auf einem umlaufenden Spruchband kann man das Vaterunser auf Sölring nachlesen. Im Sommer finden in der Friesenkapelle klassische Konzerte statt (weitere Informationen über die Kurverwaltung).

Steinzeitgrab Denghoog: Das über 5000 Jahre alte Ganggrab, das gleich hinter der Friesenkapelle liegt, ist das größte in Schleswig-Holstein und ein Leckerbissen für alle Steinzeitfreunde. Man vermutet hier auch den Ort, an dem die alten „Wenningstedter" ihre Versammlungen abhielten – Denghoog heißt auf Sölring nichts anderes als Thinghügel. Auch wenn man nicht zum Kreis der Steinzeit-Enthusiasten gehört, wird man angesichts der hier demonstrierten bautechnischen Fähigkeiten unserer Vorfahren nicht völlig unbeeindruckt bleiben. Die ellipsenförmige Grabkammer unter dem Thinghügel ist fünf Meter breit, drei Meter tief und bis zu 1,90 Meter hoch. Zwölf große Steine, jeder einzeln sichtbar, tragen drei Felsblöcke, die die Decke bilden. Der mittlere Stein soll 20 Tonnen wiegen. Ein Gemisch aus Ton und Schlick sorgt dafür, dass die Kammer von unten so gut wie wasserdicht ist. Den Frieden der hier Begrabenen sollte wirklich nichts stören. Zugang zur Grabkammer hat man entweder durch einen sechs Meter langen Gang (er ist nur einen Meter hoch) oder durch eine Öffnung auf dem 3,50 Meter hohen Hügel, der die Kammer überdacht. Für groß gewachsene Besucher sind beide Zugänge nicht eben komfortabel.

Der Eingang zum Grab

Geöffnet wurde die Grabkammer 1868 vom Hamburger Geologen Ferdinand Wibel. Dort erwarteten ihn allerdings keine pharaonischen Reichtümer, sondern lediglich Reste einer unverbrannten Leiche, ein Rinderzahn und einige Grabbeigaben wie Meißel, Bernsteinperlen und Scherben, aus denen man Tongefäße rekonstruieren konnte. Das Sylter Heimatmuseum in Keitum (→ S. 179) zeigt einige Abgüsse der Grabbeigaben, die Originale haben die Insel längst verlassen und sind heute im Landesmuseum Schloss Gottorf bei Schleswig zu bestaunen. Die Funde in der Kammer ließen Wibel vermuten, dass es sich beim Denghoog um das Grab einer Familiensippe handeln könnte. Warum das Grab versiegelt und nicht mehr benutzt wurde, wird ein Rätsel bleiben. Ursprünglich war der Grabhügel von einem Kreis aus hohen Steinen umgeben, die allerdings von späteren Generationen zum Hausbau verwendet wurden.

November–März nur nach Anmeldung unter ✆ 32805 oder 0170/6971687. Ostern–Oktober Mo–Fr 10–17 Uhr, an Wochenenden und feiertags 11–17 Uhr. Erw. 3 €, ermäßigt 2,50 €, Kinder 1,50 €, für Gruppen 2 € pro Person. Das Grab wird vom Heimatverein Söl'ring Foriining betreut (www.soelring-foriining.de).

Basis-Infos (→ Karte S. 130/131)

Telefonvorwahl: 04651

Bücherei   Die Ortsbücherei von Wenningstedt ist in der Infostelle im Osetal untergebracht. Mo 14.30–16.30 Uhr und Fr 9.30–11.30 Uhr.

Fahrradverleih   Eddie's Fahrradverleih, Dünenstraße 11, ✆ 41067.

Fahrrad-Konzept, Hauptstr. 28, ✆ 46643.

Holst, Osterweg 22, ✆ 43315.

M&M, Hauptstraße 8 sowie Osterweg 2, ✆ 45906.

Leksus, Westerstraße 3, ✆ 889762.

Feste/Veranstaltungen   Dorfteichfest. Das Fest findet am letzten Juliwochenende um den Dorfteich statt. Auf dem Teich werden Schiffsmodelle aufgefahren, die örtliche Gastronomie bietet an Ständen Essbares an, Kunsthandwerk, Schmuck und Ähnliches wird ebenfalls feilgeboten. Dazu gibt es ein Programm für Kinder und Musik am Abend.

Manege frei für Nachwuchsartisten!

Kliffmeile. Nach Weihnachten bis Neujahr wird auf dem Kapellenplatz ein großes Festzelt aufgeschlagen, in dem vor allem abends Musik geboten wird. Silvester wird hier eine Party veranstaltet. Den Abschluss findet die Kliffmeile mit dem Neujahrsschwimmen. Näheres unter www.kliffmeile.de.

Internet Im Service-Pavillon an der Strandstraße gibt es gegen Gebühr einen Internetzugang.

Kurabgabe → S. 74.

Kutschfahrten Wenningstedt kann man auch auf altvordere Art erkunden: mit der Kutsche. Startpunkt ist der Denghoog. Jeden Dienstag um 14 und 15 Uhr wird angetrabt.

Mietwagen FunCar-Sylt. Autos für Großfamilien wird man hier nicht finden, es sind ausschließlich Smarts im Angebot. Berthin-Bleeg-Straße 19a, ✆ 45490, www.funcar-sylt.de.

Post Die Postfiliale befindet sich im Supermarkt in der Berthin-Bleeg-Straße.

Strandkörbe Sein Strandmöbel mietet man entweder direkt am Strand (Strandabgang Risgab/Dünenstraße) oder über die Touristeninformation. In der Hauptsaison ist eine Vorbestellung angeraten. Online-Buchung unter www.wenningstedt.de. Ein Strandkorb kostet pro Tag 8 €.

Touristeninformation Tourismus-Service Wenningstedt-Braderup. Die Gemeinde hat derzeit kein Kurhaus, das soll sich aber bis 2013 ändern. Bis dahin soll ein moderneres, an ein Dampfer erinnerndes Gebäude direkt am Kliff fertiggestellt sein. Bis dahin sorgt ein Service-Pavillon in der Strandstraße für die Gäste. Geöffnet in der Hauptsaison Mo–Fr 10–17 Uhr, Sa 10–15.30 Uhr, Ende Juni bis Ende August auch So 10–13 Uhr. ✆ 4470, ✆ 44740, info@wenningstedt.de, www.wenningstedt.de.

Zirkus Im Sommer (Juli/August) macht der **InselCircus** 4 in Wenningstedt auf der Wiese beim Denghoog Station. Elefanten oder Löwen wird man zwar nicht zu sehen bekommen, dafür aber nett inszenierte Shows mit Musik, Artistik und Clownerie. Darüber hinaus bietet der Zirkus ein vielfältiges Mitmach-Programm an, für Kinder und Jugendliche werden z. B. ein einwöchiger Zirkuskurs mit abschließender Vorstellung, ein Filmworkshop und sogar Übernachtungen im Zirkuswagen angeboten. Der Zirkus hat sich auch der demografischen Entwicklung angepasst: Über 60-Jährige können im Senior Circus bisher verborgene Talente zum Vorschein bringen. Außerdem befindet sich unter dem Zirkuszelt noch ein Restaurant mit Kellnern in Clown-Kostümen. Über das vielfältige Angebot erkundigt man sich am besten bei der Touristeninformation oder im Juli/August unter ✆ 299499 bzw. im Internet unter www.circus-mignon.de.

Am Strand nimmt alles seinen geregelten Gang

Aktiv in Wenningstedt (→ Karte S. 130/131)

Golf Golf-Club Sylt **3** 1988 gebauter 18-Loch-Platz mit einem Par von 72. Der Platz ist nicht nur Mitgliedern vorbehalten, Gäste können zwei Tage im Voraus Startzeiten reservieren, solange sie ein Handicap 36 vorweisen können. Das Restaurant mit gutbürgerlicher Küche steht auch Golflaien offen. Norderweg 5, ℡ 99598-10, ℻ 99598-19, info@gcsylt.de, www.golf clubsylt.de.

Mini-Cross An der Norddörfer Halle am Ortsausgang Richtung Kampen können Kinder auf Minimotorrädern um einen kleinen Parcours pesen. Im Sommer am Vormittag und Nachmittag geöffnet. Näheres unter www.mini-cross.de.

Minigolf In der Dünenstraße/Ecke Strandstraße kann man sein Geschick auf einer 18-Loch-Bahn ausprobieren. Ostern–Oktober 11–18 Uhr, in den Ferien bis 21 Uhr. Gleich neben dem Platz auf einer Wiese kann man sich im Anschluss an die Minigolfrunde die Zeit noch ein wenig mit groß

dimensionierten Freiluft-Gesellschaftsspielen vertreiben: Mensch ärgere dich nicht, Mühle und Schach.

Strandgymnastik An den Rettungsschwimmerständen finden täglich kostenlose halbstündige Gymnastikkurse statt. Der Strandabschnitt variiert mit dem Zeitpunkt. Näheres in der Touristeninformation.

Surfen Camp One. Die Surfschule am Strandabgang Risgab/Dünenstraße bietet Kurse in Windsurfen, Wellenreiten und Kitesurfen an. Für Surfanfänger hat die Schule ein Revier an der Ostseite der Insel, ein sogenanntes Stehrevier. Surfausrüstung wird auch vermietet. Ein Windsurferanfängerkurs schlägt mit 200 € zu Buche. ℡ 43375, 0162/2362986, J.Benecke@gmx.de, www. surfschule-wenningstedt.de.

Tennis In der Norddörfer Halle stehen vier Plätze für ein Tennismatch bereit. Anmeldung und Informationen beim **Tenniscenter Kampen-Wenningstedt**, Norddörfer Schule 333c, ℡ 8364377.

Übernachten (→ Karte S. 130/131)

Campingplätze Wenningstedt Camp **2** Der Platz liegt im Norden des Ortes gleich an den Dünen, nur fünf Minuten Fußmarsch vom Strand entfernt. 232 Stellplätze für Wohnwagen/Campingmobile und 44 für

Zelte stehen zur Verfügung. Geöffnet ist der Platz von Ostern bis Oktober. Wohnwagen inklusive 2 Personen ab 25 €, Zeltplatz inklusive 1 Person ab 9 €, jede weitere Person 5 €, für Kinder unter 6 Jahren muss nichts gezahlt werden. Osetal 3, ☎ 944004, 📠 944006, camp@wenningstedt.de, www.campingplatz.wenningstedt.de.

Ferienwohnungen   Auch in Wenningstedt werden fast in jedem Haus Ferienwohnungen und Zimmer angeboten. Will man seinen Urlaub ruhig verbringen, sollte man vielleicht nicht unbedingt an der Westerlandstraße wohnen; dort kann es tagsüber recht viel Verkehr geben. In der Nähe der Umgehungsstraße, der L 24, zu nächtigen, ist ebenfalls nicht empfehlenswert.

Tourist-Information Wenningstedt-Braderup e.V. Trotz seines irreführenden Namens kann man hier nur Wohnungen, Zimmer oder Häuser mieten. Gästekarten und andere touristische Angebote der Gemeinde bekommt man im Tourismus-Service. Westerlandstraße 3, ☎ 98900, tourist-information@wenningstedt.de.

Es sind jedoch nicht alle Vermieter in der Tourist-Information Wenningstedt-Braderup vertreten. Sechs Appartementvermieter haben sich zu einem eigenen **Verein Wenningstedter Appartement-Vermieter** zusammengeschlossen. Den Katalog erhält man online über www.sylturlaub.de.

Hotels   Gartenhotel **5** Das modern-mediterran angehauchte Hotel der gehobenen Klasse in Strandnähe bietet 13 großzügig eingerichtete Zimmer in zwei Häusern sowie einen Wellnessbereich mit Sauna und Schwimmbad. In der Dependance in der Ostmarkstraße 4 werden auch Appartements angeboten. Einen WLAN-Zugang gibt es kostenlos. Auf der Internetseite kann man möglicherweise ein günstiges Last-Minute-Angebot ergattern. DZ 175–185 €, EZ 120–145 €. Die Appartements schlagen mit 130–155 € für 2 Personen zu Buche. Lerchenweg 10, ☎ 94620, 📠 946210, info@gartenhotel.de, www.gartenhotel.de.

Strandhotel **19** Das Hotel in zwei 1906/07 erbauten Häusern im Bäderstil hat Tradition. Schon der Maler Wassily Kandinsky machte hier Station. Die Anlage wurde vor ein paar Jahren entkernt und komplett renoviert. Die 13 Doppel-, 8 Einzel- und 4 Familienzimmer (mit separatem Kinderzimmer) sind einfach, aber geschmackvoll in friesischem Blau eingerichtet. Der Frühstücksraum gibt sich ebenfalls friesisch. WLAN und ein Computer stehen den Gästen zur Verfügung. Aufgeschlossene und zuvorkommende Besitzer, die allerdings behaupten, Hauptanziehungspunkt sei der Hotelhund Ludwig. DZ 155 €, EZ 90 €, Familienzimmer 175–185 €. Strandstraße 11, ☎ 98980, 📠 989898, info@sh-s.de, www.strandhotel-sylt.com.

Villa Klasen **16** Das Hotel wurde 2009 unter zuvorkommender und engagierter Leitung neu eröffnet und komplett renoviert. Die 21 Zimmer sind modern und geschmackvoll

Im Strandhotel übernachtete schon Kandinsky

mit einem durchgehenden Farbkonzept eingerichtet, der Frühstücksraum ist hell und gemütlich gestaltet. WLAN steht im ganzen Haus kostenlos zur Verfügung. Im Angebot ist auch ein Concierge-Service, der dem Gast bei der Organisation seines Urlaubs unter die Arme greift. EZ 75–85 €, DZ 126–138 €. Westerstraße 16, ℡ 41095, 📠 42135, info@hotel-villa-klasen.de, www.hotel-villa-klasen.de.

Lindner Hotel Windrose 18 Das Haus in Strandnähe gehört zu einer Kette von höherklassigen Hotels und wartet mit 91 Zimmern auf, die – wie es sich für Sylt gehört – im friesischen Stil eingerichtet sind. Das Hotel vermietet darüber hinaus 16 strandnahe Wohnungen im Ferienhaus Witthüs. Ein Schwimmbad gibt es selbstverständlich auch. DZ ab 169 €, EZ ab 119 €, die Preise können in der Hauptsaison je nach

Übernachten

2 Wenningstedt Camp
5 Gartenhotel
6 Fitschen am Dorfteich
7 Landhaus am Meer
8 Strandhörn
10 Sylter Domizil
13 Wenningstedter Hof
15 Pension Stick
16 Villa Klasen
18 Lindner Hotel Windrose
19 Strandhotel
23 Weißes Kliff
27 Pension Möwennest

Essen & Trinken

1 Wonnemeyer
6 Fitschen am Dorfteich
8 Lässig & Easy
9 Café Lindow
11 Kliffkieker
12 Meeresblick
13 Wenningstedter Krug
14 Gosch am Kliff
17 Blum's Bistro
18 Admirals Stuben
20 Tampe's Restaurant
21 La Pergola
23 Weißes Kliff

Einkaufen

24 Manufaktur
25 Antiquitäten Havenstein
28 Körnerladen

Sonstiges

3 Golf Club Sylt
4 InselCircus
22 Bodils Ponyfarm
26 Reitschule Volquardsen

Wenningstedt und Braderup

150 m

Belegung variieren. Strandstraße 19, ✆ 940-0, 🖷 940-877, info.windrose@lindner.de, www.lindner.de.

Strandhörn 8 Das direkt am Strandübergang gelegene und in einem Haus von 1912 untergebrachte First-Class-Hotel hat 29 Zimmer und Suiten im Angebot, die im edlen Landhaustil eingerichtet sind. Der Frühstücksraum ist hell und großzügig. Ein Restaurant gehört ebenfalls zum Hotel. Ein Schwimmbad, eine Hotelbar und das Restaurant Lässig & Easy runden das Angebot ab. In der Villa Dünenblick bietet das Hotel auch 5 Appartements der gehobenen Klasse an. Ganz edel kann man dann auch in den Suiten des Golfhouse übernachten, das – wie sollte es anders sein – gleich am Golfplatz liegt. EZ ab 120 €, DZ ab 210 €, für die Suiten muss man ab 250 € pro Nacht rechnen. Dünenstraße 20, ✆ 94500, ✉ 45777, rezeption@strandhoern.de, www.strandhoern.de.

Landhaus am Meer ⑦ Das Appartement-Hotel bietet Zimmer und Suiten mit getrennten Schlaf- und Wohnbereichen im gemütlich-rustikalen friesischen Look. Ein Einzelzimmer gibt es ebenfalls im Hotel. Die Appartements im Erdgeschoss haben eine Terrasse, auf der man sich nach einem ereignisreichen Urlaubstag noch im Strandkorb ausruhen kann. DZ 170 €, Suiten 170–190 €. Berthin-Bleeg-Straße 16, ✆ 45100, ✉ 446775, info@landhaus-am-meer.de, www.landhaus-am-meer.de.

Sylter Domizil ⑩ Das Hotel mit gehobenem Anspruch liegt nicht weit vom Dorfteich an der tagsüber stärker befahrenen Hauptstraße. Die 35 Zimmer sind auf zwei

Häuser verteilt und im modernen friesischen Stil eingerichtet. Der Frühstücksraum ist großzügig gestaltet, man kann allerdings sein Frühstück auch auf der Terrasse in Strandkörben zu sich nehmen. Die Preise sind nach Übernachtungen und pro Person gestaffelt: zwei Nächte kosten 105 €, drei 300 €, vier 345 € und sieben 660 €, Aufpreis 90 € für jede weitere Nacht. Berthin-Bleeg-Straße 2, ✆ 82900, ✉ 829029, sylter-domizil@t-online.de, www.sylter-domizil.de.

Wenningstedter Hof ⑬ Familiär geführtes Hotel in einem Jahrhundertwende-Haus. 8 geschmackvoll eingerichtete und gemütliche Zimmer stehen dem Gast zur Verfügung. Die im Sommer tagsüber stärker befahrene Hauptstraße ist abends weniger frequentiert und stört laut Gästen die Nachtruhe nicht. EZ 78 €, DZ ab 108 €. Für die Neben- und Zwischensaison sind auch Pauschalarrangements im Angebot. Hauptstraße 1, ✆ 94650, ✉ 43988, info@wenningstedter-hof.de, www.hotel-wenningstedter-hof.de.

Fitschen am Dorfteich ⑥ Das am Dorfteich gelegene Restaurant beherbergt auch Gäste, und zwar in 3 elegant und ansprechend eingerichteten Doppelzimmern und 5 Suiten, von denen eine behindertengerecht gestaltet wurde. WLAN in jedem der Zimmer. DZ 160 €, Suiten 190–240 €. Am Dorfteich 2, ✆ 32120, ✉ 30310, info@fitschen-am-dorfteich.de, www.fitschen-am-dorfteich.de.

Pension Möwennest ㉗ Die Pension bietet mit Geschmack eingerichtete Zimmer im Landhausstil in einem reetgedeckten roten Klinkerbau. Erwähnenswert ist der schön bepflanzte, dichte Garten, in dem man in Strandkörben und Liegestühlen entspannen kann. EZ 53–55 €, DZ 85–100 €. Übernachtet man nur 1–3 Nächte, wird ein Aufschlag von 10 € fällig. Seestraße 8, ✆ 41351, ✉ 45932, info@moewennest-sylt.de, www.moewennest-sylt.de.

Pension Stick ⑮ 10 hübsche Zimmer hat das Haus der Jahrhundertwende, das zu den ersten in Wenningstedt gehört, die für den Fremdenverkehr gebaut wurden. Das Frühstücksbuffet wird in einem großen, hellen Raum serviert. Geraucht werden darf in diesem Haus nicht. EZ 45 €, DZ 75 €. Bei nur 1–3 Nächten wird ein Aufschlag von 10 € verlangt. Berthin-Bleeg-Straße 5, ✆ 42433, 0175/8732126, ✉ 46363, info@pension-stick.de, www.pension-stick.de.

Biorestaurant Wonnemeyer

Essen & Trinken

(→ Karte S. 130/131)

Restaurants Admirals Stuben Das Restaurant im Lindner Hotel Windrose wird seinem Namen gerecht und verbreitet mit Holzbänken, blauen Tischdecken und einem großen Schiffsmodell maritime Atmosphäre. Gekocht wird mit Anspruch, Hauptspeisen ab ca. 20 € aufwärts. Mittags gibt es eine etwas günstigere Karte. Geöffnet von Mai bis Oktober 12–22 Uhr, Frühstück (7–10.30 Uhr) auch für Außer-Haus-Gäste. Strandstraße 19, ℆ 940821, ℗ 940877, info. windrose@lindner.de, www.lindner.de.

Blum's Bistro 17 Eine der fünf Filialen des Fischhändlers auf Sylt. Großes Angebot an leckeren Fischgerichten, für Sylter Verhältnisse teilweise recht günstig. Westerlandstraße 8, ℆ 4710.

Café Lindow 9 Nettes Café in einem alten roten Ziegelhaus mit schöner Terrasse. Fungiert auch als Restaurant mit durchgehend warmer Küche. Ebenfalls im Angebot ein Frühstücksbuffet (ab 8 Uhr). Berthin-Bleeg-Straße 10, ℆ 889780.

Fitschen am Dorfteich 6 Das mit Stil eingerichtete Restaurant bietet eine gehobene Küche mit nordfriesischen und schwäbischen Einflüssen (Hauptgerichte abends ab ca. 20 € aufwärts). Mittags sind die Gerichte günstiger, nachmittags wird hausgemachter Kuchen zum Kaffee gereicht, den man in einem schönen Garten am Dorfteich genießen kann. Freundlicher Service. Die Küche ist von 12 bis 22.30 Uhr geöffnet. Außerhalb der Hauptsaison ist dienstags Ruhetag. Am Dorfteich 2, ℆ 32120, ℗ 30310, info@fitschen-am-dorfteich.de, www.fitschen-am-dorfteich.de.

Gosch am Kliff 14 Auch in Wenningstedt muss man auf die leckeren Fischbrötchen und die Fischgerichte der Sylter Institution nicht verzichten. Dieser Gosch lag bei Redaktionsschluss noch direkt am Strandübergang an der Strandstraße mit Panoramablick übers Meer. Der Blick wird bleiben, aber der Standort verschiebt sich ein bisschen nach Süden. Im Frühjahr 2012 soll der neue Gosch am Kliff fertig sein. Strandstraße 27, ℆ 45688, www.gosch-sylt.de.

Kliffkieker 11 Café und Restaurant mit Terrasse direkt am Kliff mit tollem Blick über Strand und Meer. Ab 22 Uhr „Tanz op de Deel", hier wird also das Tanzbein geschwungen! Täglich frische Muscheln. Ansonsten gibt es typische friesische Küche ab ca. 12 €. Geöffnet ab 11 Uhr. Strandstraße 28, ℆ 42831.

Meeresblick 12 Gleich neben dem Kliffkieker liegt dieses gemütliche Restaurant, dessen Küchenchef auch schon mal auf besondere kulinarische Wünsche der Gäste eingeht. Hauptgerichte ab ca. 20 €. Große Terrasse, auf der man Kaffee und Kuchen genießen kann. Täglich 11–22 Uhr geöffnet. Strandstraße 26, ☎ 44422, ✆ 943151.

La Pergola 21 In Wenningstedt gibt es nicht nur Fisch. Leider ist der Gastraum des italienischen Restaurants recht dunkel. Pizza ab ca. 11 €. Auch Café mit Strandkörben auf der Terrasse. Geöffnet 12–22 Uhr. Dünenstraße 15, ☎ 46108.

Lässig & Easy 8 Das Restaurant im Hotel Strandhörn (früher „Strandhörn Olive") bietet eine gehobene Küche, serviert in einem trendigen, dunklen Ambiente. Gerichte wie „Wolfsbarsch mit Gemüse-Couscous" sprechen für die Ambitionen des Küchenchefs Dirk Lässig. Geöffnet ab 13 Uhr, mittwochs Ruhetag. Hauptspeisen ab 20 € aufwärts. Dünenstraße 20, ☎ 94500, www.strandhoern.de.

Tampe's Restaurant 20 Austern in allen Variationen gibt es hier frisch ab ca. 3 € pro Muschel. Daneben bietet das Tampe's regionale Küche mit Hauptspeisen wie „Kabeljau in der Kartoffelkruste" ab ca. 20 €. Die Einrichtung liegt zwischen rustikal und stylish. Parkplätze befinden sich gleich am Haus. Täglich geöffnet ab 17.30 Uhr, Mi Ruhetag. Westerlandstraße 12, ☎ 42653, ✆ 8362280, tampes-restaurant@t-online.de, www.tampes-restaurant.de.

Wenningstedter Krug 13 Das Restaurant befindet sich im Hotel Wenningstedter Hof. In gemütlicher Atmosphäre kommen hier regionale Gerichte auf den Tisch. Die Hauptgerichte gibt es ab ca. 16 €, mittags wartet man mit günstigeren Gerichten ab ca. 10 € auf. In der Saison ist das Restaurant ab 8 Uhr geöffnet, sonst ab 17.30 Uhr. Hauptstraße 1, ☎ 94650, ✆ 43988, joerg fichtner@wenningstedter-hof.de, www.hotel-wenningstedter-hof.de.

🍃 **Wonnemeyer** 1 Durch die Dünen geht es vom Campingplatz Wenningstedt zu diesem Restaurant gleich am Strand. An einfachen Holztischen kann man hier essen und den Sonnenuntergang über der Nordsee beobachten. Das Restaurant bietet feine Küche mit Bioprodukten aus der Region. Kleine Gerichte gibt es für unter 10 €, Hauptspeisen wie Scholle ab ca. 20 €. Schön gelegenes Restaurant mit einem tollen Kinderspielplatz um ein gestrandetes Piratenschiff! Täglich ab 11 Uhr geöffnet. Am Strand 1, ☎ 45299, ✆ 43150, www.wonnemeyer.de. ∎

Die treue Ose – eine nicht ganz lupenreine Sage

Der große Chronist und Heimatforscher C. P. Hansen berichtet von dem Bauer Frödde, der ein gutes und braves Leben führt, bis er nach der Ernte in einen Streit gerät und in seinem Zorn einen Mann erschlägt. Erschrocken über seine Untat flieht Frödde und lässt seine Frau Ose und seine Kinder zurück. Nun muss die arme Ose die Mannbuße, also die Strafe für den von ihrem Mann begangenen Totschlag, abbezahlen. Mühsam schuftet sie bei kargem Brot, um die Buße zu entrichten und ihre Kinder zu ernähren. Das ganze Dorf bemitleidet die tapfere Frau, der flüchtige Frödde gerät dabei ganz in Vergessenheit. Bis Ose erstaunlicherweise schwanger wird, da werden die Dorfbewohner doch hellhörig. Wo ist der dazugehörige Mann? Sie suchen die Dünen ab und finden Frödde, der sich all die Jahre in einem Dünental versteckt hat und von seiner Frau stets mitversorgt worden ist. Da sind die Bauern sehr gerührt, vergeben dem jähzornigen Mörder und benennen das am nördlichen Rand von Wenningstedt gelegene Tal nach Fröddes treuer Ose.

Eine bewegende überlieferte Sage? Nicht ganz: C. P. Hansen hat sich die Geschichte wohl ausgedacht. Angeregt wurde er vermutlich von einer schlichten Namensähnlichkeit: Das vermeintlich nach Ose benannte Dünental diente den Dorfbewohnern ursprünglich zum Verscharren ihres toten Viehs, dem „Oos", auf Hochdeutsch „Aas".

Braderup

Die Gemeindeschwester von Wenningstedt hat gerade einmal 120 ständige Einwohner und liegt am Wattenmeer. Ein Großteil der reetgedeckten Häuser sind Feriendomizile. Wenn's Winter ist auf Sylt, weilen ihre Besitzer in wärmeren Klimazonen.

Mit diesen Eckpunkten ist im Grunde schon alles gesagt: Braderups Kapital ist die Ruhe, für eine Karriere als Familienbad wie Wenningstedt ist das friedliche Dörfchen nicht geeignet. Dafür bietet es mit der am nördlichen Ortsrand beginnenden Braderuper Heide ein herrliches Naturreservat, in dem man sich bei einem Spaziergang prächtig erholen kann. Auch die Lage am Wattenmeer muss nicht unbedingt ein Nachteil sein: Wer während der Hauptsaison genug vom Trubel an den Weststränden hat und nicht übermäßigen Wert auf hohe Brandung legt, ist am hiesigen Wattenmeerstrand bestens aufgehoben. Man findet mit Sicherheit ein Plätzchen, auf dem man in aller Ruhe die Sonne genießen kann.

Reetgedeckte Idylle

Alles gut also in Braderup? Fast. Den alteingesessenen Braderupern ist die Ruhe manchmal schon ein wenig zu viel. Insbesondere stimmt sie die Zahl der Zweitwohnsitze nachdenklich, deren nur saisonweise Belegung den Ort im Winter beinahe veröden lässt. Und (mindestens) aus touristischer Sicht ein kleiner Minuspunkt sind die Kiesgruben und die Kläranlage südlich des Dorfes.

So überschaubar der Ort selbst, so überschaubar sind auch die relevanten Daten aus der Ortsgeschichte: Das -up im Namen lässt darauf schließen, dass es sich um eine dänische Gründung handelt. 1540 wird der Ort zum ersten Mal erwähnt, seine Einnahmequellen werden die Seefahrt, die Landwirtschaft und später dann der Tourismus, der hier – bedingt durch die Lage am Wattenmeer – allerdings deutlich anders akzentuiert ist als in der „großen" Gemeindeschwester Wenningstedt.

Sehenswertes

Weißes Kliff: Bis zu 15 Meter überragt das Kliff zwischen Munkmarsch und Braderup den Strand. Die weiße Färbung kommt vom Kaolinsand, der hier vor

zwei bis drei Millionen Jahren abgelagert wurde. Wegen der Verwehungen und der Witterung im Allgemeinen ist davon allerdings nun nicht mehr allzu viel zu sehen. Nahe vor dem Kliff kann man im Wattenmeer auch die abgebrannten Überreste der „Mariann" erkennen. Der Schoner, Baujahr 1903, war jahrelang über den Atlantik und die Ostsee geschippert, hatte den Ersten wie den Zweiten Weltkrieg überstanden, bis er nach Sylt kam. Ein Gastronom wollte aus dem stolzen Schiff in den 1960er-Jahren eine schwimmende Teestube machen. Doch die Behörden untersagten dieses Ansinnen, zu baufällig sei das alte Schiff nach einer Sturmflut geworden. Nachdem die „Mariann" ein paar Mal den Besitzer gewechselt hatte, kaufte sie ein Student und ließ sie vor die Küste von Braderup schleppen. Daraufhin verschwand der hoffnungsvolle Jungakademiker spurlos. 1981 wurde dem einst stolzen Schoner dann der Garaus gemacht, als ihn Unbekannte in Brand steckten.

Braderuper Heide: Ein herrlicher Ort, um spazieren zu gehen. Über eine Fläche von über 190 Fußballfeldern (ca. 137 Hektar) erstreckt sich die violett-rote Landschaft zwischen Braderup und Kampen. Die Braderuper Heide ist Naturschutzgebiet, aber keine natürlich gewachsene Landschaft, sondern eine Kulturlandschaft, die im Gegensatz zu den Heiden an der Westküste von Menschen angelegt wurde. Durch die Rodung der Wälder vermehrte sich die Bodenerosion auf der Insel, die Heide gab der Erde wieder Halt und führte ihr auch wieder Nährstoffe zu. Dabei wurde die Heide auch von den Inselbewohnern stark genutzt; so verwendeten sie die Pflanzen unter anderem als Brennmaterial und Stallstreu. Heute ist die Nutzung nicht mehr so intensiv, weswegen die Heide umso sorgsamer gepflegt werden muss, da sie ansonsten verholzt. Das sogenannte Plaggen – das maschinelle Abtragen der obersten Humusschicht – soll dies verhindern. Darüber hinaus ist seit 1999 eine Schaf-

In der Heide oberhalb des Kliffs

herde zwischen Braderup und Morsum im Einsatz, um die Heide auf sanftere Art zu pflegen. Die Heide ist ein einzigartiger und bedrohter Lebensraum, deswegen eine Bitte: Wenn Sie den lohnenswerten, ca. einstündigen Spaziergang von Munkmarsch nach Kampen durch die Braderuper Heide antreten, weichen Sie nicht von den markierten Wegen ab.

Naturzentrum Braderup: Das kleine Zentrum liegt am südlichen Ende Braderups an der Straße nach Keitum. Hier findet man eine gut aufbereitete, wenn auch nicht sehr große Ausstellung über das Meer und die Natur Sylts. Von mächtigen Walen bis zum eher unscheinbaren Dünengras wird hier alles erklärt. Dabei darf man schon einmal Ausstellungsstücke anfassen und sich anschauen, was sich so alles hinter Schiebewänden verbirgt. Zu sehen bekommt man auch ein kleines Aquarium und eine Robbe – wenn auch nur ausgestopft – sowie einen Natur- und Kräutergarten. Interessant sind die Informationen über die Wasserversorgung Sylts – oder wussten Sie, dass Sylt ein eigenes Reservoir an Grundwasser hat? Seit 2009 hat das Zentrum einen neuen Ausstellungsraum mit Schautafeln zu Themen wie Küstenschutz. Der Raum bräuchte allerdings noch ein wenig Schliff. Das Naturzentrum bietet auch Führungen ins Watt, in die Braderuper Heide und zum Morsumer Kliff an.

Geöffnet April–Oktober Mo–Sa 10–18 Uhr. Eintritt frei, um eine Spende wird aber gebeten. **Morsum-Kliff-Führung:** April–Oktober Mo, Mi und Fr um 11 Uhr, Di und Do 14 Uhr, Treffpunkt ist der Parkplatz Nösse vor dem Hotel Morsum Kliff in Morsum. **Heidewanderung:** Mai–September Di und Do 10 Uhr, Treffpunkt ist das Naturkundezentrum. **Naturkundliche Fahrradtour:** Mai–September jeden ersten und dritten Montag im Monat um 14 Uhr, Treffpunkt ist ebenfalls das Naturzentrum. **Wattwanderung:** April–Oktober nur für Gruppen und je nach Ebbe. M.-T.-Buchholz-Stich 10a, ✆ 44421, ✉ 46433, naturschutz-sylt@t-online.de, www.naturschutz-sylt.de.

Leder und Antiquitäten gibt's in der Ortsmitte

Basis-Infos

Kurabgabe → S. 74.

Parken Der Parkplatz in Braderup am Weißen Kliff ist durch eine Schranke auf Fahrzeuge bis 1,85 m Höhe beschränkt.

Touristeninformation Braderup hat kein eigenes Touristenzentrum. Für Infos oder Gästekarten muss man schon nach Wenningstedt fahren (→ S. 127).

Einkaufen   (→ Karte S. 130/131)

Antiquitäten Gleich neben der „Manufaktur" (im gleichen Haus) befindet sich der vollgepackte **Antiquitätenladen 25** von M. Havenstein. Die vielen Gitter, Rahmen und diversen Gestelle aus Metall vor dem Eingang wirken als Blickfang. Innen wartet ein bis an die Decke vollgestellter Laden mit Messingleuchtern, alten Gläsern und vielem mehr auf den interessierten Kunden. Etwas Zeit zum Stöbern sollte man also mitbringen. Achtung: Im oberen Stockwerk geht's weiter! M.-T.-Buchholz-Stig 9, ℡ 43131, 0171/3807205, ✆ 46220, Havenstein-Antik@t-online.de.

Leder **Manufaktur 24** Die Lederwerkstatt von Helga Behrens und Christian Ostermann liegt neben dem Restaurant Wei-

ßes Kliff. Ob nun ein grönländischer Anorak, eine Weste, Handtaschen und Gürtel jeglicher Art oder Sandalen – hier wird alles aus Naturleder hergestellt, das selbstverständlich nur mit pflanzlichen Gerbstoffen behandelt wurde. Die Manufaktur übernimmt auch Auftragsarbeiten. Eine Erwähnung hat die Lederwerkstatt aber noch aus einem anderen Grund verdient: Die sehr nette Besitzerin rettete den Autor immerhin vor dem Verdursten. 15. März bis 5. November und 15. Dezember bis 5. Januar jeweils Mo–Fr 10–13 Uhr und 14–18 Uhr, samstags nach Absprache. M.-T.-Buchholz-Stig 9, ℡ 43135, www.manufaktur-sylt.de. ■

Naturkost **Körnerladen 28** Gleich neben dem Naturzentrum befindet sich der Laden, der nun schon in der zweiten Generation in Familienbesitz ist. Gemüse, Obst und Milch aus ökologischem Anbau und auch selbst gebackenes Brot finden sich im Sortiment. Seife aus Schafsmilch, Reinigungsmittel, aber auch Kosmetik sind ebenfalls im Angebot. Die Einkäufe werden auch kostenlos nach Hause geliefert. Ein kleines Café auf der Terrasse gehört ebenfalls zum Laden. Im Sommer Mo–Fr 9–18.30 Uhr, Sa 9–13 Uhr. Im Winter legt man eine Mittagspause von 12.30 bis 14.30 Uhr ein. M.-T.-Bucholz-Stig 8, ℡ 44475, www.koernerladen.de. ■

Aktiv in Braderup (→ Karte S. 130/131)

Ausflüge → Naturzentrum Braderup, S. 137.

Reiten Bodils Ponyfarm **22** Über 35 Ponys können hier geritten werden. Im Angebot sind Unterricht für Anfänger und Fortgeschrittene sowie Ausritte durch die Heide und am Strand. Ganzjährig geöffnet. Terpwai 20, ℡ 42444, www.bodils-landhaus-sylt.de.

Volquardsen **26** Die Reitschule offeriert Kurse in therapeutischem Reiten nach der Feldenkrais-Methode. Terpwai 17, ℡ 44369, www.sylt-feldenkrais.de.

Übernachten/Essen & Trinken

Weißes Kliff 28 Der Landgasthof befindet sich in einem alten weißen Kapitänshaus aus dem Jahre 1852, das prominent an der Straße nach Kampen liegt. 6 rustikal eingerichtete Zimmer werden vermietet. Im Restaurant speist man ebenfalls im rustikalen Ambiente. Die Küche bietet regionale Kost zu vertretbaren Preisen. Hauptgerichte gibt es ab 14 €. Geöffnet von März bis Oktober täglich ab 17.30 Uhr, Mi Ruhetag. EZ ab 48 €, DZ ab 98 €. M.-T.-Buchholz-Stig 7, ℡ 43008, ℡ 446403, www.weisses-kliff.de.

Sagenhaftes Braderup

In der Heide rund um Braderup, Wenningstedt und Kampen wohnten einst die Önereersken, ein Zwergenvolk, verwandt mit den Klabautermännern und den Puken, den friesischen Poltergeistern. Wie es sich für anständige Zwerge gehört, trugen sie rote Mützen und dazu rote Jacken. Sie trauten sich nur nachts aus ihren Höhlen unter der Heide. Doch obwohl sie recht putzig anzuschauen waren, ungefährlich waren sie nicht. Nur zu gerne rächten sie sich an den Friesen, die sie unter die Erde gezwungen hatten, als sie Sylt besiedelten. Nachts melkten die Önereersken die Kühe und stahlen die Milch, doch auch an den Menschen selbst vergriffen sie sich. Sie raubten Kinder, Frauen und Mädchen. Oder schoben einen der Ihren den Friesen als Neugeborenes unter. Deswegen ließen die Menschen ihre Babys sofort taufen oder legten eine Bibel zu ihnen ins Bettchen, denn die Unterirdischen waren Heiden und fürchteten nichts mehr als ein Kreuz oder das Läuten der Kirchenglocken.

König der Unterirdischen war der listige Finn. Angeblich residierte er im Denghoog. Er hatte ein Mädchen aus Braderup geheiratet – zum Festmahl gab es unter anderem Iltisbraten – und sollte der letzte seiner Art sein. Denn die Spannungen zwischen Menschen und Zwergen entluden sich in einem Krieg. Tapfer stellten sich die Zwerge den Friesen mit dem Schlachtruf „Kämpfen wie die Flöhe" entgegen, krochen unter die Hemden der Friesen und setzen ihnen derart zu, dass die Geschundenen zurück zu ihren Frauen flohen. Diese hatten gerade in Erwartung einer Siegesfeier Grütze gekocht. Wütend über das erbärmliche Verhalten ihrer Männer stürzten sich die Frauen auf die Zwerge und schütteten ihnen heiße Grütze über die kleine Köpfe. Nur König Finn überlebte dieses Massaker, doch ohne seine Zwerge wollte er nicht weiterleben und stach sich ein Messer aus Stein in die Brust. Die siegbringenden Grützetöpfe hingegen wurden unsterblich, einer von ihnen wurde in das Wappen der Friesen übernommen.

Feriengäste, die sich heute ein Haus an der Heide gemietet haben, müssen also keine Angst haben, dass ihr Kühlschrank nachts leergeräumt wird oder dass sie unwissentlich einen Zwerg großziehen.

Braderup → Karte S. 130/131

Der Weg zum Kampener Strand führt durch die Dünen

Kampen

Teure Autos, nackt badende Prominente, grauhaarige Millionäre und wilde Partys – auf Kampen konzentrieren sich fast alle Klischees, die über Sylt in Umlauf sind.

Prominentenbesuche haben Tradition in Kampen. Zunächst waren es Schriftsteller, Maler, Musiker und überhaupt Kunstschaffende, die den Ort für sich entdeckten und ihn als „Auftankstation" für ihr kreatives Schaffen nutzten. Ausgelöst wurde die Welle von Ferdinand Avenarius, Berliner Schriftsteller und Gründer der Zeitschrift „Der Kunstwart". Avenarius ließ sich 1903 in Kampen ein Häuschen bauen und lud dort Künstlerfreunde zu sich ein. Weiterer Schauplatz der Kampener Künstlerwelt war in den goldenen Zwanzigerjahren das Haus Kliffende (→ S. 143), in dem Hausherrin Clara Tiedemann unter anderem Thomas Mann und Emil Nolde empfing.

Seinen Ruf als Schickeria-Dorado erwarb sich Kampen dann in den 1960er- und 70er-Jahren: Sportler, Politiker, Wirtschaftsbosse und vor allem Stars und Sternchen aus dem Showbiz eroberten das Terrain und liefen den Künstlern nach und nach den Rang ab. Begleitet wurden sie dabei von den Hofberichterstattern der Yellow Press, die ganz begierig die Mär verbreiteten, dass hier die ausschweifendsten und schamlosesten Partys des ganzen Landes gefeiert würden. Kampen wurde so schnell zum „berühmtesten Dorf der Republik" und ein mit dem schlichten Schild „Buhne 16" versehener Strandabschnitt zu ihrem verruchtesten Ort: der Kampener Nacktbadestrand, an dem sich – natürlich – Ungeheuerliches abgespielt haben soll ... Mittlerweile ist der Medien-Hype längst abgeflaut, und auch das Objekt der boulevardjournalistischen Begierde selbst lässt es ruhiger angehen: Man bleibt unter sich, trifft sich in Privathäusern und feiert unter Ausschluss der Öffentlichkeit – zumindest manchmal.

Wer wohlhabend und/oder prominent ist, aber noch nie in Kampen war, wird möglicherweise zunächst einmal enttäuscht sein vom Sylter Nobeldorf: Keine elegante Bäderarchitektur, keine breite Promenade, um den Edelschlitten vorzuführen, und der Strönwai – die berühmt-berüchtigte Whiskymeile – zeigt sich auch wenig mondän. Stattdessen erwartet den Novizen eine weitläufige Siedlung mit hinter Steinwällen versteckten reetgedeckten Häusern. Die Boutiquen der Modefirmen liegen ebenfalls verborgen hinter friesischen Fassaden. Nur ein erhöhtes Aufkommen an Kraftfahrzeugen des oberen Preissegments lässt erkennen, dass der typische Kampen-Urlauber über ein höheres Einkommen als der Bundesdurchschnitt verfügt.

In Kampen stellt man seinen Reichtum nicht unbedingt zur Schau. Prächtige Villen fehlen, und das hat einen einfachen Grund: Die in diesem Punkt immer noch gültige Gemeindeordnung von 1913 schreibt vor, dass die Häuser im friesischen Stil erbaut werden müssen und nicht höher als acht Meter sein dürfen. Dennoch schießen die Immobilienpreise hier immer weiter in die Höhe – der Grundstücksbesitzer, der sein 30-Quadratmeter-Häuschen für 6,3 Millionen Euro verkaufen wollte, ging 2009 ja sogar durch die Presse. Die immensen Preise haben natürlich auch den Effekt, dass hier die Wohlhabenden unter sich wohnen können. Kampen ist eben nicht mondän, sondern exklusiv. Da ist es kein Wunder, dass die Zahl der Zweithausbesitzer die der ständigen Einwohner des Ortes (etwa 600) bereits um das Doppelte übersteigt – ein einmaliges Verhältnis in ganz Nordfriesland.

Über all die Konzentration auf die Schönen und die Reichen sollte man nicht übersehen, dass Kampen ein ungemein schön gelegenes Dorf ist: Im Westen

Kampen → Karte S. 151

Schmuckes Ferienhaus auf teurem Grund

die Nordsee, im Osten das Wattenmeer, im Norden beginnt die sehenswerte Dünenlandschaft, und im Süden gedeiht die rotviolette Braderuper Heide. Und auch wenn Kampen kaum mit Sehenswürdigkeiten aufwarten kann, ein Bummel durch den Ort lohnt sich allemal.

Sehenswertes

Rotes Kliff: Wenn auf Sylt die rote Abendsonne im Meer versinkt ... dann ist das besonders herrlich am Roten Kliff zu beobachten. Die Abbruchküste erstreckt sich über vier Kilometer zwischen Wenningstedt und Kampen. Bis zu 30 Meter hoch haben die Gletscher in der Eiszeit Geröllmassen aufgetürmt, der Abbruch erfolgte, als der Meeresspiegel nach der Eiszeit wieder anstieg. Und noch heute nagen Brandung und Witterung ganz besonders an diesem beeindruckenden Naturphänomen. Durch diverse Küstenschutzmaßnahmen wird versucht, das Rote Kliff zu retten. Bliebe schließlich noch die Kardinalfrage zu klären: Warum ist das Rote Kliff eigentlich rot? Ganz einfach: Es rostet. Die eisenhaltigen Bestandteile des Geschiebelehms, aus dem das Kliff besteht, oxidieren. Dies ist besonders bei Abendlicht zu sehen, tagsüber sieht das Kliff eher erdig aus.

Uwe-Düne: Der Berg Sylts liegt auf der Geest zwischen Nordsee und Kampen und kann nur zu Fuß erreicht werden. Die Erhebung misst über 52 Meter und ist nach dem Sylter Nationalhelden Uwe Jens Lornsen (→ S. 45) benannt. Der Aufstieg über die mehr als 100 Treppen lohnt sich, man wird bei klarem Wetter mit einem Blick über die Insel bis zum Festland belohnt.

Vogelkoje Kampen: Diese Entenfanganlage verdankt ihre Entstehung kurioserweise dem Walfang. Die Saison für die Jagd auf die Meeressäugetiere dauerte nämlich nur von Februar bis September. Die restlichen Monate mussten

Von der Uwe-Düne kann man die gesamte Insel überblicken

Kliffende und Klenderhof – zwei Häuser mit Geschichte

Prominent am Roten Kliff beim Strandzugang der Sturmhaube liegt das 1923 erbaute weiße **Haus Kliffende**, das schon so manchen berühmten Gast gesehen hat. Emil Nolde bewohnte eines der 20 Zimmer des Doppelhauses, Thomas Mann gefiel es hier so gut, dass er gleich noch einmal kam, und auch der Verleger Ernst Rowohlt verbrachte hier seine Ferien. Die Frau des Erbauers, Clara Tiedemann, gab sich eben die größte Mühe bei der Auswahl ihrer Gäste. Wenn sie sich doch einmal „vergriffen" hatte, legte sie dem nunmehr ungebetenen Gast wortlos das Kursbuch der Bahn auf den Frühstückstisch. 1955 kaufte die Deutsche Bank das Haus und überließ es ihren leitenden Angestellten für einen standesgemäßen Urlaub. Das Haus steht sehr nah am abbröckelnden Kliff, und die Deutsche Bank gab über eine Million Mark aus, um Kliffende vor dem Absturz zu bewahren. Seit 1997 befindet sich das Haus in Privatbesitz.

Eine wechselvolle Geschichte hat das auf der Wattseite in der Norderstraße liegende **Haus Klenderhof** hinter sich. Der international gefeierte Cellist Max Baldner und seine Frau Charlotte hatten sich dieses ungewöhnliche Haus 1933 bauen lassen. Es ist komplett reetgedeckt, hat ein kleines Türmchen und war einst nur über eine Holzbrücke zu erreichen. So wurde das Haus von den Kampenern auch „Baldner-Burg" genannt.

Da Baldners Frau Jüdin war, sah sich das Ehepaar schon bald den Repressionen der Nazis ausgesetzt. Beide wurden in Konzentrationslager verschleppt, überlebten das Nazi-Regime aber glücklicherweise, Max Baldner starb allerdings schon ein Jahr nach Kriegsende. Auch das Haus sollte nicht vom Hass der Nazis verschont bleiben. 1938 versuchten SA-Leute, den Klenderhof anzuzünden, da sie in ihrer Beschränktheit eine Synagoge im Haus vermuteten. Der NSDAP-Ortsgruppenleiter ging dazwischen, und so tranken die Nazischergen nur den Weinkeller leer ...

Nach dem Krieg führte Charlotte Baldner den Klenderhof als Gästehaus weiter, bis sie ihn an den Verleger Axel Springer verkaufte. Die schwärzeste Stunde des Klenderhofs schlug 1973, als nachts am Haus Brandsätze angebracht wurden und das Gebäude in Flammen aufging. Der im Haus nächtigende Wirtschaftsminister Karl Schiller und der Hausmeister versuchten beherzt, den Brand zu löschen, doch der Klenderhof – mittlerweile auch als „Springer-Burg" bekannt – brannte ab. Wer den Brand gelegt hat, ist bis heute nicht geklärt. Axel Springer ließ das Haus wiederaufbauen, und so steht der Klenderhof heute immer noch in der Norderstraße, allerdings als Kopie.

die Sylter, die im 18. Jahrhundert vor allen Dingen vom Walfang lebten, eine andere Gelegenheit finden, um die Vorräte aufzustocken. 1767 erteilte der dänische König die Erlaubnis für den Bau der Vogelkoje. Das Fangprinzip ist so einfach wie heimtückisch. Die Kampener Vogelkoje besteht aus einem in einem Wäldchen angelegten großen Teich mit vier Kanälen. Süßwasserenten aus Skandinavien und Nordrussland brechen im Herbst auf, um zu ihren wärmeren Winterquartieren am Ärmelkanal zu fliegen. Sylt lag auf ihrem Weg, und so legten sie hier eine Ruhepause ein. Da bot sich dann der einladende, geschützt gelegene Teich in Kampen einfach an. Sobald sie auf dem Teich gelandet waren, lockten zahme Enten ihre Artgenossen in die Fangarme, die in einer Reuse endeten. Hier griff sich der Kojenwärter die Vögel und drehte ihnen die Hälse um. In Rekordjahren wie 1841 konnten dem Kojenwärter da schon über 25.000 Enten ins Netz gehen. Ein paar davon zweigte er für den Eigenbedarf ab. Die Tagesration konnte sogar recht üppig ausfallen, wie der Schriftsteller Adalbert von Baudissin anlässlich eines Besuchs der Vogelkoje 1864 erschrocken notierte: „Gott stehe mir bei, jeden Tag vier Enten."

Um die Enten nicht zu vertreiben, musste absolute Ruhe im Fangrevier herrschen. Der zunehmende Fremdenverkehr und das ab dem Ersten Weltkrieg auf Sylt stationierte Militär waren da nicht eben förderlich, sodass die Koje 1921 geschlossen und 14 Jahre später zum Naturschutzgebiet erklärt wurde. Seit den 1980er-Jahren ist die Vogelkoje an den Sylter Heimatverein verpachtet, der sie mit Teich und Fangkanälen rekonstruierte. In den zwei nachgebauten Kojenhäusern befindet sich nun eine Ausstellung über den Entenfang und die Vogelwelt der Insel. Ein Diorama zeigt die grausige Arbeit eines Kojenwärters.

Die Vogelkoje liegt etwa 3 km vom nördlichen Ortsausgang Kampens entfernt und hat eine eigene Bushaltestelle. Sie ist von November bis Ende März geschlossen, ansonsten ist sie täglich von 10 bis 17 Uhr (am Wochenende ab 11 Uhr) geöffnet. Di um 10 Uhr und Do um 16.30 Uhr finden Führungen durch die Koje statt. Erw. mit Gästekarte 3 €, Kinder 1,50 €, mit Führung kostet es 2 € mehr. Ab einer Gruppe von 10 Personen gibt es eine Ermäßigung von 0,50 €. Lister Straße, ℡ 871077, www.soelring-foriining.de.

Leuchtturm: Der schwarz-weiß beringte Leuchtturm am südlichen Ortsrand gilt als Wahrzeichen Kampens. Er ragt 38 Meter in den Himmel und ist damit das höchste Leuchtfeuer auf der Insel. In Dienst gestellt wurde er 1856, wegen seiner speziellen, in Frankreich entwickelten Linsentechnik galt er damals als technische Revolution. Der verwendete Lampendocht stammte ebenfalls aus Frankreich, was sich während des Deutsch-Französischen Krieges 1870/71 allerdings als unvorteilhaft erwies: Der „Erzfeind" stellte die Lieferungen ein, und die Lichter gingen aus. Gespeist wurde das (zwischenzeitlich erloschene) Leuchtfeuer zunächst mit Rübenöl, später stieg man auf Petroleum um, und 1929 schließlich brach auch für den Kampener Leuchtturm die moderne Zeit der Elektrizität an. Noch moderner wurde es 1978: Der letzte Leuchtturmwärter musste seinen Dienst quittieren, seitdem wird der Leuchtturm vom Festland aus ferngesteuert. Sein heutiges Aussehen erhielt der Turm übrigens sehr spät. Ursprünglich war er mit gelben Klinkern verkleidet, später zeigte er sich in praktischem Grau, und erst 1953 erhielt er seinen heutigen Anstrich. Dabei fiel ein Maler vom Gerüst und brach sich das Genick, und so heißt es noch heute: „Der Turm trägt ein Leichenhemd mit Trauerflor."

Der Leuchtturm wird heute ferngesteuert

Das achteckige Quermarkenfeuer liegt mitten in den Dünen

Kampen hat sogar noch ein zweites Schiffssignal. Das **Quermarkenfeuer** liegt in den Dünen nicht unweit des Hauses Kliffende. Der Leuchtturm ist aus rotem Ziegelstein gebaut, ca. 11 Meter hoch und achteckig. Er diente Schiffen als Zeichen für eine Kursänderung, da ihnen eine Sandbank gefährlich im Weg lag. Das Quermarkenfeuer ist mittlerweile außer Betrieb, seine Aufgabe hat sein größerer Bruder übernommen.

Der Leuchtturm und das Quermarkenfeuer sind nicht zu besichtigen.

Basis-Infos   (→ Karte S. 151)

Telefonvorwahl: 04651

Aktiv in Kampen Boule. Im Dorfpark ist ein Bouleplatz angelegt worden, der jedermann frei zur Verfügung steht. Kugeln gibt es im Tourismus-Service. Von April bis September treffen sich freitags um 17.30 Uhr die „Sylter Bouletten" im Dorfpark.

Strandkörbe. Entweder man mietet einen Korb direkt an den Ständen am Strand oder bucht ein Strandmöbel im Voraus übers Internet (www.kampen.de), dort gibt es einen Frühbucherrabatt von 50 Cent. Bei einer Leihdauer von 2 bis 7 Tagen kostet ein Strandkorb 7,50 €/Tag.

Feste/Veranstaltungen Kampener Literatur- und Musiksommer. Martin Walser, Hellmuth Karasek, Stefan Aust ... Während dieser zwischen Juni und September stattfindenden Reihe von Lesungen, Konzerten, Podien und Diskussionsrunden sind schon einige namhafte Künstler und VIPs aus der Kulturszene aufgetreten. Die Veranstaltungen finden u. a. im Kaamp-Hüs statt. Mehr Infos und Karten gibt es beim Tourismus-Service und im Internet unter www.kampen.de.

Longboard Festival. An der Buhne 16 treffen sich meistens Anfang September Wellenreiter aller Couleur, um auf „Old Style"-Brettern über die Wellen zu flitzen. 2011 fand das Festival zum zwölften Mal statt. Mehr Infos unter www.buhne16.de.

Internet Einen kostenlosen WLAN-Hot-spot gibt es im Kaamp-Hüs.

Kinderbetreuung Kindern bietet Kampen ein eigenes Programm: den **Kamp'ino Kin-derclub** im Kaamp-Hüs. Es werden Strand-wettbewerbe, Ausflüge und vieles mehr für Kinder ab 3 Jahren angeboten. Eine Voran-meldung ist angeraten, ✆ 46980.

Der Tourismus-Service hält eine Liste mit Babysittern bereit.

Im **Club Rotes Kliff** oder im **Pony** können Kinder von 8 bis 13 Jahren in der Teenie-Disco das „Nachtleben" kennenlernen, allerdings nur im Juli/August (jeden Mitt-woch 18–20 Uhr).

Kurabgabe → S. 74.

Postleitzahl 25999

Rollstühle Strandgeeignete Rollstühle stehen gratis am Strandübergang beim Re-staurant Sturmhaube zur Verfügung.

Strandsauna Am nördlichen Ortsausgang beim Restaurant **La Grande Plage** befindet sich die gleichnamige Strandsauna von Kampen. April–Oktober Do–Mo 12–18 Uhr. Eine Tageskarte kostet 18 €, für 2 Std. zahlt man 12 €. ✆ 886078, www.grande-plage.de.

Touristeninformation Der **Tourismus-Service Kampen** befindet sich im Kaamp-Hüs in der Ortsmitte. Hauptstraße 12, ✆ 46980, 🖷 469840, info@kampen.de, www.kampen.de.

(Einkaufen   (→ Karte S. 151)

Kunst Galerie Herold 🔟 Ihnen fehlt noch ein norddeutscher Expressionist in der Sammlung? Sie wollen sich auf nordischen Impressionismus spezialisieren? Dann müs-sen Sie in die Galerie Herold, denn hier hän-gen Bilder u. a. von Max Pechstein oder Paula Modersohn-Becker. Wenn die Urlaubs-kasse arg geleert ist, reicht es vielleicht noch für eine kleine Grafik. Aber auch wenn Sie nicht vorhaben, Kunst zu sammeln, soll-ten Sie einen Blick in die Dependance der Hamburger Galerie von Reiner Herold wer-fen, hier hängt Kunst vom Feinsten. Braderu-per Weg 4, ✆ 45135, www.galerie-herold.de.

Mode und Schmuck Kampen würde sei-nem Ruf nicht gerecht, wenn es vor Ort nicht eine ganze Reihe von Läden der be-kannten Designer- und Luxusartikelmarken gäbe. Allerdings residieren sie nicht etwa in marmorbewehrten Glaspalästen, sondern in niedlichen Reetdachhäusern. Sie konzen-trieren sich an der Hauptstraße um das Kaamp-Hüs herum sowie in der Kurhaus-straße und dem Strönwai. Um einen Ein-druck der Markendichte zu vermitteln, eine kleine Auswahl:

Hermès 🔟 Ob nun edle Handtaschen oder Stiefel aus Leder, Krawatten oder feine Halstücher aus Seide auf dem Einkaufszet-tel stehen – Geld bzw. eine gedeckte Kre-ditkarte sollte man in den Laden des Pari-ser Modelabels schon mitbringen. Zur Uwe-Düne 1, ✆ 94744.

Louis Vuitton 🔟 Keine Lust mehr auf die Handtaschenplagiate aus Hongkong? In dem Laden am Strönwai gibt es die Originale

der französischen Kette. Von Januar bis März hat der Laden geschlossen. ✆ 45566.

Bulgari 🟦 Schmuck, Uhren und diverse Accessoires bietet der Laden der italieni-schen Modekette. Auch nichts für den schmalen Geldbeutel. Im selben weißen Reetdachhaus gibt's außerdem noch Mode von **Joop**. Hauptstraße 15.

Kampen → Karte S. 151

Siegward Sprotte – „Ein Spaziergänger wunderte sich, dass mein Motiv nirgends zu sehen war"

Der 1913 in Potsdam geborene Maler Siegward Sprotte kam nach einer Ausbildung an der Kunstakademie Berlin nach dem Zweiten Weltkrieg auf die Insel. Bis zu seinem Tod 2004 arbeitete er mit Unterbrechungen in Kampen. Waren seine ersten Bilder den romantischen Künstlern des 19. Jahrhunderts verpflichtet und in geradezu altmeisterlicher Manier gemalt, wandte er sich nach 1945 verstärkt der abstrakten Malerei zu. Dabei diente ihm die Natur noch durchaus als Vorlage. Sprotte legte Wert darauf, dass er „Bilder auf Sylt, nicht von Sylt" male. Einen starken Einfluss hatte die japanische und chinesische Kunst auf sein Schaffen. Viele seiner späteren Zeichnungen lehnen sich an die asiatischen Tuschezeichnungen an und erinnern an kalligraphische Kürzel. Ähnlich wie japanische/chinesische Kalligraphen versuchte Sprotte, seine Bilder „korrekturlos", also in einem Zug, auf das Papier zu bringen. Durch eine eigene Schriftenreihe und viele Begegnungen mit anderen Künstlern hielt Sprotte den Ruf Kampens als Künstlerort am Leben.

Seine Werke können in seinem ehemaligen Atelierhaus besichtigt werden. Das **Falkenstern Fine Art & Atelier Sprotte** 21 bietet aber auch wechselnde Ausstellungen anderer Künstler (Alte Dorfstraße 1, ☏ 42413, www.FalkensternFineArt.com). Die Galerie war darüber hinaus Hauptsponsor des **Kampener Kunstpfades:** Vor zehn Häusern, in denen einst bekannte Künstler wie Emil Nolde oder Thomas Mann während ihres Kampen-Aufenthaltes wohnten, sind Stelen mit Gedenktafeln aufgestellt. Jede Tafel ist mit einem Zitat des jeweiligen Künstlers versehen.

⌒ Übernachten   (→ Karte S. 151)

Campingplätze Campingplatz Kampen 24 Zu dem kleinen Platz geht es beim südlichen Ortseingang bei der Feuerwehr ab. Hier campt man direkt an den Dünen, kürzer kann man es zum Kampener Strand kaum haben. Übliche Infrastruktur, auch ein etwas größerer Spielplatz für Kinder steht zur Verfügung. Es empfiehlt sich, rechtzeitig einen Platz zu reservieren! Wohnwagen je nach Größe 24–26,15 €, Wohnmobile 24,85–28,55 € (jeweils für 2 Personen), Zelte 10–16 € pro Person. Zusätzliche Campinggäste je nach Alter zwischen 2,05 € und 3,05 €. Möwenweg 4, ☏ 42086, ☏ 46235, anfrage@campen-in-kampen.de, www.campen-in-kampen.de.

Ferienwohnungen Trotz des hohen Zweithausbesitzeranteils gibt es auch in Kampen noch unzählige Ferienwohnungen zu vermieten. Informationen und Buchungen gehen über den Tourismus-Service in der Hauptstraße 12, ☏ 46980, ☏ 469840,

info@kampen.de, www.kampen.de. Von einer Unterkunft in der Hauptstraße sollten Sie übrigens Abstand nehmen, sie ist die Durchgangsstraße des Ortes.

Hotels Hotel Village Kampen 22 Das Luxushotel verbirgt sich in einem zweiflügeligen Reetdachhaus und ist im eleganten Landhausstil eingerichtet. In 9 Doppelzimmern und 5 Suiten wohnt man hier vom Feinsten. Auf einen Fitnessraum und einen Pool mit Sauna muss der Gast auch nicht verzichten. Schönerwohnen hat natürlich seinen Preis. DZ 295–345 €, Suite ab 410 €. Alte Dorfstraße 7, ☏ 4697-0, ☏ 4697-77, info@village-kampen.de, www.village-kampen.de.

Reethüüs 5 Die Hotelanlage besteht aus zwei Häusern, die sich um einen großen Garten gruppieren. Sie liegt am nördlichen Dorfausgang Kampens, leicht zurückversetzt von der Hauptstraße. Die 20 Zimmer und Suiten sowie 2 Appartements sind modern-ländlich eingerichtet. Ein Wellnessbe-

Vom Hotel Ahnenhof zum Strand ist es nicht weit

reich mit Schwimmbad, Sauna und Solarium bietet Abwechslung bei schlechtem Wetter. EZ 160 €, DZ 195–255 €, Suiten 270–395 €. Hauptstraße 18, ✆ 98550, 🖷 985547, info@reethues-sylt.de, www.reethues-sylt.de.

Hotel Ahnenhof 6 Strandnah gelegenes Hotel mit komfortabel eingerichteten Zimmern, dazu ein Wellnessbereich und ein sehr schöner Garten mit Blick auf die Dünen und das Haus Kliffende. Der Frühstücksraum gibt sich friesisch-gemütlich als Pesel. Seit drei Generationen im Familienbesitz, die nächste wird gerade angelernt. EZ 98–111 €, DZ 186–239 €. Kurhausstraße 8, ✆ 42645, 🖷 44016, info@ahnenhof.de, www.ahnenhof.de.

Hotel Walter's Hof 8 Das Hotel hat nur Appartements im Angebot, die im modern-rustikalen Stil gehalten sind. Walter's Hof liegt in der Kurhausstraße und damit auch sehr strandnah. Schwimmbad und Wellnessbereich sind ebenfalls vorhanden, außerdem das hoteleigene Restaurant Tappe's. 1-Zimmer-Appartements kosten 190–320 € für zwei Personen, 2-Zimmer-Appartements 290–480 €, die Suiten sind ab 230 € zu haben. Kurhausstraße 23, ✆ 98960, 🖷 45590, buchung@walters-hof.de, www.walters-hof.de.

Hotel Rungholt 7 Lang gestreckter Bau, dessen hintere Zimmer einen Blick auf die Uwe-Düne gewähren. 16 Einzelzimmer, 15 Doppelzimmer und 35 Suiten sind im Angebot, außerdem sind ein Schwimmbad und ein Wellnessbereich vorhanden. Das Restaurant steht nur den Hausgästen offen, an der „Reiterbar" kann man abends dann noch seinen Absacker zu sich nehmen. EZ 136–177 €, DZ 258–300 €, Suiten 340–440 €. Kurhausstraße 35, ✆ 4480, 🖷 44848, info@hotel-rungholt.de, www.hotel-rungholt.de.

Essen & Trinken / Nachtleben

(→ Karte S. 151)

Restaurants Buhne 16 **1** An diesem Strandabschnitt verbrachte die bundesrepublikanische Prominenz in den 1960er-Jahren so manche durchgefeierte Nacht. Das Strandbistro versucht an die mittlerweile legendären Zeiten anzuknüpfen. Events wie Konzerte oder das Longboard Festival sind ein Beitrag dazu. Beim netten Personal herrscht ein lockerer Umgangston. Kulinarisch wird Strandbistrokost wie z. B. Ofenkartoffeln (ab ca. 6 €) und Matjes (ca. 9 €) geboten, im Juli und August wird abends auch gegrillt. Die Buhne 16 liegt außerhalb des Ortes und ist von Kampen nur über einen längeren Weg

Unschlagbare Lage in den Dünen: die „Sturmhaube"

durch die Dünen zu erreichen. Geöffnet von Ostern bis Mitte Oktober. Listlandstraße 128c, ✆ 4996, info@buhne16.de, www.buhne16.de.

Sturmhaube 4 Unvergleichlich schön mitten in den Dünen (nah beim Haus Kliffende) gelegenes Restaurant mit Bar. Die Sturmhaube bietet unter reetgedecktem Dach ein gehobenes Ambiente. Von der Bar im Obergeschoss des Panoramaturms hat man einen schönen Blick über Meer, Strand und Dünenlandschaft. Gehobene Küche mit Hauptspeisen ab ca. 28 €, die „Sylter Klassiker" auf der Mittagskarte sind etwas günstiger. Laut Kennern der gehobenen Gastronomie auf Sylt ist das Sushi mit das beste der Insel. Ergänzt wird das Speiseangebot durch eine umfangreiche Weinkarte. Die Sturmhaube hat auch einen Spielplatz für Kinder. Das ganze Jahr über täglich ab 11 Uhr geöffnet. Rieperstig 1, ✆ 995940, 📠 9959419, www.sturmhaube.de.

Dorfkrug Rotes Kliff 20 Seit 1876 gibt es diesen Gasthof in einem Kapitänshaus im Zentrum Kampens. Holzvertäfelung und teils antike Möbel geben dem Gastraum eine rustikal-gemütliche Atmosphäre. Auf der Speisekarte steht gutbürgerliche Küche wie Rinderroulade oder Tafelspitz (Hauptspeisen ab ca. 19 € aufwärts, mittags gibt es etwas preiswertere Gerichte). 12–1 Uhr geöffnet. Braderuper Weg 3, ✆ 43500, 📠 41879, www.dorfkrug-kampen.de.

Gogärtchen 18 An der Bar des Gogärtchen traf sich in den 1970er-Jahren die bundes-

republikanische Prominenz. Mittlerweile hat die Promi-Dichte etwas abgenommen, für den schmalen Geldbeutel findet sich dennoch nichts auf der Karte. Die Lage an der Whiskymeile verpflichtet. Die Küche bietet regionale Spezialitäten, Hauptspeisen ab ca. 30 €. Geöffnet von Biike (21. Februar) bis Ende Oktober täglich ab 13 Uhr. Strönwai 25, ✆ 41242, 📠 41172, www.gogaertchen-sylt.de.

Jens'ns Tafelfreuden 23 Das Restaurant befindet sich am südlichen Ortsende und bietet sogar einen eigenen Parkplatz. Die Gaststube gibt sich modern in dunklem Holz. Das breit gefächerte Angebot reicht von einer asiatischen Vorspeise wie Thaicurrysuppe (8,50 €) bis hin zu regionalen Fischgerichten (ab ca. 20 €). Täglich ab 17.30 Uhr geöffnet. Süderweg 2, ✆ 44041, 📠 44042, www.jensens-tafelfreuden.de.

Kamp'ner Pesel 19 Unweit der Galerie Herold bietet das Restaurant in einem gemütlichen, friesisch-stylishen Ambiente eine abwechslungsreiche Küche von Wasabi-Gurken-Spagehtti bis Blutwurst (Hauptgerichte von 20 € an aufwärts). Der Koch versteht sich als Chili-Experte. Auch vegetarische Gerichte stehen auf der Karte. Täglich ab 17 Uhr geöffnet, So 10–17 Uhr zusätzlich Brunch. Alte Dorfstraße 2, ✆ 9674723, www.kampner-pesel.de.

La Grande Plage 2 Wie die Buhne 16 ist auch dieses Strandbistro nur durch einen Fußmarsch durch die Dünen und am Quer-

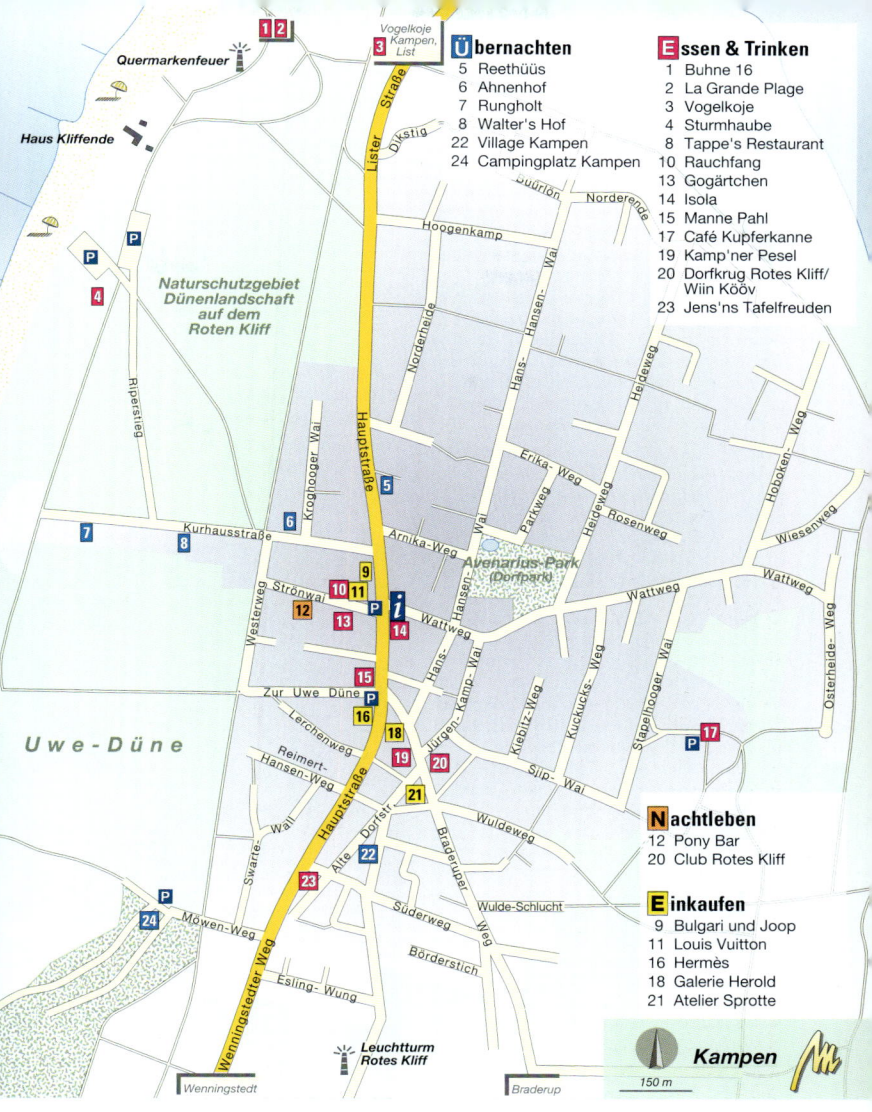

Quermarkenfeuer

Haus Kliffende

Vogelkoje Kampen, List

Lister Straße

Dikstig

Duurlön

Norderende

Hoogenkamp

Naturschutzgebiet Dünenlandschaft auf dem Roten Kliff

Norderheide

Hansen- Wai

Hans- Straße

Heideweg

Hoboken- Weg

Riperstieg

Haupstraße

Erika-Weg

Parkweg

Rosenweg

Heideweg

Wiesenweg

Kurhausstraße

Kroghooger Wai

Arnika-Weg

Avenarius-Park (Dorfpark)

Wattweg

Wattweg

Osterheide- Weg

Westerweg

Strönwai

Hansen-

Wattweg

Zur Uwe Düne

Jürgen-Kamp-Wai

Kieblitz-Weg

Kuckucks-Weg

Stapelhooger Weg

U w e - D ü n e

Lerchenweg

Reimert- Hansen-Weg

Süp- Wai

Wuldeweg

Swarte Wai

Dorfstr.

Bradörupel-Weg

Alte Dorfstr.

Haupstraße

Süderweg

Wulde-Schlucht

Möwen-Weg

Börderstich

Wenningstedter Weg

Esling- Wung

Leuchtturm Rotes Kliff

Kampen

150 m

Wenningstedt

Braderup

---

markenfeuer vorbei zu erreichen. Das auf Holzpfählen aufgebockte Bistro hat auf seiner Tageskarte kleine Snacks ab ca. 4 € und Hauptspeisen ab ca. 10 €. Abends wird die Küche ausgefallener, und die Preise ziehen an (Hauptspeisen wie Steinbeißer- oder Straußenfilets ab ca. 21 €). In der Saison täglich ab 11 Uhr geöffnet. Riperstig, ✆ 886078, www.grande-plage.de.

Manne Pahl 15 Die Kampener Institution liegt direkt an der Hauptstraße und lädt ein zur gehoben-gutbürgerlichen Küche, dazu gibt es eine äußerst umfangreiche Weinkarte. Der Klassiker des Manne Pahl ist das Wiener Schnitzel (23,50 €). Auch Prominenz soll sich im hellen Wintergarten und der holzvertäfelten friesisch-schweizerischen Gaststube bereits öfter eingefunden haben.

Eine Reservierung empfiehlt sich. Ab 10 Uhr geöffnet (ab dann wird auch Frühstück serviert). Zur Uwe-Düne 2, ☎ 42510, ☏ 44410, www.manne-pahl.de.

Rauchfang Das Lokal gehört zum Strönwai wie das Gogärtchen. Die Institution hat die Besitzer gewechselt, der Gastraum wurde renoviert. Sonst ist alles beim Alten geblieben: an der Außenbar stapeln sich schon am frühen Mittag die Champagnerflaschen, abends werden hier Cocktails kredenzt. Mittags gibt es handfeste Gerichte wie Kartoffelsuppe, abends wird es anspruchsvoller und teurer (Hauptgerichte ab ca. 23 €). Ab 12 Uhr geöffnet. Strönwai 5, ☎ 42672, www.rauchfang-kampen.de.

Isola Das Restaurant befindet sich im Kaamp-Hüs. Geboten wird mediterrane Küche mit Hauptspeisen wie „Tagliatelle in Safransauce" ab ca. 19 € aufwärts. Mittags gibt es eine günstigere Karte. Das Ambiente ist schlicht-stylish. Ab 11 geöffnet, So Ruhetag. Hauptstraße 12, ☎ 886460, ☏ 8356212.

»› Mein Tipp: Café Kupferkanne Ein Besuch in der Kupferkanne ist ein Muss für alle Sylt-Urlauber! Aus einem ehemaligen Wehrmachtsbunker ist ein herrlich verwinkeltes und urig eingerichtetes Café geworden (der Autor weiß bis heute noch nicht so recht, wie er die Toiletten gefunden hat). Der schön bewachsene und ebenfalls sehr unübersichtliche Garten ist um ein altes Hügelgrab angelegt. Der leckere hausgemachte Kuchen kostet 3,70 €, kommt aber in sehr großen Stücken! Das Café liegt auf der Wattseite Kampens und bietet sich als Zielpunkt oder Zwischenstation einer Wanderung an. Der Meinung sind allerdings viele Sylt-Urlauber – in der Hauptsaison kann es in der Kupferkanne entsprechend voll werden. Während der Saison ab 10 Uhr geöffnet. Stapelhooger Wai 7, ☎ 41010, www.kupferkanne-sylt.de. ««

Tappe's Restaurant Das Restaurant im Hotel Walter's Hof präsentiert sich zweigeteilt: In der „Strandküche" gibt es tagsüber rustikalere Gerichte ab ca. 25 €. Das „Tappe's Gourmet Restaurant" öffnet am Abend seine Pforten. Die Speisekarte präsentiert sich dann mit mehr Finesse und natürlich höherpreisig. Täglich geöffnet, die Strandküche ab 12.30 Uhr, das Gourmetrestaurant ab 17.30 Uhr. Kurhausstraße 23, ☎ 98960, ☏ 45590, www.walters-hof.de.

Vogelkoje Das Restaurant neben der Vogelkoje Kampen wartet mit einem sehr gemütlichen, stilvollen Gastraum mit dunklen Deckenbalken und einem schönen Garten (mit britischem Telefonhäuschen) auf. Ein Spielplatz mit Klettergerüst hält die Kinder bei Laune. Die Küche ist gehoben bürgerlich: Tagsüber kosten die Hauptgerichte ab ca. 11 €, abends gehen die Preise in die Höhe (Hauptgerichte ab ca. 25 €). Der Klassiker ist natürlich die halbe Vogelkojenente (am Tag 24 €, abends 26 €), der Name des Restaurants verpflichtet eben. Geöffnet ab 9.30 Uhr, denn es gibt auch Frühstück in der Vogelkoje. Lister Straße 100, ☎ 95250, ☏ 952545, www.vogelkoje.de.

Wiin Kööv Die Weinstube liegt im Innenhof des Dorfkrugs Rotes Kliff und teilt sich

auch die Küche mit dem Gasthof. Die Wiin Kööv ist Weinladen und Restaurant in einem, an den Wänden der Gaststube mit friesisch-italienischem Flair stapeln sich die Weinflaschen. Hauptspeisen wie „Spaghettini in Champagner-Trüffel-Sauce" oder „Deichlammhaxe in Rotweinjus" gibt es ab ca. 19 € aufwärts. Auch Degustationsmenüs werden angeboten, allerdings nur im Winter. Jeden Tag ab 17 Uhr geöffnet. Braderuper Weg 3, ✆ 8362354, ✉ 41879, www.weinstube-kampen.de.

Nachtleben   Club Rotes Kliff 20 Seit 29 Jahren gibt es schon den Club im Keller des Dorfkrugs, mittlerweile ist er in die Riege der „Finest Clubs in the World" aufgenommen worden. Das Musikangebot ist gemischt. Mottopartys werden übers Jahr verteilt ebenfalls angeboten. Ab 23 Uhr öffnet der Club seine Pforten. Einzige Hürde: der Türsteher. Braderuper Weg 3, ✆ 43400, www.club-rotes-kliff.de.

Pony Bar 12 Ein fast schon legendärer Club an der Whiskymeile, der seit 45 Jahren existiert und sich „ältester Club Deutschlands" nennt. Gunter Sachs schlug hier auf, und das Pony hat sich auch seinen Ruf als Promi-Treff erhalten können. Wer es durch die Stahlpforte schafft, den hält zumindest der Türsteher für prominent. An der Außenbar kann man ab 19 Uhr die ersten Champagnerkorken knallen lassen, der Club wird um 22 Uhr zur Partyzone. Auch das Pony veranstaltet diverse Mottopartys. Strönwai 6, ✆ 42182, www.pony-kampen.de.

Urig und verwinkelt: der Garten der „Kupferkanne"

Kampen → Karte S. 151

Das Strandlokal L.A. Sylt am Lister Wattenmeer

List

Die nördlichste Gemeinde Deutschlands ist umgeben von Naturschutzgebieten. Geschäftiges Zentrum des Ortes ist der Hafen mit dem 2009 eröffneten Erlebniszentrum Naturgewalten.

Am Hafen legen seit 1963 die Fähren von der dänischen Insel Rømø an, für so manch einen Sylt-Besucher eine Alternative zur Anreise via Hindenburgdamm. Im Rahmen von größeren Umbaumaßnahmen in den Jahren 2003/04 sind am Hafenareal einige Geschäfte, Restaurants und sogar eine veritable Mall entstanden. Star unter den Neubauprojekten am Hafen sind aber eindeutig die „Naturgewalten", ein spektakulärer Bau mit einem nicht minder spektakulären Unterhaltungs- und Bildungsangebot.

Verlässt man das Hafenareal, zeigt List schnell sein eher nüchternes Alltagsgesicht. Geprägt ist es von den funktionalen roten Ziegelsteinbauten der Marine, die hier knapp hundert Jahre das Regiment führte. Mit der Schließung der Marineversorgungsschule im geographischen Zentrum des Orts im Jahr 2007 war die militärische Ära Lists vorbei. Auf dem Gelände der Schule soll ab Sommer 2012 ein Privatinternat, das Nordsee College Sylt, seinen Betrieb aufnehmen.

Begonnen hatte die Militärgeschichte Lists im Jahr 1910, als kaiserliche Offiziere die strategische Lage des Ortes erkannten und den damals etwa 70 erstaunten Einwohnern eine Seeflugstation vor die Haustüre setzten. Nur ein paar Jahre später, während des Ersten Weltkriegs, stiegen von dort die ersten Flieger in die Lüfte, um als „Auge der Flotte" die militärische Lage zu erkunden. Nach der durch den Versailler Vertrag verordneten Entmilitarisierung

Deutschlands bezog die Deutsche Verkehrsfliegerschule das Lister Marinede-
pot. Eine Zivilflugschule war sie allerdings nur nominell, faktisch wurde hier
weiter für die militärische Luftfahrt ausgebildet. Einer der Gründer der Flie-
gerschule, Wolfgang von Gronau, schrieb 1930 Geschichte, als er von List aus
zur ersten Ost-West-Überquerung des Atlantik mit einem Flugboot startete
(→ S. 156). Nach der Machtübernahme durch die Nationalsozialisten wurde
dann schnell wieder offiziell in die Wiederaufrüstung des Militärstandorts
List investiert. Inmitten der Dünenlandschaft entstanden Kasernen sowie
Munitionsdepots und im Ort selbst die erwähnten Ziegelsteinhäuser für das
militärische Personal.

Zeugnisse der älteren Geschichte gibt es in List dagegen kaum mehr. Dabei
blickt der Ort auf eine äußerst lange Historie zurück: Besiedelt wurde das
Ortsgebiet wahrscheinlich schon in der Wikingerzeit, die erste urkundliche
Erwähnung datiert aus dem Jahr 1292: Damals fiel „Lystum" und mit ihm das
gesamte Listland (→ S. 158) an das Königreich Dänemark. 1436 wurde die
Siedlung Opfer der verheerenden Allerheiligenflut, der Wiederaufbau erfolgte
erst hundert Jahre später ein Stück nordöstlich des ursprünglichen Standorts.
Später profitierte List von seiner Lage an der gleichnamigen Bucht, die sich
auf der Handelsroute zwischen Däne-
mark und England befand und eine
beliebte Anlaufstation der Handelsschiffe war. Noch Ende des 17. Jahrhunderts muss es hier – so ein über-
lieferter Bericht des Keitumer Pastors
– recht international-seemännisch
zugegangen sein. 1864 wurde List im
Anschluss an den Deutsch-Dänischen
Krieg wieder Preußen zugeschlagen.

Der Tourismus entwickelte sich in
List wegen der Präsenz des Militärs
später als andernorts auf der Insel,
aber seitdem das Militär seinen letzten Stützpunkt in List geräumt hat,
setzt man auch hier ganz auf den
Fremdenverkehr. Wer List als Standort wählt, muss allerdings in Kauf
nehmen, dass der ortsnächste Strand
am Wattenmeer liegt und damit Ebbe
und Flut die Bademöglichkeiten bestimmen. Will man sich in die Wellen
der Nordsee stürzen, muss man sich
zum Weststrand begeben, der sich in
ein paar Kilometern Entfernung befindet. Dieses kleine Handicap –
wenn es denn eines ist – wird aber
mehr als kompensiert durch die unmittelbare Umgebung des Ortes.

Die Düne wandert Richtung Osten

Wenn man sich List von Süden her nähert, fährt man durch die einzigartige Dünenlandschaft des Listlandes mit der einzigen Wanderdüne Deutschlands. Im Norden endet im naturbelassenen Lister Ellenbogen die Insel Sylt. Die Bucht von List, der Königshafen, gehört zum Nationalpark Wattenmeer, und die Insel Uthörn in der Bucht ist ein einzigartiges Vogelschutzgebiet.

Wolfgang von Gronau – New York statt Nordkap

„Ich will weiter nach New York. Fliegt ihr mit?" Die Crew des Piloten Wolfgang von Gronau wird von dessen Frage nicht wenig überrascht gewesen sein. Der Auftrag an den Leiter der Verkehrsfliegerschule in List hieß eigentlich, mit einem Wasserflugzeug, einer Dornier Wal, zum Nordkap zu fliegen. Auf Island stellte der Pilot nun die entscheidende Frage, und die Crew stimmte zu. Das Einverständnis seines Vorgesetzten, des deutschen Verkehrsministers, setzte Gronau einfach mal voraus. Nach 44 Stunden erreichte das Flugzeug am 26. August 1930 New York. „Die Landung im Hafen mit seinem großen Schiffsverkehr ist nicht ganz einfach", notierte der Flugpionier.

Gedenktafel für einen Flugpionier

Die erste Atlantiküberquerung von Ost nach West mit einem Flugboot war vollbracht. In der Stadt am Hudson wurde der Crew ein begeisterter Empfang bereitet, ein Besuch beim Präsidenten in Washington folgte. Der Verkehrsminister in Berlin verzieh angesichts des großen Medienrummels seinem Untergebenen großzügig und schenkte Gronau eine Ausgabe von Kleists Drama „Prinz von Homburg". Eine deutliche literarische Anspielung: Die Hauptfigur des Dramas ignoriert einen Befehl des Königs, um Großes für sein Land zu vollbringen.

Zwei Jahre später toppte Gronau seinen Atlantikflug. Er flog mit einem neueren Modell der Dornier Wal rund um die Welt. Von List ging es am 22. Juli 1932 wieder Richtung Westen los. Im September wasserte die Dornier Wal in Japan, im Meer vor Burma musste man eine Notlandung hinlegen. Im November erreichte Gronau wieder List und wurde mit großem Tamtam empfangen, ein Kinderchor sang der Crew ein Ständchen: „Kommt ein Vogel geflogen".

Der wagemutige Pilot wurde Ehrenbürger Lists. Er starb 1977 am Chiemsee, wurde aber auf dem Lister Friedhof beigesetzt. Eine kleine Gedenktafel zwischen der Alten Tonnenhalle und dem Anleger der Syltfähre erinnert an den Pionier der Lüfte.

Lockt Besucher nach List: das Erlebniszentrum Naturgewalten

Sehenswertes

Erlebniszentrum Naturgewalten: In Blau und Orange überstrahlt die neue Sehenswürdigkeit seit Anfang 2009 den Lister Hafen. Einen Leuchtturm inmitten bewegter Wellen soll das Gebäude symbolisieren. Die Ausstellung über die Naturgewalten im Inneren ist dreigeteilt. „Klima, Wetter, Klimaforschung" heißt der erste Bereich. Wie im gesamten Erlebniszentrum werden theoretisch komplexe Sachverhalte hier sehr anschaulich erklärt. So kann man sich beispielsweise das Klimageschehen auf der Erde aus der Perspektive eines im All schwebenden Astronauten vergegenwärtigen. Aber auch ganz praktische Fragen werden erörtert, etwa die Frage, was ein Polarforscher so alles anziehen muss, um unter extremen Bedingungen seiner Arbeit nachgehen zu können. Der zweite Teil der Ausstellung widmet sich dem „Leben mit Naturgewalten". Wie kommen Tiere und Pflanzen mit den Naturgewalten zurecht, wie haben sie sich an das Wattenmeer angepasst? Warum fliegen Vögel überhaupt? Und wussten Sie, dass schon mal Meerjungfrauen auf Sylt angeschwemmt wurden? Es gibt ein Beweisfoto! Der dritte Bereich des Erlebniszentrums dreht sich um die „Kräfte der Nordsee". Zeitzeugen berichten vom Leben am Meer und den Sturmfluten. Im „Sturmraum" kann man sogar am eigenen Leib erfahren, wie sich die verschiedenen Windstärken anfühlen (bitte gut festhalten). Und wer will, kann sich sogar selbst als Naturgewalt betätigen und in einem Becken Wellen machen. Kindern vorbehalten ist der Außenbereich, in dem man Staudämme bauen, in einer Kletterlandschaft herumturnen und einem Vogelwart bei seiner Arbeit zusehen kann. Abgerundet wird das Angebot des Erlebniszentrums durch einen Shop und ein Restaurant (→ Essen & Trinken, S. 167). Darüber hinaus werden Vorträge und Führungen veranstaltet (Näheres siehe S. 162), darunter eine durch die neben dem Erlebniszentrum gelegene **Wattenmeerstation Sylt**, eine Außenstelle des Alfred-Wegener-Instituts für Polar- und Meeresforschung in Bremerhaven, die sich mit der Erforschung der Flora und Fauna des Wattenmeers befasst. Bei den ca. eineinhalbstündigen Führungen, die allerdings nur zwischen Mai und September angeboten werden, kann man sich unter anderem die Labors der Einrichtung anschauen und gewinnt so Einblicke in die alltägliche Arbeit des Forschungsteams.

Täglich 10–18 Uhr, Juli/August 10–20 Uhr. Erwachsene mit Kurkarte zahlen 11 €, ohne Kurkarte kostet es 1 € mehr. Für Kinder von 4 bis 15 Jahren fallen 7,50 € an, zwei Erwachsene mit bis zu drei Kindern mit/ohne Kurkarte zahlen 30/32 €. Hafenstraße 37, ✆ 83619-0, www.naturgewalten-sylt.de. Führungen durch die Wattenmeerstation Sylt kosten für Erwachsene 5 €, für Kinder 3,50 €. Mehr zu den Forschungsschwerpunkten der Station unter www.awi.de/de/institut/standorte/sylt/.

Listland: Gerhart Hauptmann fühlte sich in die Berge versetzt. „Es ist hier wie auf den Gletschern eines Hochgebirges", schrieb der Dichter über das Listland, das Dünen- und Heidegebiet rund um List. Beherrschender Anblick ist die Wanderdüne, die einzige ihrer Art in Deutschland. Auf dem Weg in den Norden der Insel ist sie kaum zu übersehen. Die nackten Zahlen sind beeindruckend: zwei Kilometer lang, 30 Meter hoch und eine Durchschnittsgeschwindigkeit von vier Metern im Jahr Richtung Osten. Der weiße Sand mag einen an das Hochgebirge erinnern, treffender ist wohl die Beschreibung Thomas Manns: „Man muss sich die Lister Wanderdünen verfünffacht denken, dann glaubt man, in der Sahara zu sein." Und so nimmt es nicht wunder, dass die Düne auch als „Sylter Sahara" bekannt ist. Bereits seit 1923 ist diese außergewöhnliche Landschaft Naturschutzgebiet. Kurioserweise befindet sich das Listland in Privatbesitz, und zwar schon seit dem Mittelalter. Der dänische König hatte das Land zwei Fischern als unteilbares Erblehen verliehen. So blieb das Land bis heute in den Händen zweier Familien.

Lister Ellenbogen: Der nördliche Abschluss von Sylt ist eine der schönsten Stellen der Insel, wie ein Haken zieht sich die schmale Landzunge um den Königshafen. Hier ist Sylt noch sehr ursprünglich. Der Ellenbogen ist Naturschutzgebiet, und so finden sich nur wenige Spuren menschlicher Zivilisation. Zwei Leuchttürme (beide Baujahr 1857) und eine kleine Ferienhaussiedlung – mehr sieht man nicht, wenn man die holprige Straße bis zur Nordspitze der Insel entlangfährt. Nur schmale Trampelpfade, die man nicht verlassen sollte, führen durch die Dünen. Hier kann man auch in der Hauptsaison fast alleine am Strand liegen, egal ob bekleidet oder nicht. Jeder Syltbesucher sollte zumindest einmal hier gewesen sein, und sei es nur, um sich an Deutschlands nördlichstem Punkt einmal ordentlich den Wind um die Nase wehen zu lassen und dabei zur dänischen Insel Rømø hinüberzublicken.

Der Ellenbogen gehört zum Listland und ist damit auch Privatgelände. Die Erben des Listlandes verlangen an der Zufahrt zum Ellenbogen eine Art Maut, sie müssen die Straße instand halten und auch die Dünen schützen. Bleiben Sie auf den ausgewiesenen Wegen und fahren Sie vorsichtig auf der Straße. Hier werden Schafe gezüchtet, die auch schon mal auf der Straße stehen. Deswegen sollten Sie übrigens auch Ihren Hund anleinen.

Maut Für Autos zahlt man 5 €, Fahrräder waren 2011 umsonst, Fußgänger sind es sowieso. Die Karte gilt für den ganzen Tag.

Übernachten Auf dem Ellenbogen kann man Deutschlands nördlichste Ferienwohnungen mieten. In den Ziegelsteinhäusern von 1936 gibt es Wohnungen für 2–6 Personen. Üthörn, 25992 List-Ellenbogen, ✆ 870218, ✆ 877409, urlaub@uethoern.de, www.uethoern.de.

Pures Sylt-Feeling auf dem Ellenbogen

Basis-Infos

Telefonvorwahl: 04651

Fähre In List legt die Fähre nach Havneby auf Rømø an und ab. Mehr Informationen → Anreise, S. 67.

Fahrradverleih Listrad, Am Brünk 66, ✆ 877687, www.listrad.de.

M&M, Listlandstraße 23, ✆ 877544.

Feste/Veranstaltungen Im Sommer – zu wechselnden Terminen – lädt List zum **Hafenfest**. Es werden noch mehr Buden mit Essbarem und Souvenirs aufgestellt, eine Hüpfburg kommt hinzu, und es finden diverse maritime Vorführungen statt.

Fortbildung Im Klappholtal zwischen Kampen und List veranstaltet die **Akademie am Meer** Volkshochschulkurse mit zumeist künstlerischen Schwerpunkten: Malkurse, Tanzen, Schreibwerkstatt und mehr. Die Schule bietet auch Übernachtungen an und ist an ein Schullandheim und Mutter-Kind-Kurheim angeschlossen. Mehr Informationen unter ✆ 9550, ✆ 95555 oder im Internet unter www.akademie-am-meer.de.

Internet Im Einkaufszentrum Alte Tonnenhalle am Hafen betreibt easy@internet zwei Internetzugänge.

Kinder Für Kinder zwischen 3 und 12 Jahren gibt es in List die **Kids Card** mitsamt

Die Fähre macht sich auf den Weg nach Dänemark

Bonusheft. Damit kann man sich in mit „Listi" – einem Cartoon-Seepferdchen – gekennzeichneten Läden kleine Geschenke abholen. Berechtigt sind allerdings nur Kinder, deren Eltern eine gültige Lister Gästekarte haben.

Die Reederei Adler ruft in List zu einer etwa zweistündigen **Piratenfahrt** auf. Auf dem Kutter „Gret Palucca" heuern Kinder von 4 bis 8 Jahren um 16 Uhr am Lister Hafen an. Es wird gemeutert und nach einem Schatz gesucht. Am Ende gibt's auch eine Urkunde. Mindestens ein Erwachsener sollte die Nachwuchspiraten allerdings begleiten. Eine Voranmeldung ist erforderlich und geht auch übers Internet (www.adlerschiffe.de). Kinder 14,50 €, Erwachsene 19,50 €. ✆ 01805/123344.

Im Rahmen des Projekts **Kinder-Uni Sylt** (siehe auch S. 218) finden im Juli/August um 11 Uhr entweder im Erlebniszentrum Naturgewalten oder in der Sylt-Quelle in Rantum Seminare statt. Das Ganze kostet 5,50 € pro Kind, eine Voranmeldung unter ✆ 836190 ist dringend angeraten.

Kurabgabe → S. 74.

Post Die Postfiliale Lists befindet sich im **Kerziehlein** (→ Einkaufen, S. 161), Süderhorn 4.

Postleitzahl 25992

Schiffsausflüge Die Reederei Adler bietet nicht nur „Piratenfahrten" für Kinder an, mit den Kuttern „Gret Palucca" und „Rosa Paluka" geht es hinaus zu den **Seehundbänken** vor der dänischen Küste. Unterwegs wirft man auch das Schleppnetz aus. Die Schiffe fahren täglich im 45-Minuten-Takt. Erwachsene 15 €, Kinder von 4 bis 14 Jahren 12 €, unter 3-Jährige fahren umsonst mit. ✆ 01805/123344, www.adlerschiffe.de.

Strandkörbe Die Strandmöbel gibt es entweder direkt am Strand oder im Voraus über das Internet (www.list.de). Ein Tag kostet 8,50 €, ab dem 4. Tag wird es um 2 € billiger und ab dem 8. Tag noch einmal um 1,50 €.

Wer das Lister Strandfeeling auch zu Hause nicht missen will, kann sich Anfang Oktober einen Strandkorb ersteigern. Ausrangierte Körbe werden dann auf einer Auktion feilgeboten. 2011 lagen die Mindestgebote bei 65 €.

Strandsaunen An der ersten Bushaltestelle („Strandsauna") und an einem Parkplatz auf der Alten Listlandstraße liegt der Zugang zur Strandsauna in List. Drei Blockhaussaunen warten auf den Schwitzwilligen. Abkühlbecken ist natürlich das Meer. Von Anfang April bis Ende Oktober täglich ab 11 Uhr geöffnet. Tageskarte 15 €. Alte Listlandstraße, ✆ 877174, strandsauna-listland@gmx.de, www.strandsauna-list-auf-sylt.de.

Touristeninformation Der **Tourismus-Service List** bzw. die Kurverwaltung befindet sich in der Ortsmitte. Ganzjährig Mo–Do 9–12 Uhr und 13–16 Uhr, Fr 9–12 Uhr. Landwehrdeich 1, ✆ 95200, 🖷 871398, info@list-sylt.de, www.list-sylt.de. Am Hafen wird von Mai bis Oktober eine kleine Nebenstelle eingerichtet (tägl. 10–18 Uhr), die allerdings keine Gästekarten ausstellt.

Einkaufen (→ Karte S. 165)

Alte Tonnenhalle List hat mit der Alten Tonnenhalle am Hafen seine eigene Mall. Hier befindet sich der Fischverkauf des in List omnipräsenten **Gosch**. Daneben gibt es viele verschiedene kleine Geschäfte, die von Antikmöbeln bis Souvenirs und Süßigkeiten alles anbieten, was das Touristenherz begehrt. In der Halle ist auch die kleine Buchhandlung **Elatus** ansässig. Ihr Sortiment umfasst Krimis und andere Urlaubslektüre sowie ein breites Angebot an Büchern über Sylt und Nordfriesland.

Antiquitäten Antiquitäten Mylin 🔢 In dem weitläufigen, aber vollgestellten Geschäft gleich am Ortseingang von List werden schöne, alte, patinabehaftete Möbel ausgestellt. Dazu kommen Antiquitäten wie Kerzenleuchter etc., Delfter Fliesen und eine große Auswahl an Kachelöfen. Mylin gibt es außerdem noch einmal in Keitum. Täglich 10–18 Uhr. Listlandstraße/Ecke Dünenstraße, ✆ 870845, www.mylin.de.

Austern Dittmeyer's Austern-Compagnie 🔢 Bei dem Austernzüchter kann man sich die Austern auch gleich kaufen. Wer nicht genug von der Delikatesse bekommen kann, bestellt sie einfach via Internet (25 Stück 32,50 €), muss allerdings noch eine Liefergebühr von 29 € bezahlen. Der Compagnie ist auch ein Bistro angeschlossen. Hafenstraße 10–12, ✆ 870860, 🖷 870430, info@sylter-royal.de, www.austernmeyer.de.

Galerie Skulpturengalerie Sylt 🔢 Die Galerie ist mittlerweile bei „Strandkorb & Co." (s. u.) untergekommen. Sie hat weder norddeutsche Künstler noch Drucke von Leuchttürmen im Angebot, vielmehr werden Skulpturen von zeitgenössischen Künstlern aus Simbabwe gezeigt. Die für eine norddeutsche Insel ungewöhnliche Ausstellung lohnt einen Blick. Listlandstraße 14, ✆ 871009, www.skulpturengalerie-sylt.de.

Kerzen Kerziehlein 🔢 Der Name verrät es schon: Hier gibt es Kerzen in allen Formen und Farben aus eigener Produktion. Reicht einem die Auswahl nicht, kann man auch

Die Lister Mall

Die „Gret Palucca" trägt den Namen einer Avantgarde-Tänzerin

seine eigenen Kerzen ziehen. Der Laden dient auch als Postfiliale. Mo–Fr 10–17 Uhr, Sa 10–14 Uhr. Süderhorn 4, ☎ 877454.

Strandkörbe Strandkorb & Co 12 Können Sie nicht mehr ohne das bequeme Strandmöbel leben? In dem großen Geschäft gibt es Strandkörbe von klassisch gestreift bis gewagt getigert. Vervollständigt wird das Angebot durch eine breite Palette an Gartenmöbeln. Mo–Fr 10.30–18 Uhr, Sa bis 16 Uhr, So geschlossen. Listlandstraße 14, ☎ 46096-0, ☏ 46096-19, www.strandkorbundco.de.

Aktiv in List

Kitesurfen Die Kiteschule-Sylt.de hat ihr Übungsrevier auf der Wattseite am Ellenbogen. Im Einzelunterricht oder in einer kleinen Gruppe kann man den Umgang mit Segel und Brett lernen. Die Schule hat auch ein Revier am Weststrand. ☎ 0172/4721748, www.kiteschule-sylt.de.

Minigolf Der Platz liegt im Funpark gegenüber von „Voigt's Alter Backstube". Süderhorn/Ecke Listlandstraße.

Wanderungen und Führungen Das Erlebniszentrum Naturgewalten bietet verschiedene Wanderungen und Führungen an:
Wattwanderung: Dauer ca. 2 Std. Erwachsene 6 €, Kinder 4,50 €.
Wanderung durch die Dünen- und Heidelandschaft: Dauer ca. 2:30 Std. Erwachsene 6 €, Kinder 4,50 €.

Wattwanderung zu den Austernbänken: Dauer ca. 2:30 Std. Erwachsene 8 €, Kinder 5 €.
Eine **vogelkundliche Wattwanderung** (nur mit vorangemeldeten Gruppen). Dauer ca. 1:30 Std.
Auskünfte unter ☎ 8361921, wolf@naturgewalten-sylt.de, www.naturgewalten-sylt.de.
Eine **Ortsführung** durch List. Nur mit vorangemeldeten Gruppen. Dauer ca. 2:30 Std.

Windsurfen Der Surfer **Ralf Meyer** hat eine mobile Station am Lister Ellenbogen auf der Wattseite. Er bietet von Ostern bis Oktober auch Schnupperkurse für Kinder ab 6 Jahren an. ☎ 0171/3456211, www.windsurfen-sylt.de.

Die Sylter Royal – eine Immigrantin macht Karriere

Roh sollte man sie verzehren, die Delikatesse aus List, und dazu ein Glas Champagner schlürfen. Die Rede ist von der „Sylter Royal", der einzigen in Deutschland gezüchteten Auster.

Die Austernfischerei hat eine lange Tradition auf Sylt, schon Ende des 16. Jahrhunderts wird sie in historischen Quellen erwähnt. Die Nachfrage nach der schmackhaften Muschel stieg in den folgenden Jahrhunderten derart an, dass die natürliche Austernpopulation arg dezimiert wurde. Ende des 19. Jahrhunderts mussten die Fischer ihre Arbeit sogar für ein paar Jahre einstellen, die Austernbänke vor List waren komplett überfischt. Danach wurde ein erster Versuch gestartet, die Austern zu züchten – mit mäßigem Erfolg, sodass die Austernfischerei 1925 wieder zum Erliegen kam.

Erst Mitte der 1980er-Jahre versuchte sich Dittmeyer's Austern-Compagnie erneut in der Zucht der delikaten Muscheln. Da mit den europäischen Austernarten Anfang des 20. Jahrhunderts keine befriedigenden Ergebnisse erzielt worden waren, griff man diesmal auf die Pazifische Felsenauster (Crassostrea gigas) zurück, die sich besonders gut für die Zucht eignet. Sie wird sehr groß, hat einen hohen Fleischanteil und ist äußerst resistent gegen Schädlinge. Schon bald konnte man erste Zuchterfolge feiern, und mittlerweile hat sich der Einwanderer aus dem fernen Pazifik auf den fast 4000 Eisenbänken in der Blidselbucht südlich von List fest etabliert. Man lässt die Austern dort drei Jahre lang wachsen, bevor sie geerntet und als „Sylter Royal" auf den Markt gebracht werden. Derzeit verkauft die Austern-Compagnie über eine Million Austern im Jahr, Hauptabnehmer ist die Gourmetgastronomie. In List betreibt Dittmeyer ein eigenes Bistro – „für Austernfans und solche, die es werden wollen" (→ Essen & Trinken, S. 166).

Doch die Erfolgsgeschichte scheint auch eine Schattenseite zu haben. Zwar filtern die zwei Millionen Austern vorbildlich das Wasser des Wattenmeeres. Doch Crassostrea gigas beschränkt sich nicht nur mit einem Platz auf der Bank, sondern verbreitet sich allmählich im Wattenmeer. Die Larven der Felsenaustern lassen sich gerne auf den Miesmuscheln nieder, die sowieso durch die Klimaerwärmung bedroht sind. Nicht so die pazifische Auster, sie fühlt sich in wärmeren Gewässern pudelwohl. Natürliche Feinde hat die Sylter Royal auch nicht, die auf Muscheln spezialisierten Vögel können nur schwer die harte Schale der robusten Auster knacken. So könnte vielleicht nur der Gourmet durch steigenden Austernverzehr dem schnellen Wachstum der Sylter Royal ein Ende setzen, wenn da nicht die Gesetze von Angebot und Nachfrage wären ...

Ferienhäuser mit Blick auf Heide und Wattenmeer

Übernachten

Ferienwohnungen   Auch in List wird in der Hauptsaison jedes freie Zimmer vermietet. Die Vermittlung übernimmt die Kurverwaltung (www.list-sylt.de). Wer ruhiger wohnen möchte, sollte kein Appartement an der südlichen Hälfte der Listlandstraße nehmen. Die Hafenstraße und der Hafen selbst sind ebenfalls nicht sehr ruhig.

Hotels   A-Rosa Sylt Der große, nicht zu übersehende Gebäudekomplex an der Listlandstraße ist das neue Prunkstück unter den Nobeladressen der Insel. Direkt am Wattenmeer gelegen mit einem großen, prächtigen Swimmingpool und einem 3500 m² großen Spa. Die 117 Zimmer und Suiten sind exklusiv mit schlichtem Chic eingerichtet. Gleich drei Restaurant kümmern sich um das leibliche Wohl der Gäste: Die **Cucina della Mamma** bietet italienische Küche (Hauptgerichte ab ca. 20 €); das **Spices** wartet mit asiatischen Speisen auf und war dem Gault Millau 14 Punkte wert (Hauptspeisen ab ca. 26 €); das **La Mer** verwöhnt die Gourmets unter den Gästen. Deren Küchenchef Sebastian Zier konnte sich im ersten Jahr gleich 17 Gault-Millau-Punkte und einen Michelin-Stern erkochen, 2012 folgte der zweite Streich, sprich der zweite Stern (Menüs ab 105 €). Bei allem Glanz und Luxus muss man allerdings sagen, dass die pompöse Anlage architektonisch nicht ganz zur Insel passt. Etwas mehr Rücksicht auf die lokalen Gegebenheiten wäre vielleicht wünschenswert gewesen. EZ ab 178 €, DZ ab 228 € und Suiten ab 408 €. Listlandstraße 11, ☎ 96750-0, ✎ 96750-799, sylt@a-rosa.de, www.a-rosa.de.

Hotel Strand am Königshafen Das neu eröffnete Luxushotel liegt gleich neben dem Erlebniszentrum Naturgewalten und bietet seinen Gästen einen tollen Blick über die Königsbucht. Die Doppelzimmer und Appartements sind im geschmackvollen maritimen, blass-edlen Design eingerichtet. Ein Wellnessbereich mit Pool darf in dieser Preisklasse nicht fehlen. DZ ab 280 €, Appartements ab 340 €. Hafenstraße 41, ☎ 889750, info@hotel-strand-sylt.de, www. hotel-strand-sylt.de.

Landhaus Silbermöwe Ruhig gelegenes Hotel unter Reetdach mit 14 rustikal-gemütlich eingerichteten Zimmern. Nachmittags gibt es Kuchen aus der eigenen Backstube. EZ 65–100 €, DZ 154 €. Im Angebot ist auch eine Suite mit zwei Zimmern (197 €). Sü-

derhorn 7, ✆ 95220, ✉ 952222, landhaus.
silbermoewe@t-online.de, www.landhaus-
silbermoewe-sylt.de.

Jugendherberge Jugendherberge Mö-
venberg **1** Sie besteht aus drei ruhig gelegenen Backsteinhäusern inmitten von Dünen und gleich an der Bucht Königshafen.
336 Betten stehen zur Verfügung, außerdem Fernsehräume, Tischtennisplatten und
eine Disco. Die Herberge befindet sich ca.
2 km außerhalb von List in Richtung Westen. Ein Fahrrad ist hier dringend notwendig, es gibt allerdings auch eine Bushaltestelle direkt vor der Tür. Mehrnächtige Auf-
enthalte nur mit Vollpension. Bis 26 Jahre

26,20 € aufwärts, ältere Semester zahlen 4 €
mehr. ✆ 870397, ✉ 871039, jh-list@djh.de,
www.djh-nordmark.de/jh/
list-moevenberg.html.

Ganz in der Nähe der Herberge
betreibt der Verein für Jugender-
holung den **Jugendzeltplatz Mö-
venberg**, der allerdings nur für
Gruppen zugänglich ist. Die Jugendlichen werden in 8-Personen-
Zelten untergebracht. ✆ 903650,
www.jugenderholung-sylt.de.

Essen & Trinken / Nachtleben

Restaurants Alter Gasthof **6** Dem Namen des Restaurants gehört eigentlich
noch ein „Über 200 Jahre" vorangesetzt,

denn seit 1804 befindet sich in diesem reetgedeckten Haus ein Gasthof. Das Haus
selbst ist noch einmal 150 Jahre älter. So

gibt sich auch die Gaststube im altfriesischen Look, sogar eine mit blauen Delfter Kacheln verkleidete Stube ist vorhanden. Die Küche verwendet nur Produkte aus der Region. Fisch steht ganz oben auf der Karte, natürlich gibt es ihn nur frisch auf den Teller (Scholle Finkenwerder Art 23,90 €). Spezialität des Hauses ist der Hummer (100 g eines ganzen Schalentiers auf Helgoländer Art kosten 9,90 €). Dem Restaurant ist auch ein Weinladen (Vin Hus) angeschlossen. Ab 13 Uhr täglich geöffnet. Alte Dorfstraße 5, ✆ 877244, 📠 871400, www.alter-gasthof.com.

Austernmeyer in Dittmeyer's Austern-Compagnie 🔟 In dem Bistro des Austernzüchters bekommt man die Sylter Royal auf den Teller. Entweder man schlürft sie pur aus der Schale (6 Austern natur ca. 14 €) oder verspeist sie in diversen Variationen. Wechselnde Tageskarte und Angebote. Geöffnet Mo–Sa von 12 bis 21.30 Uhr, So bis 19 Uhr. Laut Bistro ist eine Reservierung empfohlen, mittags kann man aber auch ohne selbige sein Glück versuchen. Hafenstraße 10–12, ✆ 877525, 📠 870430, info@sylterroyal.de, www.austernmeyer.de.

Da Marcello 🔟 Auch in List muss man nicht auf Pasta, Pizza, Saltimbocca und Scampi verzichten. Namensgeber ist der unvergessene Filmstar Marcello Mastroianni, Fotos von ihm schmücken den Gastraum. Pasta ab ca. 10 €, Pizzen ab ca. 12 €. Geöffnet ab 17 Uhr, kein Ruhetag. Listlandstraße 17, ✆ 877266, 📠 870742.

Gosch 🔟 beherrscht den Hafen. Ein Fischgeschäft in der Alten Tonnenhalle und zwei

Hier schlürft man frische Austern

Lokale gleich gegenüber: ebenerdig der „Knurrhahn" mit friesischer Küche und im ersten Stock das „Hafendeck". Das verwundert den Syltkenner nicht. 1972 eröffnete Jürgen Gosch hier seine „Nördlichste Fischbude Deutschlands", der erste Schritt auf dem Weg zum Fischimperium, inzwischen findet sich sogar ein „Gosch" in München. Das Angebot umfasst mittlerweile natürlich auch mehr als nur Fischbrötchen, z. B. die Seafoodplatte für zwei im „Hafendeck" (ca. 70 €). Empfehlenswert ist der Matjes, der vielleicht beste auf Sylt. Am Hafen, „Hafendeck" ✆ 8360966, „Knurrhahn" ✆ 870765. Südlich vom Hafen befindet sich noch ein weiteres von Gosch betriebenes Restaurant, das **Lister Fischhaus** 🔟. Auch hier gibt's Fisch bis zum Abwinken. Hafenstraße 16, ✆ 871321, www.gosch.de.

L.A. Sylt 🔟 Das Strandrestaurant liegt landschaftlich herrlich am Wattenmeerstrand. Hier kann man, während man die kleinen Speisen wie Currywurst (ab ca. 6 €) oder die Hauptspeisen ab ca. 14 € verzehrt, seinen Blick über das zu- oder auslaufende Wattenmeer schweifen lassen. Natürlich bietet die Gaststätte auch eine Austernkarte, der Name des Restaurant bedeutet nämlich ausbuchstabiert „Lister Austernperle". Tägl. ab 10.30 Uhr geöffnet. Mannemorsumtal, ✆ 2999396.

Königshafen 🔟 Das in einem Friesenhaus von 1644 untergebrachte Restaurant befindet sich seit über 120 Jahren im Familienbesitz. Das rustikale Interieur weist den Königshafen als Landgasthof aus. Dementsprechend gutbürgerlich ist die Küche. Der Labskaus ist für ca. 17 € zu haben, andere Hauptspeisen wie Scholle kosten ab 20 €. Die Portionen sollen reichlich sein. Geöffnet Mi–So 11.30–14 Uhr und tägl. ab 17.30 Uhr. Alte Dorfstraße 1, ✆ 870446.

Voigt's Alte Backstube 🔟 „Deutschland nördlichstes Gartencafé", sagt die Eigenwerbung. Wenn es zu kalt ist für den heimeligen Garten, dann setzt man sich in die gemütlich mit Biedermeiersofas eingerichtete Gaststube. Mittags gibt es Deftiges und Gutes wie Pellkartoffeln mit Krabben, Pfannkuchen süß oder herzhaft ab ca. 5 €. Nachmittags kann man dann in der umfangreichen Teekarte schmökern und hausgemachten Kuchen essen. Währenddessen können sich die Kleinen auf dem Spielplatz vergnügen. Manch Leser war sehr angetan von der Backstube. Kuchen kann man sich

Alpenfeeling auf der Düne: die Weststrandhalle

sogar im Glas mitnehmen oder online bestellen. Gegenüber liegt dann auch noch der Minigolfplatz. 12–21 Uhr, in der Nebensaison Mi Ruhetag. Süderhörn 2, ☎ 870512, ✆ 958093,www.voigts-sylt.de.

≫ Mein Tipp: Weststrandhalle 2 Ein Muss für einen wahren Sylt-Fan. Das Restaurant liegt in den Dünen am Weststrand gleich hinter dem Parkplatz. Das Holzhaus ist innen wie eine österreichische Alpenhütte eingerichtet, und auf der Karte finden sich auch österreichische Gerichte (etwa Zwiebelrostbraten für 19,50 €, sehr lecker), aber auch Fisch kommt nicht zu kurz. Die Scholle (ab ca. 16 €) ist zu empfehlen. Wenn es draußen stürmt und regnet, kommt in der Strandhalle wirklich gemütliche Alpenatmosphäre auf. Eine Leserin fand das Essen „einfach großartig" und lobt die Kinderfreundlichkeit des Service. Auf der Tageskarte finden sich auch kleinere Gerichte ab ca. 7 €. Es gibt auch Parkplätze vor dem Restaurant. Täglich ab 11.30 Uhr geöffnet. ☎ 870266, ✆ 871200, Koenig@list-sylt.de. ≪

Lister Dorfkrug 4 Das Restaurant findet sich ausnahmsweise nicht in Hafennähe, sondern im „Wohngebiet" von List. Geboten wird bürgerliche Küche mit Hauptspeisen ab 14 € aufwärts. Der Gastraum ist ge-

mütlich mit Korbstühlen eingerichtet. Ab 17 Uhr geöffnet. Am Buttgraben 21, ☎ 8354360, Tischreservierungen unter 0170/5504382.

Panorama & Meer 7 Im Erdgeschoss des Erlebniszentrums Naturgewalten gibt es auch was zu essen. Das nüchterne Interieur des Gastraumes lenkt nicht vom schönen Blick auf die Lister Bucht ab. Auf der Karte stehen gutbürgerliche Gerichte wie Wiener Schnitzel oder Zanderfilet (Hauptspeisen abends ab ca. 17 €, günstigere Mittagskarte). Täglich ab 9 Uhr geöffnet, denn es gibt auch eine Frühstückskarte. Hafenstraße 37, ☎ 201557, ✆ 886407, www.panorama-und-meer.de.

> Weitere Restaurants siehe A-Rosa Sylt unter „Übernachten".

Nachtleben Bambus 3 Eigentlich unterscheidet sich der Strandkiosk am Parkplatz am Weststrand nicht so sehr von den anderen seiner Art, doch wenn der Vollmond am Himmel steht, ändert sich das. Dann feiert hier „Bambus Klaus" seine als legendär geltenden Vollmondpartys mit Discosound in den Dünen. Termine der Partys entweder im Mondkalender nachlesen oder unter ☎ 871360 oder www.bam-bus.de.

List → Karte S. 165

Am Morsum-Kliff

Der Osten

Der Osten

Wenig ist im Osten von der Strandatmosphäre auf der Westseite der Insel zu spüren. Hier geht es ländlich zu, Felder und Wiesen bestimmen das Landschaftsbild.

Der Osten Sylts ragt wie eine überdimensionierte Nase ins Wattenmeer, das träge vor sich hinplätschert – kein Vergleich zum bisweilen aufgewühlten Nordseestrand ein paar Kilometer weiter westlich. Da das beständige Meeresrauschen fehlt, kann man fast den Eindruck gewinnen, man befinde sich mitten auf dem Festland. Aber eben nur fast, denn überall kreischen die Möwen, und die Luft riecht trotz der „ländlichen Zwischentöne" betörend nach Meer.

Hier im Osten der Insel befindet man sich größtenteils auf Marschland, das einst sogar bewaldet war. Heute sind die Wälder längst gerodet, und der Boden wird landwirtschaftlich genutzt. Das war nicht immer gefahrlos, denn das urbar gemachte Land wurde regelmäßig überflutet. Erst seit den 1930er-Jahren hat sich die Situation entspannt. Damals wurde am unteren, südlichen Rand der „Nase" der Nössedeich gebaut, der das Meer seitdem in seine Schranken weist.

Der attraktivste Ort der fünf Dörfer im Inselosten ist sicher Keitum, vielleicht ist es sogar der schönste Ort der Insel überhaupt: Alte Kapitänshäuser mit hübschen Gärten, ein üppiger Baumbestand, eine Reihe von Kunsthandwerksläden und insgesamt der Umstand, dass es den Vorstellungen von einem „echten" Friesendorf am nächsten kommt, sind die Argumente, die der Ort für sich verbuchen kann. Dass Keitum damit auch das meistbesuchte Dorf des Ostens ist, versteht sich von selbst.

Wer es richtig ruhig haben will, orientiert sich dagegen am besten Richtung Archsum und Munkmarsch. Archsum hat allerdings keinen direkten Zugang zum Meer, was angesichts der geringen Entfernungen auf der Insel aber kein allzu großes Manko darstellt. Munkmarsch verfügt über einen kleinen Jachthafen am Wattenmeer und hat mit dem Sternerestaurant im alten Fährhaus noch einen exklusiven kulinarischen Farbtupfer zu bieten.

Ebenfalls beschaulich präsentiert sich Morsum. Das östlichste Dorf Sylts ist eine typische Streusiedlung ohne richtigen Ortskern. Seine eigentliche Attraktion ist das etwa zwei Kilometer lange Morsum-Kliff inmitten einer prächtigen Heidelandschaft. Tinnum schließlich hat eher den Charakter eines Vororts von Westerland, denn es geht beinahe nahtlos in die Inselmetropole über.

Munkmarsch

Ein Hafen und ein paar Häuser, die sich an zwei Straßen reihen. Wer Ruhe liebt, ist hier gut aufgehoben.

Hauptattraktion des Ortes ist der Hafen, in dem heute nur noch Segelboote und kleine Jachten vor Anker gehen. Dominiert wird der Hafen vom 1869 gebauten Fährhaus. Nichts deutet darauf hin, dass Munkmarsch einmal eines der wichtigsten Dörfer auf Sylt war. Ursprünglich hieß es sogar anders, nämlich Sankt Knutsmarsch, denn das Dorf gehörte im 16. Jahrhundert dem Kloster Sankt Knut auf dem dänischen Festland. Daraus wurde dann Munkmarsch, auf Deutsch: „Marsch der Mönche".

Ab Mitte des 19. Jahrhunderts wurde der Hafen von Munkmarsch Anlaufstation der Fähr- und Frachtschiffe aus Hoyer in Dänemark. Sein Keitumer Pendant, das diese Rolle vorher eingenommen hatte, war versandet und konnte seine Funktion nicht mehr erfüllen. Da beinahe zeitgleich auch der Fremdenverkehr auf Sylt ins Rollen kam, nahm die Bedeutung Munkmarschs schlagartig zu. Hier kamen die Gäste nach einer anstrengenden Reise an und ruhten sich vor Ort aus, bevor sie auf Pferdekutschen in den Westen transportiert wurden. Munkmarschs Stern als „Tor zu Sylt" strahlte allerdings nicht allzu lang: Erst machte Hörnum als Anlegestelle für den Personenverkehr dem Ort Konkurrenz, dann beendete der Hindenburgdamm 1927 die Karriere Munkmarschs als Fährhafen. Das alte Fährhaus verfiel zusehends, bis es – nach einem Zwischennutz als Gaststätte – Ende der 1990er-Jahre restauriert wurde. Heute ist hier ein Luxushotel mit Sternerestaurant untergebracht.

Basis-Infos

Kurabgabe → S. 74.

Postleitzahl 25980

Touristeninformation Munkmarsch hat keine eigene Kurverwaltung. Touristen können sich Informationen und Gästekarten in Keitum besorgen (→ S. 181).

Telefonvorwahl: 04651

Aktiv in Munkmarsch

Surfen & Segeln Syltsurfing/Syltsportiv. Zwischen Fährhaus und Hafen geht eine kleine Straße Richtung schönem Strand, wo die laut Eigenwerbung erste Windsurfing-Schule Europas zu finden ist. Die Schule unterrichtet zukünftige Wassersportler in Windsurfen, Segeln und Catsegeln. Die entsprechenden Segelscheine können hier ebenfalls erworben werden. Die Kurspalette ist sogar um Golfkurse erweitert worden. Bi Heef 4, ✆ 935077, 📠 935078, syltsurfing@online.de, www.syltsurfing.de.

Das Fährhaus in Munkmarsch

Übernachten/Essen & Trinken

Ferienwohnungen Mag Munkmarsch auch noch so klein sein, eine Ferienwohnung kann man sich hier trotzdem mieten. Am besten über die Kurverwaltung Keitum (→ S. 181).

Hotels/Restaurants Fährhaus Sylt. Wo früher die Passagiere der Fähre aus Dänemark unterkamen, steigen heute Gäste mit Hang zum Luxus ab. Zum hochklassigen Hotel gehört nämlich noch ein Gourmetrestaurant, das mit einem Michelin-Stern ausgezeichnet wurde. Die Zimmer des Hotels geben sich in einem hellen, edlen Landhausstil. Die Preise variieren je nach Lage, der Blick auf das Wattenmeer muss eben bezahlt werden: DZ 179–219 €/Person, Suiten 299–459 €/Person, Frühstück ist inbegriffen. Ein Wellnessbereich mit Pool darf bei einem Hotel dieser Klasse nicht fehlen. Solche Qualität zieht auch prominente Gäste an, u. a. ist Günter Netzer hier schon gesehen worden.

Mit drei Restaurants kann das Hotel aufwarten: Das **Restaurant Mara Sand** in der ersten Etage ist den Frühstücks- und Halbpensionsgästen vorbehalten. Die **Käpt'n Selmer Stuben** verteilen sich auf zwei Räume, einen modern-eleganten und eine Friesenstube. Die Küche kocht gehobene bürgerliche Gerichte mit Pfiff (Hauptspeisen ab ca. 30 €). Geöffnet ist ab 12 Uhr, mittags ist das Restaurant allerdings den Hotelgästen vorbehalten, außer man reserviert im Voraus.

Im **Restaurant Fährhaus** kommt dann der Gourmet auf seine Kosten. Zwei Michelin-Sterne und 17 Gault-Millau-Punkte sind wohl die wichtigsten Auszeichnungen, mit denen sich die Küche von Alexandro Pape schmücken kann. Nur 30 Gäste finden abends Platz im edlen Restaurant. Das Vier-Gänge-Menü aus kunstvoll komponierten Geschmackskunstwerken kostet den Gourmet ca. 135 €. Das Fährhaus wartet Di–So ab ′8.30 Uhr auf Gäste, die allerdings reservieren sollten. Heefwai 1, ✆ 93970, ✆ 939710, info@faehrhaus-sylt.de, www.faehrhaus-sylt.de.

Zur Mühle. Das Restaurant befindet sich dort, wo früher die Mühle Munkmarschs stand, und zwar südlich des Hafens. Im gemütlichen Gastraum und auf der schönen Terrasse mit Wattenmeerblick wird empfehlenswerte bürgerliche Küche aufgetischt. Auf der Mittagskarte stehen Klassiker wie Matjesfilets ab ca. 14 €, die Scholle wird mit ca. 18 € abgerechnet. Nachmittags gibt's Kuchen vom Blech. Ab 11.30 Uhr geöffnet, Di Ruhetag. Lochterbarig 24, ✆ 3877, ✆ 8357355, B.Hinske@t-online.de, www.zur-muehle.info.

Von Bäumen beschattete Friesenhäuser prägen das Ortsbild

Keitum

Unter schattigen Kastanien und Linden duckt sich ein reetgedecktes Kapitänshaus an das andere, manche davon stehen seit über 200 Jahren hier. Der Ortskern wird gehegt und gepflegt, Bausünden wie in Westerland kennt man hier nicht. Und so wirkt kein anderer Ort auf Sylt so ursprünglich wie Keitum.

Nicht einmal tausend Einwohner zählt das kleine Dorf am Wattenmeer, und man ist sehr darauf bedacht, das Bild einer historisch gewachsenen friesischen Seefahrersiedlung aufrechtzuerhalten. Das Ergebnis ist deutlich mehr als vorzeigbar, auch wenn es mit der Authentizität so eine Sache ist: Eine wirkliche dörfliche Infrastruktur mit Gemeindeamt, Polizeistation, Schule und allem, was sonst noch dazugehört, gibt es nicht mehr, und auch die vorrangig hier ausgeübten Gewerbezweige haben längst nichts mehr mit der Seefahrt zu tun. Stattdessen haben sich eine Reihe von Kunsthandwerkern und in letzter Zeit immer mehr Mode-Boutiquen angesiedelt, die im Verbund mit den schönen Cafés, dem Heimatmuseum und dem Altfriesischen Haus insbesondere in der Saison Tag für Tag jede Menge Touristen anlocken. Zum reinen Touristenwohlfühldorf ist Keitum aber dadurch noch lange nicht geworden, und wenn man die jüngeren Entwicklungen sorgsam verfolgt hat, muss man sich diesbezüglich auch keine Sorgen machen. Der Plan der Touristenverwaltung, Keitum wegen seiner zunehmend exklusiven Shoppingmöglichkeiten als „Fashiondorf" auszuweisen, ist jedenfalls abgeschmettert worden. Und so bleibt Keitum, was es schon seit längerer Zeit gewesen ist: ein wirklich reizender Ort, dessen touristische Dimension zwar allgegenwärtig ist, der aber den Spagat zwischen Vermarktung und Traditionspflege auf angenehme Weise geschafft hat.

Keinen unwesentlichen Beitrag zu seinem Image als schönstes Sylter Dorf leisten die vielen Alleen und blühenden Gärten, die Keitum das Adelsprädikat „Grünes Herz der Insel" eingebracht haben. Seit wann sich der Ort damit schmücken darf, ist nicht mehr genau zu sagen. Fest steht aber, dass bereits 1890 ein sogenannter „Verschönerungsverein" ins Leben gerufen wurde, der durch die systematische Bepflanzung des Dorfes mit Ulmen seinem ambitionierten Gründungszweck zu entsprechen suchte. Die Ulmen wuchsen und gediehen mehr als hundert Jahre, dann machte ihnen der Ulmensplintkäfer den Garaus. Daraufhin wurde eine Art Bürgerinitiative aus der Taufe gehoben, die das zerstörerische Wirken des Schädlings binnen kürzester Zeit vergessen machen konnte: Unter der Losung „Schenkt Keitum einen Baum!" wurde gespendet, was das Zeug hielt, sodass die alte Pracht schon bald wiederhergestellt war. Nur sind es seitdem keine Ulmen mehr, die Keitums Flora dominieren, sondern Kastanien und Linden. Der „grünen Optik" tut das aber keinen Abbruch. Komplettiert wird die Idylle durch die schöne Lage des Dorfes: erhöht auf der grasbewachsenen Steilküste, die – wen wundert's noch? – das Grüne Kliff genannt wird.

Das hübsche Ortsbild Keitums geht auf das 17. und 18. Jahrhundert zurück, als der Walfang seine Blütezeit erlebte. Viele der durch das einträgliche Gewerbe reich gewordenen Sylter Kapitäne ließen sich hier nieder und genossen in den reetgedeckten Friesenhäusern mit den bunt bemalten Giebeln und Türen ihren Ruhestand. Das erste Mal erwähnt wurde „Keytum" bereits im 15. Jahrhundert in dänischen Steuerakten, die Ortskirche Sankt Severin dürfte aber schon im 13. Jahrhundert entstanden sein. Woher der Ortsname stammt,

Keitum → Karte S. 187

Am Grünen Kliff

ist ungeklärt. Bedeutet er einfach „Heim des Kei" oder leitet er sich von „Heidum", also „auf der Heide", ab?

Mit dem Ende der großen Sylter Walfängerzeit ließ auch die Bedeutung Keitums allmählich nach. Daran änderte auch der in der zweiten Hälfte des 19. Jahrhunderts auf Sylt aufkommende Fremdenverkehr nichts, denn die Entwicklung ging an der alten Seefahrersiedlung weitgehend vorbei. Der Keitumer Hafen war mehr und mehr versandet, sodass die Fähren mit den ersten Badegästen Kurs auf den neu gegründeten Munkmarscher Hafen nahmen. Auch als 1927 die Karten mit der Errichtung des Hindenburgdamms neu gemischt wurden, konnte Keitum nicht nennenswert profitieren. Zwar bekam man einen Bahnhof, die Sommerfrischler fuhren aber lieber gleich zum Weststrand weiter. Eine wirklich ernst zu nehmende Adresse auf der touristischen Landkarte der Insel wurde Keitum erst an den 1960er-Jahren. Seitdem macht es Karriere als idyllisches Kontrastprogramm zum geschäftigen Westerland, ein Ende dieser Karriere ist nicht abzusehen.

Sehenswertes

Sankt Severin: Das Gotteshaus thront über Keitum, es liegt auf einer Anhöhe oberhalb des Dorfes. Laut einer der vielen Legenden, die sich um die Kirche ranken, hätte sie weiter östlich errichtet werden sollen. Doch dann seien die Karren mit dem Baumaterial auf dem Weg über die Anhöhe auseinandergebrochen, was die Keitumer als einen Wink Gottes gewertet hätten, die Kirche doch gefälligst an Ort und Stelle zu bauen … Der tatsächliche Grund für den Bau der Kirche an genau diesem Standort dürfte darin liegen, dass sich hier einst vermutlich ein altes Odin- oder Freya-Heiligtum befand.

Dem Turm der Kirche schließt sich ein einschiffiger Langraum an, der in einem Chor mit Apsis endet. Das Schiff und der Chor sind auf den gleichen rötlichen Granitquadern errichtet. Beide Bauteile sind romanischen Ursprungs. Ältester Teil der Kirche ist allerdings der Dachstuhl, laut neuesten Studien des Denkmalpflegesamts stammt er exakt aus dem Jahr 1216. Das bedeutet, dass St. Severin nicht nur die älteste Kirche Sylts, sondern ganz Schleswig-Holsteins ist.

Zwei versteinerte Nonnen

Der Turm ist der jüngste Glied des Baukörpers, er stammt aus der Spätgotik (1450). Auf der Westfront des Turmes sind zwei Bruchstücke eines Findlings eingelassen: Sie ehren Ing und Dung, einer weiteren Legende zufolge zwei Nonnen, die ihr Vermögen stifteten, damit der Turm samt Glocke gebaut werden konnte. Doch verband sich mit dem Bau auch eine finstere Prophezeiung: Die Glocke würde eines Tages den übermütigsten Jüngling des Dorfes erschlagen, der Turm in sich zusam-

Sankt Severin ist die älteste Kirche der Insel

menstürzen und das schönste Mädchen des Dorfes unter sich begraben. Und wirklich: Am Weihnachtstag des Jahres 1739 zogen zwei ungestüme Knaben am Glockenseil, die Glocke fiel herunter, erschlug den einen und brach dem anderen beide Beine. Turm und Dorfschönheiten hatten es da besser: Die zweite Katastrophe fiel aus, und beide blieben verschont.

Und so kann man Sankt Severin heute über den noch immer unversehrten Turm betreten. Früher war das anders: Die Männer kamen durch die Tür in der Nordwand, die Frauen – und der Henker! – nahmen die südliche Tür in die Kirche. Im Inneren präsentiert sich das Gotteshaus protestantisch nüchtern. Auffälligstes Kunstwerk ist die Kanzel aus der Frührenaissance. Den Chor beherrscht ein fünfflügeliger Schnitzaltar aus dem Jahr 1480. Motiv ist der sogenannte Gnadenstuhl: Gottvater zeigt seinen auferstandenen Sohn. Ungewöhnlich bei der Darstellung ist, dass Christus dem Betrachter nicht mit leidvoller Miene entgegentritt und sein Körper auch keine Schmerzensmale trägt. Geschnitzt wurde der Altar möglicherweise in der Werkstatt des Lübecker Imperialissima-Meisters. (Nichtspezialisten werden sich über diesen Namen wundern: Der Meister ist unbekannt, benannt wurde er nach der Inschrift auf einer von ihm gefertigten Marienstatue.) Wie es sich für eine alte Kirche gehört, ist der romanische Taufstein der älteste Teil des Inventars, er wird auf die Zeit um etwa 1000 datiert. Das neueste Stück der Kirche ist die Orgel, die 1999 unter anderem dank einer anonymen Millionenspende angeschafft wurde.

Sankt Severin ist von einem Friedhof umgeben, auf dem neben Mitgliedern alter Kapitänsfamilien und Sylter Landvögten auch zahlreiche Prominente aus Kunst, Kultur und Politik begraben sind. Darunter sind der Schriftsteller

Ferdinand Avenarius (→ S. 50), der CDU-Politiker und ehemalige Außenminister Gerhard Schröder, der Verleger Peter Suhrkamp und der Spiegel-
Gründer Rudolf Augstein. Auch der Kinderbuchautor Boy Lornsen fand hier
seine letzte Ruhestätte. Wenn man so will, spiegelt der Friedhof den Wandel
Sylts von der Seefahrerinsel zum noblen Fremdenverkehrsziel des 20. Jahrhunderts wider.

Boy Lornsen –
„Wie tief man die Menschen doch anrühren kann"

„Hooch in'e Kroon / vun'n Appelboom / seet'n Spaatz / un mook Rabbatz."
Für seine Gedichte ist der 1922 in Keitum geborene Schriftsteller Boy Lornsen wohl weniger bekannt. Die meisten Leser werden ihn mit „Robbi, Tobbi
und das Fliewatüüt" in Verbindung bringen. Die Geschichte von Tobbi, dem
Schüler der dritten Klasse und genialen Erfinder, und seinem Freund, dem
Roboter Rob 344-66/IIIa – kurz Robbi –, war seit ihrem Erscheinen 1967 ein
großer Erfolg. Wie sich die beiden mit dem himbeersaftbetriebenen Fliwatüüt, einer Mischung aus Hubschrauber, Motorboot und Auto, aufmachen,
um Robbis drei Aufgaben für die Roboterprüfung zu lösen, wurde auch zum
Stoff einer erfolgreichen Serie im Fernsehen.

Lornsen war eigentlich gelernter Bildhauer und führte einen Steinbildhauerbetrieb in Brunsbüttel. Nach dem Erfolg seines ersten Kinderbuchs verlegte
er sich ganz auf die Schriftstellerei. Bücher wie „Jakobus Nimmersatt" oder
Geschichten um „Nis Puk" folgten. Darüber hinaus schrieb er Drehbücher,
unter anderem für den „Tatort". 1980 ließ sich Lornsen wieder in Keitum
nieder, wo er sich nicht zu schade war, kleinen Fans, die an seiner Wohnungstür klingelten, eine Widmung ins Buch zu schreiben. 1995 verstarb
der Künstler und wurde auf dem Friedhof von Sankt Severin beigesetzt.
2002 erhielt die Grundschule von Keitum seinen Namen, nach deren Schlie
ßung 2008 ging der Name auf die Tinnumer Grundschule über.

Altfriesisches Haus: Hier kann man nun endlich mal ein Friesenhaus von innen besichtigen. Das von Bäumen beschattete, rote Backsteinhaus mit dem
Reetdach liegt gleich neben einem Abgang zum Strand. Wann es gebaut
wurde, ist nicht klar, fest steht, dass der Kapitän Peter Uwen es im 18.
Jahrhundert kaufte. 1850 ging das Haus in den Besitz des Inselchronisten und
Dorflehrers Christian Peter Hansen (→ S. 58) über, der hier seine heimatkundliche Sammlung vorzeigte. Seit 1907 gehört es dem Heimatverein Söl'ring
Foriining, der es zum Museum umgestaltete. Das Gebäude ist ein typisches
Haus aus der Walfängerzeit, dem „Goldenen Zeitalter" Sylts. Es besteht aus
zwei Teilen, dem Wirtschaftsbereich mit Stall und Tenne und dem Wohnbereich. Die Kööv, die Wohnstube, teilt sich ganz ökonomisch mit der Küche den
Ofen: Von der Küchenseite wurde er befeuert, die Rückwand strahlte die
Wärme in die Wohnstube ab – rauchfrei, versteht sich. Die Messingknöpfe auf
diesem Beilegerofen sind übrigens abschraubbar: Als Handwärmer konnte
man sie sich in die Tasche stecken, um so gut gewärmt zum Kirchgang
aufzubrechen. Die Wände sind zum Schutz vor Feuchtigkeit verfliest, ganz besonders prächtig im Piisel (Pesel), dem Vorzeigezimmer des Hauses. Der Pesel

Altfriesisches Haus: uthländisches Friesenhaus par excellence

wurde nur selten genutzt, da er allein repräsentativen Zwecken diente. Besondere Gäste wurden hier empfangen und große Familienfeste abgehalten, allerdings musste man sich im Winter dafür gut einpacken, der Pesel ist nicht beheizt worden. Die Möbel stammen, wie es sich für einen erfolgreichen Kapitän gehörte, aus England. Insgesamt bekommt man im Altfriesischen Haus einen guten Eindruck von der Lebenswelt der alten Sylter. Es ist jedoch angeraten, sich vorher den kleinen Handzettel oder den dickeren Führer durchzulesen. Das Museum ist nicht durchgehend beschildert. Im Haus befindet sich auch eine Museumsweberei, in der auf traditionelle Art Stoffe hergestellt werden.

Von April bis Oktober hat das Museum unter der Woche von 10 bis 17 Uhr geöffnet, am Wochenende erst ab 11 Uhr; in der übrigen Zeit Mi–Sa 12–16 Uhr. Erwachsene mit Gästekarte zahlen 3,50 €, Kinder 1,75 €, in Kombination mit einem Besuch im Heimatmuseum sind es 6,50 € bzw. 3 €. Führungen nur für angemeldete Gruppen. Am Kliff 13, ℘ 31101, www.soelring-foriining.de. Einen Grundriss des Altfriesischen Hauses finden Sie auf S. 60.

Sylter Heimatmuseum: Zwei große Walkiefer umrahmen den Eingang zum Museum, das stilgerecht in einem weißen Kapitänshaus aus dem Jahr 1759 untergebracht ist. Die Grundlage für die Ausstellung über die Geschichte Sylts ist die Sammlung von C. P. Hansen, der gleich nebenan im Altfriesischen Haus wohnte. Im Museum erwarten den Besucher Räume mit Volkskunst und mit Alltagsgegenständen aus dem Leben der Sylter. Die Tracht der Inselbewohner kommt auch nicht zu kurz, immerhin hat die „Hüüv", die hohe schwarze Kopfbedeckung der Frauen, schon einmal die Schweden von der Insel vertrieben (→ S. 40). Sehr schön ist der Raum über die Seefahrt. Schiffsmodelle, Bilder und allerlei nautisches Gerät bieten einen Überblick über die „Goldene Zeit" der Insel. An den Wänden werden exemplarisch Lebensläufe nordfriesischer Seemänner vorgestellt, angereichert mit interessanten Kuriositäten. So wird in einer Sylter Familie noch heute eine Uhr weitergegeben, die der amerikanische Präsident Abraham Lincoln einst einem Kapitän überreichte, der schiffsbrüchige amerikanische Seeleute vor dem sicheren Tod bewahrt hatte. Der zweite Stock wartet mit einer recht unscheinbaren Ausstellung über die Geologie der Insel auf und widmet sich in einer ein wenig in die Jahre gekommenen, aber dennoch interessanten Abteilung der Sylter Archäologie. Darüber hinaus kann man sich dort einen schön gemachten Raum über den Sylter Nationalhelden Uwe Jens Lornsen (→ S. 45) anschauen. In weiteren Räumen im Erdgeschoss finden übrigens durchaus beachtliche wechselnde Gemäldeausstellungen statt, die Werke haben meist thematische Bezüge zu Sylt oder dem Meer.

Der Eingang zum Heimatmuseum

Die ausgestellten Stücke des Museums sind gerade in den Bereichen Volkskunst und Alltagskultur nicht immer gut beschildert. Wer wissen will, was er vor sich sieht, sollte sich den Museumsführer kaufen.

Das Heimatmuseum hat die gleichen Öffnungszeiten und Eintrittspreise wie das Altfriesische Haus (siehe oben). Am Kliff 19, ☎ 31669, www.soelring-foriining.de.

Feuerwehrmuseum: In dem alten Gerätehaus aus dem Jahr 1906 ist ein kleines Museum zur hundertjährigen Geschichte der Feuerwehr auf Sylt eingerichtet worden. Auf 60 Quadratmetern gibt es „antike" Löschausrüstungen und alte Uniformen zu sehen.

April–Oktober nur Di 10.30–13 Uhr. Sonderführungen möglich. Informationen unter ☎ 3370.

Steinzeitgräber Tipkenhoog und Harhoog: Am östlichen Ortsausgang von Keitum kann man einen Abstecher in die Vorgeschichte machen, zwei Gräber aus der Steinzeit sind hier zu besichtigen. Wer kein spezielles Interesse hat, wird möglicherweise enttäuscht sein, denn das Ganze hat bescheidenere Ausmaße als der Denghoog bei Wenningstedt (→ S. 124). Der Tipkenhoog präsentiert sich als schlichter, grasbewachsener Hügel auf dem Grünen Kliff. Um 2500 v. Chr. soll der Grabhügel entstanden sein. 1870 machten sich Archäologen an die Inspektion des Hügels und fanden „nicht das geringste Produkt menschlichen Kunstfleißes". Die Sage weiß es natürlich besser: Unter dem Hügel liegt der Riese Tipken. Er hatte hier seinen Wachturm und kämpfte an gleicher Stelle gegen die einfallenden Dänen. Seinen Einsatz zahlte er mit dem Leben, doch sein Geist – ausgestattet mit einem einfachen Sinn für Humor – hielt weiter Wacht: Eines Tages nämlich kam ein Keitumer Bauer am Hügel vorbei. Da sprach eine Stimme zu ihm, er solle

Der Harhoog stand ursprünglich nicht in Keitum

schleunigst anfangen zu graben und werde dann alsbald auf einen verborgenen Schatz stoßen. Eifrig machte sich der gierige Bauer ans Werk, doch schon bald erschallte gruseliges, höhnisches Gelächter, und der gefoppte Schatzsucher lief ganz schnell davon …

Gleich neben dem vermeintlichen Riesengrab türmen sich die Steine des Harhoog. Dieses Megalithgrab wird um 4500 v. Chr. datiert (die Hinweistafel spricht allerdings von 2500 v. Chr.). Fest steht, dass der Harhoog nicht an seiner ursprünglichen Stelle steht. 1927 entdeckte man das Grab beim Bau des Hindenburgdamms und versetzte es an eine Stelle zwischen Tinnum und Keitum. Da war es 1954 dem Ausbau des Flughafens im Weg, und so ging der Harhoog erneut auf Reisen und wurde Nachbar des Tipkenhoog.

Basis-Infos

Keitum → Karte S. 187

Telefonvorwahl: 04651

Fahrradverleih Christel's, Gurtstig 24, ✆ 32797, www.christel-keitum-sylt.de.

Der Fahrradladen, Gurtstig 44, ✆ 32879, www.sylt-rad.de.

Internet Im Tourismus-Service Keitum gibt es Terminals, die von den Gästen genutzt werden können.

Kurabgabe → S. 74.

Post Die Postagentur findet sich in dem Supermarkt an der Munkmarscher Chaussee 6.

Postleitzahl 25980

Touristeninformation Der **Tourismus-Service Keitum** hat eine neue Bleibe gefunden. Vom Container auf dem Westparkplatz ist er nun wohl permanent in die Ortsmitte gewandert und in einem weiß gestrichenen Kapitänshaus untergekommen. Mo–Fr 9–17 Uhr, Sa 10–12 Uhr. Gurtstig 23, ✆ 0180/5009980 (0,14 €/Min.), info@keitum.de, www.keitum.de.

Gurtstich, Gurtstieg oder Gurtstig? Für die Straße, die durch das Ortszentrum führt, finden sich mehrere Schreibweisen. Wir halten uns hier an „Das neue Sylt Lexikon" (→ S. 76). Das Standardwerk schreibt Gurtstig, das bedeutet auf Sölring ganz prosaisch „Großer Weg".

Keitumer Therme – 150.000 geplante Besucher

Es gab einmal eine Zeit, da hatte Keitum ein Meerwasserschwimmbad. Das lag idyllisch an der Keitumer Bucht. Doch das 1969 eröffnete Bad hatte zu hohe Betriebskosten – das Meerwasser musste täglich umgewälzt werden –, und die Besucherzahlen gingen zurück. 2004 beschloss der Gemeinderat den Abriss des Bades und den Bau einer Therme mit angrenzendem Hotel. Die Landesregierung sicherte finanzielle Unterstützung für das Projekt zu. 2006 war auch ein Investor gefunden. Die Investitionsbank Schleswig-Holstein prüfte

daraufhin den Vertrag zwischen der Gemeinde und dem Investor und kam zu dem Schluss, dass die Gemeinde den Großteil der wirtschaftlichen Risiken tragen werde und dass der betriebswirtschaftliche Erfolg des Bades nicht sichergestellt sei. So ging die Kalkulation von unrealistischen Besucherzahlen (über 150.000 im Jahr) und überzogenen Eintrittspreisen (über 18 € pro Person) aus.

Es regte sich Widerstand im Dorf. Der Bürgermeister verhängte ein Bußgeld über den Ortsbeirat und die Kurausschuss-Vorsitzende, die sich kritisch geäußert hatten. Man zog vor Gericht. 2007 kritisierte dann der „Bund der Steuerzahler" das Projekt vehement: Er bezweifelte erst einmal die Wirtschaftlichkeit eines neben Westerland zweiten Thermalbades auf Sylt und rechnete aus: „Von den Baukosten in Höhe von 15 Millionen Euro trägt der private Investor gerade einmal 350.000 Euro." Im März desselben Jahres wurden die Bauarbeiten eingestellt. Der Kreis Nordfriesland verweigerte wegen fehlender Unterlagen die Baugenehmigung. Wenig später verklagte die beauftragte Baufirma die Gemeinde auf höhere Zahlungen wegen Bauausfalls. Ende des Jahres verhängte der Investor nun einen Baustopp, da die Gemeinde die Zahlungen an ihn eingestellt hatte. Die Kosten für die Therme waren mittlerweile auf geschätzte 19 Millionen Euro gestiegen, so die Sylter Rundschau. 2008 ging es im gleichen Stil weiter. Das Projekt geriet mehr und mehr in die Kritik, selbst das ZDF berichtete darüber und nannte es einen „handfesten Bauskandal". Mittlerweile ist das „Pleiteprojekt" – so die Sylter Rundschau – beerdigt, und an einer der schönsten Lagen Keitums steht nun eine Bauruine. Wer wem was zurückzahlen muss und wer die Verantwortung für das Desaster hat, darum streiten sich nun Gemeinde, Ortsbeirat und die Landesregierung.

Quelle: Dirk Ipsen: „Sylt – verraten und verkauft", 2008. Auf www.tropenbad.de findet sich eine Presseschau zum gleichen Thema.

Einkaufen

(→ Karte S. 187)

Bücher Büchertruhe Keitum **19** Auf dem Weg zu den Steinzeitgräbern Keitums kommt man an diesem Buchladen vorbei, der mit einem breit gefächerten Sortiment aufwartet. Besonders beeindruckend ist das Angebot an Biographien und Geschichtsbüchern! Am Tipkenhoog 3, ✆ 32447 und 31475, 🖂 935018.

⟫⟫ Mein Tipp: Bücherdeele Keitum **7** Kleine Buchhandlung am westlichen Ortseingang. Hier findet der Leser auch Bücher außerhalb der normalen Urlaubslektüre. Sehr zu empfehlen, der Autor hat die Bücherdeele noch nie ohne einen Neuerwerb verlassen. Gurtstig 12, ✆ 449641, 🖂 449642. ⟪⟪

Glas Westphal Glas **28** Die Grenzen zur bildenden Kunst sind bei dem Glasgestalter Hans Jürgen Westphal fließend. Sein Atelier befindet sich im Bahnhof von Keitum. Gerade angekommene Sommerfrischler können ihm also gleich bei der Arbeit zuschauen. In seiner Glas-Serie „In 8 Tagen sehen wir uns wieder" hat er für jeden Wochentag ein Glas (sonntags hat man zwei zur Auswahl) gestaltet. Die Glastüren im Turm der Nicolaikirche in Westerland stammen ebenfalls von ihm. Im Bahnhof Keitum, ✆ 32933, www.westphal-glas.de, www.sylter-kunsthandwerker.de.

🐚 **Hofladen** Gänsehof **30** Der Familienbetrieb mit eigener Schlachterei hält nicht nur Gänse, sondern auch Galloway-Rinder sowie Deich- und Salzwiesenlämmer. Das Fleisch wird gleich vor Ort zum Verkauf angeboten und ist sehr zu empfehlen. Der Hof liegt an der Straße nach Archsum. Wenn Sie aus Westerland kommen, biegen Sie in die zweite Straße nach dem Bahnübergang rechts ein und fahren halb rechts in die Koogstraße. Geöffnet Mo–Fr 10–12 Uhr und 15–17 Uhr. Auf dem Westerländer Wochenmarkt ist der Gänsehof ebenfalls vertreten. Koogstraße 2, www.gaensehof-sylt.de. ■

🐚 **Käse** Das friesische Käselädchen **23** Der Name täuscht ein wenig. Mittlerweile gibt es hier auch Aufschnitt, Konfitüren, Honig, Eier und mehr. Dass der Käse – insbesondere der von der Ziege – hier besonders lecker ist, hat sich auf Sylt herumgesprochen. Der kleine Laden befindet sich auf einem Bauernhof und nicht im Ortszentrum: Wenn Sie aus Westerland kom-

men, überqueren Sie, kurz nachdem der Kreisel in Keitum passiert wurde, die Bahnstrecke, dann geht es rechts Richtung Siidik (ist ausgeschildert). Dann fahren Sie gleich die Nächste rechts und folgen der holprigen Straße, bis diese eine Linkskurve macht. Vor der Kurve geht es rechts auf den Hof. Mittlerweile kann man die Spezialitäten auch bestellen und sich zuschicken lassen. Siidik 6, ✆ 967441, 🖂 967442. ■

Mode Mehr und mehr Boutiquen siedeln sich in Keitum an. Als ein Beispiel sei hier der vormals in Kampen gelegene Shop **Polo Sylt 8** genannt. Man sollte sich jedoch nicht durch das Markenlabel verunsichern lassen. Es handelt sich nicht um einen Ausrüster für den gleichnamigen Reitsport, im Angebot ist vielmehr gehobene Sportswear für Damen und Herren. Gurstig 14.

Die Sylter Kunsthandwerker

Die Broschüre der Sylter Kunsthandwerker findet man in fast jeder Touristeninformation der Insel. Sie stammt wohlgemerkt nicht von einer Künstlergruppe, die ein gemeinsames Ziel oder einen gemeinsamen Stil verfolgt. Die Sylter Kunsthandwerker sind lediglich ein Kreis von befreundeten Künstlern, die einen gemeinsamen Internetauftritt pflegen und Ausstellungen bzw. Aktionen zusammen organisieren. So zum Beispiel das „Kunsthandwerkermenü" im edlen Hotel Benen-Diken-Hof, bei dem der Gast sein Mahl in dem von den Kunsthandwerkern gestalteten einmaligen Ambiente zu sich nimmt.

Fast allen Sylter Kunsthandwerkern kann man bei der Arbeit in ihrem Atelier zusehen. Und die, die der Autor angetroffen hat, waren auch immer zu einem Gespräch bereit. (Kleiner Hinweis: Im Text sind nicht alle Sylter Kunsthandwerker aufgeführt, mehr Informationen unter www.sylterkunsthandwerker.de.)

Keitum → Karte S. 187

Schmuck   Antje Ballauf 🔟 Die Goldschmiedin hat ihr Atelier in einem kleinen Häuschen in der Ortsmitte. Spezialisiert ist sie auf Treibarbeiten in Gold und Silber. Kirchenweg 4, 📞 31266, www.sylter-kunsthandwerker.de.

Gold & Silber 🔢 Der Gold- und Silberschmied Christoph Freier stellt in seiner Werkstatt einfachen, aber kunstvoll gestalteten Schmuck her, der die verwendeten Steine effektvoll zur Geltung bringt. Erich-Johannsen-Wai 1, 📞 35882, www.gold-silberwerkstatt.de, www.sylter-kunsthandwerker.de.

Birte Wieda 🔢 Verspielter Schmuck wie eine Kette mit Fischen und ein Ring in Wellenform findet sich im Atelier der Goldschmiedin am Gurtstig 26. 📞 33160, www.goldschmiede-wieda.de, www.sylter-kunsthandwerker.de.

Töpfereien Kunststück – Gedreht & Gemalt 🔢 In der kleinen Werkstatt, in der man den Künstlerinnen bei der Arbeit zuschauen kann, werden Figuren und Töpfe mit Unterglasbemalung vor den Augen des kunstsinnigen Kunden gefertigt. Die zwei sehr netten Kunsthandwerkerinnen vermieten auch eine geschmackvoll eingerichtete Ferienwohnung unter Reetdach (www.ferien-im-toepferhaus.de). Regine Skoluda & Till Bruttel, Gaat 6, 📞 31587, www.sylter-kunsthandwerker.de.

Erkel Knauck 🔢 Vormals in Munkmarsch ansässig, arbeitet die Töpferin nun nicht weit von St. Severin entfernt. Geschmackvolles Geschirr aus Steinzeug verlässt den Brennofen, im Angebot ist aber auch witzige Gartenkeramik in Tierform. Munkmarscher Chaussee 29, 📞 8356981.

Witthüs Kunsthandwerk und Töpferei 🔢 Keramik aus eigener Herstellung findet man in diesem Atelier am Wattenmeer. Es gibt auch Keramiken und Schmuck anderer Kunsthandwerker zu sehen und zu kaufen. Am Kliff 5a, 📞 3606, www.witthues-keitum.de, www.sylter-kunsthandwerker.de.

Aktiv in Keitum
(→ Karte S. 187)

Organisierte Ausflüge Wer mehr zur Geschichte Keitums und den vielen Kapitänshäusern erfahren will, dem sei eine **Führung durch das Dorf** empfohlen. Sie wird vom Tourismus-Service organisiert und beinhaltet einen Besuch im Altfriesischen Haus und im Feuerwehrmuseum. Angeboten wird sie jeden Dienstag und Donnerstag. Genaue Zeiten und Tickets beim Tourismus-Service, Gurstig 23. Erwachsene 7 €, Kinder bis 16 Jahre 3,50 €.

Auch mit dem Planwagen geht es durch Keitum. Zwei Stunden dauert die Führung per **Kutschfahrt**. Von Mai bis Oktober ziehen zwei Kaltblüter die Gäste an jedem Montag durch das Dorf. Abfahrt am Parkplatz Ortseingang West stündlich zwischen 11 und 14 Uhr. Karten und Informationen beim Tourismus-Service. Erwachsene 7 €, Kinder bis 12 Jahre 3,50 €.

Reiten Reitstall Lorenz Hoffmann 🔢 Mit dem Pferd durch das Watt, über den Strand und durch die Heide, die Ausritte finden täglich um 10 und um 12 Uhr statt. Reitstunden werden ebenfalls angeboten. Wer will, kann hier auch ein Appartement mieten. Gurtstig 46, 📞 31563, www.reitstallhoffmann.de.

Reitschule Grünhof 🔢 Ebenfalls Strandritte und Reitunterricht, auch Wohnungen stehen auf dem Hof zur Verfügung (nicht nur für Reiter). Angeschlossen ist ein Gasthaus mit regionaler Küche (Hauptspeisen wie Wiener Schnitzel ab ca. 18 €, ab mittags geöffnet, Mo Ruhetag). Süderstraße 80, 📞 31208, Stall 📞 31275, www.gruenhof-sylt.de.

Feste / Veranstaltungen
(→ Karte S. 187)

Konzerte in Sankt Severin. Jeden Mittwoch werden Konzerte in der Kirche veranstaltet. Orgelmusik bildet den Schwerpunkt, Kammermusik und Chorgesang finden sich allerdings auch im Programm. Kartenvorverkauf in allen Tourismus-Service-Büros der Insel. Das aktuelle Programm liegt ebenfalls in den Büros aus. Oder Sie schauen unter www.st-severin.de.

Keitum Skulpturtage. Alle zwei Jahre zwischen August und September versammeln sich geladene Bildhauer und erschaffen ihre Werke im Freien vor den Augen des Publikums. Es soll schon vorgekommen sein,

German Polo Masters: Dribbeln im Galopp

dass kunstbegeisterte Besucher dem Bildhauer gesagt haben, wie er weiterarbeiten soll. Für 2013 sind die Skulpturtage schon geplant. Der Eintritt ist frei.

Ringreiten. Zwischen Mai und August gehen die Traditionsreiter mit ihren Lanzen wieder auf unschuldige Ringe los. Der Austragungsort für die Turniere in Keitum liegt gleich am Parkplatz am westlichen Ortseingang. Genaue Termine bei den Touristeninformationen.

Die **German Polo Masters** finden alljährlich in Keitum auf einem Gelände südlich des Bahnhofs gleich an der Landstraße nach Morsum statt. Sie lohnen einen Blick, auch wenn die Tageskarte 10 € kostet (ab 13 Uhr). 2012 traben die Teams vom 20. bis 29. Juli an. 2011 gewann das Team „König Pilsner" gegen das von „Sal. Oppenheim" mit knappen 5:4.

Übernachten

Ferienwohnungen Auch in Keitum kann man in Ferienwohnungen unterkommen. Die am westlichen Ende des Gurtstig oder an der Landstraße nach Morsum sollte man allerdings meiden. Die Ferienhäuser an der Bahnlinie sind ebenfalls nicht sehr ruhig gelegen. Eine Buchung ist über www.keitum.de möglich.

Hotels Hotel Aarnhoog **26** Das Hotel der gehobenen Klasse liegt sehr ruhig. Ein eleganter Landhausstil bestimmt das Ambiente. Der Frühstücksraum ist ganz friesisch in Blau-Weiß gehalten. Ein kleines Restaurant gehört ebenfalls zum Hotel, von 13 bis 17 Uhr gibt es eine kleine Mittagskarte, auch Kuchen ist im Angebot (empfehlenswert). Abends wird gehobene Küche mit

mediterranem Einschlag serviert – auch für außerhäusige Gäste, allerdings nur mit Voranmeldung. Das Hotel hat Suiten und nur ein Doppelzimmer im Angebot. Manche der Suiten haben einen direkten Zugang zum Wellnessbereich. DZ 159 €/Person, Suiten ab 179 €/Person. Gaat 13, ✆ 3990, ✆ 3991-0, info@aarnhoog.de, www.aarnhoog.de.

Hotel Benen-Diken-Hof 22 In der Hotelanlage wohnt man vom Feinsten: reetgedeckte Appartementhäuser und Hotelzimmer in drei miteinander verbundenen Friesenhäusern, die geschmackvoll eingerichtet sind. Sauna und Schwimmbad sorgen für die Wellness des Gastes. Mit dem „Köken" hat das Hotel auch ein gehobenes Re-

Keitum

150 m

---

staurant. EZ 172–215 €, DZ 103–168 €/Person, Suiten ab 163 €/Person, das kleinste Appartement kostet 103 €/Person. Süderstraße 3–5, ☎ 93830, 🖂 9383183, info@benen-diken-hof.de, www.benen-diken-hof.de.

Hotel Kamps 24 Das reetgedeckte Hotel liegt im ruhigen Teil des Gurtstig. Die vier Zimmer und die drei Appartements sind hell und modern eingerichtet. Eine Frühstücksterrasse darf da nicht fehlen. Ein Café und eine Galerie mit zeitgenössischer Kunst sind dem Hotel angeschlossen. Keine Haustiere. DZ 159 €, Appartements 175–210 €. Die Preise gelten für 2 Personen inklusive Frühstück. Gurtstig 41, ☎ 9839-0, 🖂 9839-23, urlaub@kamps-sylt.de, www.kamps-sylt.de.

Seiler Hof 12 Das Kernhaus des Hotels ist ca. 250 Jahre alt und liegt mitten im Dorfgeschehen. Die „wenigen, aber schönen Zimmer" – so ein Gast – sind gemütlich in einem reduzierten Landhausstil eingerichtet. Der Frühstücksraum gibt sich ganz frie-

sisch. Ein Wellnessbereich mit Sauna und Whirlpool steht den Gästen ebenso zur Verfügung wie die Gartenterrasse. Die Hotelwerbung stimmt übrigens: Der Autor hat hier Gäste getroffen, die nach 30 Jahren wiedergekommen sind und ihn gleich durch das Hotel geführt haben. EZ 110–120 €, DZ 170–190 €, Suiten 210–230 €, Familienzimmer 260–280 €. Gurtstig 7, ☎ 9334-0, 🖂 9334-44, kontakt@seilerhofsylt.de, www.seilerhofsylt.de.

Wittenbrinks 27 Das Appartementhotel versteckt sich in einem frei stehenden Friesenhaus. Die fünf Appartements sind modern und elegant mit einem kleinen Hauch Friesland eingerichtet. Der Frühstücksraum mit offener Küche ist äußerst ansprechend. Das Wittenbrinks ist ein Hotel der gehobenen Klasse. Die Appartements kosten ab 245 € für 2 Personen, Frühstück inbegriffen. Osterweg 8, ☎ 8363790, 🖂 8363791, info@wittenbrinks.de, www.wittenbrinks.de.

Essen & Trinken (→ Karte S. 187)

Restaurants   Alte Friesenwirtschaft 🔟
Mit so einem Namen muss man seine
Gäste natürlich in einem reetgedeckten
Haus empfangen. Auf der Karte finden sich
die Sylt-Klassiker Salzwiesenlamm und
Scholle (Hauptspeisen abends ab ca. 24 €,
mittags gibt es die Gerichte günstiger). Im
schönen Garten mit Obstbäumen serviert
man auch hausgemachten Kuchen. Eine
Tischreservierung wird erbeten. Geöffnet
ab 12 Uhr. Gurtstig 32, ✆ 3704, 🖂 33368.

Amici 🔟 Dunkles Holz, rote Wände und
schwarzes Leder bestimmen das Ambiente
des Restaurants im Keitumer Hof. Pizza
steht bei diesem italienischen Restaurant
nicht auf der Karte, dafür gehobene mediterrane Küche mit Gerichten wie etwa „Rote
Meerbarbenfilets an Safranfenchel" (19,50 €)
oder „Saltimbocca vom Seeteufel" (27,50 €).
Die Mittagskarte bietet auch günstigere
Gerichte, die man auch auf der großen,
freien Terrasse genießen kann. Geöffnet ab
12 Uhr, sonntags Ruhetag. C.-P.-Hansen
Allee 1, ✆ 9570947.

Benen-Diken-Kökken 🔢 Im Luxushotel wird
auch hochklassig gekocht. Die Küche gibt
sich gehoben regional, wie der „Sylter Küs-
tendorsch mit geschmolzenen Muskat-Kür-
bis" für 26 € beweist. Das Restaurant veranstaltet auf Anfrage zusammen mit den
Sylter Kunsthandwerkern das Kunsthandwer-
ker-Menü. Außerdem ist es Mitglied der
Initiative „Die Feinheimischen" und bezieht
seine Produkte vornehmlich aus der Region.
Das Restaurant hat ab 18 Uhr geöffnet. Süderstraße 3–5, ✆ 93830, 🖂 9383183, info@benen-
diken-hof.de, www.benen-diken-hof.de.

Hier kocht der „Fischflüsterer"

Fisch-Fiete 🔟 Wie der Name schon ahnen
lässt, hier gibt es Fisch, Fisch und Fisch.
Das Restaurant hat Tradition, es wird
schon in der dritten Generation geführt und
ist in einem weißen Kapitänshaus mit herrlichem Garten untergebracht. Labskaus,
Scholle oder Steinbutt kommen ab ca. 20 €
auf den Tisch. Um jüngeres Publikum anzu-
ziehen, hat gleich nebenan **Fiete's Bistro**
seine Tore geöffnet und serviert „Friesenta-
pas" wie gebeizten Lachs mit Rösti ab ca.
6 €. Das Restaurant ist in der Saison sehr
gefragt, dass man spontan Platz im Garten
findet, ist da eher unwahrscheinlich. Eine
Reservierung ist dann notwendig. Im Bistro
kann man auch ohne Voranmeldung sein
Glück versuchen. Das Bistro hat ab 12 Uhr
geöffnet, das Restaurant von 12 bis 14 Uhr
und ab 18 Uhr. Weidemannweg 3, ✆ 32150,
✆ 8898929 (Bistro), www.fisch-fiete.de.

Florian's ess.zimmer 🔢 Gekocht wird, was
frisch vom Markt kommt, ist die Devise des
kleinen Restaurants gleich am Kreisel am
Westparkplatz. Die Küche ist äußerst qualitätsvoll, das Team hat bei der Sterneköchin
Cornelia Poletto gelernt. Abends wird das
Drei- bzw. Fünf-Gänge-Menü empfohlen
(42 €/59 €), Hauptspeisen von der Karte
gibt's für ca. 26 €. Die Mittagskarte ist
günstiger, nachmittags wird auch Kaffee
und Kuchen serviert. Der Gastraum ist hell,
modern und recht klein, hier kommt wirklich Esszimmeratmosphäre auf. 12–17.30
Uhr und ab 18 Uhr geöffnet, Mo Ruhetag.
Gurtstig 2, ✆ 31884, www.esszimmer-sylt.de.

Restaurant Karsten Wulff 🔢 „Fischflüsterer"
nennt die Sylter Gastronomiepresse den
Küchenchef des Restaurants unweit des
Altfriesischen Hauses ehrfürchtig. Und so
gibt es auch nur ein kleines Angebot für
Fischverächter, serviert in der elegant-ge-
mütlichen Gaststube in einem alten Kapitänshaus. Den Nordseekabeljau gibt es für
23 €. Der Koch nimmt übrigens auch Gäste
mit zu den Fischmärkten in Dänemark (Termine auf Anfrage oder auf der Internetseite). Geöffnet 12–14.30 Uhr (mit einer
günstigeren Mittagskarte) und ab 17.30 Uhr,
So Ruhetag. Museumsweg 4, ✆ 30300,
www.karsten-wulff.de.

Kleine Küchenkate 🔟 Günstiges Lokal in
der Nähe zum Strandabgang am Kliff.

So leer ist es im Fisch-Fiete nur am frühen Morgen

Schöner, großer Garten, die Gaststube ist recht einfach im rustikalen Kiefernholzlook gehalten. Die Karte ist sehr umfangreich: Gebratene Heringe und Matjes (ab ca. 10 € aufwärts), Sauerfleisch nach Holsteiner Art (ca. 10 €) und Labskaus (ca. 14 €) spiegeln die Bandbreite der Küche. Täglich ab 11.30 Uhr geöffnet. Am Kliff, ✆ 33387, www.sylt-keitum.de.

Pius 5 Kein Restaurant, sondern eine Weinstube und ein Weinladen, der dem Chef der Kampener Institution Manne Pahl (→ S. 151) gehört. Es gibt ein paar Kleinigkeiten zu essen, im Mittelpunkt steht aber der Wein. 45 offene Weine warten darauf, getrunken zu werden. Mittlerweile gibt es drei weitere Läden in Norddeutschland. Im Sommer ab 16 Uhr, sonst ab 17 Uhr geöffnet. Am Kliff 5, ✆ 8891438, www.pius-weine.de.

Salon 1900 25 Bürgerliche Küche von Scholle bis Rumpsteak (Hauptspeisen ab ca. 19 €, mittags günstiger) ist im Angebot des Restaurants im Süden Keitums. Dazu kommen ein paar vegetarische Gerichte. Doch das macht dieses Restaurant nicht besonders, außergewöhnlich ist das Ambiente. Der Raum ist gestaltet im Stil eines Saals der Jahrhundertwende mit Jugendstilanklängen. An der Bar gibt's Cocktails (17–18 Uhr Happy Hour), und getanzt wird auch, und zwar bis die Letzten gehen. Geöffnet wird um 12 Uhr. Süderstraße 40, ✆ 936000, www.salon1900.de.

Sünhair 11 Das Restaurant mit freundlichem Innenraum und langem Tresen bietet von Matjes bis Pasta eine friesisch-mediterrane Küche. Interessant die Pizza mit Sylter Belägen wie Lammsalami oder Miesmuscheln. Die Terrasse ist schön eingewachsen, hier kann man ungestört speisen. Hauptgerichte ab ca. 16 €. In der Saison ab 15 Uhr geöffnet, montags ist Ruhetag. Erich-Johannsen-Wai 2, ✆ 935450.

Cafés   Kleine Teestube 10 Friesisch gemütlich geht es in der Teestube am Ortseingang zu. Die Gaststube ist nett eingerichtet, im Garten kann man auch im Strandkorb Platz nehmen. Die Karte hält eine große Auswahl an Tees bereit. Dazu gibt es hausgebackenen Kuchen. Herzhaftere Speisen für den kleineren Hunger stehen ebenfalls auf der Karte. Zum Frühstücken kann man auch kommen. In der Saison kann es hier auch schon mal sehr voll werden. Von 10 bis 18 Uhr geöffnet, Do Ruhetag. Westerhörn 2, ✆ 31862, www.kleineteestube-sylt.de.

Nielsen's Kaffeegarten 2 Laut Eigenwerbung ist das Café das älteste der Insel. Zeit also für eine Generalüberholung, die rechtzeitig zur Hauptsaison 2013 abgeschlossen sein soll. Bis dahin bleibt das Café geschlossen. Die gleichnamige Bäckerei soll aber auch 2012 den Betrieb aufrechterhalten. Sie ist die die letzte in Keitum, die noch selbst backt. Am Kliff 5, ✆ 31685, www. nielsens-kaffeegarten-sylt.de.

Die Brücke über die Jückermarsch

Spaziergang am Wattenmeer entlang von Keitum nach Kampen

Der schöne Spaziergang führt an zwei Kliffs vorbei und am Naturschutzgebiet Braderuper Heide entlang. Es geht immer Richtung Norden, verlaufen kann man sich hier nur schwer.

Länge: ca. 8 Kilometer

Dauer: 2–3 Std.

Wegbeschreibung: Wir beginnen unsere Wanderung an der Bushaltestelle Parkplatz West in Keitum, die wir mit zwei Buslinien erreichen können (→ Reisepraktisches, S. 83). Zunächst heißt es, das etwas unübersichtliche Straßengewirr Keitums hinter sich zu bringen: Von der Haltestelle biegen wir rechts in den Gurtstig ein und folgen ihm bis zur „Kleinen Teestube". Hier geht's links in den Erich-Johannsen-Wai, an der nächsten Kreuzung dann rechts in die Munkmarscher Chaussee und nach ein paar Metern links in den Dikwai. An dessen Ende orientieren wir uns nach rechts. Gleich hinter dem Denkmal für Uwe Jens Lornsen müssen wir links in einen schmalen Fußweg, den Kastanienweg. Wenn dieser sein Ende erreicht hat, geht es links und dann gleich wieder rechts in den Museumsweg.

Wir passieren das hochgelobte „Restaurant Karsten Wulff" und biegen an der Weggabelung links ab, rechts liegt das Heimatmuseum. Wir kommen zum Altfriesischen Haus und biegen gleich dahinter rechts auf den Weg zum Keitumer Kliff ein. Es geht eine geschotterte Stiege hinunter, und wir befinden uns zu Füßen des Grünen bzw. Keitumer Kliffs. Wir halten uns links, denn wir wollen ja erst einmal nach Munkmarsch.

Nun geht es das erste Stück am Wattenmeer entlang. Linker Hand kann man die hoch gelegenen Friesenhäuser bewundern. Nach ca. einem Kilometer besteht die Möglichkeit, zur St.-Severin-Kirche hochzulaufen, die sich leider vor unseren Blicken verbirgt. Wir bleiben auf dem Wattwanderweg und gehen nun eine ganze Weile am Meer entlang. Kurz vor Munkmarsch folgen eine kleine Erhebung und ein ebenso kleines Wäldchen. Von hier hat man einen schönen Blick über die Jückermarsch.

Nach der Brücke über das Siel ist Munkmarsch erreicht. Es geht wieder einen Hang hinauf und vorbei am Gasthof „Zur Mühle" auf das weiße Fährhaus und den Hafen zu. Zwischen Fährhaus und Hafen verläuft ein nun wieder ungepflasterter Weg, dem wir folgen. Die Zufahrt zur Segelschule lassen wir rechts liegen. Der Weg wird hier sehr sandig, fast schon strandartig und führt uns zum Weißen Kliff (→ S. 134). Nach einer Weile wird der Untergrund wieder fester. Wir kommen zur Kläranlage, halten den Geruch für maritim und laufen an der Anlage vorbei. Nach einer Steigung biegen wir rechts beim gelben Schild des Naturschutzgebiets in einen Weg ein.

Nun gehen wir ein Stück durch die Braderuper Heide, bis der mittlerweile mit Holzdielen befestigte Weg hinunter zum Strand führt. Hier stoßen wir auf den Weg vom Braderuper Parkplatz und haben die Wahl, ob wir nun

geradeaus unten entlang des Kliffes laufen oder die Holztreppen hochsteigen und oberhalb des Kliffs gehen. Wir wählen letztere Option, denn wir wollen unseren Blick über das Meer und die Heide schweifen lassen.

Wir folgen dem Weg, bis er sich wieder mit dem Strand trifft. Wir biegen dann leicht links wieder Richtung Heide ab und sehen linker Hand auch schon den Leuchtturm von Kampen. Nach einem kurzen Stück biegt der Weg wieder Richtung Strand ab. Hier können wir im Meer die verbrannten Überreste der „Mariann" (→ S. 135) erkennen. Ein Stück weiter erreicht man eine Weggabelung, an der es links in die Heide geht. Wir wollen jedoch am Watt entlang und halten uns rechts. Nun geht es ein ganzes Stück geradeaus zwischen Heide und Wattenmeer. Bei guter Sicht können wir sogar einen Blick auf List und die Fähre nach Rømø erhaschen.

Wir passieren noch zwei Abzweigungen, die links durch die Heide führen. Es tauchen nun die ersten Häuser auf, wir nähern uns Kampen. Der Weg biegt nun nach links Richtung Heide ab und kreuzt den Pfad aus der Braderuper Heide. Wir können hier rechts die Holzstiegen hochgehen und eine verdiente Rast in dem urigen Café Kupferkanne einlegen oder geradeaus dem Weg folgen, bis wir auf eine Straße stoßen, den Sjip-Wai. Wir folgen der recht ungemütlichen Straße, auf der bei schönem Wetter Fußgänger, Radfahrer und Autos verkehren. Am Ende der Straße biegen wir links und dann gleich die nächste Möglichkeit rechts ab und kommen zur Hauptstraße. Auf der halten wir uns rechts und schlendern an der Kurverwaltung im Kaamp-Hüs vorbei zur Bushaltestelle Kampen-Mitte, dem Endpunkt unserer Wanderung.

Keitum → Karte S. 187

Archsum

Die kleinste Ortschaft der Insel liegt ganz im Zentrum des Inselostens. Vom Wattenmeer ist nichts zu sehen, Wiesen, Felder und zwischendrin meist reetgedeckte Häuser prägen das Ortsbild.

Einige der älteren Häuser sind auf künstlich aufgeschütteten Hügeln, sogenannten Warften, gebaut worden, um sie vor Überflutung zu schützen. Das war bitter nötig, denn der Ort wurde bis zum Bau des Nössedeichs 1936/37 von zahlreichen Sturmfluten heimgesucht. Seitdem hält das Meer Ruhe, und das Dorf gibt sich dieser Ruhe geradezu genüsslich hin. Wer einmal komplett abschalten will, wird das genießen, wem ländliche Idylle allein nicht ausreicht, ist mit einem anderen Urlaubsdomizil besser beraten.

Wie bei einem Ort von der Größenordnung Archsums nicht weiter verwunderlich, ist Sehenswertes im herkömmlichen Sinne eher rar gesät. Genau ge-

„Bück dich tief!" – ein Archsumer Bauer erfüllt sich einen Wunsch

Vor langer Zeit grub ein junger Archsumer Bauer auf seinem Kornfeld eine Fallgrube: Er wollte die Zwerge fangen, die ihm Nacht für Nacht sein Korn stahlen. Sein Plan ging auf, ein tapsiger Zwerg fiel in die Grube. Der Bauer stürzte sich auf ihn, um ihn zu erschlagen. Der Zwerg wimmerte um sein Leben, da schlug ihm der Bauer einen Handel vor: Er hätte schon immer die Wohnstatt der Zwerge unter dem Morsumer Kliff sehen wollen. Der Zwerg solle ihn dorthin führen. Der war damit erst nicht einverstanden, aber angesichts seiner bedrängten Lage willigte der Wicht am Ende ein, verband dem Bauern die Augen und führte ihn zu den Höhlen. „Bück dich tief!", flüsterte er dem Bauern zu, als sie durch die niedrigen und engen Gänge schlichen. Schließlich nahm er ihm die Binde ab, und dem Bauern stand vor Staunen der Mund offen. Ein großer Saal lag vor ihm, in dem die Zwerge lustig tafelten und Musik erklingen ließen. Eine Zwergenfrau flößte dem Bauern sogar wohlschmeckenden Honigwein ein. Der gefangene Zwerg führte ihn durch die Höhlen zu einer Kammer, die randvoll mit Gold und anderen Schätzen war. Gierig forderte der Bauer die Schätze als Auslöse für das Leben des Zwerges. Der kleine Kerl hatte kaum zugestimmt, da füllte sich der Bauer auch schon die Taschen.

Dann führte der Zwerg den Bauern aus der Höhle und sagte: „Ergeben habe ich mich deinem Wort, doch die Zeit, sie streicht hinfort." Anders als der sagenkundige Leser konnte der Bauer gar nichts mit diesem ominösen Satz anfangen und begab sich zurück nach Archsum. Doch der Ort hatte sich verändert: Es standen neue Häuser, keine der altbekannten Gesichter waren zu sehen, und als er an das Haus seines besten Freundes kam, öffnete ihm eine alte Frau. Der Freund sei schon vor langer Zeit gestorben, und als der Bauer seinen Namen sagte, da glaubte die alte Bäuerin, er wolle ihr einen bösen Streich spielen. Der sei doch schon vor Urzeiten aus Archsum verschwunden und nie wieder gesehen worden. Da erbleichte der Bauer, sein Haar wurde weiß, und er fiel tot vor die Füße der alten Frau.

nommen fällt in diese Kategorie am ehesten das, was man nicht mehr bzw. kaum mehr sieht: ein paar spärliche Überreste einer etwa 2500 Jahren alten Ringwallburg, die bei der Alten Schule aufgestellt sind. Archäologisch untersucht wurde die **Archsumburg** in den 1970er-Jahren, wobei man feststellte, dass in dem Areal von fast 64 Metern Durchmesser ein ganzes Dorf Platz gefunden hatte. Man entdeckte Überbleibsel von Hütten, Herdstellen und Geschirr, jedoch keine Abfallreste, wie das bei einer bewohnten Siedlung zu erwarten gewesen wäre. Die „bäuerliche Lebenswelt scheint wie kopiert", schrieben die Archäologen in ihrem Bericht und schlossen daraus, dass die Anlage für ein Opferritual gebaut wurde.

Trotz ihres beträchtlichen Alters ist die Archsumburg nicht das erste Zeugnis menschlicher Kultur in der Gegend. Südöstlich des Ortes, direkt am Nössedeich, zeugt das 4500 Jahre alte Grab **Merelmerskhoog** von einer frühen Besiedlung bereits in der Jungsteinzeit. Nicht unweit davon kann man bei Ebbe im Wattenmeer ebenfalls direkt am Deich zwei Steingräber erkennen.

Basis-Infos

Fahrradverleih Fahrradverleih Schibielok, Weesterstich 2, ☎ 890349.

Kurabgabe → S. 74.

Postleitzahl 25980

Touristeninformation In Archsum gibt es keinen Standort der **Kurverwaltung**. Wer Infos möchte, muss nach Morsum, Tinnum oder Keitum fahren bzw. sich unter www.archsum.de informieren.

Telefonvorwahl: 04651

Übernachten

Hotels Christian VIII. Das einzige Hotel in Archsum ist eines der gehobenen Klasse. Einzelzimmer, Doppelzimmer – so etwas gibt es in der Anlage nicht, es werden nur Suiten vermietet. Die sind elegant und mit Geschmack eingerichtet. Ein paar von ihnen ziehen sich sogar über zwei Stockwerke. Auf einen Wellnessbereich mit Swimmingpool muss der Gast nicht verzichten. Ein 7000 m^2 großer Garten sorgt für Entspannung im Freien. Das Hotel ist relativ einfach zu finden. Wenn Sie aus der Richtung Westerland/Keitum kommen, die erste Straße links in Archsum einbiegen, am Eck befindet sich das Hotel. Junior-Suiten 240 €, Garten-Suiten 350 €, Galerie-Suiten 260 €. Die Preise gelten für zwei Personen pro Nacht. Heleeker 1, ☎ 97070, ✎ 970777, info@christiandervii.de, www.christianviii.de.

Essen & Trinken

Restaurants Alte Schule. Das Restaurant befindet sich gleich in der Dorfmitte. Im rustikal eingerichteten Gastraum erwartet die Gäste eine bürgerliche Küche von Scholle bis Schnitzel. Hauptspeisen ab 18 €. Geöffnet 12–14.30 Uhr und ab 17 Uhr, Mi Ruhetag. Dorfstraße 6, ☎ 891508, ✎ 936121, info@alteschule-sylt.de, www.sylt-alteschule.de.

Ruhige Wohnlage in Morsum

Morsum

Der erste Ort, den Reisende vom Festland auf Sylt erblicken, ist als solcher schwer zu identifizieren. Morsum ist eine echte Streusiedlung, seine Orts-teile Groß- und Kleinmorsum, Holm, Klampshörn, Nösse, Osterende, Schellingshörn und Wall liegen weit auseinandergezogen zwischen Äckern und Wiesen.

Und so wird, wer über den Hindenburgdamm anreist, wenig sehen vom öst-lichsten Dorf Sylts, das noch bis zur Mitte des 19. Jahrhunderts der größte Ort der Insel war. Will man unbedingt ein Zentrum von Morsum bestimmen, so kommt da wohl am ehesten das Gebiet um das Kurhaus Muasem Hüs infrage. Hier gibt es einige Restaurants, und die Kirche Sankt Martin ist auch nicht weit entfernt. Ansonsten bestimmen verstreut liegende Bauernhöfe das Orts-bild, auch wenn die Landwirtschaft mittlerweile zugunsten des Tourismus an Bedeutung verloren hat. Vor allem im sehr schönen Ortsteil Osterende reiht sich ein schmuckes Ferienhaus im Friesenlook ans andere.

Bekannt ist Morsum in erster Linie wegen des gleichnamigen Kliffs am Wattenmeer, dem man sein Alter von etwa zehn Millionen Jahren durchaus ansieht: Es wirkt beeindruckend urweltlich, man fühlt sich unwillkürlich in eine andere Zeit versetzt. Weitaus jünger, aber immer noch von beachtlichem Alter sind die vielen Grabhügel rund um das Kliff, die von einer frühen Besiedlung des Gebiets in der Jungsteinzeit (4000–1800 v. Chr.) zeugen.

Im 9. Jahrhundert ließen sich die Friesen in Morsum nieder. Vier Jahrhunderte später ist wohl die Kirche erbaut worden. Erstmals schriftlich erwähnt wird

Morsum dann im 15. Jahrhundert im Zinsbuch des Bischofs von Schleswig. Im Dreißigjährigen Krieg berichtet man von einem Einfall der Kaiserlichen und vom Gespenst der Pest, das im Dorf erneut umging – bereits im 14. Jahrhundert hatte der Schwarze Tod den Ort laut einer Chronik auf elf Einwohner reduziert. Bis zum 18. Jahrhundert hatte sich Morsum allerdings erholt, war sogar zum einwohnerstärksten Dorf der Insel geworden und blieb auch in Hochzeiten des Walfangs ländlich geprägt. Trotz des Bahnanschlusses nach dem Bau des Hindenburgdamms 1927 ging die Welle des Fremdenverkehrs an dem Ort vorüber. Dass noch vor hundert Jahren der Großteil der Morsumer ausschließlich Sylterfriesisch sprach, belegt, wie spärlich lange Zeit die Kontakte zum „Rest der Welt" waren. Erst nach dem Zweiten Weltkrieg wurde Morsum zunehmend von Touristen entdeckt. 1958 wurde das Dorf Luftkurort, 1988 baute man sich ein großes Kurhaus in Kleinmorsum.

Übers Wasser fahren

Über 40 Euro für eine Fahrt mit dem Autozug! Manch ein älterer Syltbesucher mag sich da an jenen Winter 1963 zurücksehnen, als die Autofahrer der Deutschen Bundesbahn ein Schnippchen schlagen konnten. Unter 20 Grad war das Thermometer gefallen, und das Wattenmeer fror zu. In kürzester Zeit waren Reifenspuren parallel zum Hindenburgdamm zu sehen. Die Autos fuhren hintereinander im Konvoi über das Eis und sparten sich die damals 22 Mark fürs Autozugticket. Ganz ungefährlich war das nicht. Manch ein Auto brach im Eis ein, und die Morsumer Bauern mussten die Feststeckenden mit ihren Traktoren herausziehen – gegen ein Entgelt natürlich.

Sehenswertes

Morsum-Kliff: Auf einer Strecke von fast zwei Kilometern erstreckt sich das Naturdenkmal nordöstlich von Morsum. Umgeben von violett blühender Heide erhebt sich das Kliff 21 Meter über dem Wattenmeer. An der Abbruchkante sorgen die verschiedenen Gesteinsschichten für ein beeindruckendes Farbenspiel. Das Besondere ist, dass die Schichten nicht über-, sondern nebeneinander liegen, vermutlich hat sie ein Gletscher verschoben. Und so folgt auf den schwarzgräulichen Glimmerton der rötliche Limonitsandstein und auf den wiederum ein Abschnitt aus weißem Kaolinsand. Ergänzt wird die Farbpalette durch das Violett der Heide, das Grün des Kliffbewuchses und das Blau des Meeres – auch für Nichtgeologen ein toller Anblick.

Am Morsum-Kliff nagt jedoch der Zahn der Zeit oder, besser gesagt, die Erosion. Der Bau des Hindenburgdamms hätte der Zeit beinahe vorgegriffen. Bei der Planung des Projekts zu Beginn der 1920er-Jahre war vorgesehen, das Kliff abzutragen und als Baumaterial für den Damm zu verwenden. Drei Nicht-Sylter, darunter der Schriftsteller Ferdinand Avenarius, wurden aktiv und erreichten, dass das Gebiet um das Kliff 1923 zum Naturschutzgebiet erklärt wurde. Neben dem Listland ist es damit das älteste Sylts.

Zu Füßen des Kliffs ließen sich früher Fossilien von Muscheln, Schnecken und Fischen finden, sogar ein Backenzahn eines vorsintflutlichen Zebras wurde ausgegraben. Mittlerweile macht der durch Flut und Wind bedingte Abbau des Kliffs solche Funde seltener. Dafür kann man am roten Hang zu Füßen des Kliffs vom Wind freigelegte, durch die Erosion geformte Sandsteinröhren erkennen – das „Önereerskenpottjüch". So nannten die alten Friesen diese Gesteinformationen, die sie sich – der Geologie unkundig – nur so erklären konnten: Da allgemein bekannt war, dass die Önereersken, die Zwerge, unter dem Kliff wohnten (siehe auch S. 192), konnte es sich bei den Röhren nur um das Geschirr der Unterirdischen handeln.

Nicht nur das Kliff selbst, sondern auch das Gebiet rund herum hat Interessantes zu bieten. So sind die Hügel westlich des Parkplatzes Gräber aus der Wikingerzeit (800–1000 v. Chr.), und mit dem Munkhoog und dem Markmannshoog stößt man noch auf zwei große Grabhügel aus Bronze- und Jungsteinzeit. Die Heide rund um die Abbruchkante wartet darüber hinaus mit einigen seltenen und bedrohten Pflanzenarten auf. Im Juni blüht hier das Gefleckte Knabenkraut, eine Orchideenart mit pinkfarbenen bis violetten Blüten, und Ende Juli zeigt sich der Lungenenzian mit seinen trichterförmigen blauen Blüten.

Das Morsum-Kliff ist also mehr als eine farbenfrohe Abbruchkante. Deshalb die Bitte: Verlassen Sie nicht die angelegten Pfade. Das Kliff ist ein einzigartiges und schützenswertes Stück Natur.

Führungen finden von April bis Oktober Mo, Mi und Fr um 11 Uhr, Di/Do um 14 Uhr statt, Treffpunkt ist der Parkplatz Nösse vor dem Hotel Morsum Kliff in Morsum. Karten für die Führungen gibt es im Fremdenverkehrverein Westerland (Stephanstraße 6, ✆ 8358524) und in allen bekannten Vorverkaufsstellen der Insel. www.naturschutzsylt.de, naturschutz-sylt@t-online.de.

Sankt Martin: Das Erste, was dem Besucher auffällt: Es fehlt der Kirchturm. Die in Armut lebenden Morsumer konnten sich solch einen krönenden Abschluss ihrer Kirche nicht leisten. Auf Glockengeläut muss Sankt Martin dennoch nicht verzichten, ein kurzer Glockenturm aus Holz, ein Glockenstapel, steht abseits der Kirche. Wann das kleine romanische Gotteshaus gebaut wurde, ist nicht geklärt. Man nimmt aber an, dass Sankt Martin aus dem 12. Jahrhundert stammt. Wie die St. Severin in Keitum sollte Sankt Martin natürlich ganz woanders gebaut werden, doch das Baumaterial wurde von unsichtbarer Hand in einer Nacht an den heutigen Standort transportiert. Eine starke Windböe? Nein, für die Morsumer war klar: ein Zeichen Gottes.

Das Langhaus Sankt Martins ist aus Granitquadern, Findlingen und rheinischem Tuffstein gemauert. Letzterer fand übrigens auch beim 1135 abgeschlossenen Bau des Doms von Ribe in Dänemark Verwendung, ein Indiz für die frühe Bauzeit Sankt Martins. Die Kirche endet in einem niedrigeren Chor mit runder Apsis. Der Innenraum ist mit seinen weiß getünchten Wänden karg gehalten. Die reich verzierte Kanzel ist barocken Ursprungs. Der Schnitzaltar im Chor, ein Gnadenstuhl wie in Keitum, ist um 1500 gefertigt worden. Dessen Mittelteil hatte lange versteckt auf dem Speicherboden gelegen und wurde erst bei umfangreichen Restaurierungsarbeiten zu Beginn der 1930er-Jahre wiederentdeckt. Auf der Rückseite fand man ein Gemälde aus dem Jahr 1738, das zur Reparatur des Schnitzaltars zweckentfremdet worden war. Es zeigt eine Abendmahlszene und hängt heute an der Nordwand der Kirche. Auch

Das farbenfrohe Morsum-Kliff

das über 1000 Jahre alte Weihwasserbecken diente jahrelang als Regentonne, bis es wieder in den Kircheninnenraum durfte.

Eine Gedenktafel im Langhaus erinnert an die Pest („DE PEST VNS FLVX GE-FOLGET IST"), die das Dorf 1628 heimsuchte, und an den Umbau der Kirche zu einer Wehrkirche. Es war die Zeit des Dreißigjährigen Krieges, die kaiserlichen Truppen fielen auf Sylt ein und belagerten Morsum, dessen Einwohner sich in die verschanzte Kirche zurückgezogen hatten. Die feindlichen Truppen verließen Sylt nach kurzer Zeit wieder, wohl weil sich der militärische Aufwand nicht lohnte. Doch die Morsumer hatten nicht nur Schießscharten in ihre Kirche geschlagen, sondern auch einen großen Schanzgraben durch ihren Friedhof gelegt. Die Störung der Totenruhe soll große Aufregung unter den gläubigen Morsumern ausgelöst haben. Zur Beruhigung aller ließ ein standfester Morsumer ein Gemälde anfertigen, das sämtliche Bewohner des Dorfes im Himmelreich zeigte – bis auf seinen Nachbarn, der wurde mit dem Pinsel in die Hölle versetzt. So will es zumindest die Legende, das Gemälde existiert heute nämlich nicht mehr. Doch Gemälde hin oder her – die schlimmen Befürchtungen der Morsumer waren am Ende nicht unbegründet: Bei den Schanzarbeiten auf dem Friedhof wurde einem Skelett der Schädel entwendet und Letzterer auf einem Acker vergraben worden. Kurz darauf erschien ein kopfloser Knochenmann in der Kirche. Sofort machte man sich auf die Suche nach dem verlorenen Schädel, fand ihn aber nicht mehr. Seitdem wandelt nächtens ein kopfloses Gerippe durch die Kirche. Also nicht erschrecken!

In Sankt Martin finden von Juni bis September Konzerte statt. Der Schwerpunkt liegt auf Orgelmusik. Näheres erfährt man in der Touristeninformation.

Auf dem Friedhof der Kirche soll es spuken

Die Eisbootfahrer – tollkühne Männer im Ruderboot

Wenn im Winter die Kälte das Wattenmeer in eine See von Eisschollen verwandelte, dann war Sylt vor dem Bau des Hindenburgdamms 1927 vollkommen von der Außenwelt abgeschlossen. Vollkommen? Nicht ganz, eine kleine Gruppe mutiger Männer stand bereit, die Verbindung aufrechtzuerhalten.

Nur zwölf Kilometer betrug die Strecke, die die Eisschiffer zurücklegen mussten, um Post, Medikamente und Lebensmittel vom Festland zu holen. Doch diese zwölf Kilometer hatten es in sich. Das kleine Boot musste um die Eisschollen herumgesteuert werden. Ging es nicht weiter, schob man das Boot bei eisiger Kälte über die Schollen, bis man wieder einen Wasserweg entdeckt hatte. Wenn es dann auch noch schneite oder dichter Nebel aufkam, konnte es leicht sein, dass die Orientierung verloren ging.

Einer der tollkühnen Eisschiffer war Kapitän Thomas Selmer (1837–1920), der von seinen beschwerlichen Fahrten Folgendes zu berichten weiß: „Morgens um 3 Uhr hatten wir unser Boot ins Wasser gebracht. Der Wind nahm, verbunden mit Frost und Schneefall, heftig zu. Da die See hochging, nahm unser Boot viel Wasser über, welches sich sofort in Eis verwandelte. Leider war das Eis so stark, dass das Boot gleich darin festsitzen blieb. Zuweilen fielen wir beim mühsamen Schieben bis an den Leib ins Wasser und die Kleider und Stiefel froren uns fest." Zwölf bis vierzehn Stunden konnte eine Tour zum Festland dauern. Im eisreichen Winter 1888/89 mussten die Eisbootfahrer 57 solcher harten Fahrten unternehmen.

Um diese mutigen Seemänner zu ehren, hat sich Morsum ein ungewöhnliches Denkmal ausgedacht. Am östlichen Ortseingang steht eines jener Eisboote samt Besatzung, die je nach Jahreszeit ihre Kleidung wechselt. Im Sommer präsentieren sie sich in blauen Friesenhemden, im Winter im gelben Friesennerz. Weihnachten und Ostern bekommen die fünf Mann Verstärkung: Entweder setzt sich ein Weihnachtsmann oder ein Osterhase mit ins Boot.

Basis-Infos

Feste/Veranstaltungen Im Kurhaus werden Konzerte, Lesungen und Theateraufführungen angeboten, organisiert vom Verein Morsumer Kulturfreunde. Informationen gibt es im Tourismus-Service und unter www.morsumer-kulturfreunde.de.

Ringreiten. Von den acht Vereinen auf Sylt sind drei in Morsum angesiedelt. Im Sommer treten die Vereine gegeneinander an. Genaue Turniertermine beim Tourismus-Service.

Weihnachtsmarkt. Im November wird die Weihnachtssaison eingeläutet: mit einem Weihnachtsmarkt, auf dem vor allem handwerkliches feilgeboten wird. Der Morsumer Markt ist der älteste auf Sylt.

Internet Im Muasem Hüs finden Sie Terminals mit kostenlosem Internetzugang, vorausgesetzt, Sie haben eine Gästekarte.

Kurabgabe → S. 74.

Postleitzahl 25980

Touristeninformation Der **Tourismus-Service Morsum** ist im Kurhaus Muasem Hüs untergebracht. Bahnhofstraße, ☎ 890732, www.morsum.de.

Lassen Sie sich nicht verwirren: Die Hauptstraße kennt mehrere Schreibweisen: Terpstich, Terpstig, Tärpstig oder Tärpstieg.

Einkaufen

Kunst/Galerien Atelierhaus Alte Schmiede – Traute Nierth **8** Die gebürtige Hamburgerin zeigt ihre farbigen und sehenswerten Gemälde und Aquarelle in ihrer Galerie direkt an der Hauptstraße. Die zuvorkommende Künstlerin bietet auch Malkurse an,

Übernachten
1 Hof Hoffmann
2 Morsum Kliff
11 Campingplatz Mühlenhof

Essen & Trinken
2 Morsum Kliff
10 Fränkische Weinstuben

Cafés
9 Café/Bäckerei Ingwersen

in denen sie ihre Schüler von der Farbe zur Form führt. Terpstig 64, ☎ 890551, www.malkurse-sylt.de.

Edda Raspé 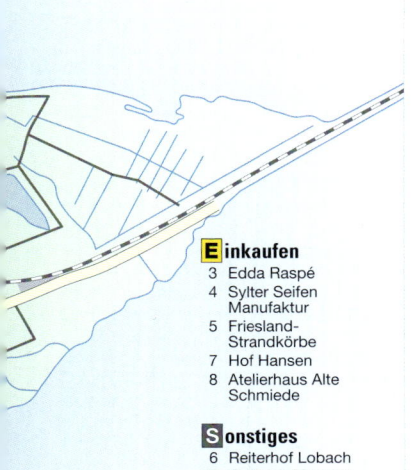 Das Atelier der Goldschmiedin, die zu der Gruppe der Sylter Kunsthandwerker (→ S. 183) gehört, befindet sich in einem schönen Friesenhaus am Terpstig. Die Kunsthandwerkerin fertigt sehr reizvollen Gold- und Silberschmuck. Sie verarbeitet in ihrem Schmuck Steine, die sie bei Strandspaziergängen findet. Terpstig 15, ☎ 890258, www.edda-raspe.de, www.sylter-kunsthandwerker.de.

Hofverkauf Viele Morsumer Landwirte bieten ihre Produkte direkt an. Meistens steht ein Kasten an der Straße, aus dem man sich Eier, Marmelade etc. nehmen kann. Preise sind angeschrieben, das Geld lässt der ehrliche Käufer im Kasten zurück. Der **Hof Hansen** ☑ befindet sich nicht weit vom Kurhaus und hat sogar einen eigenen kleinen Laden. Frische Eier direkt von der Henne, selbst gemachte Leberwurst oder Brotaufstrich warten auf den Kaufwilligen. ■

Seife Sylter Seifen Manufaktur ☑ In dem kleinen, aber wohlriechenden Laden im Bahnhofsgebäude gibt es handgesiedete Seife mit Duftnoten von Alge bis Honig-Lavendel. ☎ 460997, www.sylterseifen.de.

Strandkörbe Friesland-Strandkörbe ☑ Der Laden beim Bahnhof bietet hochwertige Strandmöbel aus Teakholz, die Bezüge reichen von klassisch blau-weiß bis hin zu Rattan im Wellnesslook. Auch Gartenmöbel sind im Angebot. Am Bahnhof, ☎ 891321, www.friesland-sylt.de.

Aktiv in Morsum

Bogenschießen Der Verein **Bogenschützen Morsum** richtet zwischen Mai und Oktober am Morsumer Kurpark ein Gästeschießen aus. Jeden Mittwoch ab 19 Uhr kann man sich unter Anleitung als Robin Hood versuchen. Näheres unter www.bsm-sylt.de.

Golf Im Anfang war Axel Springer. Er gründete den Club als 9-Loch-Anlage für sich und seine Freunde. Mittlerweile ist der **Golfclub Morsum auf Sylt** ☑ auf 18 Loch erweitert worden und steht nicht nur Clubmitgliedern offen. Gäste sollten allerdings ein Handicap von 34 haben. Im Juli und August muss man damit rechnen, dass der Platz durch die Clubmitglieder ausgebucht ist. Uasterhörn 37, ☎ 890387, ✆ 97153.

Reiten Versteckt in Kleinmorsum liegt der **Reiterhof Lobach** ☑ Er bietet geführte Ausritte und Kutschfahrten, aber auch Unterricht an. Litjemuasem 16, ☎ 890239.

Morsum → Karte S. 200/201

E inkaufen
3 Edda Raspé
4 Sylter Seifen Manufaktur
5 Friesland-Strandkörbe
7 Hof Hansen
8 Atelierhaus Alte Schmiede

S onstiges
6 Reiterhof Lobach
12 Golfclub Morsum

Morsum
250 m

Baden zu gehen ist in Morsum etwas schwierig. Im Norden verbietet sich das Strandvergnügen am Morsum-Kliff, da dies ein Naturschutzgebiet ist. Im Süden gibt es am Nössedeich eine kleine Badestelle mit Strandkörben. Doch auch hier sitzt man bei Ebbe auf dem Trockenen. Wer sich in die Wellen der Nordsee werfen will, muss an die Strände im Westen fahren.

Übernachten (→ Karte S. 200/201)

Campingplätze Campingplatz Mühlenhof ⑪ Der kleine Campingplatz liegt sehr ruhig inmitten einer umwallten und bewachsenen Anlage. Aus Archsum kommend, biegt man die zweite Straße links vom Terpstig ab und fährt ein paar Hundert Meter, dann ist man am Ziel. Vom Campingplatz zur Ortsmitte Morsums, also bis zum Kurhaus, sind es gute 800 m. Von Juli bis September kostet der Wohnwagen-/mobilstellplatz 12 €, sonst 8 €. Für einen Zeltplatz zahlt man im gleichen Zeitraum 7–10 €, sonst 4,50–7 €. Pro Person kommen 4,20 € hinzu, für Kinder zahlt man einen Euro weniger. Melnstich 7, ☎ 890444 oder 978010, ☏ 978011, info@campingplatz-sylt.de, www.campingplatz-sylt.de.

Ferien auf dem Bauernhof Hoffmann ① Auf dem Hof der Familie gibt es für tierfreundliche Gäste drei Wohnungen zu vermieten. Urlaub machen mit Pferden, Ziegen, Schafen, Schweinen, Hühnern und einem Hund. Die Wohnungen sind einfach und rustikal eingerichtet und haben ein bis drei Schlafzimmer. Der kleine Bauernhof mit Reetdach bietet seine Produkte auch im Hofverkauf an. Außerhalb der Ferienzeiten kann man bei Frau Hoffmann Klöppelkurse belegen. Die Wohnungen kosten 75–90 €. Skelinghörn 13, ☎ 890238, ☏ 890238, info@sylt-bauernhof.de, www.sylt-bauernhof.de.

Ferienwohnungen Auch in Morsum gibt es in fast jedem Haus Ferienwohnungen zu mieten. An der Hauptstraße durch den Ort, dem Terpstig, kann es tagsüber schon mal zu etwas mehr Verkehr kommen. Buchung und Infos beim Tourismus-Service oder unter www.morsum.de.

Hotels Morsum Kliff ② Übernachten direkt im Naturschutzgebiet! Das kleine Hotel liegt gleich am Morsum-Kliff und ist standesgemäß in einem reetgedeckten Haus untergebracht. Es warten allerdings nur 10 Doppelzimmer auf den Gast. Die sind in einem eleganten Landhausstil eingerichtet. Zum Hotel gehört auch ein viel besuchtes Restaurant. DZ 180–280 €, Suite 320 €. Nösistig 13, ☎ 836320, ☏ 8363236, info@hotel-morsum-kliff.de, www.hotel-morsum-kliff.de.

Essen & Trinken (→ Karte S. 200/201)

Cafés Café und Bäckerei Ingwersen ⑨ Das Café hat einen sehr schönen Garten mit Weidengeflechtabschirmungen, um die Gäste vor dem Wind zu schützen. Auf der Karte stehen Kaffee und Kuchen, der Karottenkuchen ist besonders lecker. Frühstück ab 8 Uhr. Terpstig 76, ☎ 823342, ☎ 823340, www.baeckerei-ingwersen.de.

Restaurants Fränkische Weinstuben ⑩ Das Lokal liegt versteckt, ist aber gut ausgeschildert. In einem roten Backsteinhaus mit Butzenfenstern befindet sich eine gemütliche fränkische Gaststube. Neben Matjesfilets finden Sie hier auch fränkische Bratwürste auf der Karte. Ansprechend auch die Wildkarte. Hauptspeisen ab ca. 13 €, die Wildgerichte beginnen bei ca. 23 €. Das Speiseangebot wird von einer umfangreichen fränkischen Weinkarte begleitet. Im Garten kann man auch „Uromas Zwetschgenkuchen" probieren. Ab 12 Uhr geöffnet, Di Ruhetag. Terpstig 87, ☎ 890440, ☏ 978224, info@fraenkische-weinstuben-sylt.de, www.fraenkische-weinstuben-sylt.de.

Morsum Kliff ② Das Restaurant im gleichnamigen Hotel liegt direkt im Naturschutzgebiet. Nach einer längeren Wanderung oder Fahrradtour kann man hier auch nachmittags Station machen. Auf der Tageskarte stehen u. a. Nordseemakrele (11,50 €) und Sylter Pannfisch (14,50 €). Abends wird die Küche etwas gehobener: Krosses Doradenfilet (17,50 €) oder „Geschmorte Iberico-Schweinebäckchen mit Vanillekohlrabi" (18,50 €) sind dann beispielsweise im Angebot. Vor der Terrasse hält ein Spielplatz die Kinder beschäftigt. Da es auch Frühstück gibt, ist das Restaurant schon ab 10 Uhr geöffnet. Mo ist Ruhetag. Nösistig 13, ☎ 836320, ☏ 8363236, info@hotel-morsum-kliff.de, www.hotel-morsum-kliff.de.

Restaurant Morsum Kliff

Schon über 2000 Jahre alt: die Tinnumburg

Tinnum

Die Ortschaft zwischen Keitum und Westerland ist auf den ersten Blick nicht besonders reizvoll. Ein Gewerbegebiet bei der Anfahrt zum Dorf verhindert einen günstigeren Eindruck. Nur im Süden und im Osten Tinnums stößt man noch auf alte Friesenhäuser.

Tinnum schließt sich nahtlos an Westerland an und hat so eher den Charakter eines Vorortes der Inselmetropole als den eines eigenständigen Dorfes. An der Keitumer Landstraße, die von Westerland kommt und den Ort nach Norden hin begrenzt, reihen sich Handwerksbetriebe, Geschäfte und Supermärkte aneinander, die von Insulanern und Urlaubern auch aus den anderen Inselorten gleichermaßen frequentiert werden. Wer vom Gewerbegebiet an der Keitumer Landstraße rechts in den Ort einbiegt, gelangt alsbald in Wohnsiedlungen. Die Immobilienpreise sind hier vergleichsweise niedrig, und so ist Tinnum für Einheimische mit eher normal großem Geldbeutel eine nicht unattraktive Wohnadresse. Der alte Dorfkern liegt im Süden Tinnums, wo unter anderem die im 17. Jahrhundert gebaute, leider nicht von innen zu besichtigende ehemalige Landvogtei historische Sylter Baukunst dokumentiert. Ein Stück weiter gen Süden geht der Ort dann schon in mit Wegen durchzogene Wiesen und Felder über, die sich hervorragend zum Radfahren eignen.

Wenn Tinnum auch eher alltagstauglich ist und das Ambiente eines typischen Urlaubsortes weitgehend vermissen lässt, sollte man es für seine Standortwahl dennoch nicht außer Betracht lassen: Der Ort liegt sehr zentral, sodass man von hier aus sowohl die Weststrände als auch die anderen Friesendörfer im

Tinnum → Karte S. 209

Osten der Insel schnell erreichen kann. Außerdem kommt man in den hiesigen Ferienwohnungen noch vergleichsweise günstig unter. Am schönsten wohnt man in Tinnum entweder mit Blick auf das südliche oder östliche Marschland.

Südlich des Ortes liegt auch die Keimzelle Tinnums, eine noch heute gut auszumachende kreisförmige Wallanlage, die wahrscheinlich um die Zeitenwende entstanden ist und zunächst wohl kultischen Zwecken diente. Bis der Ort selbst auf der historischen Bildfläche erschien, sollten noch viele Jahrhunderte vergehen, die erste urkundliche Erwähnung datiert von 1440. In der Folgezeit muss Tinnum immens an Bedeutung gewonnen haben, denn im Jahr 1600 wurde es zum Sitz des höchsten Verwaltungsamtes der Insel, dem der Sylter Landvögte. Im 19. Jahrhundert begann Tinnums Stern zu sinken, die Preußen hoben das Amt des Landvogts auf und verlegten den Verwaltungssitz der Insel nach Keitum. Auch der zunehmende Strom von Touristen wollte lieber an den Weststränden baden und ließ Tinnum links liegen, das nun seinen Rang an Westerland abtreten musste. Das wiederum zeigt mal wieder, wie ungerecht die Geschichte sein kann. Denn das heute übermächtige Westerland verdankt den Tinnumern genau genommen nichts weniger als seine blanke Existenz: Nachdem der Vorgängerort der heutigen Inselmetropole in den Fluten versunken war, waren es nämlich die Tinnumer, die den heimatlos Gewordenen ein Stückchen Land abgaben, auf dem sie einen neuen Ort gründen konnten.

Sehenswertes

Tinnumburg: In den Marschwiesen südwestlich von Tinnum erheben sich die grasbewachsenen Erdwälle der Tinnumburg. Der kreisförmige Wall hat einen Durchmesser von 120 Metern und eine Höhe von acht Metern, der Umfang des Rings beträgt etwa 450 Meter. Auf die Wallkrone gelangt man über Trampelpfade, die Anlage selbst erreicht man über einen kurzen Fußweg vom Deichweg aus. Der Kern der Tinnumburg stammt wohl aus der Zeit um Christi Geburt. Ursprünglich diente sie vermutlich als Kultstätte. Aus späterer Zeit finden sich dann Siedlungsspuren in der Anlage, auch in der Wikingerzeit (ca. 800–1000) ließen sich dort Menschen nieder. Im Nordwesten fließt ein Prielstrom an der Burg vorbei ins Wattenmeer. Möglicherweise war dieser in der Wikingerzeit schiffbar, sodass die Wallanlage sogar einen Meerzugang hatte. Im Mittelalter soll die Tinnumburg gewissermaßen als Finanzamt gedient haben: Man vermutet, dass die Sylter hier dem dänischen Statthalter ihre Abgaben entrichten mussten.

Wo die Historiker nur spekulieren können, wissen es die Sagen natürlich genauer: Sie berichten vom unbarmherzigen Klaes Limbeck, der über die Sylter herrschte und ihnen noch den letzten Kreuzer aus der Tasche presste. Protest wagten die Insulanern nicht, denn Limbeck hatte eine Leibgarde von 120 drei Meter großen Riesen um sich geschart, die die Sylter Bauern mit grober Gewalt unterdrückten. Einer dieser groß gewachsenen Schläger war allerdings auch ein über die Inselgrenzen hinaus bekannter Heiler. Als die Tochter des dänischen Königs heftigst an Schwermut erkrankte, rief der besorgte Vater eben jenen Riesen zu sich. Und der hünenhafte Heiler erlöste die Tochter von

Zwei der vielen Papageien des Tierparks

ihrem Leid und wurde reichlich belohnt. Dies feierte er mit einem Trinkge-
lage. In seinem beschwipsten Zustand plauderte er auch die Gräueltaten seiner Kollegen auf Sylt aus. Da war der dänische König um seine Untertanen
sehr besorgt und schickte einen Trupp Krieger auf die Insel, die die Riesen mit
einer List überwältigten. Da aber selbst überwältigte Riesen nur schwer in
Schach zu halten sind, flößten ihnen die Dänen noch reichlich Alkohol ein,
und so gingen die Riesen am Ende laut singend zur Richtstätte, wo sie allesamt
geköpft wurden.

Tierpark Tinnum: Der privat geführte Zoo im Süden von Tinnum ist größer,
als es der erste Blick auf den Eingangsbereich vermuten lässt. Dennoch: Tiger,
Elefanten oder Giraffen darf man in der schön gestalteten Anlage nicht erwarten. Präsentiert werden eher harmlose bzw. bescheidener dimensionierte
Pflanzenfresser wie Schafe, Esel und Ponys, die man dafür aber auch strei-
cheln darf. Den Löwenanteil – wenn man das in diesem Zusammenhang überhaupt so sagen darf – machen allerdings die Vögel aus: Es gibt sie von klein
und unauffällig (Tauben) über bunt und exaltiert (Papageien) bis hin zu groß
und stolz, dafür aber von Natur aus flugunfähig (Emus). Da das Ganze eher
auf Familien mit kleinen Kindern zugeschnitten ist, bietet der Tierpark noch
ein entsprechendes Beiprogramm: einen Spielplatz, eine Hüpfburg, einen
Teich zum Tretbootfahren und ein weiteres Becken, in dem der Nachwuchs allein im Elektroboot seine Runden drehen darf.

Aus Westerland kommend, biegt man von
der Keitumer Landstraße die erste Straße
nach dem Kiarwai rechts ab. Am Ende der
Straße hält man sich halblinks und fährt
den Ringweg bis zum Tierpark geradeaus
entlang. Mai–Oktober 10–19 Uhr geöffnet.
Das Tierparkvergnügen ist nicht ganz billig:
Erwachsene 12 €, Kinder (3–14 Jahre) 6 €.
Ringweg 100, ☎ 32601, www.syltmail.de/
tierpark_tinnum.

Tinnum → Karte S. 209

Hier wurde einst Recht gesprochen

Der Landvogt – der Sylter Sheriff

Er war der Vertreter des dänischen Königs auf der Insel und musste den Gesetzen Geltung verschaffen. Kam es zu Streitigkeiten, gingen die Sylter zum Landvogt oder zu einem seiner Stellvertreter. Der Landvogt brachte die Angelegenheiten dann vor den Sylter Rat, eine Vertretung der Inseldörfer. Später durfte er auch kleinere Vergehen selber verhandeln. Großes kriminalistisches Gespür musste der Landvogt nicht immer an den Tag legen. Bei Prügeleien pflegte ein „braun und blau Geschlagener [...] sofort Zeugen herbeizurufen und ging dann mit diesen und mit den Zeichen seiner empfangenen Prügel vor Gericht". Dennoch: Das Amt war keine leichte Aufgabe, einer der Landvögte ließ – bis zuletzt vom Stress geplagt – auf seinen Grabstein schreiben: „Darf ich in Frieden ruhn?"

1547 wurde der erste Landvogt ernannt, dabei blieb – wie die Namensliste der Sylter Vögte zeigt – das Amt auch schon mal über 100 Jahre im Besitz einer Familie. Die Landvögte waren dänische Beamte und wurden vom König in Kopenhagen berufen. Anfangs wurden vornehmlich Sylter für die Aufgabe herangezogen, später bevorzugte es die dänische Krone, auswärtige Beamte auf die Insel zu schicken. Die kürzeste Amtszeit hatte Uwe Jens Lornsen (→ S. 45), er war gerade einmal zehn Tage im Amt, da wurde er schon verhaftet. Noch schlechter traf es den 1788 berufenen Landvogt: Er konnte sein Amt gar nicht erst antreten, denn beim Marsch über das mit Eisschollen bedeckte Wattenmeer kam er um.

Sitz des Landvogts war ab 1600 Tinnum. 49 Jahre später baute man ihm auch einen Amtssitz, die Landvogtei. Sie steht heute noch in der Dirksstraße und ist das älteste Gebäude Sylts. Die Landvogtei ist allerdings nicht zu besichtigen. Ab 1866 wohnte der Landvogt in Keitum, doch da hatte das Amt durch diverse Verwaltungsreformen schon an Bedeutung verloren. 1889 wurde es dann endgültig abgeschafft.

Basis-Infos (→ Karte S. 209)

Telefonvorwahl: 04651

Autovermietung Autohaus Rosier, Mittelweg 3, ✆ 339120. Man kann sich sein Auto auch übers Internet mieten: www.rosier-mietwagen.de.

Fahrradverleih Abbe's Fahrradverleih, Zur Eiche 16, ✆ 3558.

Brodersen, Horstweg 4, ✆ 45172.

Krtschek, Südhörn 17, ✆ 30250 oder ✆ 32626.

M&M, Dirksstraße 76a, ✆ 35777, www.mm-sylt.de.

VeloQuick, An der Startbahn 5, ✆ 21506, www.veloquick.de.

Zweirad Christiansen, Horstweg 33, ✆ 26144.

Internet Im **Tourismus-Service** steht ein Terminal mit Internetzugang.

Ein **easy@internet** 🔳 befindet sich gegenüber vom SKY-Markt im Kiarwai.

Kinder Bogenbauseminar. Täglich von 12 bis 18 Uhr kann man am Stand der Youksakka Bow & Funcompany die alte Kunst des Bogenbauens erlernen. Die Pfeilspitzen sind selbstverständlich aus Gummi. Den gebauten Bogen und ein Zertifikat darf man mit nach Hause nehmen. Der Grundkurs kostet 95 €, es gibt aber auch einen Schnupperkurs für 5 €. Der Stand befindet sich am Sportzentrum Sylt Ost an der Keitumer Landstraße zwischen Tinnum und Keitum. Mehr Informationen unter www.youksakka.de oder ✆ 0177/8027309.

Kurabgabe → S. 74.

Post Im **SKY-Markt** am Kiarwai ist die Postagentur Tinnums untergebracht.

Postleitzahl 25980

Touristeninformation Der **Tourismus-Service Tinnum** unterhält sein Büro nicht weit von der Alten Landvogtei. Im Sommer Mo–Fr 9–13 Uhr. Dirksstraße 11, ✆ 983711, www.tinnum.de.

Einkaufen (→ Karte S. 209)

Fisch Blum 🔳 Die Fischladenkette hat in Tinnum ihre Zentrale. Wer frischen Fisch braucht, ist hier bestens aufgehoben. Ein Bistro ist angeschlossen. Mittelweg 7, ✆ 3401.

Schokolade In Tinnum wird die Schokolade der **Sylter Schokoladenmanufaktur** 🔳 hergestellt und auch verkauft. Der Laden bietet auch Tafeln mit Geschmacksrichtungen wie Vollmilch-Mango oder Tequila Sunrise an. Ein weiterer Laden befindet sich in Westerland in der Strandstraße. Die Manufaktur verschickt ihre Schokolade auch innerhalb Deutschlands. Zum Fliegerhorst 15, ✆ 2991501, www.sylter-schokoladenmanufaktur.de.

Aktiv in Tinnum (→ Karte S. 209)

Bogenschießen Am Zelt von Youksakka (siehe oben) kann man für 35 €/Person die Kunst des intuitiven Bogenschießens erlernen. Unterschiedliche Termine. Unter www.youksakka.de oder ✆ 0177/8027309 erfährt man mehr.

Golf Marine-Golf-Club Sylt 🔳 Der Club wurde nach dem Zweiten Weltkrieg von britischen Offizieren gegründet. Er präsentiert sich heute als 18-Loch-Platz mit einem Par von 73, der auch Gästen offen steht. Das Handicap sollte 45 betragen, wenn man uneingeschränkt auf dem Linksplatz, also einem naturbelassenen Kurs, spielen will. Von Ostern bis Oktober sollte man

seine Startzeit reservieren. Essbares auch für Nichtgolfer gibt es in Möller's Bistro (✆ 967801), das gehobene und einfallsreiche bürgerliche Küche anbietet. Flughafen 69, ✆ 927575, ✆ 927155, info@sylt-golf.de, www.sylt-golf.de.

Laufen Der TSV Tinnum 66 richtet einen Treff für Laufwillige aus. Die Termine findet man auf der Homepage des Vereins. Die Geschäftsstelle erreicht man dienstags 17–18.30 Uhr und donnerstags 17–19.30 Uhr, ✆ 32566, www.tinnum66.de.

Reiten Reiterhof Wiesengrund 🔳 Neben Reitunterricht bietet der Hof auch Strandritte. Mit dem Auto ist der Reiterhof schwer

Tinnum → Karte S. 209

zu finden: Man fährt, aus Tinnum kommend, am Tierpark vorbei, an der Kreuzung mit der Straße nach Rantum muss man gleich scharf rechts abbiegen und dann dem Weg folgen. Zum Wiesengrund, ✆ 31600, 0171/5177544 oder 0172/4109740, www.reiten-sylt.de.

Olivenhof 🔟 Mitten auf dem flachen Land liegt dieser Hof, der Reitstunden, Ritte am Strand und auf dem Wattenmeer sowie Kutschfahrten anbietet. Eine Ferienwohnung befindet sich ebenfalls auf dem Hof. So kann man gleich bei seinem geliebten Vierbeiner übernachten, denn Gastpferdeboxen gehören ebenfalls zum Angebot. Ingewai 40, ✆ 32906, 0172/9243092, www.olivenhof.de.

Übernachten

Campingplätze   Campingplatz Südhörn 🟒 Etwa 600 m von der Tinnumburg entfernt verbirgt sich der Campingplatz hinter Hecken. Der Platz ist ruhig und sehr schön mit Blick auf das Marschland gelegen. Ganzjährig geöffnet, in der Nebensaison gibt es Rabatt. In der Hauptsaison müssen Camper vorher reservieren und erhalten mit der Buchungsbestätigung eine Ermäßigung beim Sylt Shuttle. Personen je nach Alter 2–4,65 €, Wohnwagen und -mobile je nach Länge 9,35–15,55 €, Zelte je nach Größe 6,25–12,45 €. Ziegeleiweg, ✆ 3607, 📠 3619, dau.sylt@t-online.de, www.insel-camping-sylt.de.

Ferienwohnungen   Tinnum ist nicht nur eine Wohnstatt für Sylter, Ferienwohnungen werden hier auch vermietet. Eine Lage an der Keitumer Landstraße ist unbedingt zu vermeiden. Im Süden und im Osten des Dorfes wohnt man am schönsten.

Hotels   Hotel Christiansen 🤷 Das familiengeführte Hotel liegt im Osten von Tinnum nicht weit vom Gasthof „Zur Eiche". Die Zimmer sind einfach, aber geschmackvoll eingerichtet. Einige der Doppelzimmer haben noch einen kleinen Raum mit einem zusätzlichen Bett, die nennen sich Familienzimmer. Eine Hotelbar und ein Garten mit Strandkorb gehören ebenfalls zum Hotel. EZ 70–80 €, DZ 112–150 €, die Familienzimmer 125–170 €. Zur Eiche 32–34, ✆ 9300, 📠 930128, info@hotelsylt.de, www.hotel sylt.de.

Landhaus Stricker 🟔 Auch Tinnum hat ein Hotel der gehobenen Klasse. In dem Haus aus dem Jahr 1784 mit neuerem Anbau wohnt man auf höchstem Hotelniveau in elegant-modernem Landhausambiente. Da darf ein Spa mit Pool und obligatorischer Buddhastatue nicht fehlen. Sehr schön ist der Garten mit Teich und Strandkörben. Zum Hotel gehören noch zwei Restaurants (siehe unten). EZ 190–230 €, DZ 290–310 €, Suiten ab 390 € aufwärts. Boy-Nielsen-Straße 10, ✆ 88990, 📠 8899499, info@land haus-stricker.de, www.landhaus-stricker.de.

Essen & Trinken

Restaurants   Aldente 🟦 Spanisch-italienische Küche bietet das Restaurant, das inmitten des Gewerbegebiets liegt. Dennoch ist das Aldente familientauglich. Der Gastraum ist sehr groß und gemütlich, für die Kleinen gibt's innen ein Piratenschiff, au-

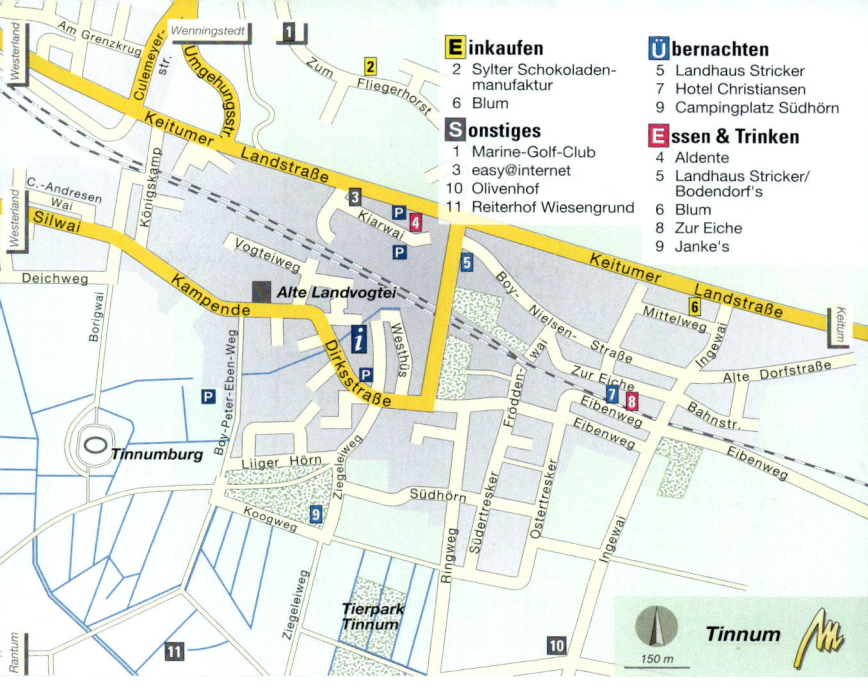

E inkaufen
2 Sylter Schokoladen-
  manufaktur
6 Blum

S onstiges
1 Marine-Golf-Club
3 easy@internet
10 Olivenhof
11 Reiterhof Wiesengrund

Ü bernachten
5 Landhaus Stricker
7 Hotel Christiansen
9 Campingplatz Südhörn

E ssen & Trinken
4 Aldente
5 Landhaus Stricker/
  Bodendorf's
6 Blum
8 Zur Eiche
9 Janke's

Tinnum

150 m

ßen wartet ein Spielplatz. Der Service ist freundlich und locker. Zu Hauptspeisen wie Tortillas und natürlich Pizza (lecker!) und Pasta gesellen sich auch asiatische Gerichte. Die Hauptspeisen bekommt man ab ca. 10 €, Kindergerichte gibt es ab ca. 5 €. Das Restaurant hat auch einen Lieferdienst. Täglich 11.30–24 Uhr. Kiarwai 7–9, ✆ 936636.

Janke's 🄈 Gleich beim Campingplatz liegt die gemütliche Gaststube. Deftige, gute Küche steht auf dem Programm – vom Steak bis zur Scholle. Im Sommer wird auch gegrillt. Besonders lecker sollen die Spare Ribs sein. Mittwochs gibt's „Muscheln satt" für 15,90 €. Andere Hauptgerichte starten bei ca. 12 €. Ab 17 Uhr geöffnet, Di Ruhetag. Die Gaststube ist recht klein, eine Reservierung gerade in der Hauptsaison ist angeraten. Ziegeleiweg, am Campingplatz, ✆ 3720, www.ewald-sylt.de.

Blum's 🄅 Das Bistro des Fischhändlers hat leckere Fischspeisen auf der Karte, die Tagesangebote sind recht günstig. Mittelweg 7, ✆ 3401.

Landhaus Stricker 🄄 In der Tenne und im Kaminzimmer des Hotels wird eine moderne Kräuterküche angeboten. Die Karte ist nicht nach den üblichen Kategorien geordnet, sondern nach den Kräutern, die im jeweiligen Gericht die Hauptrolle spielen. Gehobene und gesunde Küche also, die Hauptspeisen wie „Kabeljau mit Limonenrisotto und Estragonschaum" kosten ab ca. 26 €.

Im Hotel ist auch das mit einem Stern ausgezeichnete Restaurant **Bodendorf's** untergebracht. Hier kommt mediterrane Küche vom Feinsten in elegantem Ambiente auf den Tisch. Das kreative Fünf-Gänge-Menü mit z. B. „Rehrücken mit Nougatkruste" kostet 112 €. Das Stricker hat täglich ab 18 Uhr geöffnet, So 12–14 Uhr. Das Bodendorf's öffnet ab 19 Uhr, Mo/So Ruhetag. Boy-Nielsen-Straße 10, ✆ 88990, www. landhaus-stricker.de.

Zur Eiche 🄇 Dunkles Gebälk und helle, moderne Wandfarben bestimmen das Ambiente des Gasthofes. Hier kommt gute bürgerliche Küche auf den Tisch. Zum Zeitpunkt der Recherche wurde der Gasthof renoviert. Täglich geöffnet ab 17 Uhr, Mi Ruhetag, So auch 11–14 Uhr. Abends unbedingt reservieren. Zur Eiche 38, ✆ 31144.

Strandhaferpflanzung an der Hörnum Odde

Der Süden

Der Süden

Hier gibt es nur zwei Richtungen: rauf oder runter. Auf dem schmalen Ende der Insel finden nur zwei Orte Platz, Rantum und Hörnum.

Mit dem Auto ist man – je nach Verkehrsaufkommen – gerade mal zehn bis zwanzig Minuten zwischen den beiden südlichsten Inselorten unterwegs. Das war nicht immer so. Sylt-Nostalgiker werden sich an die Zeit vor 1969 erinnern, als die Straße noch einspurig war und man geduldig an einem Ausweichplatz warten musste, bis das entgegenkommende Fahrzeug die Engstelle passiert hatte. Touristen und Einheimische nahmen es gelassen: „Man wartet", „man grüßt freundlich", „wunderschön ist das" – kein böses Wort störte die Verkehrsidylle, und so bekam die eher prosaische Betonplattenfahrbahn zwischen Rantum und Hörnum alsbald einen fast poetischen Namen: „Straße der Höflichkeit".

Meerumspülte Dünenlandschaft – so kann man die schmale Landzunge im Süden der Insel wohl am besten charakterisieren. An den sandigen Weststränden findet man auch in der Hauptsaison noch ein abgelegenes Plätzchen zum Sonnenbaden. Kulturdenkmäler sollte man allerdings nicht erwarten im Süden Sylts. Dafür wartet er mit zwei landschaftlichen Sehenswürdigkeiten auf: dem Rantumbecken, einem von Menschenhand geschaffenen Vogelreservat, und der Hörnum-Odde, an der man Sylt beim Kleinerwerden zuschauen kann.

Doch nicht nur Naturfreunde kommen auf ihre Kosten. Gourmets finden einen Tempel des guten Geschmacks in dem Restaurant des Zwei-Sterne-Kochs Johannes King in Rantum, prominente Syltbesucher kehren in der legendären „Sansibar" in den Dünen hinter Rantum ein, und im Hörnumer Hafen warten die Ausflugsschiffe darauf, seefeste Touristen nach Amrum, Föhr oder zu den Seehundbänken zu schippern. Außerdem kann man von Rantum nach Hörnum wunderbar am Wattenmeer spazieren gehen.

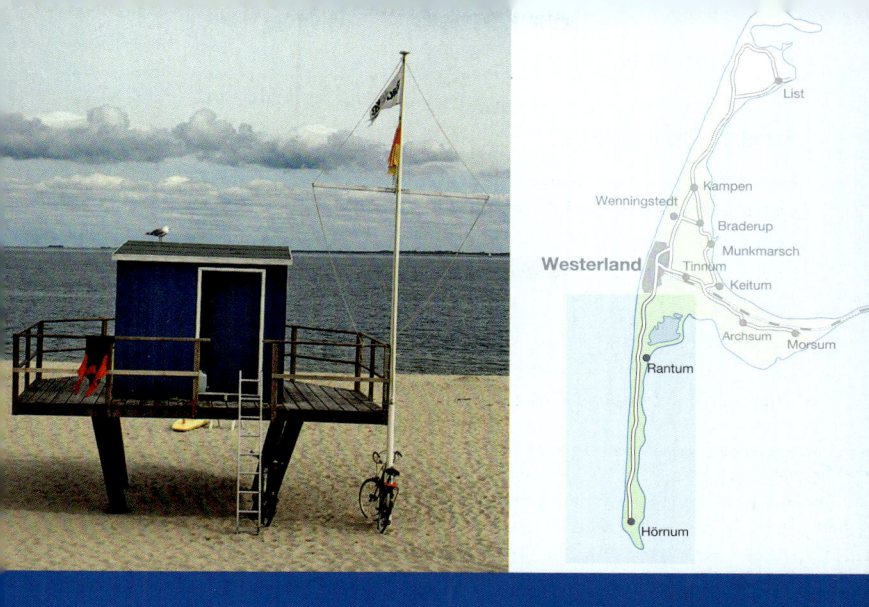

Rantum

Nur 500 Meter sind Nordsee und Wattenmeer in Rantum voneinander entfernt. Der Ort liegt an einer der schmalsten Stellen der Insel und ist wahrscheinlich das am weitesten gewanderte Dorf Sylts.

Rantum breitet sich weit gestreckt zwischen Westerland und Hörnum aus. Auffälligstes Merkmal des Ortes ist – zumindest aus der Vogelperspektive – das Rantumbecken, das sich getrennt durch einen schmalen Deich zwischen der Insel und dem Wattenmeer ausbreitet. Den Deich erreicht man vom Hafen aus, der bei Ebbe einen witzigen Anblick bietet. Die Boote liegen dann wie nutzlos auf dem Trockenen, der Hafen von Rantum ist tidenabhängig. Ansonsten präsentiert sich das Hafengelände nicht sonderlich attraktiv, mit Ausnahme der Sylt-Quelle wird das Bild von unansehnlichen Zweckbauten beherrscht. Einen eher nüchternen Eindruck hinterlässt auch die Zufahrt zum Hafen. Wer von der Hauptstraße des Ortes, der Hörnumer Straße, links Richtung Wattenmeer abzweigt, blickt auf alte Kasernen, die von der militärischen Vergangenheit des Ortes zeugen, und den TUI-Hotelkomplex, der sich zwar farbenfroher gibt, aber dennoch ein wenig an eine x-beliebige Vorstadtsiedlung erinnert.

Ein wesentlich freundlicheres Gesicht zeigt Rantum, wenn man den Abzweig zum Hafen ignoriert und die Hauptstraße ein Stück weiter nach Süden fährt, wo man alsbald auf einige reetgedeckte Friesenhäuser trifft. Historisch ist hier zwar kaum noch etwas, hübsch anzuschauen sind die Häuser aber allemal. Östlich des Ortszentrums erstreckt sich die Rantum-Inge, ein großes Salzwiesengebiet, das erst 1989 mit einem Deich vor der Flut geschützt wurde.

Rantum → Karte S. 223

Aber nicht nur die umliegenden Salzwiesen, auch der Ort selbst war in seiner Geschichte ständig von den Naturgewalten bedroht. Neben den Sturmfluten war es vor allem der Flugsand, der Rantums Existenz immer wieder gefährdete. Ein ums andere Mal verschluckte er den Ort regelrecht, sodass er an anderer Stelle unter Mühen wiederaufgebaut werden musste. Spuren von Alt-Rantum finden sich noch heute unter den Dünen, und nach stärkeren Stürmen kann man am Flutsaum alte Hausgrundrisse und Reste von Brunnen erkennen. 1983 fanden ausgiebige Grabungen statt, bei denen man sogar auf Überreste eines bronzezeitlichen Grabes stieß. Doch bevor die archäologischen Entdeckungen weiter voranschreiten konnten, stürzte eine Sanddüne über der Grabungsstelle zusammen.

Angesichts der widrigen Umstände, unter denen die Menschen hier leben mussten, wundert es nicht, dass die Einwohnerzahlen Rantums nie ins Unermessliche gestiegen sind: 1890 wohnten 29 Menschen im Dorf, verteilt auf sechs Häuser ... Zuwachs, allerdings nicht unbedingt erbetenen, bekam der Ort erst ab Mitte der 1930er-Jahre: Das Militär baute Kasernen und ließ ein Stück Wattenmeer eindeichen, um das auf diese Weise entstandene Rantumbecken als Landeplatz für Wasserflugzeuge nutzen zu können, was am Ende dann doch nicht so funktionierte, wie man es sich vorgestellt hatte.

Nach dem Krieg wurden die Militäranlagen in Ferienwohnheime umgewandelt, und der Tourismus wurde nach und nach zur Haupteinnahmequelle der

Ekke Nekkepenn – das Rumpelstilzchen der Nordsee

Tief unten in der Nordsee vor Sylt, da haust der Meermann Ekke Nekkepenn mit seiner Frau, die den ganzen Tag Salz mahlt, wovon die See ihren hohen Salzgehalt hat. Als die Frau des Meermanns schwanger war, schwamm Ekke Nekkepenn an die Oberfläche und bat einen Kapitän eines vorbeisegelnden Schiffes um Beistand. Dessen Frau sagte beherzt ihre Hilfe zu. Die Geburt ging glücklich vonstatten, Ekke Nekkepenn belohnte die Kapitänsfrau mit viel Gold und Silber. Und alles hätte ein gutes Ende finden können, wenn der Meermann nicht seiner alten Frau überdrüssig geworden wäre. Er ging bei Rantum an Land, verkleidete sich als Seemann und machte sich auf die Suche nach der hilfsbereiten Frau des Kapitäns, deren Anblick ihn all die Jahre nicht hatte ruhig schlafen lassen. Kaum am Strand des Dorfes angekommen, da sah er ein hübsches Mädchen, das er für die Kapitänsfrau hielt. Schnell streifte er ihm einen goldenen Ring über und erklärte das überraschte Mädchen zu seiner Braut. Die junge Inge von Rantum begann daraufhin, bitterlich zu weinen. Doch Ekke Nekkepenn lachte nur und hüpfte mit dem Rumpelstilzchen-Spruch auf den Lippen fröhlich fort in die Dünen: „Kannst du sagen, wie ich heiß, dann bist du frei und meiner los." Da fasste sich die junge Inge ein Herz und folgte dem Meermann unbemerkt. Der machte sich ein Feuer in den Dünen und sang: „Heute will ich brauen, morgen will ich backen und übermorgen Hochzeit machen. Ich heiße Ekke Nekkepenn und meine Braut ist die schöne Inge von Rantum." Am nächsten Morgen nannte das Mädchen den Meermann beim Namen. Der verschwand daraufhin wütend in der Nordsee und schickt seitdem Stürme und Flutwellen Richtung Rantum ...

Gemeinde. 1977 baute man auf dem Gelände des einstigen Seefliegerhorstes einen Hafen, der ursprünglich sogar für Ausflugsschiffe konzipiert war, sich aber gegenüber der Lister und Hörnumer Konkurrenz nicht behaupten konnte. Inzwischen wird er nur noch von Freizeitkapitänen mit ihren Sportbooten genutzt.

Ein militärisches Relikt ganz anderer Art passiert man übrigens, wenn man die Ortsgrenze Rantums hinter sich lässt und Richtung Hörnum unterwegs ist. Kurz hinter der „Sansibar" richtet sich der Blick ganz automatisch auf einen 193 Meter hohen Antennenmast. Er gehört zur LORAN-Station. LORAN ist die Abkürzung für „Long Range Aid to Navigation" und bezeichnet ein System von Funkortungsstationen, das die amerikanische Küstenwache im Kalten Krieg an verschiedenen Orten Europas errichtete, um Transportwege zu sichern. Seit 1989 befindet sich die Station in zivilen Händen, dient aber nach wie vor ihrem Zweck als Navigationshilfe. Die Laufzeit des ausgestrahlten Signals wird von den Schiffen zur Berechnung ihrer Position genutzt.

Bei Ebbe sitzen die Schiffe im Rantumer Hafen auf dem Trockenen

Sehenswertes

Rantumbecken: Ordnungswidrig handelt, wer hier zum Beispiel vorsätzlich oder fahrlässig Sprengungen und Bohrungen vornimmt, schreibt eine Landesverordnung genau vor. Der Grund: Das Rantumbecken ist Naturschutzgebiet, und zwar das größte und artenreichste Seevogelschutzgebiet an der deutschen Küste. Vertreter von über 260 Vogelarten kann man hier beobachten. Wer den Säbelschnäbler (Recurvirostra avosetta, friesisch: Plütj) mit seinem gebogenen Schnabel und dem schwarz-weißen Gefieder entdeckt, schaut auf den Vogel, der symbolisch für das Naturschutzreservat steht. In dem 568 Hektar großen Areal hat sich ein einzigartiges Biotop aus Sumpf, Wasser und Sand gebildet. Dabei ist das Becken nicht natürlichen Ursprungs. Mitte der 1930er-Jahre trennte die wiederaufgerüstete Luftwaffe das Areal mit einem Deich vom Meer ab, um ein Wasserbecken für Seeflugzeuge zu erhalten. Doch die ungünstigen Wasser- und Windbedingungen machten die Landung und den Start extrem schwierig. Das Rantumbecken hatte zwar die Silhouette der Insel nachhaltig verändert, doch für seinen eigentlichen Zweck erwies es sich als ungeeignet. Nach dem Krieg sollte es dann auch trockengelegt und als Baugrund für Bauernhöfe genutzt werden. Doch man entschied sich für den Erhalt des Rantumbeckens und erklärte es 1962 zum Naturschutzgebiet. Auf dem ca. vier Kilometer langen Deich, auf dem sich zu den vielen Vögeln noch grasende Schafe gesellen, kann man schöne Spaziergänge unternehmen (→ Radtouren S. 117 und S. 226).

Eidum-Vogelkoje: Von der nach dem untergegangenen Ort Eidum benannten Fanganlage zwischen Westerland und Rantum ist nicht mehr so viel zu sehen. Wer

sich für diese Art des Vogelfangs interessiert, erfährt in der Kampener Vogelkoje mehr (→ S. 142). Vor ein paar Jahren übernahm der Verein Hegering Sylt die Pflege des Geländes der alten Vogelkoje. Ein Ausstellungsgebäude informiert mit ausgestopften Tieren und Schautafeln über die Fauna der Insel und über die Welt der Jagd.

Von Westerland aus links in Richtung der ausgeschilderten Entsorgungsstation einbiegen. Führungen Mo 10–12 Uhr, Di und Do 14–18 Uhr, Mi und Fr 16–18 Uhr. ✆ 0172/4021289.

Sankt Peter: Die Rantumer und ihre Kirchen ... Wie der Ort selbst, so musste auch das Gotteshaus des Öfteren den Dünen und dem Meer weichen. Im 15. Jahrhundert zerstörte wohl die Allerheiligenflut die erste Kirche des Ortes, und drei Nachfolgebauten wurden 1652, 1757 bzw. 1801 vom Sand verschluckt. Die heutige Ortskirche mit ihrem separaten Glockenstapel

Lohnenswerter Radweg: der Deich des Rantumbeckens

liegt gleich beim Tourismus-Service in der Ortsmitte. Sie stammt aus dem Jahr 1964 und ist eigentlich kein überragendes Baudenkmal. Einem Kenner der Sakralarchitektur mag höchstens interessant erscheinen, wie der Westerländer Architekt Heinrich Bartzen die Stilformen des Friesenhauses in den Kirchenbau integrierte. Eine recht skurrile Geschichte rankt sich allerdings um das Altargemälde von Sankt Peter, eine einfache Darstellung des letzten Abendmahls. Es schmückte ursprünglich die 1801 versandete Kirche und landete nach dem Aufgabe bei Kapitän Ebe Pohn, der es samt Kanzel für 52 Taler und 16 Schillinge ersteigerte, um mit dem guten Stück der Kajüte seines Schiffes ein wenig Glanz zu verleihen. Das Schiff selbst nannte er fortan „Segen von oben". 1965 ging das Gemälde nach einigen Irrungen und Wirrungen zurück an die Kirchengemeinde und trägt seitdem den Namen des Schiffes, auf dem es jahrelang über das Wattenmeer geschippert war.

Strandräuber – „Weil die Gelegenheit Diebe macht …"

Wenn es früher stürmte auf hoher See, dann rieb sich so mancher Sylter die Hände. Denn das ließ die Chancen steigen, dass Schiffe am Strand der Insel havarierten. Es gab sogar manchen Pastor, der zusammen mit seiner Gemeinde um einen „gesegneten Strand" bat. Denn die gestrandeten Schiffe verhießen eine satte Beute. Kaum hatte sich die Kunde von einer Havarie herumgesprochen, da strömten die Sylter zum Strand, um sich an der Ladung des Schiffes gütlich zu tun. Besonders die Rantumer sollen sich als Strandräuber hervorgetan haben, bisweilen äußerst brutal. So sollen 1713 sechs überlebende Schiffbrüchige von den am Strand wartenden Rantumern kaltblütig erschlagen und im Dünental „Dikjendeel" verscharrt worden sein. Andere skrupellose Insulaner zündeten nachts am Strand ein Feuer an und gaukelten so den mit der See kämpfenden Kapitänen ein Navigationssignal vor, um die Schiffe auf den Strand zu locken.

Strandräuberei war damit nichts anderes als Piraterie. Das sahen die Sylter natürlich etwas anders. „Frei ist der Strandgang, frei ist die Nacht", hieß es auf der Insel. Damit lag man allerdings aus Sicht der Justiz vollkommen falsch. „Was niemandem nachweislich gehört, gehört dem König", besagte schon im Mittelalter das dänische Recht. 1705 wurde das Gesetz noch verschärft: Auf Strandräuberei in schweren Fällen stand nun die Todesstrafe, auf mindere Fälle zehn Jahre Kerker. Zuständig für die Überwachung der Gesetze waren die Strandvögte, die einen schweren Stand hatten. Sie waren meist geborene Sylter und Mitglied der jeweiligen Dorfgemeinschaft, mussten aber dennoch dem Recht des Königs Geltung verschaffen, was sie mitunter teuer zu bezahlen hatten. So fiel etwa das Haus des Strandvogts Erik Mannis einem Brandanschlag zum Opfer, und Nis Bohn wurde auf seiner eigenen Hochzeit erschlagen, weil er zuvor vier Männer und drei Frauen wegen Strandräuberei vor den Richter gebracht hatte.

Doch nicht nur mit grober Gewalt setzten sich die Sylter gegen die Obrigkeit zur Wehr, sondern auch mit List und Tücke. So hatte sich einst eine junge Witwe aus Rantum nachts ein Butterfass von einem gestrandeten Schiff gesichert, als sich der Strandvogt näherte. Schnell entledigte sie sich all ihrer Kleider, und der wohlerzogene Strandvogt schlich verschämt von dannen …

Bekanntester Strandvogt war **Lorens Petersen de Hahn** (1668–1747). Der gebürtige Rantumer war schon früh zur See gefahren. Auf einem Helgoländer Fischerboot verdiente er sich mit 15 Jahren den Zunamen „de Hahn", weil er mit lautem Kikeriki die Fischer weckte. Mit Mitte zwanzig war er schon Kapitän eines Walfangschiffes und soll so viel Geld mit der Jagd auf die Meeressäugetiere verdient haben, dass er bei seinem Tod umgerechnet vier Millionen Euro schwer war. 1713 wurde der groß gewachsene, hagere Seemann zum Strandvogt ernannt und erwarb sich schon bald den Ruf eines „Zuchtmeisters der Strandräuber". In stürmischen Nächten streifte er wachsam über die Insel und setzte das Gesetz auch schon einmal mit seinen Fäusten durch. Durch seine gewissenhafte Ausübung des Amtes kam der organisierte Strandraub auf Sylt zum Erliegen. Mit 78 Jahren starb Petersen de Hahn in seinem stattlichen Haus in Westerland und hinterließ seinen Töchtern ein reiches Erbe. Sein Urenkel war übrigens der Sylter Nationalheld Uwe Jens Lornsen (→ S. 45). Die Schriftstellerin Margarete Boie verewigte den Strandvogt 1925 in dem Roman „Der Sylter Hahn".

Sylt-Quelle: Unter den sandigen Dünen Rantums verbirgt sich mehr als nur die Vorgängerdörfer. In 650 Metern Tiefe sprudelt eine Mineralwasserquelle. Seit 1993 wird das Wasser unter dem Strandabschnitt Samoa abgezapft und

Genuss- und Kunstraum

durch eine Pipeline an den Rand des Rantumbeckens zur Abfüllanlage der Sylt-Quelle am Rantumer Hafen gepumpt, wo es mit Kohlensäure versetzt wird. Das allein wäre schon bemerkenswert – wer vermutet auf Sylt Mineralwasservorkommen? –, doch hat sich die Sylt-Quelle darüber hinaus einen Namen als Kunstmäzen gemacht. Und so werden in der lichtdurchfluteten Galerie des Quellenhauses das ganze Jahr über wechselnde Ausstellungen zeitgenössischer Kunst gezeigt. Darüber hinaus vergibt die Sylt-Quelle Arbeitsstipendien für Künstler, darunter auch eines für den „Inselschreiber Sylt", der sich dann acht Wochen auf der Insel aufhalten darf, um zu dichten. Zu den derart Verwöhnten gehörten schon renommierte Autoren wie Feridun Zaimoglu, Juli Zeh und Moritz Rinke. Noch mehr Kunst, genauer gesagt Theater, Konzerte und vor allem Kabarett, gibt es neben dem Rundbau der Sylt-Quelle in der sogenannten Event-Halle. Zur besten Reisezeit, nämlich im Juli und August, bringen dort unter dem Label „Meerkabarett" bekannte Comedians und allerlei sonstige Entertainer ihre Programme auf die Bühne. Zu guter Letzt bietet die Sylt-Quelle auch noch Kulinar-Kunst an, und zwar im hauseigenen Restaurant mit dem ambitionierten Namen „genuss:raum" (→ Essen & Trinken).

Hafenstraße 1, Info-Hotline & Kartenverkauf: ✆ 92033, info@kunstraum-syltquelle.de, www.sylt-quelle.de.

Basis-Infos

Telefonvorwahl: 04651

Fahrradverleih Fahrradverleih Rantum, Stiindeelke 1, ✆ 0170/3272076.

Leksus, Strandstraße 8, ✆ 835000.

Internet Im **Tourismus-Service** und am **Campingplatz** finden sich zwei WLAN-

Hotspots, die aber nicht umsonst sind. Ein PC-Terminal mit Internetzugang steht im Tourismus-Service. Für dessen Benutzung wird ebenfalls eine Gebühr erhoben.

Kinder Kinder-Uni Sylt. Wie kommt der Sand an den Strand? Warum ist die Scholle platt? Diese und viele Fragen mehr werden in Seminaren und Vorträgen der Kinderuniversität behandelt, die im Erlebniszentrum Naturgewalten in List (→ S. 160) und in der

Im Sommer kommen namhafte deutsche Kabarettisten nach Rantum

Sylt-Quelle in Rantum veranstaltet werden. Die Seminare finden im Juli/August zweimal die Woche statt und beginnen jeweils um 11 Uhr. Der Eintritt kostet 5,50 €. Eine Voranmeldung ist dringend angeraten (in List unter ☎ 836190, in Rantum unter ☎ 920312). Mehr Informationen und die genauen Termine unter www.kunstraum-syltquelle.de/de/wissen/ bzw. www.die-kinder-uni.de.

Kids on the Beach. Die Surfschule „meerspass" (→ „Aktiv in Rantum") bietet für Kinder mit dem bronzenen Schwimmabzeichen Kurse an, die nicht nur Bodysurfen und Schwimmen beinhalten, sondern auch Wissen über das Watt und das Meer vermitteln wollen (inklusive einer Wattwanderung). Drei Tage kosten 60 € pro Kind. Anmeldung im Tourismus-Service (☎ 80777) oder im Dorfhotel Rantum (☎ 4609100).

Kurabgabe → S. 74.

Postleitzahl 25980

Strandkörbe Auch in Rantum gilt: Sie können sich Ihren Korb direkt am Strand mieten oder sich im Internet (www.rantum.de) im Voraus (mindestens 21 Tage vorher) eine windgeschützte Sitzgelegenheit sichern. Im Juli und August sind die Körbe am teuersten: 8,50 €/Tag. Je länger man mietet, desto günstiger wird's. Wer im Winter schon weiß, wo er im Sommer am Strand sitzen will, kann sich auch einen Frühbucherrabatt sichern.

Strandsauna Rantum kann gleich mit zwei Saunen aufwarten. Die **Strandsauna Rantum** liegt am Strandübergang beim Campingplatz Rantum. Man hat es also

nicht weit von der Sauna ins kühlende Meer. Mitte Mai bis Mitte September 11–19 Uhr, in der Nebensaison 11–17 Uhr. Es gibt auch eine Vollmondsauna. 2 Stunden 9,90 €, ein ganzer Tag 14,50 €. Hörnumer Straße 3, ☎ 834186, rantum@strandsauna.de, www.strandsauna-sylt.de.

Die **Strandsauna Samoa** liegt südlich von Rantum an den Dünen des gleichnamigen Strandabschnitts. Auch hier ist es vom Schwitzbad in die Nordsee nicht weit. April/Mai und September/Oktober 12–18 Uhr, Juni–August 11–19 Uhr, sonst unterschiedliche Öffnungszeiten oder Betriebspause. 14 € kostet die Karte, von 17.30 bis 19 Uhr gilt ein Kennenlernpreis von 8 €. Hörnumer Straße 70, ☎ 957942 oder ☎ 22165, www.strandsauna-samoa.de.

Touristeninformation Der **Tourismus-Service Rantum** liegt in der Ortsmitte bei der Kirche. Mo–Fr 9–17 Uhr. Strandstraße 7, ☎ 80777, 🖷 80766, info@rantum.de, www.rantum.de.

Veranstaltungen Im Sommer (Juli/August) wird Kleinkunst in der Sylt-Quelle großgeschrieben. Dann geben sich beim **Meerkabarett** die aus Funk und Fernsehen bekannten Kabarettisten in Rantum die Klinke in die Hand. Piet Klocke, Eckart von Hirschhausen, Florian Schröder oder Hagen Rether sind nur einige der Namen, die auf den Veranstaltungsplakaten auftauchen. Das Programm liegt bei den Tourismusinformationen aus oder findet sich unter www.meerkabarett.de. Tickethotline ☎ 4711 oder ☎ 040/47110644.

In der Ortsmitte finden sich noch putzige Friesenhäuser

Einkaufen (→ Karte S. 223)

Mode　Sansibar **6** Nein, das Geschäft am Hafen ist kein Ableger des berühmten Strandrestaurants, sondern hier wird die Modemarke des Sansibar-Besitzers (siehe auch S. 225) an den Sylturlauber gebracht. Dabei ist die hier angebotene Kleidung nicht besonders außergewöhnlich, aber sie trägt die gekreuzten Schwerter, das Markenzeichen der Sansibar. Das hat seinen Preis. Polohemden gibt es ab 100 € aufwärts. Im benachbarten Outlet sind die Waren teilweise bis zu 50 % reduziert. Hafenstraße 6/8, ✆ 9676321 bzw. ✆ 835850 (Outlet), www.sansibar.de.

Strandkörbe　Sylter Strandkörbe **7** Ob grün, blau oder gelb gestreift, ob Ein-, Zwei- oder Dreisitzer – die Strandkörbe werden in dem Traditionsbetrieb noch auf Sylt selber gebaut und weltweit geliefert. Laut Werbung des Geschäfts, in dem es auch Gartenmöbel zu erwerben gibt, hat sogar Johannes B. Kerner seinen Strandkorb hier fertigen lassen. Hafenstraße 10, ✆ 22843, www.sylt-strandkoerbe.de.

Aktiv in Rantum (→ Karte S. 223)

Laufen　Der Tourismus-Service veranstaltet im September einen Lauf rund um das Rantumbecken. Die 10 km lange Strecke führt über den Damm und durch Wald und Marschlandschaft. Die Teilnahme kostet 15 € und beinhaltet auch eine Massage im Dorfhotel – nach dem Lauf, versteht sich. Genaue Termine und Anmeldung beim Tourismus-Service Rantum (siehe oben).

Minigolf　Am Hafen gibt es einen **Minigolfplatz 8**, anbei auch eine kleine Tennisanlage. Hafenstraße 12, ✆ 22584.

Strandgymnastik　Fit halten an der erfrischenden Meeresluft kann man sich direkt am Strand. Die Termine hält die Touristeninformation bereit.

Surfen　meerspass. Wellenreiten und Windsurfen stehen auf dem Programm. Die Einsteigerkurse gehen über drei Tage (90 € bzw. 150 €) und finden am Weststrand Rantum statt. Einmal in der Woche gibt es für Unentschlossene einen 3-stündigen Schnupperkurs für 50 €. Anmeldung im Tourismus-Service (✆ 80777) oder im Dorfhotel Rantum (℡ 4609100), www.meer spass.info.

Wellness/Schwimmen Das **Hallenbad** (10 x 15 m) und der **Wellnessbereich** des

Dorfhotels Sylt stehen auch außerhäusigen Gästen offen. Tageskarte fürs Schwimmbad 17 €. Hafenstraße 1a, ℡ 46090, www. dorfhotel-sylt.com.

Ⓤ Übernachten

(→ Karte S. 223)

Campingplätze Campingplatz Rantum **1** Von Westerland aus gesehen, liegt der Platz vor dem Ortseingang Rantums. Nach Westen muss man 400 m zum Strand laufen, im Osten hat man einen schönen Blick über das Rantumbecken. Eine Bäckerei und ein Laden sowie das Restaurant Tiroler Stuben finden sich auf dem Platz. Für internetsüchtige Camper gibt es gegen eine Gebühr einen WLAN-Zugang. Mit einer Buchungsbestätigung des Campingplatzes fährt man mit seinem Wohnwagen günstiger über den Hindenburgdamm. Wohnwagen-Stellplätze 15–20 €, Zelte 6,50–8,50 €, Erwachsene 4,80 €. Hörnumer Straße 3, ℡ 80755, ℡ 834062, info@camping-rantum.de, www.camping-rantum.de.

Ferienwohnungen Es gibt unzählige Ferienwohnungen in Rantum. Die Ruhe in Unterkünften an der Hörnumer Straße kann tagsüber doch recht getrübt werden. Auf der Straße in den Süden ist gerade in der Hauptsaison viel los, abends ist es allerdings ruhiger. Buchen kann man die Wohnungen über den Tourismus-Service Rantum, aber auch im Internet: www.rantum.de. Der größte Wohnungsanbieter in Rantum ist die Firma **Rose & Rose**, Stiindeelke 1, ℡ 28291, www.rose-rose.de. Die Appartementvermietung hat auch Wohnungen in Keitum im Angebot.

Hotels Dorfhotel Rantum **2** Die große Hotelanlage aus fünf Häusern mit ihrer typischen Vorstadtarchitektur wirkt in Rantum ein wenig wie ein Fremdkörper. Das Projekt war 2006/2007 nicht unumstritten in der Gemeinde, der Streit zog seine Kreise bis in die überregionale Presse. Trotz aller Kritik an dem Hotel bietet die Anlage des TUI-Konzerns nett eingerichtete Appartements in drei verschiedenen Größen. Zwei Restaurants, ein Schwimmbad und ein Kinderclub gehören ebenfalls zum Komplex. In der Hauptsaison beginnen die Preise für ein Appartement bei 200 €. Außerhalb der Saison gibt es auch günstigere Arrangements. Hafenstraße 1a, ℡ 4609-0, ℡ 4609-100, info@dorfhotel-sylt.com, www.dorfhotel-sylt.com.

Söl'ring Hof **9** Wohnen auf Sylt in elegant eingerichteten Zimmern direkt in den Dünen und unter Reetdach – ein Schritt aus dem Hotel, und man ist direkt am Meer. Abends isst man im 2-Sterne-Restaurant, vorher hat man sich natürlich im Wellnessbereich entspannt. Das ist nicht billig: Die Zimmerpreise des Nobelhotels auf dem Dünenkamm beginnen bei 385 € für zwei Personen. Am Sandwall, ℡ 836200, ℡ 8362020, www.soelring-hof.de.

Landhaus Rantum 13 Das weiße, reetgedeckte Hotel liegt in der Ortsmitte direkt an der Straße nach Hörnum. Die Zimmer und Suiten sind im modernen Landhausstil eingerichtet. Das Hotel vermietet auch Appartements in nahe gelegenen Gebäuden. Die Hotelpreise beinhalten Frühstück und ein Drei-Gänge-Menü im Restaurant Coast. DZ 236 €, Suiten 128 €/Person. Stiindeelke 1, ℡ 1660, ℡ 21096, info@Landhaus-Rantum.de, www.Landhaus-Rantum.de.

Haus Hanseat 11 Das Hotel wird in dritter Generation geführt, das Haus wurde allerdings 2007 komplett neu errichtet. „Kleines Friesenhotel" nennt es sich. Das reetgedeckte Haus erhebt sich auf einer Düne beim Ortszentrum. Die Zimmer sind gemütlich im Landhausstil eingerichtet. Die Preise variieren je nach Größe und Lage des Zimmers im Erd- oder Obergeschoss. [83–95 €, DZ 118–148 €. Dünem Wai 2, ℡ 256, ℡ 28431, info@hanseat-sylt.de, www. hanseat-sylt.de.

Alte Strandvogtei 14 An den Salzwiesen am Wattenmeer liegt das weiß verklinkerte, reetgedeckte Hotel, das 2009 neu gebaut wurde. Der Frühstücksraum verbreitet Pesel-Atmosphäre. Die 7 Doppelzimmer und 12 Suiten sind im modernen Landhausstil ohne viel Schnörkel eingerichtet. Das Hotel bietet auch Appartements an. DZ 180–230 €, Suiten ab 290 €. Merret-Lassen-Wai 6, ℡ 92250, ℡ 29157, info@alte-stadtvogtei.de, www.alte-strandvogtei.de.

Hotel Watthof 15 Das dreiflügelige Friesenhaus liegt am Wattenmeer. Die meisten der 36 Zimmer blicken nach Osten und sind gehoben-gemütlich eingerichtet. Ein Wellnessbereich mit einem kleinen Schwimmbad ist ebenfalls im Angebot. Das Frühstücksbuffet bekommt man im friesisch ausgestatteten Frühstücksraum. Essen kann man im hoteleigenen Restaurant Schaper's. EZ 170 €, DZ 210–295 € (der Preis richtet sich nach der Lage des Zimmers), Suiten ab 310 €. Alte Dorfstraße 40, ✆ 8020, ✎ 80222, info@watthof.de, www.watthof.de.

Essen & Trinken

Restaurants   Coast 🔟 Das Restaurant mit Anspruch gehört zum Hotel Landhaus Rantum und ist modern und schick mit Pesel-Anklängen eingerichtet. Auf der Karte stehen Gerichte wie „Heilbuttschnitte mit mildem Senfrisotto" (26 €) oder „Kaninchenroulade mit glasiertem Pak Choi" (27 €). Ab 9 Uhr geöffnet. Stiindeelke 1, ✆ 1551, ✎ 21096, www.restaurant-coast.de.

Dorfkrug 🔟 Der Gastraum des Restaurants in der Ortsmitte überrascht. Schön eingedeckte Tische und eine Einrichtung mit gewollter Patina. Auf der Karte steht bürgerliche Küche Sylter Art: Scholle, Steinbutt und halbe Ente. Hauptspeisen ab ca. 17 €. Am Mittwoch wird der Pizzatag ausgerufen. Mittags bis 15 Uhr, abends ab 18 Uhr geöffnet, Mo Ruhetag. Stiindeelke 2, ✆ 6255.

Dorint Söl'ring Hof 🟨 Der Koch Johannes King hat schon zwei der begehrten Michelin-Sterne ergattern können. Sein Schwerpunkt liegt auf regionaler Küche mit äußerst gehobenem Anspruch. Die Zutaten seiner Gerichte kommen zum großen Teil direkt von der Insel, das gilt selbst für die Kräuter. Die Gourmetkritik kommt angesichts seiner Küche ins Schwärmen und erklärt sie zum „Gesamtkunstwerk". Vom eleganten, leicht rustikalen Gästeraum kann man dem Meister direkt beim Kochen zuschauen, vorausgesetzt, man hat reichlich im Voraus reserviert. Nur so kommt man in den Genuss der Gourmetmenüs (ab 135 €). Das Restaurant befindet sich im gleichnamigen Hotel. Ab 18.30 Uhr geöffnet, So Ruhetag. Am Sandwall 1, ✆ 836200, ✎ 8362020, www.soelring-hof.de.

≫ Mein Tipp: Räucherei am Hafen 🟨 Auf den ersten Blick macht die Räucherei nicht viel her. Eine kleine Durchreiche, davor immerhin überdacht ein paar Plastiktische. Doch das Brötchen mit geräuchertem Aal ist wirklich zu empfehlen. Lecker auch die Bratheringe direkt aus der Pfanne auf den Teller (6 €). 10–18 Uhr. ✆ 835896. ≪

Hus in Lee 🔟 Am Ortsausgang Richtung Hörnum liegt das Restaurant mit einem tollen Garten und einem Spielplatz. Die Gaststube ist gemütlich verwinkelt. Auf der Karte findet sich die typische Sylter Küche von Matjes bis Pannfisch (Hauptspeisen ab ca. 17 €). Nachmittags gibt's auch Süßes und Selbstgebackenes. Besonders empfehlenswert sind die Waffeln! Ab 12 Uhr geöffnet. Hörnumer Straße 26, ✆ 21589, ✎ 29334, www.hus-in-lee.de.

Richter's Restaurant 🟨 In einem reetgedeckten Neubau hinter dem Ortseingang gelegen. Hell eingerichtet, mit großem Garten. Auf der Karte bodenständige regionale Küche, die Finkenwerder Scholle (ca. 18 €) schmeckt! Für die Kleinen gibt es eine extra Pommes-Karte. Täglich ab 12 Uhr geöffnet. ✆ 9954810, ✎ 9954811, www.richters-sylt.de.

Zutritt nur für Feinschmecker:
das Sternerestaurant Söl'ring Hof

Übernachten

1 Campingplatz Rantum
2 Dorfhotel Rantum
9 Söl'ring Hof
11 Haus Hanseat
13 Landhaus Rantum
14 Alte Strandvogtei
15 Hotel Watthof

Essen & Trinken

1 Tiroler Stuben
3 Richter's
4 genuss:raum sylt quelle
5 Räucherei am Hafen
9 Söl'ring Hof
10 Dorfkrug
12 Strandmuschel
13 Coast
15 Schaper's
16 Hus in Lee
17 Seepferdchen
18 Sansibar
19 Tadjem Deel

Einkaufen

6 Sansibar (Mode)
7 Sylter Strandkörbe

Sonstiges

8 Minigolf

Das Dorfhotel gibt sich nicht typisch friesisch

Schaper's im Watthof 15 Das Restaurant des Hotels Watthof erstreckt sich über drei gemütlich eingerichtete Räume und hat sich der gehobenen Küche verschrieben (Hauptspeisen ab ca. 26 €). Nachmittags ab 14 Uhr werden Kaffee und Kuchen angeboten, ab 18 Uhr öffnet das Restaurant seine Tore, Di Ruhetag. Alte Dorfstraße 40, ✆ 80220, ✆ 80222, www.watthof.de.

Strandmuschel 12 Direkt am Hauptstrand schmiegt sich das Strandbistro in die Dünen. Hier sitzt man vor allen Dingen draußen und stärkt sich nach einem anstrengenden Tag am Strand. Geboten werden Tapas, Ofenkartoffeln und Eintöpfe, aber auch wechselnde Tagesgerichte wie die Seeteufel-Medaillons mit Safran-Schaum (ca. 26 €). Von Ostern bis Oktober geöffnet und dann bis mindestens 22 Uhr. Strandstraße 30 (am Zugang zum Hauptstrand), ✆/✆ 27175, www.strandmuschel-sylt.de.

genuss:raum sylt quelle 4 Der Name verrät es, das Restaurant liegt im turmartigen Gebäude der Sylt-Quelle. Nachdem man im ersten Geschoss Kunst genossen hat, kann man sich im Erdgeschoss stärken. Ungewöhnlich sind die orange überzogenen Stühle im sehr modern-schlichten Ambiente. Geboten wird eine dazu passende moderne Crossover-Küche (Hauptspeisen ab ca. 15 €). Der genuss:raum öffnet Mo 11–17 Uhr, Di–So 11–20 Uhr. Hafenstraße 1, ✆ 920320, ✆ 92034, www.genussraum.info.

Seepferdchen 17 Tagsüber ist das Seepferdchen ein typisches Sylter Strandre-

staurant mit kleinen Gerichten. Abends wird die Küche gehobener, dann gibt es z. B. „Saltimbocca vom Dorschfilet" für ca. 21 €. Draußen gibt es einen Spielplatz mit Wikingerschiff, die Terrasse bietet einen tollen Blick. Das Restaurant liegt nämlich an der schmalsten Stelle Sylts. Nur 400 m trennen hier Nordsee und Wattenmeer. Ganzjährig und täglich geöffnet ab 12 Uhr. Am Strandabschnitt Samoa. Hörnumer Straße 70, ✆ 5579, ✆ 201624, www.samoa-seepferdchen.de.

Tadjem Deel 19 Eine Holzhütte in den Dünen mit rustikalem Charme. Doch das Restaurant hat mehr zu bieten. In der zum äußeren Erscheinungsbild passenden Gaststube kommt abends Fisch von Sylter Fischern auf den Tisch. Hier ist also alles frisch und hat seinen Preis (Hauptgerichte ab ca. 20 €). Tagsüber gibt es günstigere Gerichte für die Strandurlauber. Ostern bis Ende Oktober ab 10.30 Uhr geöffnet. Am gleichnamigen Strandabschnitt am Ortsausgang Richtung Hörnum. Hörnumer Straße 60, ✆ 23161.

Tiroler Stuben 1 Das Restaurant liegt gleich an der Einfahrt zum Campingplatz. Was der Name verspricht, wird im Ambiente und auf der Karte gehalten. Eine typische Bergstube erwartet den Besucher, auf der Karte stehen neben Sylter Klassikern wie Kutterscholle auch österreichische Gerichte wie „Zillertaler Kasspatzl'n" ab ca. 12 €. 12–22 Uhr geöffnet, Di Ruhetag. Hörnumer Straße 3, ✆ 835333.

Sansibar – prominent in den Dünen

Zwei Fragen stellen sich bei dem Phänomen der berühmten Sansibar. Nummer eins: Was ist eigentlich so besonders an dem Restaurant? Auf den ersten Blick nichts. Von außen ähnelt das Restaurant all den anderen Strandbistros auf Sylt. Einfach und schlicht: eine Holzhütte. Auch innen bleibt der Charakter eines Strandrestaurants mit einfachen Holzmöbeln gewahrt. Doch schon der Parkplatz vor den Dünen, in denen die Sansibar liegt, macht klar: In diesem Restaurant trifft sich nicht irgendwer. Ein Premium-Automobil reiht sich ans nächste. Beim ersten Besuch des Autors hatte sogar ein bekannter Stuttgarter Autohersteller einen eigenen Pendelservice für die Gäste der Sansibar eingerichtet. Hier trifft sich eben die Prominenz aus Wirtschaft, Gesellschaft oder Politik. Auf den Holzbänken reihen sich dann Manager, Millionäre und Medienstars. Doch auch als Normalsterblicher findet man hier mittags noch einen Platz. Ist es also dieses Nebeneinander von

„Kommerz, Schick und Freizeit", das das Besondere ausmacht, wie die „Frankfurter Allgemeine Sonntagszeitung" vermutet? Laut Nachrichtenmagazin „Der Spiegel" liegt das Erfolgsgeheimnis in der Person des Chefs Herbert Seckler, „bei dem sie alle das Gefühl haben dürfen, sich nicht verstellen zu müssen". Oder ist es der von vielen Gästen gelobte Service des Restaurants? Seckler beschäftigt immerhin 160 Serviceangestellte. Auch die Küche wurde schon hoch gelobt. Der Gault Millau kürte Seckler zum Restaurateur des Jahres 2009. Was die Faszination ausmacht, bleibt also letztlich unbeantwortet. Fest steht: Seckler und seine Sansibar sind eine Institution auf Sylt. Der geschäftstüchtige Schwabe hat sein Betätigungsfeld aber noch weiter ausgedehnt. Unter dem Restaurant liegt ein Weinkeller mit 120.000 Flaschen, die auch über einen eigenen Weinhandel vertrieben werden. Das Wahrzeichen des Restaurants, die zwei gekreuzten Piratensäbel, sind zu einem Markenzeichen geworden. Sogar ein eigenes Modelabel ist daraus entstanden.

Die zweite Frage zur Sansibar hat der Chef immerhin selbst beantwortet: Heißt es nun *die* Sansibar oder *das* Sansibar? „Meine Frau meint, es muss ,die' heißen, sonst würde ich nicht so viel Zeit hier verbringen."

Die Sansibar bietet neben einer reichen Weinauswahl eine wechselnde Tageskarte mit Hauptgerichten ab ca. 15 €. Abends ziehen die Preise aber an, dann zahlt man für ein Hauptgerichte ab ca. 23 €. Geöffnet wird das Restaurant ganzjährig um 10.30 Uhr, das Ende ist offen. Wenn Sie abends im Sommer hier speisen wollen, sollten Sie sich im Februar Gedanken um eine Reservierung machen. Mittags kann man in der Sansibar aber noch ein Plätzchen finden. Die **Sansibar** 18 liegt am gleichnamigen Strandübergang ca. 2 Kilometer hinter dem südlichen Ortsausgang Rantums. Hörnumer Straße 80, ☎ 964646, www.sansibar.de.

Auf dem Nössedeich grasen die Schafe

Radtour 3:
Von Rantum über Morsum nach Keitum

Bei dieser Tour haben Sie mit Sicherheit einmal Gegenwind. Sie führt einmal um den Osten Sylts und im letzten Teil von Morsum nach Keitum auch über sehr holprige Feldwege. Sie sollten die Tour, wenn es irgendwie möglich ist, bei Ebbe machen. Dann erstreckt sich bei dem langen Stück entlang des Nössedeichs vor Ihnen das leergelaufene Wattenmeer.

Länge: ca. 23 Kilometer

Dauer: ca. 2–3 Std. je nach Windrichtung und -stärke

Hinweis: Sie können die Tour auch von Westerland starten. Fahren Sie dann einfach von Westerland über die Tinnumburg bis zum Beginn des Rantumbeckens (→ Radtour 2, S. 118). Die Tour abzubrechen ist im Übrigen nicht so einfach wie bei den Touren 1 und 2. Vom Nössedeich bis zu den Bushaltestellen in den Ortschaften ist es immer ein ganzes Stück Wegstrecke.

Wegbeschreibung: Wir beginnen die Tour an der Bushaltestelle Rantum-Nord, sodass wir bequem mit dem Bus zum Startpunkt kommen können. Wir fahren am Restaurant „Richter's" vorbei Richtung Wattenmeer, also nach Osten. Auf der linken Seite kommen wir an einem Sport-

platz vorbei und biegen links beim großen Ziegelsteinbau des ADS-Heims ab. Vor uns liegt das moderne Gebäude der Sylt-Quelle, wir fahren nun rechts auf die Straße in Richtung Rantumer Hafen. Wir folgen der Straße – sie macht einen Knick nach links – und fahren gleich danach halblinks in einen kleinen asphaltierten Weg, der uns zum Rantumbecken führt. Dort geht's weiter durch das Gatter links auf den Damm, der das Becken vom Wattenmeer trennt. Vom Damm aus haben wir eine schöne Sicht über das Wattenmeer und dem großen Vogelreservat, das aus dem ehemaligen Landebecken für Wasserflugzeuge entstanden ist. Leider ist man auf dem Weg auch stark dem Wind ausgesetzt. Bläst er in Fahrtrichtung, ist die Strecke ein anstrengungsloses Vergnügen, bläst er hingegen ins Gesicht, kann das Ganze mühsam werden.

Nach ca. vier Kilometern haben wir das Ende des Damms erreicht und fahren bei den hier stehenden Hütten rechts auf dem Radweg hinunter an den Nössedeich. Der vom sogenannten Reichsarbeitsdienst 1936/37 angelegte Deich schützt den Nössekoog vor Sturmfluten. An dem Deich geht es nun am Wattenmeer entlang. Nach ca. zwei Kilometern erreichen wir ein Hindernis, das uns auf dieser Strecke noch öfter begegnen wird: eine Schafschranke. Hier müssen wir absitzen und das Rad hinübertragen. Nach ca. zwei Kilometern passieren wir den Abzweig nach Archsum, wo bei Ebbe die Überreste einer prähistorischen Steinringanlage zu bewundern sind.

Nach noch einmal vier Kilometern Fahrt am Deich entlang können wir an ein paar Strandkörben Rast machen, die einen unbewachten Bade-strand markieren. Etwa einen Kilometer weiter – nachdem der Weg noch einmal einen Knick Richtung Norden gemacht hat – erreichen wir den Abzweig nach Morsum. Wir überqueren den Deich und fahren dann gleich geradeaus weiter auf der Landseite am Deich entlang, bis wir mal wieder auf eine Schafschranke stoßen. Gleich nach der Schranke müssen wir links in den Weg ebenfalls durch ein Gattertor einbiegen. Nun wird es wieder ländlich. Wir fahren den Weg bis zu einer Gabelung und biegen dort rechts ab. Wir befinden uns nun in Osterende, einem Ortsteil Morsums. Hier reihen sich einige schöne, wenn auch nicht immer historische Friesenhäuser aneinander. Nach ca. 500 Metern biegen wir an einer Wegkreuzung links ab und gleich 100 Meter weiter wieder rechts in den Gungwai ein. Auch den radeln wir entlang, bis wir wieder eine Weggabelung erreichen, an der wir nach links in die Straße namens Uasterhörn einbiegen. Dort geht es

Ländliche Idylle hinter dem Deich bei Morsum

Rantum → Karte S. 223

immer geradeaus weiter, wir passieren unter anderem das hinter einer Hecke versteckte Clubhaus des Golfclubs Morsum.

Weitere 300 Meter weiter kommen wir an eine Kreuzung, auf der es links Richtung „Fränkische Weinstuben" geht. Wir fahren aber weiter geradeaus, auf der rechten Seite kommen wir an einigen Greens des Golfclubs vorbei. 200 Meter nach der Kreuzung würde es geradeaus auf einen Schotterweg gehen, da wir aber die Bahnstrecke queren müssen, fahren wir links auf den Weg „Zum Wäldchen". Den geht es bis zu seinem Ende durch, dann rechts auf den etwas stärker befahrenen Nösistig. Der führt uns über eine die Bahnstrecke überspannende Brücke, an deren Ende wir nicht Richtung Morsum-Kliff fahren, sondern uns links halten. Nach einer Kurve, die uns kurz links und dann rechts leitet, biegen wir rechts in den Nuurhörn ein. Es geht an Ferienhäusern und einer Gaststätte vorbei, bis vor uns schon das Wasser zu sehen ist. Wir fahren jedoch nicht geradeaus auf dem Weg weiter, sondern biegen links in eine ungepflasterte Straße ein und beneiden die Menschen, die in den reetgedeckten Häusern mit Blick aufs Wattenmeer wohnen oder Urlaub machen. Am Ende des Weges geht es links in eine gepflasterte Straße, der wir weiter folgen. Nach einem Kilometer haben wir den Ortsausgang von Morsum erreicht und fahren nun durch die Felder, auf denen die Kühe beim Grasen einen herrlichen Blick auf das Wattenmeer haben.

Wir folgen der Straße, bis wir den Bahnübergang erreicht haben. Dort geht es halbrechts auf den asphaltierten Weg (nicht die Gleise überqueren) und eine Weile parallel zu den Bahngleisen. Kurz vor dem nächsten Bahnübergang biegen wir rechts auf den asphaltierten Weg ein, nach einem kurzen Stück macht er einen Knick nach links. Wir folgen dem Weg. Vor uns eröffnet sich ein schöner Blick über die Marschlandschaft und auf unser Ziel Keitum.

Nach etwa einem Kilometer haben wir Keitum erreicht. Gleich nach dem Ortseingangsschild biegen wir nach rechts ab. Die Straße steigt leicht an und macht einen Knick nach links. Sie heißt „Am Tipkenhoog", der Grund wird schnell klar, denn wir passieren die zwei vorgeschichtlichen Steingräber Harhoog und Tipkenhoog (→ S. 180). Von hier hat man einen herrlichen Blick auf das Wattenmeer, Keitum und das weiter nördlich gelegene Munkmarsch. Auf unserem Weg in die Dorfmitte kommen wir am Friesensaal und der Bauruine der Keitumer Therme vorbei. Wir fahren so lange geradeaus, bis unser Weg den Mühlenweg kreuzt, in den wir vor der reetgedeckten Polizeistation links einbiegen. Wir radeln noch etwa 200 Meter, dann haben wir die Bushaltestelle „Schnittis Eck" erreicht, die nach Peter Schnittgard, dem dienstältesten Kurdirektor Schleswig-Holsteins benannt ist. Hier endet unsere Radtour.

Bei einem Spaziergang um die Hörnum-Odde ist man den Elementen ganz nah

Hörnum

Mehr Meer geht auf Sylt nicht. Von drei Seiten wird Hörnum vom Wasser umspült. Bei einer Umrundung der Südspitze, der Hörnum-Odde, kann man zusehen, wie die Insel schrumpft.

Man muss auf der Straße von Rantum allerdings schon ein ziemliches Stück gen Süden fahren, um die spektakuläre Szenerie rund um Hörnum richtig genießen zu können. Auch auf die für Sylt so typischen reetgedeckten Häuser stößt man erst später, dann aber präsentieren sie sich in wirklich sehr hübscher Lage mitten in den Dünen und sehr nah am Meer. Zunächst jedoch dominieren bei der Anfahrt ehemalige Kasernengebäude das Bild, denn Hörnum wurde wie sein nördlicher Nachbarort Rantum von den Nazis in den 1930er-Jahren massiv aufgerüstet, nachdem hier bereits im Ersten Weltkrieg Soldaten der sogenannten Inselwache stationiert waren. Zwar dienen die roten Ziegelsteingebäude heute friedlichen Zwecken – sie beherbergen unter anderem die Jugendherberge sowie zwei Jugend- und Kindererholungsheime –, doch wirkliche Urlaubsatmosphäre vermitteln die Bauten nicht. Auch rund um den Hafen ist die Bebauung militärischen Ursprungs. Die recht hübsch anzusehenden, weiß getünchten Häuser wurden einst für die Familien der Soldaten errichtet.

Überhaupt der Hafen: Er ist das eigentliche Kernstück des Ortes, denn von hier dampfen die Ausflugsschiffe Richtung Föhr, Amrum und Hallig Hooge. Der Hafen hat für den Ort aber noch eine tiefere Bedeutung, ja, genau genommen gäbe es Hörnum ohne seinen Hafen überhaupt nicht: 1899 entschloss sich der Generaldirektor der Schifffahrtslinie HAPAG, Albert Ballin, das natürliche Hafenbecken beim heutigen Ort zu nutzen, um dort eine Schiffs-anlegestelle zu bauen und damit die Seepassage zur Insel zu verkürzen. Bis dato war die Gegend wegen der See- und Strandräuber verschrien gewesen, die sich hier angeblich ihr Versteck eingerichtet hatten. Außerdem war es hier zu einigen schweren Schiffshavarien gekommen, die einen Strandvogt im 18. Jahrhundert dazu veranlasst hatten, eine Schutzhütte auf der Südspitze der In-sel zu errichten, in der Schiffbrüchige Unterschlupf finden konnten. Sie verfiel aber bald, wie überhaupt die Zivilisation Sylts bis zur besagten Initiative Ballins im nördlich gele-genen Ort Rantum endete.

Die Robbe und ihre Fans

1901 war es dann so weit. Die HAPAG machte Nägel mit Köpfen und eröffnete eine Schifffahrtslinie von Hamburg über Helgoland nach Hörnum. Zeitgleich wurde die Insel-bahnstrecke nach Süden erweitert, fünf Jahre später der Leuchtturm ein-geweiht. Das kleine Dorf Hörnum war geboren, auch wenn es 1918 erst 21 Einwohner zählte. Für die weitere Entwicklung des Ortes sorgte dann wie erwähnt das Militär, für dessen Belange Hörnum ab Mitte der 1930er-Jahre sukzessive ausgebaut wurde. Gegen Ende des Zweiten Weltkrieges lebten hier bereits über 1000 Menschen. So viel Militär ge-hörte natürlich auch geschützt. Um den Ort herum sowie an der Süd-spitze der Insel entstand eine ganze Reihe von Betonbunkern. Zwei Jahre nach Ende des Krieges machte sich der Ort, der vorher von Rantum aus verwaltet worden war, selbstständig. Wiederum zwei Jahre später durfte sich Hörnum Nordseeheilbad nennen. Und obwohl es hier noch Fischer gibt, die ihren Fang am Hafen anlanden, lebt Hörnum mittlerweile fast ausschließlich vom Fremdenverkehr.

Die Geschichte des Ortes ist aber nicht zu Ende erzählt, wenn man die Attrak-tion der letzten Jahre unerwähnt lässt. Und auch hier spielt wieder der Hafen die Hauptrolle. Oder – besser gesagt – sein besonderer Gast: Willi. Die Kegel-robbe hat erkannt, dass sie im Hafen von begeisterten Touristen mit Fisch ge-füttert wird und kommt nun Jahr für Jahr im Sommer nach Hörnum, um sich die einfach verdienten Leckereien abzuholen. Doch nicht nur sich selbst hält die hungrige Robbe in Lohn und Brot. Die Fischer verkaufen den Touristen Heringe, damit sie Willi etwas zum Fressen geben können, wenn das Tier sie

Beschauliches Plätzchen mit Blick zur Odde

mit seinen Kulleraugen anschaut. Schon als Jungspund soll die Robbe erkannt haben, dass es bei den Menschen etwas zu holen gibt. Sie klopfte bei Anglern schon einmal an die Bordwand, um ihren Anteil an den gefangenen Fischen zu fordern. Einen kleinen Haken hat die Geschichte dennoch: Willi ist falsch benamst worden – bei der Kegelrobbe handelt es sich nämlich um eine Dame.

Sehenswertes

Leuchtturm: Genauso muss ein Leuchtturm aussehen! Rot-weiß gestreift mit einer schwarzen Haube. Der Leuchtturm „Hauptfeuer Hörnum-Odde" – so sein offizieller Titel – ist wirklich wie aus dem Bilderbuch. Ein Unikat ist er allerdings nicht. Der 1907 erbaute Turm ist ein Serienmodel, auf Pellworm und Westerheversand finden sich seine Pendants. Sein massives Äußeres täuscht übrigens, der Leuchtturm ist aus 600 Metallplatten zusammengeschweißt. Er ist über 30 Meter hoch und wurde zudem auf einer 17 Meter hohen Düne errichtet. Bis 1948 musste er sogar seine eigene Stromversorgung sicherstellen, denn bis dahin war Hörnum nicht ans Elektrizitätsnetz der Insel angeschlossen. Das Feuer des Turmes reicht 50 Kilometer weit aufs Meer und weist Schiffe auf die Fahrrinne zwischen Sylt und Amrum hin. Zu Beginn des 20. Jahrhunderts diente der Leuchtturm auch als Schule. Dort, wo sich heute der weiße Ring befindet, war das Klassenzimmer der Zwergschule, die zeitweilig von nur zwei Schülern besucht wurde. Natürlich hatte der Leuchtturm auch Wärter. Von einem wird berichtet, er habe dem zuständigen Minister, der auf einer Inspektionstour war, den Zutritt zum Turm verweigert. Auf den Hinweis, dass er gerade mit seinem Vorgesetzten spreche, antwortete der Wärter gelassen und auf Platt: „Min Vörgesetzter? Dat is de Baurot Schmidt in Husum. Dor gohn Se man hen, und dann könnt Se rop o'pn Torm, so lang Se wöllt." Der Vorfall ist allerdings nicht der Grund, dass es heute keinen Leuchtturmwärter mehr gibt – seit Mitte der 1970er-Jahre wird der Turm vom Festland ferngesteuert. 2002 wurde er dann für die Öffentlichkeit zugänglich

Erinnert an ein Segel: Sankt Thomas

gemacht. Von oben hat man bei schönem Wetter einen tollen Blick zu den benachbarten Inseln. Aufgrund der Statik ist der Zugang allerdings eingeschränkt, ab Windstärke 6 ist der Turm geschlossen. Angeblich schwankt er so stark, dass ein in der Laterne aufgehängter Wassereimer sich von selbst entleeren würde. Bei geringerem Wind kann man sich sogar auf dem Turm trauen lassen.

Geöffnet Mo, Mi und Do nur mit **Führung** um 9, 10, 11 und 12 Uhr. Von November bis März finden zusätzlich am Fr Führungen statt. Zutritt für Besuchergruppen bis 10 Personen. Eine rechtzeitige Reservierung wird vom Tourismus-Service empfohlen (☎ 96260, info@hoernum.de). Dort gibt es auch die Eintrittskarten (nur mit gültiger Gästekarte): 5 €, Kinder ab 8 Jahren 2,50 €, kleinere Kinder haben aus Sicherheitsgründen keinen Zutritt. Jawort-Willige können sich ebenfalls beim Tourismus-Service erkundigen oder beim Standesamt in Westerland (☎ 851252).

Sankt Thomas: Die kleine evangelische Kirche liegt mitten im Ort auf der Düne vor dem Hafen. Aufgrund ihrer ungewöhnlichen Form ist sie einen Blick wert. Nähert man sich der Kirche von der Straßenseite, wirkt sie wie ein Ensemble aus zwei gestaffelten Dreiecken, dominant ist dabei die Form des Kirchenschiffs, die an ein Segel erinnert. Der Innenraum ist äußerst schlicht, aber durchaus architektonisch ansprechend gestaltet, denn er nimmt ebenfalls die Form eines gestreckten Dreiecks auf. Die Innenausstattung ist wenig spektakulär, erwähnenswert aber, dass auch in dem modernen Kirchenbau von 1969/70 eine alte Tradition bewahrt wird, nämlich ein Schiffsmodell aufzuhängen. In diesem Fall handelt es sich um das Modell des Passagierdampfers „Cobra", der in Diensten der HAPAG stand und Hörnum zu Beginn des 20. Jahrhunderts regelmäßig ansteuerte.

Schutzstation Wattenmeer: „Wo hat der Schweinswal eigentlich seinen Namen her?" So lautet eine der Fragen, die in der Schutzstation beantwortet werden. Sie befindet sich in einem Holzhaus mitten in den Dünen (rechts der Rantumer

Pidder Lüng – der Tod im Grünkohl

Eines Tages, irgendwann im 16. Jahrhundert, beschloss der Sohn des dänischen Amtmanns Henning Pogwisch, den Sylter Fischern endlich Achtung vor der Obrigkeit beizubringen. Allzu lange schon hatten gerade die Hörnumer das dänische Gesetz ignoriert und auf ihr überkommenes Gewohnheitsrecht gepocht. „Frii es de Feskfang, frii es de Jaght, frii es de Strönthgang, frii es de Naght, frii es de See, de wilde See en de Hornemmer Rhee" (Frei ist der Fischfang, frei ist die Jagd, frei ist der Strandgang, frei ist die Nacht, frei ist die See, die wilde See an der Hörnumer Reede) – nach diesem Motto hatten sich die Fischer unter anderem geweigert, Steuern zu zahlen. Diesem ungesetzlichen Treiben beschloss nun Pogwisch junior ein Ende zu setzen. Er ließ sich nach Hörnum rudern und stürmte in die Hütte der Fischerfamilie Lüng, die sich gerade um einen Topf mit heißem Grünkohl versammelt hatte. Laut und in unverschämten Ton forderte der dänische Edelmann nun die Steuer ein. Der Fischer Pidder Lüng verweigerte ihm stolz Gehorsam. Da ließ sich der Däne zu etwas Ungeheurem hinreißen: Er spuckte verächtlich in den Topf mit Grünkohl. Was nun geschah, fasste der Dichter Detlev von Liliencron folgendermaßen in Verse:

> Einen einzigen Sprung hat Pidder gethan,
> Er schleppt an den Napf den Amtmann heran,
> Und taucht ihm den Kopf ein, und läßt ihn nicht frei,
> Bis der Ritter erstickt ist im glühheißen Brei,
> Die Fäuste dann lassend vom furchtbaren Gittern,
> Brüllt er, die Thüren und Wände zittern,
> Das stolzeste Wort:
> Lewwer duad üs Slaav!

Die überhastete Tat hatte jedoch schlimme Folgen für den freiheitsliebenden Fischer. Er musste von der Insel fliehen und wurde Seeräuber. Nach Jahren in der Fremde kehrte er nach Sylt zurück, wurde dort von einem hinterhältigen Strandvogt betrunken gemacht und eingekerkert. Bei Munkmarsch wurde er dann schließlich gehängt. Doch sein unorthodoxes Attentat ließ ihn zu einem friesischen Freiheitshelden werden. 1846 schrieb der Inselchronist C. P. Hansen seine Heldentat nieder. Fünfzig Jahre später veredelte Liliencron den Mord in besagtem Gedicht zu einem Fanal der friesischen Freiheit, indem er jede Strophe auf den Spruch „Lewwer duad üs Slaav" enden ließ.

Die ganze Geschichte hört sich stimmig an, ist aber komplett erfunden. C. P. Hansen hat sich die Geschichte einfallen lassen. In der Mitte des 19. Jahrhunderts, der Hochzeit des Nationalismus, gab es heftige Auseinandersetzungen und zwei Kriege um die politische Zukunft der Herzogtümer Schleswig und Holstein, die beide vom dänischen König regiert wurden, aber nominell zum Deutschen Bund gehörten. Die deutschsprachige Mehrheit widersetzte sich den Versuchen der dänischen Krone, die Herzogtümer enger an Dänemark zu binden. Sehr frei nach dem Motto „Wenn Du die Wahl hast zwischen der Legende und der Wahrheit, dann druck die Legende" erfand C. P. Hansen 1846 die Figur des mit Grütze tötenden Pidder Lüng, um zu zeigen, wie sich die Sylter schon immer gegen die „Fremdherrschaft" der Dänen aufgelehnt hatten.

Straße, hinter dem Areal der Jugendherberge) und wurde 2009 neu gestaltet. Die Ausstellung erstreckt sich über zwei Räume und widmet sich der Natur der Insel und des Wattenmeers. In einer Reihe von Aquarien kann man diverse Seebewohner begutachten, ein Schweinswal ist aus einsichtigen Gründen nicht darunter. Kleinere Gäste erfreuen sich möglicherweise am Zusammenlegen eines hölzernen Seehundes. Außerdem bietet die Schutzstation viele Führungen unter fachkundiger Leitung an, sei es Strandwanderungen, Dünen- und Salzwiesenführungen oder nächtliche Naturerlebniswanderungen. Im Mittelpunkt stehen natürlich die Wattwanderungen.

April–Oktober 10–12 Uhr und 15–18 Uhr. Eintritt frei, um eine Spende wird allerdings gebeten (empfohlen werden 1,50 € für Erwachsene und 1 € für Kinder). Die Flyer mit den genauen Zeiten der von der Station or-ganisierten **Führungen** liegen in allen Touristeninformationen der Insel aus. Rantumer Straße 27, ✆ 881093, 🖷 8358630, www.schutzstation-wattenmeer.de/verein/hoernum.

Hörnum-Odde: Ein Spaziergang um die Südspitze der Insel ist ein Muss für jeden Besucher der Insel. Von drei Seiten umtosen den Spaziergänger die Wellen, weite Sand- und Dünenlandschaften breiten sich im Norden vor ihm aus. Und der kräftige Wind tut das Seine, um den Syltbesucher mal so ordentlich durchzupusten. Die Odde (dänisch für Spitze) ist sehr jung, sie entstand erst in den 1920er-Jahren. Angeschwemmtes Strandholz und Strandhafer boten den Sandmengen, die nordwestlich des Ortes abgebrochen waren, neuen Halt und festen Untergrund, sodass sich alsbald hohe Dünen bilden konnten. Nach nur 50 Jahren war die Dünenlandschaft teilweise bis zu zehn Meter hoch und 600 Meter breit. Doch seit den 1970er-Jahren schrumpft die Odde wieder. Zwei kleine Leuchttürme und alte Wehrmachtsbunker verloren ihren Halt auf dem schwindenden sandigen

Grund und stürzten zusammen. Bis Mitte 2009 konnte man auf der Westseite der Südspitze ein besonders gut erhaltenes Exemplar militärischer
Baukunst bewundern, doch dann musste der Bunker ebenfalls der Naturgewalt weichen. 1994 war die Odde schon um 120 Hektar „eingelaufen".
Warten Sie also nicht allzu lang mit der Umrundung der Südspitze!

Basis-Infos

Telefonvorwahl: 04651

Ausflüge   Von Hörnum aus starten die
Schiffe der **Adler Reederei** zu Fahrten zu den
Seehundbänken und zu den benachbarten
Inseln. Tickets gibt es in Hörnum direkt am
Hafen, in Westerland im Infopavillon vor dem
Bahnhof (✆ 8361029) und in List am Hafen.
Eine Buchung ist auch im Internet möglich.
✆ 01805/123344, www.adler-schiffe.de.

Zu den **Seehundbänken** fährt mindestens
einmal am Tag (14 Uhr, Di–Fr auch 10.15
Uhr) die „Adler VI". Die Fahrt dauert ca. 1:30
Stunden. Erw. 15 €, Kinder 12 €.

Kurzseefahrten von ca. 1 Std. führen dreimal täglich ans Wattenmeer und um die
Hörnum-Odde. Erw. 7 €, Kinder 6 €.

Nach **Amrum** fahren täglich zwei Schiffe
der Adler Reederei. Die „Adler IV" legt um
10 Uhr ab und braucht gut 1:30 Stunden für
die Fahrt (Erw. 23,50 €, Kinder bis 14 J. in
Begleitung von 2 Erw. frei, Senioren am Sa,
So & Mo 16 €). Die „Adler Express" verlässt
um 12 Uhr den Hafen und braucht nur ca. 45
Minuten bis Amrum (Erw. 24,50 €, Kinder
16 €, Familien 47 €, Senioren am Sa, So &
Mo 15 €). Auf Amrum selber hat man 3–5
Stunden Aufenthalt.

Föhr wird ebenfalls von der „Adler IV"
angesteuert. Abfahrt 10 Uhr. Der Aufenthalt
beträgt ca. 4 Stunden. Die Überfahrt dauert
2:30 Stunden. Erw. 23,50 €, Kinder bis 14 J.
in Begleitung von 2 Erw. frei, Senioren am
Sa, So & Mo 15 €.

Die „Adler Express" nimmt auch Fahrt auf
zur **Hallig Hooge**. Abfahrt 12 Uhr. Der Aufenthalt beträgt gerade mal 2:15 Stunden,
reicht aber für Hooge vollkommen aus.
Erw. 24,50 €, Kinder 16 €, Familien 64 €,
Senioren am Sa, So & Mo 16 €.

Wollen Sie gleich alles sehen, dann buchen Sie die **Große Kreuzfahrt**. Es geht an

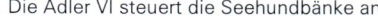

Die Adler VI steuert die Seehundbänke an

Hörnum → Karte S. 241

7 Halligen und 5 Inseln vorbei. Die „Adler Express" legt um 12 Uhr ab und ist ca. 5 Stunden unterwegs. Erw. 27,50 €, Kinder 18 €, Familien 74,50 €.

Die **Hallig Gröde** wird nur an wechselnden Tagen angefahren. Auch hier fährt man mit der „Adler Express" um 12 Uhr ab. Erw. 26,50 €, Kinder 17 €, Familien 71 €.

Pellworm liegt jeden 20. des Monats auf der Route der „Adler Express". Die Rückfahrt führt dann von Nordstrand über Land mit dem Linienbus nach Husum und mit der Bahn zurück nach Westerland. Erw. 39,50 €, Kinder 20,50 €, Familien 95 €.

Zu wechselnden Terminen fahren auch Schiffe nach **Langeneß**. Von dort wandert man durch das Watt auf die Hallig **Oland** und weiter auf das Festland nach Dagebüll. Zurück geht es mit der Bahn. Erw. 39 €, Kinder 19,90 €, Familien 89,50 €.

Je nach Gezeitenstand können Sie auch eine **Wattwanderung** von Amrum nach Föhr buchen. Ein Schiff der Reederei bringt die Wanderer zu den Inseln. Nehmen Sie eine Hose zum Wechseln mit. Die Termine variieren. Abfahrt 10 Uhr oder 12 Uhr. Erw. 29,50 €, Kinder 19 €, Familien 76,50 €.

Um den Hafen bestimmen weiße Siedlungshäuser das Ortsbild

Fahrradverleih   Fahrradverleih Claßen, gleich neben der Kirche Sankt Thomas. Vermietet auch Quads und Roller. Budersandstraße 27, ℡ 880354, 📠 880362, www.fahrrad-classen.de.

Der **Hörnumer Anglershop** vermietet ebenfalls Fahrräder. Rantumer Straße 25, ℡ 881048.

Internet   In der Strandstraße befindet sich ein **easy@internet** 📶 im Café Klabautermann. Im Tourismus-Service gibt es ebenfalls einen Internetzugang.

Kinder   Der **ADS-Kindergarten** steht auch Urlaubskindern von 3 bis 7 Jahren offen, und zwar Mo–Fr 8–13 Uhr. Oddewai 2, ℡ 881015.

2012 wird in Hörnum das **Musical** „Pippi in Taka-Tuka-Land" aufgeführt, und zwar von Jugendlichen und Kindern. Sing- und Spielwillige können sich in einem fünftägigen **Workshop** auf einen Auftritt mit den professionellen Darstellern vorbereiten. 2012 liegen die Termine in den letzten zwei Juliwochen und den ersten zwei Augustwochen. Kostenpunkt: 99 € pro Kind. Mehr Informationen gibt's beim Tourismus-Service oder im Internet unter www.hoernumde.

Kurabgabe   → S. 74.

Post   In Hörnum gibt es keine Post oder Postagentur.

Postleitzahl 25997

Strandkörbe   Sie können sich Ihren Strandkorb in Hörnum direkt am Strand mieten oder ihn telefonisch bzw. per Internet (www.hoernum.de) vorab bestellen. Je nach Modell zahlt man 7,50–11 € für einen Tag. Je länger der Korb gemietet wird, desto günstiger wird es.

Strandsauna   Die Strandsauna Hörnums liegt inmitten grasbewachsener Dünen gleich beim Strandrestaurant Kap Horn. Eine finnische Sauna und eine Bio-Sauna warten auf Gäste. Durch die versteckte Lage im Dünental wirkt die Sauna ruhig und abgeschieden. Sie hat selbstverständlich einen Zugang zum FKK-Strand und zum Meer. Nur Mai–Oktober 12–18 Uhr. Tageskarte 17 €. Süderende 25, ℡ 880300, office@strandsauna-hoernum.de, www.strandsauna-hoernum.de.

Touristeninformation   Der **Tourismus-Service Hörnum** befindet sich in der Mitte des Dorfes. Mo–Fr 9–17 Uhr, im Winter nur bis 16 Uhr, im Sommer ist auch am Wochenende geöffnet. Rantumer Straße 20, ℡ 96260, 📠 962666, info@hoernum.de, www.hoernum.de.

Extremsportler Otto Kemmerich

Der 1886 in Husum geborene Otto Kemmerich war eigentlich „nur" ein einfacher Krankenkassenangestellter, aber er sorgte mit seiner erstaunlichen Konstitution für eine Sensation nach der anderen. „Wunderschwimmer" nannte die Presse ihn. 1924 schwamm er nonstop von Hörnum nach Westerland. „Eine tausendköpfige Menge belebte den Strand, als Kemmerich endlich in Sicht kam", berichtete die Sylter Zeitung. 1928 blieb er sogar 46 Stunden lang im Wasser. Er schwamm auch von Sylt nach Amrum, und das ohne Begleitboot. Teilweise legte er bis zu 100 Kilometer im Wasser zurück, nur die Durchschwimmung des Ärmelkanals missglückte ihm. Immer wieder startete er seine Rekordversuche von Sylt aus. So auch seinen letzten: 1952 mit 66 Jahren machte er sich von Hörnum mal wieder auf den Weg nach Amrum. Aber er erreichte die Nachbarinsel nicht, sechs Tage später wurde seine Leiche von einem Sylter Fischer geborgen.

Einkaufen   (→ Karte S. 241)

Anglerbedarf   Hörnumer Anglershop **7** In dem Laden neben der Hapimag-Anlage findet sich alles, was das Anglerherz begehrt. In der ehemaligen Tankstelle werden aber auch Fahrräder vermietet. Rantumer Straße 25, ℡ 881048.

Fisch   Anlaufstelle für frischen Fisch in Hörnum ist **Fisch Matthiesen 13**, dem auch ein Bistro angeschlossen ist (→ Essen & Trinken). Rantumer Straße 8, ℡ 881773.

Fangfrische Nordseekrabben gibt es auch am Hafen. Für eine Tüte Schalentiere verlangen die Fischer 3,50 €. Mo–Fr 10–17 Uhr, Sa/So 12–17 Uhr.

Aktiv in Hörnum   (→ Karte S. 241)

Golf   Golfclub Budersand Sylt **4** Der jüngste der Sylter Golfplätze liegt herrlich zwischen den Dünen und bietet nach dem

Der Golfplatz war früher Militärgelände

Abschlag einen tollen Blick auf das Wattenmeer. Hier schwingt man seinen Schläger auf ehemaligem Militärgelände, 26 Gebäude mussten den Fairways und Greens weichen. Für den 18-Loch-Platz (Par 72) wird ein Handicap von 28 empfohlen, spielen darf man aber ab 36. Das Greenfee liegt bei 70–80 €. Startzeiten werden im Sekretariat angemeldet, am besten 3–4 Tage vorher. Am Sonntag soll es am ruhigsten zugehen. Der Golfplatz gehört zum Luxushotel Budersand, als Clubrestaurant dient das Restaurant Strönholt. ℡ 4492710, golf@gc-budersand.de, www.gc-budersand.de.

Schwimmen/Wellness   In der **Hapimag-Anlage 8** gleich gegenüber vom Tourismus-Service gibt es ein Schwimmbad mit beheiztem Außenbecken, das auch außerhäusigen Gästen offen steht. Eintritt Erwachsene 8 €/5 Stunden, Kinder ab 5 Jahren 6 €. Zum Schwimmbad gehört auch noch ein Spa mit einem großen Wellnessangebot. Rantumer Straße 23, ℡ 46088400.

Beach Polo: Sand statt Rasen

Segeln Sylter Catamaran Club Hörnum. Das Clubhaus befindet sich am Hafen. Am Strand vor dem Leuchtturm liegen einsatzbereit die schnittigen Katamarane. Der Club vermietet die Boote und bietet auch Katamaran-Segelkurse an. Der Anfängerkurs kostet 250 €, die Miete liegt bei 50 €/Stunde. Anmeldung unter ✆ 0160/95937473, www.sylter-catamaran-club.de.

Feste / Veranstaltungen

Syltlauf. Im März jeden Jahres hält Sylt etwas Besonderes für Marathonläufer bereit: einen Lauf von Hörnum nach List. Die Teilnahme an diesem Sportevent ist sehr begehrt, 2012 waren die Startnummern bereits im Herbst 2011 vergeben. Wenn Sie mit anderen Läufern eine Staffel gründen, haben Sie eine bessere Chance mitzulaufen. Die Strecke beträgt 33,3 km und geht durch Dünen und über Straßen. Gestartet wird um 10 Uhr in Hörnum. Eine Anreise mit dem Privatwagen wird sich am Starttag als schwierig erweisen, viele der Zufahrtsstraßen sind dann gesperrt. Der Syltlauf findet seit über 30 Jahren statt, bei jedem Wetter, selbst bei Winden mit Orkanstärke – dann wird die Strecke allerdings verkürzt. Die Organisation läuft über den Tinnumer Sportverein. SV Tinnum 66/Sylt-Lauf-Team, Postfach 1641, 25980 Sylt, OT Tinnum, ✆ 32566, www.syltlauf.eu.

Beach Polo. Im Mai um Pfingsten herum treten sechs berittene Ballspielteams gegeneinander an. Anstatt auf grüner Wiese spielt man am Strand auf sandigem Untergrund. Die Teams bestehen nur aus 2 Spielern. Der Polopurist mag die Nase rümpfen, doch Beach Polo ist ein sehenswertes Spektakel. Infos über den Tourismus-Service oder auf www.polosylt.de.

Cat Festival. Die Regatta findet im Juli statt und wird vom Sylter Catamaran Club Hörnum organisiert. Über 8 Tage finden verschiedene Rennen der zweirumpfigen Boote statt. An den letzten zwei Tagen wird eine Langstreckenregatta von Hörnum nach List ausgerichtet. Der Segelclub bietet für Nichtsegler noch ein Rahmenprogramm am Hafen an. Informationen über den Sylter Catamaran Club, www.sylter-catamaran-club.de.

Hafenfest. Wo ein Hafen ist, da ist auch ein Fest. Anfang August wird es in Hörnum begangen. Shantys, Krabbenpulwettbewerb und Fahrten auf historischen Segelschiffen stehen auf dem Programm. Näheres erfährt man beim Tourismus-Service und unter www.hoernum.de.

Das Luxushotel Budersand liegt direkt am Hafen

Übernachten

Campingplätze Camping Hörnum **3**
Zwischen den Jugendherbergen und -heimen und dem Dorfkern liegt versteckt in den Dünen der Campingplatz in unmittelbarer Strandnähe. Tolle Zeltmöglichkeiten zwischen den Dünen, mit hohem Sandaufkommen im Schlafsack muss man rechnen. Der Stellplatz für die Wohnmobile liegt separat und ist mit einer eigenen Sanitäranlage ausgestattet. Das Restaurant **Meermann** steht (nicht nur) für die hungrigen Camper bereit (Hauptspeisen aus regionalen Produkten von 10 bis 25 €, die Zitronenlimonade ist selbstgemacht, tgl. 12–22 Uhr). Geöffnet von April bis Oktober. Personen 4 €, Wohnwagen 12–14 €, Wohnmobile 9–12 €, Zelte 6–10 €, die Dünenplätze kosten zusätzliche 2,50 €. ✆ 8358431, ☏ 8358488, außerhalb der Saison: 96260, campingplatz@hoernum.de, www.hoernum.de.

Ferienwohnungen In Hörnum stehen in fast jedem Haus eine Ferienwohnung oder ein -zimmer für den Gast bereit. Direkt am Hafen kann es recht laut sein, ebenso an der Straße nach Rantum, auf der tagsüber doch recht viele Autos unterwegs sind. Noch kann man in Hörnum im Vergleich mit anderen Orten am Weststrand recht

günstig wohnen. Über den Tourismus-Service (www.hoernum.de) findet man sicherlich eine passende Wohnung.

Hotels Hotel Budersand **5** Wo früher eine Kaserne stand, thront nun dieses Luxushotel über dem Hafen. Hier gibt es alles vom Feinsten, das deutet schon die zurückgenommene, aber edel designte Fassade aus Zedernholz an. Das Hotel liegt zur einen Seite am dazugehörigen Golfplatz und auf der anderen Seite direkt am Meer. Die Lobby gibt sich zurückhaltend-luxuriös, was sich in den Zimmern fortsetzt. Modern und reduziert eingerichtet, präsentieren sie sich dem betuchten Gast, der hier auch nicht auf Flachbildfernseher einer Kronacher Edelmarke verzichten muss. Neben dem Golfplatz und dem Restaurant Strönholt gehört das Gourmetrestaurant KAI3 zum Hotel. Das 1000 m^2 große Wellnessareal mit Schwimmbad, Saunen, Fitnessraum und Saftbar ist bei so viel Luxus eine Selbstverständlichkeit. Und: Niemand anderes als Elke Heidenreich hat die 1200 Bände der Hotelbibliothek ausgesucht. EZ 270 €, DZ 320–450 €, Juniorsuiten 520–800 €, Suiten 1050–1300 €. Am Kai 3, ✆ 4607-0, ☏ 4607-450, hotel@budersand.de, www.budersand.de.

Ü bernachten
2 Jugendherberge
3 Camping Hörnum
5 Hotel Budersand
16 Appart-Hotel Seepferdchen

E ssen & Trinken
1 Theeknob
3 Meermann
5 KAI3
6 Strönholt
8 Biike
9 Breizh
11 Friesenkate
12 Steffi's
13 Fisch Matthiesen
17 Kap Horn

C afés
10 Café Sonniger Süden
15 Café Lund

E inkaufen
7 Hörnumer Anglershop
13 Fisch Matthiesen

S onstiges
4 Golfclub Budersand
8 Hapimag
14 easy@internet

Hörnum Nord

Rantum

Gurtdeel

Norderstraße

Heimstraße

Osterende

Hunde-strand

Berliner Ring

Schutzzentrum Wattenmeer

Rantumer Straße

Steintal

Budersandstr.

Hangstr.

Sankt Thomas

Oberer Dünenweg

Am Kai

Strandweg

Nies-de-Hahn-Wai

Olaat

Greth-Skrabbel-W.

Blankes Tälchen

Kleine Str.

Hafenstr.

Strandstr.

An der Düne

Leuchtturm Hörnum-Odde

Oppo W.

Süderende

FKK

FKK/ Hundestrand

NSG

Hörnum-Odde

Schiffe nach Amrum/Hallig Hooge/Föhr

200 m

Hörnum

Apart-Hotel Seepferchen  Hinter dem putzigen Namen verbirgt sich ein neu eröffnetes Appartementhotel in sehr schöner und ruhiger Lage mit Blick über die Dünen und zur Hörnum-Odde. Die Wohnungen und der Frühstücksraum sind stilvoll und ansprechend eingerichtet. Eine Sauna gibt es auch. Die Appartements kosten pro Nacht je nach Größe 195–257 €, das Frühstücksbuffet 14,50 €/Tag. Odde Wei 1, ℡ 88988-0, 📠 88988-66, info@seepferdchen-sylt.de, www.seepferdchen-sylt.de.

Jugendzeltplatz Möskendeel, Der Zeltplatz liegt außerhalb des Ortes und ist Jugendgruppen vorbehalten, die in Acht-Mann-Zelten untergebracht werden. Rantumer Straße 57, ℡ 880311, moeskendeel@GVfJ.de, www.jugenderholung-sylt.de.

Jugendherberge Hörnumer Jugendherberge **2** Sie liegt auf dem alten Kasernengelände gleich am Ortseingang und ist in einem roten Ziegelsteinbau untergekommen. Die Gäste werden in 1- bis 8-Bett-Zimmern untergebracht. Räume mit Tischtennisplatten und Billard bieten Unterhaltung bei Regentagen. Bleibt man länger als eine Nacht, ist nur Vollpension möglich. Ein- und Zweibettbelegung möglich. Bis 26 Jahre ab 2 Übernachtungen 26,20 €, ältere Gäste zahlen 4 € mehr. Friesenplatz 2, ℡ 880294, 📠 881392, jh-hoernum@djh.de, www.jugendherberge.de/jh/hoernum.

Essen & Trinken
(→ Karte S. 241)

Cafés Café Sonniger Süden **10** Nicht nur ein Café, in dem mit blau gepolsterten Bänken eingerichteten Lokal gibt es auch Hausmannskost (hausgemachter Labskaus

In die Dünen eingepasst:
das Strönholt

ca. 11 €). Frisch gebackene Friesenwaffeln stehen am Nachmittag auf dem Programm. Ab 12 Uhr geöffnet, Mi Ruhetag. Rantumer Str. 23, ℡ 880460.

≫ Mein Tipp: Café Lund **15** Hier bleibt alles beim Alten. Schicke, reduzierte Edelholztische mit karger Bestuhlung sind Fehlanzeige. Stattdessen erwartet den Gast ein gemütliches Caféambiente im Stil der 1960er-Jahre. Der Kuchen aus der eigenen (benachbarten) Bäckerei ist äußerst lecker. Ab 9 Uhr geöffnet. Rantumer Straße 1–3, ℡ 881034, www.cafe-lund.de. ≪

Restaurants Breizh **9** Das Restaurant mit Strandkiosk thront auf den Dünen über dem Hörnumer Weststrand. „Saumon au plat" oder „Poitrine de Canard" – Speisekarte und Küche geben sich im modern und klar eingerichteten Strandrestaurant französisch oder – besser gesagt – bretonisch (der Name des Restaurant bedeutet nichts anderes als „Bretagne"). Die Spezialität sind fangfrische Fische, die im Ganzen am Tisch serviert werden. Die Hauptspeisen beginnen bei ca. 20 €. Den kleinen Hunger der Strandbesucher lindert der Kiosk des Restaurants. Geöffnet ab 12 Uhr. Strandweg, ℡ 4608188.

Friesenkate **11** Zu Füßen der Dünen liegt das modern eingerichtete, für Sylter Verhältnisse recht günstige Restaurant. Fischgerichte gibt es hier schon ab ca. 10 €. In Monaten mit „R" werden donnerstags Miesmuscheln für ca. 17 € aufgetischt. Geöffnet täglich 12–22 Uhr. Strandweg 37, ℡ 8366446.

>>> **Mein Tipp: Fisch-Matthiesen** ⚏ Was Gosch und Blum für die restliche Insel sind, das ist Matthiesen für Hörnum. Hier gibt es leckeren Fisch. Das Bistro serviert neben den sehr guten Fischbrötchen auch andere Fischgerichte, selbstverständlich steht auch eine Scholle (ab ca. 12 €) auf der Karte. Auch von Lesern empfohlen. 10–21 Uhr, So 11–21 Uhr. Rantumer Straße 8, ✆ 881773. <<<

KAI3 ⚏ Das Restaurant im Luxushotel Budersand kann seit 2011 mit einem Stern aufwarten. Die Köche um Jens Rittmeyer arbeiten nur mit saisonalen und regionalen Produkten, um die Gaumen anspruchsvoller Gourmets zufriedenzustellen. Da lenkt auch im Restaurant selber das geradezu schmucklose Ambiente nicht von den Gaumenfreuden ab. Die regionale Gastronomiekritik ist auf jeden Fall begeistert (Menüs ab 79 € aufwärts). Geöffnet ab 18.30 Uhr. Am Kai 3, ✆ 46070, ✉ 460750, www.budersand.de.

Restaurant Strönholt ⚏ Das Bistro-Restaurant gehört zum Hotel Budersand und fungiert auch als Clubhaus für die Golfer. Das moderne Gebäude fügt sich architektonisch gekonnt in die Dünen, der Turm aus roten Ziegelsteinen ist wohl eine Reminiszenz an die Kasernen, die hier vorher standen. Innen setzt sich das moderne Äußere fort. Auf die edlen Holztische kommt eine qualitätsvolle Küche mit regionalem Einschlag. Hauptspeisen wie die „Geschmorte Schulter vom Nordfriesischen Lamm" gibt es ab ca. 20 € aufwärts. Geöffnet ab 9 Uhr, Fernsicht 1, ✆ 4492727, ✉ 4492728, www.stroenholt.de.

Steffi's ⚏ In der in Hafennähe gelegenen Gastwirtschaft (früher „Rüm Hart") kommt Hausmannskost auf den Tisch. Hauptspeisen kosten ab 13 € aufwärts. Der helle Wintergarten ist einen Besuch wert. Im Sommer wird er bei gutem Wetter zur Terrasse umfunktioniert. Blankes Tälchen 6, ✆ 881007.

Theeknob ⚏ Das Restaurant liegt nicht im Dorfzentrum, sondern bei der Bushaltestelle zur Jugendherberge. Die Gaststube ist gemütlich eingerichtet, auch hier herrscht das friesische Blau vor. Angeboten werden z. B. hausgemachter Elsässer Flammkuchen sowie Burger und Spare Ribs ab ca. 7 €. Geöffnet ab 11.30 Uhr, Mi Ruhetag. Norderstraße 7, ✆ 9957388.

Biike ⚏ Das Restaurant befindet sich im Hapimag-Resort, doch ist es auch Nicht-Aktienbesitzern des Schweizer Ferienwohnrecht-Anbieters zugänglich. Der Gastraum

ist sehr modern und stylish eingerichtet, nur diverse maritime Accessoires geben dem Ganzen einen lokalen Flair. Geboten wird eine feine regionale Küche, der Küchenchef bemüht sich, die Produkte für seine Gerichte direkt von der Insel zu beziehen. Hauptspeisen ab ca. 15 €. Geöffnet 8–22 Uhr. Rantumer Straße 23a, ✆ 4608185, www.lebenstraum-sylt.de/de/restaurant-biike.htm.

Kap Horn ⚏ „Südlichstes Restaurant am Weststrand", so nennt sich das in die Dünen geduckte Strandlokal gleich neben der Strandsauna. Hier kann man gemütlich nach einem langen Strandspaziergang einkehren. Dazu passt dann auch die deftige Küche. Ofenkartoffel, Currywurst, aber auch Scholle und Rotbarschfilet finden sich auf der Karte. Hauptspeisen ab ca. 12 €. Täglich ab 11 Uhr bis Sonnenuntergang geöffnet. Süderende 24, ✆ 881548, ✉ 9677548, www.kap-horn-sylt.de.

Hörnum → Karte S. 241

Erbarmen, die Wikinger kommen! – Kampfvorführung im Ribe VikingeCenter

Ausflüge

Ausflüge

Expressionistische Malerei betrachten, das Wohnhaus eines Schriftstellers besuchen, durch eine Wikingersiedlung gehen oder die umliegenden Inseln erkunden – ein Urlaub auf Sylt bietet auch viele Ausflugsmöglichkeiten in die Umgebung.

Wem die Naturschätze der Insel nicht reichen oder wer einfach nach einem zweiwöchigen Strandurlaub von einem Inselkoller befallen wird, der kann mit dem Zug oder Bus das Wohn- und Atelierhaus des Malers Emil Nolde genauso einfach erreichen wie die schöne Stadt Husum. Mit dem Ausflugsdampfer kommt man schnell und problemlos auf die Inseln Föhr und Amrum sowie zur Hallig Hooge. Hinter der dänischen Grenze wartet die Insel Rømø auf einen Besuch, und mit Ribe und Tøndern kann man sich zwei wirklich sehenswerte Städte anschauen.

Seebüll

In jeder Saison strömen die Touristen zu einem kleinen Flecken im friesischen Marschland. In Seebüll schuf Emil Nolde viele seiner heute noch so beliebten Gemälde.

Es ist wirklich ein merkwürdiger Kontrast: Nach der Fahrt über das beschauliche flache Land steht man plötzlich vor dem modernen, verglasten Gebäude der Nolde Stiftung, darüber erhebt sich – fast majestätisch auf einer Warft – der expressionistisch gestaltete Ziegelsteinbau des Noldehauses. Allein genießt man den Moment freilich nicht, Seebüll ist jeden Sommer das Ziel vieler kunstsinniger Besucher.

„Gleich einem Märchen war die Heimat mir ...“ – den Maler Emil Nolde ließ seine Heimat Nordschleswig nie los. Der wohl bedeutendste deutsche Expressionist wurde 1867 als Emil Hansen im nicht weit von Seebüll gelegenen Weiler Nolde geboren. Er

arbeitete anfangs als Möbelschnitzer, bildete sich aber auf der Kunstgewerbeschule in Flensburg zum Zeichner weiter. Dann ging er nach München, besuchte Paris und begann zu malen. 1902 heiratete er Ada Vilstrup, im gleichen Jahr änderte er seinen Namen und nannte sich nach seinem Heimatdorf. 1906 wurde Nolde Mitglied der expressionistischen Künstlergruppe „Die Brücke" in Dresden, die er allerdings ein Jahr später wieder verließ. In den Jahren vor dem Ersten Weltkrieg bildete sich sein Stil heraus: Darstellungen, die auf Details verzichten und die Fläche betonen, und Farben, die in klar umrissenen Konturen aufgetragen und von strahlender Leuchtkraft sind. Im Gegensatz zu seinen Expressionistenkollegen stand nicht unbedingt das Großstadtleben im Mittelpunkt seiner Malerei, er wandte sich unter anderem auch religiösen Themen zu.

1926 erwarben Nolde und seine Frau das Grundstück an der Utenwarft und tauften es Seebüll. Sie wohnten zunächst in einem nahe gelegenen Bauernhof, legten auf dem erworbenen Grundstück einen Garten an und bauten für Nolde ein kleines Atelierhaus, das im Laufe der Jahre zu einem Wohnhaus erweitert wurde. Nolde verbrachte hier die Sommermonate und lebte den Winter über in Berlin. Bis in die 1930er-Jahre hinein verlief seine künstlerische Karriere erfolgreich, einige Jahre nach der Machtübernahme der Nazis fand sie dann ein vorläufiges Ende. Bereits 1937 war sein Zyklus „Das Leben Christi" Bestandteil der diffamierenden Ausstellung „Entartete Kunst" geworden, und 1941 belegte ihn die Reichskammer der bildenden Künste mit einem Malverbot. Die Verfemung seines Werkes durch die Nazis traf Nolde unvorbereitet: Immerhin war er 1934 Mitglied der Nationalsozialistischen Arbeitsgemeinschaft Nordschleswig geworden und hatte noch im gleichen Jahr seine

Ausflüge → Karte Cover hinten

mit heftigen antisemitischen Passagen versehenen Memoiren vorgelegt. Nach der Erteilung des Berufsverbots zog sich Nolde komplett nach Seebüll zurück und arbeitete bis 1945 an über 1000 Aquarellen, die er seine „ungemalten Bilder" nannte. Im April 1956 verstarb der Künstler in Seebüll. Ein Großteil seiner Werke befindet sich im Besitz der Nolde Stiftung.

Das Atelier und Wohnhaus Noldes dient heute – seinem Wunsch entsprechend – als Ausstellungsort seiner Bilder. Im Erdgeschoss hängen die einst verfemten Gemälde des 1911/12 entstandenen Zyklus „Das Leben Christi". Im Obergeschoss werden die Arbeiten Noldes in wechselnden Ausstellungen gezeigt: seine Blumen- und Gartenbilder, die religiösen Bilder, seine Kreidezeichnungen und Holzschnitte. Immer wieder sind auch Werke darunter, die der Öffentlichkeit zum ersten Mal präsentiert werden.

Sehenswert ist auch der Garten Noldes, den er und seine Frau am Haus anlegten. Aus der reich mit Sträuchern, Blumen und Bäumen bepflanzten Anlage holte er sich ebenso Inspiration wie Motive für sein künstlerisches Schaffen. Die Wege des Gartens bilden die miteinander verschlungenen Buchstaben „A" und „E", die für die Vornamen von Ada und Emil Nolde stehen.

Öffnungszeiten/Eintritt Von Ende Februar bis Ende November täglich 10–18 Uhr, Juni–September donnerstags bis 20 Uhr. Erw. 8 €, Schüler/Studenten 3 €.

Das Noldehaus auf der Utenwarft

Anfahrt Die Nolde Stiftung ist ein sehenswerter Zwischenstopp bei der Ab- oder Anreise mit dem **Auto** von und nach Sylt. Ab Niebüll ist der Weg ausgeschildert.

Wer bei einem Tagesausflug von Sylt nicht auf sein Auto verzichten möchte, für den bietet das **Sylt Shuttle** einen besonderen Service an: ein Tagesticket für 69 €, in dem der Eintritt zum Museum für bis zu 4 Personen enthalten ist.

Die **Sylter Verkehrsgesellschaft SVG** hat ebenfalls einen Ausflug zur Nolde Stiftung mit Bus und Bahn ab Westerland im Angebot. Abfahrt bis Ende November jeden Do, Sa und So am Westerländer Bahnhof. Erw. 22 €, Kinder 15,50 €, Tickets müssen bis 16 Uhr am Vortag erstanden werden. ✆ 04651/8361029 oder 836100, www.svg-busreisen.de.

Essen Im Gebäude der Stiftung befindet sich auch das **Restaurant Seebüll**. Modernes Mobiliar und Glasfronten mit Blick auf die flache friesische Landschaft bestimmen das Ambiente. Gehobene Crossover-Küche, Hauptspeisen ab ca. 14 €, kleinere Snacks ab ca. 6 €. Das Restaurant arbeitet mit dem Theodor-Schäfer-Berufsbildungswerk Husum (TSBH) zusammen und bildet behinderte junge Menschen aus. November und März täglich 9–19 Uhr, April bis Oktober täglich 9–22 Uhr. ✆ 04664/9839970, ✉ 04664/9839729, restaurant@nolde-stiftung.de.

Information Nolde Stiftung Seebüll, 25927 Neukirchen, ✆ 04664/983930, ✉ 04664/1475, www.nolde-stiftung.de.

Husum

Diverse Museen, darunter das älteste Freilichtmuseum Deutschlands, eine historische Altstadt und ein malerischer Binnenhafen. Ein Besuch in Husum lohnt allemal.

Bei Husums berühmtestem Sohn Theodor Storm liest sich das ein wenig anders: „Graue Stadt am Meer" nannte er seine Heimat in einem seiner Gedichte, doch irgendetwas muss ihm da auf die Seele geschlagen sein. Grau ist die Stadt nämlich auf gar keinen Fall. Rote Ziegelsteinhäuser reihen sich an bunt getünchte Bürgerhäuser aus dem 18. und 19. Jahrhundert, vor allem am malerischen Binnenhafen mit seinen vielen Cafés präsentiert sich Husum alles andere als trüb und farblos. Doch auch für Kultureifrige hat die Stadt einiges zu bieten: ein Schifffahrtsmuseum, ein Museum, das sich dem Lebensraum Nordseeküste widmet, ein altes Bauernhaus, ein Schloss und natürlich das Wohnhaus Theodor Storms.

Die Seefahrt, der Viehhandel und der Schiffsbau prägten die Stadt in ihrer Geschichte. Ihren Aufstieg verdankt Husum der Marcellusflut von 1362. Sie zerstörte die bedeutende Handelsstadt Rungholt und verhalf Husum zu einem Zugang zum Meer. Im 19. Jahrhundert wurde die Stadt zum wichtigen Umschlagplatz für dänische Rinder. Dass viel Geld in die Stadt strömte, dokumentieren noch heute die sehenswerten Bürgerhäuser in der Großstraße. Auch das Geburtshaus Theodor Storms (Nr. 9) ist an der Straße am Marktplatz zu finden.

Anfahrt Am günstigsten ist Husum von Westerland aus mit der **Bahn** zu erreichen, ein Ticket kostet ca. 14 €. Für Sondertarife, Familien- oder Tageskarten informiert man sich am besten bei der NOB (Nord-Ostsee-Bahn) direkt unter ✆ 0180/1018011 (3,9 Cent/ Min. aus dem deutschen Festnetz) oder unter www.nord-ostsee-bahn.de.

Am **Bahnhof** in Husum befindet sich auch gleich ein Fahrradverleih. Doch ein Zweirad ist eigentlich nicht vonnöten. Man kann die Stadt gut an einem Tag zu Fuß erkunden.

Touristeninformation Der **Tourismus-Service** ist im alten Rathaus von 1601 direkt am Marktplatz untergebracht. Mo–Fr 9–18 Uhr (November–März bis 17 Uhr), Sa 10–16 Uhr. Großstraße 27, ✆ 04841/89870, ✆ 04841/ 898790, info@husum-tourismus.de, www. husum-tourismus.de.

Von wegen „Graue Stadt am Meer": farbenfroh getünchtes Haus in Husum

Sehenswertes

NordseeMuseum Husum (Nissenhaus): Das 2006 komplett umgebaute und renovierte Museum befindet sich etwa 200 Meter nördlich des Bahnhofs. Untergebracht ist es im Nissenhaus, gut erkennbar an seinem eigenwilligen Fassadengiebel aus drei Rundbögen. Benannt ist das Gebäude nach seinem Stifter und Financier Ludwig Nissen (1855–1924), der sich 1872 von seiner

Kleinod des nordischen Klassizismus: die Marienkirche

Heimatstadt Husum aufmachte, um sein Glück in der Neuen Welt zu suchen. Tatsächlich legte er dort die sprichwörtliche amerikanische Karriere hin und arbeitete sich vom Tellerwäscher zum schwerreichen Juwelenhändler hoch. Nissen selbst hatte das Gebäude als eine Art städtische Begegnungsstätte mit Museum, Bibliothek, Versammlungssälen und Kunstgalerie konzipiert und stellte neben dem Geld für den Bau auch seine umfangreiche Sammlung amerikanischer Kunst als Grundstock für den Museumsbetrieb zur Verfügung. Vieles davon ist heute noch zu sehen, darunter etwa eine Bronzeplastik aus der berühmten Serie „The Bronco Buster" („Der Pferdezureiter") des amerikanischen Cowboy-Künstlers Frederic Remington (1861–1909) – eine weitere ziert übrigens das Amtszimmer des amerikanischen Präsidenten. Thematische Schwerpunkte des Museums sind aber natürlich Kultur, Geschichte und Natur des Nordseeraums. So wird etwa die Geschichte der sagenhaften untergegangenen Stadt Rungholt erzählt oder die des Deichbaus und der Landgewinnung an der schleswig-holsteinischen Küste. Das Ganze ist modern aufbereitet und bietet zahlreiche Möglichkeiten zum sinnlichen Erleben, Selbsterkunden und Mitmachen: Wer will, kann sich beispielsweise den Wind in verschiedenen Windstärken um die Ohren pfeifen lassen oder auch selbst ein bisschen deichbauen ...

April–Oktober täglich 10–17 Uhr, November–März Mo geschlossen, Di–So 11–17 Uhr. Erw. 5 €, ermäßigt 2 €, Gruppen ab 10 Personen 3,50 €/Person. Herzog-Adolf-Straße 25, ☎ 04841/2545, www.museumsverbund-nordfriesland.de.

Marienkirche: Geht man die Herzog-Adolf-Straße vom Nissenhaus 150 Meter nach Norden, kommt man zum Marktplatz Husums, auf dem der Brunnen mit der Statue der Tine steht. Die Darstellung der auf ihren Mann wartenden Fischersfrau ist das Wahrzeichen der Stadt. Dominiert wird der Marktplatz aber von der Marienkirche. Der einfache Bau aus den Jahren 1829 bis 1833 wird auf jeder Seite beeindruckend flankiert von zwei Baumreihen. Innen gibt sich die Kirche schlicht und klassizistisch, für Freunde dieser Kunstepoche ein Leckerbissen – immerhin gilt die Saalkirche als Hauptwerk dieser Stilrichtung in Schleswig-Holstein. Erbaut wurde die Marienkirche vom dänischen Architekten Christian Frederik Hansen (1756–1845), zu besichtigen ist sie täglich von 11 bis 16 Uhr.

Schloss vor Husum: Das Renaissance-schloss liegt 300 Meter nördlich des Markts. Dominiert wird der Ziegelsteinbau aus dem 16. Jahrhundert von einem hohen Mittelturm, der seinen Abschluss in einer Zwiebelhaube findet. Ihren Namen verdankt die dreiflügelige Anlage dem Umstand, dass sie zu ihrer Bauzeit noch vor den Toren der Stadt lag. Im 18. Jahrhundert wurde das Schloss innen umgebaut und in jedem Zimmer ein Kamin installiert – fortan galt es als wärmstes Schloss des Nordens. Heute finden hier wechselnde Ausstellungen mit den Werken zeitgenössischer Künstler statt. Umgeben ist das Schloss von einem Park, den man im März und April besuchen sollte. Dann blühen hier vier Millionen Krokusse und färben den Schlosspark lila. Die Husu-

Storm im Park

mer sind so angetan von der Pflanze, dass sie sogar eine Krokusblütenkönigin wählen. Ständiger Gast des Parks ist Theodor Storm, dessen Denkmal an einer baumbeschatteten Wegkreuzung steht. Trotz des Taubendrecks auf seinem Haupt lächelt der Dichter milde in den Park hinein.

März–Oktober Di–So 11–17 Uhr, November–Februar Sa/So 11–17 Uhr. Erw. 5 €, ermäßigt 2 €, Gruppen ab 10 Personen 3,50 €/Person. König-Friedrich-V.-Allee, ℡ 04841/8973130, www.museumsverbund-nordfriesland.de.

Ostenfelder Bauernhaus: Etwa 400 Meter westlich des Schlosses steht inmitten eines kleinen Gartens ein geducktes Friesenhaus mit Reetdach. Es handelt sich um ein Bauernhaus aus dem 17. Jahrhundert, das ursprünglich im 15 Kilometer entfernten Ostenfeld seine Heimat hatte. 1899 baute man es dort ab und in Husum wieder auf und öffnete es historisch interessierten Besuchern. Das Ostenfelder Haus ist damit das ältestes Freilichtmuseum Deutschlands. Zeitgenössische Einrichtungsgegenstände, Werkzeuge und Geräte geben einen Eindruck von der Lebenswelt frühneuzeitlicher Landwirte.

April–Oktober Mi 10–12.30 Uhr, Do 10–17 Uhr, So 11.30–17 Uhr. Erw. 2,50 €, ermäßigt 2 €, Gruppen ab 10 Personen 2 €/Person. Nordhusumer Str. 13, ℡ 04841/2545, www.museumsverbund-nordfriesland.de.

Theodor-Storm-Zentrum (Storm-Museum): Ein paar Hundert Meter südlich des Ostenfelder Hauses und nicht weit vom Binnenhafen liegt die Sehenswürdigkeit,

Ausflüge → Karte Cover hinten

die von literaturbegeisterten Gästen wohl als Erste angesteuert wird. In dem grau gestrichenen Haus aus dem Jahr 1730 wohnte der Dichter Theodor Storm, dessen letztes Werk, die Novelle „Der Schimmelreiter", wohl auch sein bekanntestes ist. Der geborene Husumer ist heute noch der berühmteste Sohn der Stadt, „Storm-Stadt" nennt man sich stolz.

Hans Theodor Woldsen Storm – um ihn bei seinem vollen Namen zu nennen – kam 1817 in Husum als Sohn eines Justizbeamten zur Welt. Obwohl er schon früh begann, Gedichte zu schreiben, studierte er Rechtswissenschaften in Kiel und war als Anwalt in Husum (1843–1852) und als Jurist in preußischen Diensten tätig. 1864 kehrte er als Landvogt in seine Heimatstadt zurück und bezog 1866 das Haus in der Wasserreihe 31, in dem er bis zu seiner Pensionierung 1880 wohnte. Acht Jahre später, kurz nach der Veröffentlichung des „Schimmelreiter", starb Theodor Storm an Krebs. Von dem bereits Todkranken stammt auch noch ein Entwurf für eine „Sylter Novelle", in der es um die tragische Liebe eines Strandräubers zur Tochter eines Landvogts geht. Die Geschichte lehnt sich an die Sagen von C. P. Hansen an.

Im Storm-Museum hat man versucht, die Räume wieder in den Zustand zurückzuversetzen, in dem sie waren, als der Schriftsteller hier mit seiner zweiten Ehefrau wohnte. Das Wohnzimmer ist sogar bis hin zu den Kupferstichen an den Wänden rekonstruiert worden. In zwei der Räume im Erdgeschoss ist eine umfangreiche Ausstellung über das Leben und Werk Storms installiert worden. Das Haus beherbergt auch die Storm-Gesellschaft und das Storm-Archiv, das Manuskripte, Briefe und eine Handschriftensammlung umfasst. Die Internetseite der Gesellschaft hält als Download eine sehr interessanten Spaziergang durch Husum auf den Spuren des Dichters bereit.

April–Oktober Di–Fr 10–17 Uhr, Sa 11–17 Uhr, So/Mo 14–17 Uhr, November–März Di, Do und Sa 14–17 Uhr. Erw. 3 €, Kinder, Schüler und Studenten 2 €, Gruppen ab 10 Personen 2,50 €/Pers. Wasserreihe 31–35, ✆ 04841/8038630, www.storm-gesellschaft.de.

Schifffahrtsmuseum Nordfriesland: Das Museum, das tapfer der Rechtschreibreform trotzt und sich noch immer mit nur zwei „f" schreibt, befindet sich am sehenswerten Binnenhafen Husums. Dort reihen sich die Cafés und Restaurants aneinander, und man kann getrost eine kleine Pause vom Stadtbummel einlegen, um sich dann gestärkt der Geschichte der Seefahrt zu widmen. Die Ausstellung ist auf vier Stockwerke verteilt. Vom historischen Walfang bis zur Geschichte der „Deutschen Gesellschaft zur Rettung Schiffbrüchiger" reicht die Palette der Themen. Neben vielen Schiffsmodellen und diversen nautischen Gerätschaften gibt es unter anderem auch ein Überbleibsel eines 6000 Jahre alten Paddelboots zu sehen. Die Hauptattraktion des Museums befindet sich aber im Untergeschoss: das Uelvesbüller Wrack. Der kleine holländische Lastkahn mit gerade mal zwei Mann Besatzung strandete vor etwa 400 Jahren vor der Küste der Stadt. In den 1990er-Jahren wurde das Schiff geborgen, in einer Zuckerlösung gebadet und frisch konserviert in das Museum gebracht. Im gleichen Raum hängt eine Schautafel, die die beeindruckende Anzahl der gestrandeten Schiffe an der nordfriesischen Küste und auch vor Sylt zeigt. Kein Wunder, dass sich die alten Sylter der Strandräuberei hingaben ...

Täglich 10–17 Uhr. Erw. 3 €, Kinder 1,50 €, Familien 7,50 €, an jedem letzten Sonntag im Monat ist der Eintritt frei. Zingel 15, ✆ 04841/5257, www.schiffahrtsmuseum-nf.de.

Das malerische Nieblum auf Föhr

Föhr

Die „grüne Insel" wird die Nachbarin Sylts genannt. Auf Föhr herrschen nicht karge Dünen- und Heidelandschaften vor, sondern satte Wiesen. Die Insel kann mit mittelalterlichen Kirchen, einem modernen Museum und einem „der schönsten Dörfer Schleswig-Holsteins" aufwarten.

Föhr bringt es auf 83 Quadratkilometer Fläche und ist damit die zweitgrößte Nordfriesische Insel. Sie liegt südöstlich von Sylt und wird vom westlich gelegenen Amrum vom Meer abgeschirmt. Eben das hat dazu geführt, dass sich die Insel in ein grüneres Kleid hüllen konnte als ihre Nachbarn. Wer also genug Sand und Dünen gesehen hat, der sollte es mit einem Ausflug nach Föhr versuchen. Die Dörfer der Insel haben Namen wie Wrixum, Oevenum oder Nieblum und sind so durchaus geeignet, Asterix-Leser an die Legionärslager um das kleine gallische Dorf denken zu lassen. Die meisten Orte befinden sich im Süden der Insel auf der höher gelegenen Geest, das Marschland im Norden fällt flacher zum Meer ab.

Föhr entstand erst mit der Marcellusflut von 1362 – bevor die Naturgewalten über die Küste hereinbrachen, war das schon seit der Steinzeit besiedelte Gebiet Teil des Festlandes. Die drei Kirchen der Insel stammen alle aus dem Mittelalter. 1819 kamen bereits die ersten Touristen auf die Insel, Wyk, der Hauptort Föhrs, wurde im selben Jahr schon Kurbad.

Tagesgäste aus Sylt haben leider nur vier Stunden Zeit, die Insel zu erkunden. Man sollte sich dem Linienbus anvertrauen und versuchen, zwei der drei Kirchen, Nieblum und das neu eröffnete Museum in Alkersum zu besuchen.

Ausflüge → Karte Cover hinten

Dann bleibt vielleicht auch noch ein wenig Zeit, um durch die Fußgängerzone von Wyk zu schlendern, bevor der Dampfer wieder Richtung Sylt ablegt.

Anfahrt Die „Adler IV" bringt die Sylter Tagesgäste nach Föhr. Abfahrt 10 Uhr vom Hörnumer Hafen. Die Fahrt zum Hafen nach Wyk auf Föhr dauert ca. 2:30 Std. Abfahrt in Wyk ist um 16.30 Uhr. Tickets auf Sylt: in Westerland im Info-Pavillon vor dem Bahnhof, in Hörnum direkt am Hafen, am Lister Hafen gibt es ebenfalls einen Ticketverkauf. ✆ 01805/123344. Die Buchung ist auch im Internet unter www.adlerschiffe.de möglich. Erw. 23,50 €, Kinder (bis 14 Jahre) reisen in Begleitung von 2 Erw. kostenlos, Senioren am Sa, So & Mo 15 €. In der Hauptsaison sollte man die Tickets schon am Vortag kaufen. Fahrradmitnahme ist möglich (6,50 €), eine Reservierung ist dann aber erforderlich.

Unterwegs auf Föhr Am Hafen von Wyk stehen diverse Anbieter für Inselrundfahrten mit dem Bus bereit; der Friesenexpress (✆ 0175/5104840) verlangt für die 2-stündige Tour 9 € bzw. 5 € (6–15 Jahre). Wer die Insel lieber auf eigene Faust erkunden will, sollte mit der **Linie 1** (Wyk–Utersum–Nieblum–Wyk) fahren. Sie hält auch in Boldixum, Alkersum und Nieblum. Wer aufs **Fahrrad** setzt, kann sich am Hafen eines leihen, sollte aber die begrenzte Aufenthaltsdauer bedenken.

Touristeninformation Der Föhr Tourismus-Service hat seinen Stützpunkt gleich am Hafen. Hier erhält man auch Auskunft zu den Buslinien. In der Saison täglich 10–13 und 14–17 Uhr geöffnet. Am Fähranleger 1, ✆ 04681/300, www.foehr.de.

Sehenswertes für einen halben Tag

Sankt Nicolai: Die jüngste der drei mittelalterlichen Kirchen Föhrs befindet sich im Wyker Ortsteil Boldixum. Der lang gestreckte rote Ziegelsteinbau liegt inmitten eines schön bepflanzten Friedhofes, auf dem einige „sprechende Grabsteine" zu sehen sind, die die Geschichte der hier begrabenen Seefahrer erzählen. Entstanden ist die Kirche wohl in der zweiten Hälfte des 13. Jahrhunderts, der dreistöckige Turm kam aber erst im 15. Jahrhundert hinzu. Zu Beginn des 18. Jahrhunderts wurde dann auf der Nordseite des Langhauses das „Norderstück" angebaut, eine Art halbes Querschiff. Das Tonnengewölbe im Kircheninneren schmückt ornamentale Malerei aus der Entstehungszeit der Kirche, die Gewölbemalerei im abschließenden Chor stammt aus der Spätgotik. Der Schnitzaltar aus dem Jahr 1631 diente als Bilderpredigt und zeigt unter anderem eine Darstellung des Letzten Abendmahls. Für die lesekundigen Kirchgänger wurden im Altaruntersatz, der Predella, erklärende Bibelstellen hinzugefügt, und zwar auf Plattdeutsch. Wesentlich jüngeren Datums sind die friesisch-blauen Kirchenbänke, die erst im 19. Jahrhundert installiert wurden. Ocke-Nerong-Str. 27, ✆ 04681/3650, www.kirche-st-nicolai-foehr.de.

Museum „Kunst der Westküste" in Alkersum: Das 2009 eröffnete Museum, das sich der Landschaftsmalerei von 1830 bis 1930 widmet, ist unbedingt einen Besuch wert. Es beruht auf der Sammlung des Pharmaunternehmers Frederick Paulsen, der auch den Bau der mehrgliedrigen Anlage stiftete. In den modernen Komplex ist auch ein wiederaufgebauter Gasthof aus dem 19. Jahrhundert integriert. Der Schwerpunkt der Sammlung liegt auf der Malerei Nordeuropas. Über 500 Gemälde und Grafiken sind im Besitz des Museums, darunter Werke von Max Beckmann und Max Liebermann. Auch die Sylter Dünen sind in Alkersum vertreten: auf Bildern von Fritz Overbeck. März–Oktober Di–Fr 10–17 Uhr (Do bis 19 Uhr), Mo geschlossen. November bis Mitte Januar 12–17 Uhr, Mo geschlossen. Mitte Januar bis Ende Februar komplett geschlossen. Erw. 7 €, ermäßigt 4 €, Kinder bis 12 Jahre und Kunststudenten dürfen umsonst rein. Hauptstraße 1, ✆ 04681/74740-0, 📠 04681/74740-29, www.mkdw.de.

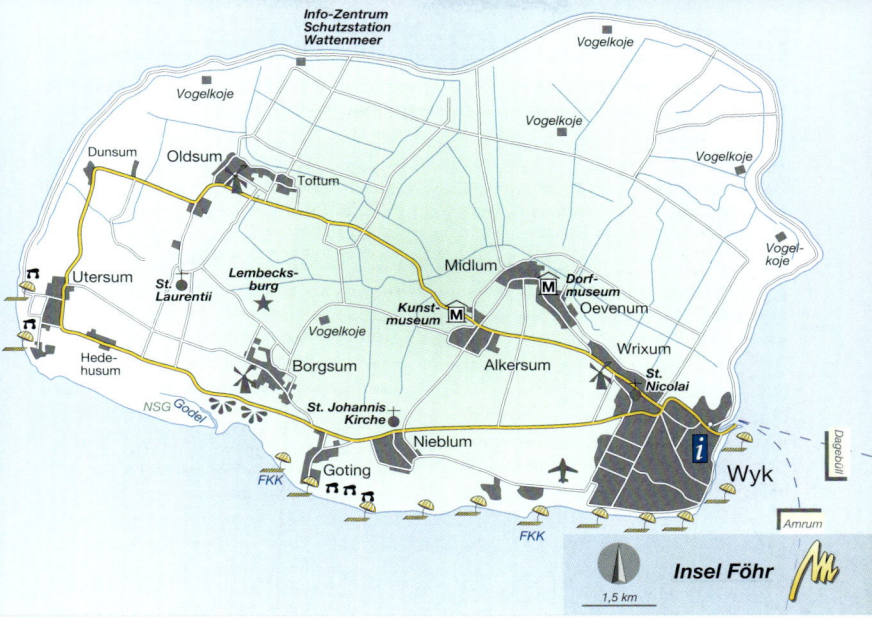

Nieblum: „Eines der schönsten Dörfer Schleswig-Holsteins" nennt sich das kleine Dorf stolz. Nicht ganz zu Unrecht: In dem im Süden der Insel gelegenen Ort reiht sich hinter Friesenwällen ein reetgedecktes Haus an das andere, selbst die Sparkassenfiliale verbirgt sich unter einem Reetdach. Ähnlich wie in Keitum auf Sylt haben sich hier im 18. Jahrhundert zu Wohlstand gekommene Kapitäne niedergelassen und ihre ansehnlichen Alterssitze gebaut. Umgeben sind die Häuser von Ulmen und Linden, was die Idylle noch verstärkt. Bei einem Spaziergang durch das Dorf kommt man unweigerlich am Dorfteich vorbei. Der liegt inmitten eines netten Parks und wartet mit einer tierischen Überraschung auf. Mit lautem Geschnatter stürzen sich hier Enten auf den unvorsichtigen Besucher, der auch nur einen Brotkrümel in der Hand hält. Die Enten haben sich so an die Touristen gewöhnt, dass sie keinerlei Scheu mehr kennen und lauthals ihren Anteil der Kurabgabe einfordern.

Sankt Johannis: Überragt wird Nieblum vom mächtigen Turm der Johanniskirche. Hinter einem Friesenwall, umstanden von windschiefen „sprechenden Grabsteinen", erhebt sich das wuchtige Gotteshaus aus der ersten Hälfte des 13. Jahrhunderts auf einer Anhöhe über dem Dorf. Sie ist die größte der drei mittelalterlichen Kirchen auf der Insel, daher rührt auch ihr anderer Name „Friesendom". Ursprünglich waren die Kirchenwände aus Backsteinen gemauert und ruhten auf den Granitsteinen des Vorgängerbaus. Das raue Klima setzte der Kirche aber immer wieder zu, und beim Flicken der Schadstellen griff man auf geläufigeren roten Ziegelstein zurück, sodass der Friesendom nach und nach sein heutiges Erscheinungsbild annahm. Ältester Teil der Kirche ist das einschiffige Langhaus, das größtenteils noch aus der Zeit der Romanik stammt. Ungewöhnlich für eine Dorfkirche ist das gotische Querhaus,

Ausflüge → Karte Cover hinten

das man eher bei größeren Kirchenbauprojekten erwarten würde. Im Osten findet das Langhaus seinen Abschluss im Chor und in einer halbrunden Apsis, die aus granitsteinernem Baumaterial der Vorgängerkirche errichtet wurde. Im Westen erhebt sich der 32 Meter hohe Turm über dem gestreckten Langhaus. Innen wirkt die Kirche sehr nüchtern, insbesondere das Schiff mit seinen weiß getünchten Wänden. Betont wird dessen Schmucklosigkeit noch durch den Kontrast mit der prächtigen barocken Kanzel im Querhaus. Wertvollstes Stück der Innenausstattung ist allerdings der Taufstein. Er wurde Anfang des 13. Jahrhunderts aus Granit gemeißelt und gilt als eines der Hauptwerke der romanischen Plastik im norddeutschen Raum. Die Figuren auf dem Taufstein sollen den Kampf des Guten gegen das Böse darstellen. Ebenfalls ein Blickfang ist der aufgeklappte Schnitzaltar in der Apsis. Er wurde Ende des 15. Jahrhunderts gefertigt und zeigt eine Marienkrönung vor goldenem Hintergrund, begleitet von einer Reihe von Heiligen und Aposteln. In der südöstlichen Ecke des Chores sieht man eine fast drei Meter hohe Holzplastik des Kirchenpatrons. Ungewöhnlich an der Darstellung ist, dass Johannes der Täufer auf einem kleinen bärtigen Mann steht. Wahrscheinlich soll dieser König Herodes darstellen, der den Täufer zum Tode verurteilte. Im Südquerarm findet sich auch die Grabstele des Kapitäns Dirck Kramer (gest. 1769), ein typisches Beispiel für die „sprechenden Grabsteine", von denen sich diverse auch auf dem Friedhof der Kirche erhalten haben.

Wohldsweg 3, ✆ 04681/4461, www.friesendom.de.

Amrum

Viel Wald, ein breiter, herrlicher Strand und ein sehenswertes Friesendorf warten auf den Tagesausflügler. Der Name der Insel leitet sich von „am Rem" ab, was so viel bedeutet wie „am sandigen Rand".

Und wirklich: Im Westen wird die längliche, rund 20 Quadratkilometer große Insel vom 15 Kilometer langen **Kniepsand** dominiert. Er ist eigentlich eine große Sandbank, die im Laufe der Zeit mit der Insel zusammengewachsen ist, und bietet den Urlaubern als bis zu eineinhalb Kilometer breiter Strand. Deutlich anders sieht es auf dem Geestkern der Insel aus: Hier verteilen sich 200 Hektar Wald, die Amrum einen ganz anderen Charakter verleihen als seinem nördlichen Nachbarn Sylt. Erfreuliche Nachricht für Radfahrer: Der Wald sorgt für Schutz vor Wind und Wetter, sodass man hier mit vergleichsweise wenig Gegenwind zu kämpfen hat.

Vom Badetourismus entdeckt wurde die Insel gegen Ende des 19. Jahrhunderts. Um die anreisenden Gäste aufnehmen und beherbergen zu können, wurde 1890 mit Wittdün sogar eigens ein Ort mit Fähranleger gegründet, die anderen Dörfer der Insel (Norddorf, Nebel, Süddorf und Steenodde) haben eine wesentlich längere Geschichte. Auf den dortigen Friedhöfen, insbesondere auf dem des schönsten Inselortes Nebel, zeugen noch heute die berühmten „sprechenden Grabsteine" von der großen Zeit des Walfangs und der Handelsschifffahrt, die Amrum im 18. Jahrhundert zu einer kurzen Phase des Wohlstands verhalf. Sie dokumentieren in meist blumigen Worten die bewegten Lebensläufe der Amrumer Seeleute.

Amrum-Odde

Hundestrand

Norddorf

Quermarkenfeuer

K n i e p s a n d

Nebel

St. Clemens

Steenodder
Kliff

M

FKK und
Hundestrand

Süddorf

Steenodde

Nordsee

Großdüne

Hafen

Dagebüll, Wyk auf Föhr

FKK

i P

Wittdün

Wriakhörn

Insel Amrum

1 km

Heute lebt die Insel fast ausschließlich vom Tourismus. Einen Teil davon stellen die Tagesausflügler aus Sylt, die allerdings nur drei bis vier Stunden Zeit haben, um sich auf Amrum umzusehen. Das reicht immerhin, um mit einem Drahtesel bis zur Nordspitze der Insel zu fahren. Hier in Norddorf kann man sich an den Rand der naturgeschützten **Amrum-Odde** stellen und zu ihrem Sylter Pendant, der Hörnum-Odde, hinüberschauen. Auf keinen Fall sollte man auf einen längeren Aufenthalt in **Nebel** verzichten, dem schönsten Ort der Insel. Auch einen Spaziergang an der Küstenpromenade von Wittdün am beeindruckenden Kniepsand sollte man einplanen. Wer sich Zeit lassen will, ist möglicherweise besser beraten, auf die Stippvisite in Norddorf zu verzichten und nur Nebel zu besuchen. Leider hat der Tagesausflügler keine Gelegenheit, den beeindruckenden **Leuchtturm** am Ortsrand von Wittdün zu besteigen. Er hat nur bis 12.30 Uhr geöffnet, das Ausflugsschiff aus Sylt erreicht Amrum aber erst um ca. 12.40 Uhr.

Anfahrt Täglich dampfen zwei Schiffe der Adler-Reederei von Sylt nach Wittdün. Die „Adler IV" verlässt um 10 Uhr den Hörnumer Hafen, 1:30 Std. dauert die Fahrt (Erw. 23,50 €, Kinder bis 14 J. in Begleitung von 2 Erw. frei, Senioren am Sa, So & Mo 15 €). Die schnellere „Adler Express" düst um 12 Uhr aus dem Hafen und braucht 45 Min. bis nach Wittdün (Erw. 24,50 €, Kinder 16 €, Familien 47 €, Senioren am Sa, So & Mo 15 €). Tickets gibt es auf Sylt in Westerland am Bahnhof, in Hörnum direkt am Hafen und in List ebenfalls am Hafen. Informationen unter ✆ 01805/123344 oder www.adlerschiffe.de (dort auch Buchung möglich). In der Hauptsaison ist es angeraten, die Tickets am Vortag des geplanten Tagesausflugs zu erstehen. Fahrräder mitzunehmen kostet 6,50 € und geht nur mit Reservierung.

Für die Rückfahrt legen die Schiffe um 16.15 Uhr und 17.25 Uhr in Wittdün Richtung Sylt ab. Wer mit der „Adler Express" gekommen ist, kann durchaus auch später mit der „Adler IV" die Insel verlassen (und umgekehrt). Die Reederei bittet allerdings darum, die Reisewünsche bereits beim Kauf der Tickets mitzuteilen, damit die Passagierzahlen kalkuliert werden können.

Unterwegs auf Amrum Vorausgesetzt, es regnet nicht zu stark, ist das **Fahrrad** das ideale Fortbewegungsmittel auf der Insel. Die Radwege nach Nebel und Norddorf sind alle gut ausgeschildert. Vermeiden sollten Sie Fahrten auf der Autostraße, denn das ist aufgrund des in der Saison starken Verkehrs nicht ganz ungefährlich. Einen **Fahrradverleih** gibt es gleich am Fähranleger in Wittdün (✆ 04682/949077).

Ebenfalls am Fähranleger startet der **Inselbus**, der über den Leuchtturm, Süddorf und Nebel nach Norddorf fährt (Infos unter ✆ 01805/080140 und www.faehre.de). Eine weitere Alternative ist die **Amrumer Inselbahn**, die um 12.45 Uhr ab Fähranleger in 70 Minuten um die Insel fährt.

Touristeninformation Die Zweigstelle der **Amrum Touristik** befindet sich gleich am Fähranleger. Hier erhalten Sie auch ein informatives Faltblatt, auf dem von den Buslinien über die Fahrradwege bis hin zu wichtigen Telefonnummern alles verzeichnet ist. ✆ 04682/94030, www.amrum.de.

Der Kniepsand: Amrums Badestrand

Dorfidylle in Nebel

Sehenswertes in Nebel

Nebel sollte man bei einem Amrumbesuch nicht verpassen. Ein Spaziergang durch die teilweise ganz dörflich ungepflasterten Gassen lohnt sich. Der Ortsname weist übrigens nicht auf die hier vorherrschenden Wetterverhältnisse hin, sondern leitet sich von „Neues Bohl" her und bedeutet nichts anderes als „Neue Siedlung". Der beschauliche Ortskern liegt am Wattenmeer. Hinter dicht bewachsenen Gartenzäunen verbergen sich geduckte, reetgedeckte Bauern- und Friesenhäuser aus dem 18. und 19. Jahrhundert, denn auch in Nebel setzten sich die zu Geld gekommenen Walfangkapitäne zur Ruhe und bauten sich schmucke Wohnsitze. An dem für Autos gesperrten Uasterstich reiht sich ein Café an das andere, ein guter Grund, hier eine Pause einzulegen. Am südlichen Ortseingang erwartet den Besucher eine noch voll betriebsfähige **Windmühle** aus dem 18. Jahrhundert, ein sogenannter Erdholländer. Sie beherbergt ein kleines **Heimatmuseum,** in dem im Sommer wechselnde Gemäldeausstellungen präsentiert werden (April–Oktober täglich 11–16 Uhr, Eintritt frei, eine Spende ist allerdings willkommen). In der Windmühle kann man übrigens auch heiraten, aber so viel Zeit wird ein Tagesausflügler aus Sylt wohl kaum mitbringen …

Gegenüber der Mühle hat Nebel seinen **Friedhof für Heimatlose,** auf dem die nicht identifizierten Todesopfer von Schiffskatastrophen beerdigt wurden. Auf der Wattseite des Ortes befindet sich ein weiteres Heimatmuseum, das **Öömrang Hüs.** In dem Friesenhaus aus dem 18. Jahrhundert hat man die Lebenswelt eines Amrumer Kapitäns mit viel Liebe zum Detail rekonstruiert. Der Besuch des Museums kann für Tagesgäste aus Sylt allerdings nur recht kurz ausfallen, denn es hat erst ab 15 Uhr geöffnet (sonntags geschlossen), dafür ist der Eintritt frei, auch wenn um eine Spende gebeten wird.

Ausflüge → Karte Cover hinten

In der Ortsmitte befindet sich die weiß gekalkte **Sankt-Clemens-Kirche.** Der einschiffige romanische Bau stammt wohl aus dem Jahr 1236 und ist damit älter als der Ort selbst. Die Norddorfer und die Süddorfer konnten sich nicht

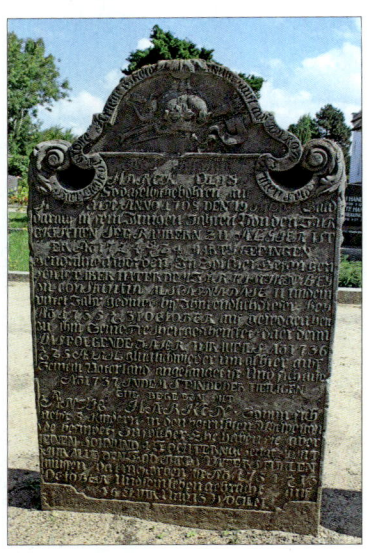

einigen, wo sie ihre Kirche bauen sollten, und so wurde sie genau in der Mitte zwischen den zwei Dörfern platziert. Aus Angst vor Piratenüberfällen baute man sie versteckt in einer kleinen Senke und verzichtete auch auf den Turm, der erst 1908 hinzugefügt wurde. Der recht schlicht gehaltene Innenraum beherbergt unter anderem eine Kanzel aus der Renaissance und eine Apostel-Figurengruppe aus dem 14. Jahrhundert, die beide angeblich nach der Buchardiflut 1634 angeschwemmt wurden. Auf dem Friedhof der Kirche finden sich an die 90 **sprechende Grabsteine** mit den Lebensgeschichten der hier begrabenen Seefahrer, darunter auch die von Hark Olufs, der im Alter von 16 Jahren von algerischen Korsaren gefangen und in die Sklaverei verkauft wurde. „Ach leider in meinen jungen Jahren müßt ich zum Raub der Algierer fahren …", beklagt er sich auf der Rückseite des Grabsteines. Olufs

Erzählt von einem abenteuerlichen Leben: der Grabstein von Hark Olufs

kam in die Dienste des Beys zu Constantine und machte am Hofe des Potentaten sogar Karriere. Nach zwölf Jahren war er zum Armeegeneral aufgestiegen und kehrte alsbald reichlich entlohnt zurück auf seine Heimatinsel. Sein Grabstein schmückt ein Turban und ein Krummsäbel.

Mehr Infos zu den zwei Nachbarinseln Sylts finden Sie in unserem Reiseführer **Föhr & Amrum** von Dieter Katz, Michael Müller Verlag, 1. Auflage 2012.

Hallig Hooge

Die Halligen – kleine Inseln, die ungeschützt der Nordsee ausgesetzt sind. Seit Jahrhunderten trotzen ihre Bewohner dem Meer. Auf Hallig Hooge kann der Tagesausflügler einen Einblick in das Inselleben gewinnen.

Es ist ein seltsames Gefühl, auf der Hallig Hooge spazieren zu gehen. Wenn man sich ein Stückchen vom Fähranleger entfernt, könnte man meinen, man sei mitten auf dem nordfriesischen Festland. Man ist umgeben von Äckern und Wiesen, die durchzogen sind von Bächen. Grasende Rindviecher schauen einem

Beschauliche Ruhe auf Hallig Hooge

Amrum, Föhr, Sylt · Langeneß · Schlüttsiel · Nordstrand

Westerwarft
Ipkenswarft
Backenswarft
Volkertswarft
Kirch-
warft
Lorenzwarft
Mitteltritt
Ockelützwarft
Hanswarft
Ockenswarft
Pellworm

Hallig Hooge

350 m

hinterher, und reetgedeckte Gehöfte zeugen von landwirtschaftlicher Betriebsamkeit. Doch es riecht nach Meer, in den Prielen fließt Salzwasser, der Blick auf den Horizont wird durch einen Deich begrenzt, und die Häuser liegen auf aufgeschütteten Erhebungen, den Warften, um sie vor dem anbrandenden Meer zu schützen.

Hooge ist mit 592 Hektar die zweitgrößte der knapp aus der Nordsee ragenden Halligen. Elf Warften befinden sich auf der Insel, die seit 1914 von einem Sommerdeich vor der Flut geschützt und deswegen nur noch bei wirklich schwerem Wetter überspült wird. Gut hundert Menschen leben hier, Haupteinnahmequelle ist mittlerweile der Tourismus.

Touristisches Zentrum ist die Hanswarft, wo fast alle Sehenswürdigkeiten der Hallig zu finden sind: die **Schutzstation Wattenmeer,** die mit einer Ausstellung über das Leben im Naturpark aufwartet (☎ 04849/229); ein **Heimatmuseum,** das von einem ehemaligen Postboten eingerichtet wurde und neben allerlei Alltagsgegenständen eine historische friesische Wohnstube präsentiert (März–Oktober, ☎ 04849/207); ein **Sturmflutkino,** das einen etwa 15-minütigen Film über Sturmfluten und ihre Folgen zeigt (Vorführungen ab fünf Zuschauern täglich 10–17 Uhr, ☎ 04849/271). Die größte Sehenswürdigkeit an der Hanswarft ist aber der **Königspesel.** Dort hat der dänische König Frederik VI. 1825 auf einer Inspektionstour durch sein Königreich übernachtet. Seitdem ist der vollständig mit handbemalten blauen Kacheln dekorierte Raum angeblich nicht verändert worden (April–Oktober, ☎ 04849/219). Wer Interesse hat, kann sich schließlich noch die 1637 errichtete **Johanniskirche** anschauen, außer montags allerdings, denn dann ist die Kirche geschlossen. Sie liegt – nicht weiter verwunderlich – auf der Kirchwarft und präsentiert sich mit einem ganz von Sand und Muscheln bedeckten Fußboden. Nach einer Flut kann so das Wasser besser ablaufen.

Der Tagesgast aus Sylt hat zweieinhalb Stunden Zeit, Hooge zu erkunden, dann holt ihn das Ausflugsschiff wieder ab. Entweder man vertraut sich einer der geführten Kutschfahrten an (Start am Fähranleger) oder man leiht sich ein Fahrrad aus (ebenfalls am Fähranleger) und sieht sich selber auf der Insel um. Letzteres kann der Autor nur empfehlen. So kommt man auch direkt an den Deich und erhascht einen Blick auf die umliegenden Halligen. Kaffee und Kuchen bekommt man in den Café-Restaurants auf der Hanswarft und der näher am Fähranleger gelegenen Backenswarft. Wichtig für den Tagesgast: Es gilt, genügend Bares mitzunehmen, auf der Hallig gibt es keinen Geldautomaten.

Anfahrt   Mit der „Adler Express" kommt man von Hörnum innerhalb von 1:20 Std. auf die Hallig. Um 12 Uhr fährt das Schiff in Hörnum ab (Erw. 24,50 €, Kinder 16 €, Familien 64 €, Senioren am Sa, So & Mo 16 €). Tickets gibt es auf Sylt in Westerland am Bahnhof, in Hörnum direkt am Hafen und in List ebenfalls am Hafen. ☏ 01805/123344. Darüber hinaus kann man seine Fahrt im Internet unter www.adler-schiffe.de buchen. Auch hier gilt: Plant man den Tagesausflug im Sommer, sollte man seine Tickets am Vortag kaufen.

Touristeninformation   Das Touristikbüro **Uns Hallig Hus** befindet sich auf der Hanswarft. Mo–Fr 9–15 Uhr. ☏ 04849/9100, www.hooge.de.

Ausflüge nach Dänemark

Eine Jüteninsel besuchen, in einer Wikingersiedlung spazieren gehen oder ein Mönchskloster ganz aus rotem Backstein besichtigen – auch das Königreich im Norden Sylts verspricht interessante Ziele für einen kurzen Ausflug.

Wer einen Tagesausflug plant, sollte sich nicht nur nach Süden oder zum deutschen Festland hin orientieren. Dänemark bietet einige lohnenswerte Ziele und ist von Sylt aus leicht zu erreichen. Die nördliche Nachbarinsel Rømø ist per Fähre von List aus mit Sylt verbunden und auch mit dem Fahrrad gut zu erkunden. Das gleich hinter der deutschen Grenze liegende Tønder wird von der Nord-Ostsee-Bahn angesteuert. Dort kann man auch in die Regionalbahn nach Ribe, der ältesten Stadt Dänemarks, umsteigen. Nur für die Ausflüge nach Løgumkloster, Møgeltønder und zum Ribe VikingeCenter benötigt man ein Auto. Sollten Sie einen Tagesausflug nach Dänemark mit dem Kraftfahrzeug planen, dann fahren Sie am besten nicht an einem Samstag. Dann heißt es auch in dänischen Ferienwohnungen „Bettenwechsel", und die Straßen können schnell überfüllt sein mit an- und abreisenden Feriengästen.

Landesvorwahl Dänemark: 0045

Unterwegs in Dänemark   Wenn man in Dänemark mit dem **Auto** unterwegs ist, muss man ein paar besondere Verkehrsregeln beachten. Im Königreich ist auch tagsüber Licht für Autofahrer vorgeschrieben. Eine dreieckig gezackte Linie auf der Fahrbahn an Kreuzungen bedeutet, dass man Vorfahrt gewähren muss. Gelb gestrichene Bordsteinkanten zeigen ein Parkverbot an. Die erlaubte Höchstgeschwindigkeit innerhalb eines Ortes beträgt 50 km/h, auf Landstraßen sind 80 km/h erlaubt und auf Autobahnen 130 km/h.

Wenn Sie Dänemark mit der **Bahn** erkunden wollen, informieren Sie sich am besten bei der Nord-Ostsee-Bahn (NOB) über Verbindungen. Das Unternehmen hat z. B. ein „Nachbarticket" im Angebot, das auch für die Dänische Staatsbahn gilt. ☏ 0180/1018011 (3,9 Cent/Min. aus dem deutschen

Ausflüge → Karte Cover hinten

Sankt Clemens

Festnetz, Mobilfunk bis zu 42 Cent/Min.), www.nord-ostsee-bahn.de.

Währung Dänemark gehört nicht zur Eurozone. Die Dänen zahlen noch in Kronen (DKK) und Øre. Im Grenzgebiet ist das jedoch kein Problem, der Euro wird überall angenommen, das Wechselgeld bekommt man dann allerdings in Kronen ausgehändigt. 1 € wird laut offiziellem Wechselkurs mit 7,43 DKK veranschlagt (Stand: Februar 2012).

Rømø

Die ovale Insel nördlich von Sylt liegt inmitten des Nationalparks Wattenmeer und hat eine Fläche von fast 130 Quadratkilometern. Hauptanziehungspunkt Rømøs (auf Deutsch Röm) ist sein bis zu drei Kilometer breiter **Strand**, der breiteste in ganz Europa. Entwickelt hat er sich aus einer Sandbank, die sich allmählich durch Anspülungen mit dem Kern der Insel verband. Merkwürdige Besonderheit: Der Strand ist an einigen Stellen mit dem Auto befahrbar.

Neben dem außergewöhnlichen Strand einen Besuch wert ist das **Nationalmuseet Kommandørgården** (Mai–Oktober Di–So) in Toftum im Norden der Insel. Das restaurierte Haus des Walfängers Harcke Thadens aus dem Jahr 1748 gibt Einblicke in die Wohn- und Lebensverhältnisse der jütländischen Walfangkapitäne im 18. Jahrhundert. Darüber hinaus illustriert eine Schautafel die Geschichte des Walfangs (nur auf Dänisch) und demonstriert ein Walskelett die Anatomie der riesigen Meeressäuger.

In Kirkeby im Süden der Insel kann man sich die Kirche **Sankt Clemens** anschauen. Das gedrungene, weiß gekalkte Gotteshaus stammt aus der Romanik und ist wohl um 1200 erbaut worden. Im verwinkelten Innenraum „gibt [es] keine übertriebene Festlichkeit", wie der Kirchenführer vermerkt. Interessant sind aber sicher die vielen Schiffsmodelle, die von der sehr niedrigen Decke hängen. Das älteste stammt von 1700. An der nördlichen Außenmauer der

Kirche lehnen über 30 „sprechende Grabsteine". Mit Superlativen wartet der von Laust Mikkelsen auf: Nicht weniger als sechs Ehefrauen und 21 Kinder sind hier verzeichnet.

Anfahrt   Am einfachsten erreicht man Rømø von List aus mit der **Fähre**. Sie verkehrt alle anderthalb Stunden und legt nach etwa 45 Minuten in Havneby im Süden von Rømø an. Wer gerade in der Hauptsaison auf Nummer sicher gehen will, bucht sein Ticket einen Tag im Voraus. Erwachsene zahlen für eine Fahrt 9,80 € plus ca. 9 € fürs Fahrrad. Ein Pkw inkl. aller Fahrgäste kostet ab ca. 45 € (einfach) bzw. 65 € (hin und zurück an einem Tag).

Wer mit dem **Auto** unterwegs ist und sich noch weitere Ziele auf dem dänischen bzw. deutschen Festland anschauen will, sollte sich das Kombiticket für 67 € zulegen: Man fährt zunächst, wie oben beschrieben, mit der Fähre nach Havneby, verlässt die Insel dann aber über den Autodamm, der Rømø mit dem dänischen Festland verbindet. Zurück nach Sylt kommt man schließlich mit dem Sylt Shuttle von Niebüll aus. Tickets und Informationen unter ✆ 0180/3103030 (0,09 €/Min. aus dem deutschen Festnetz) oder unter www.syltfaehre.de.

Touristeninformation   Das Rømø Turistbureau befindet sich in Tvismark kurz vor der großen Kreuzung zum Autodamm. ✆ 74755130, www.romo.dk.

Ribe

Rund 40 Kilometer Fahrtstrecke von Rømø entfernt liegt die hübsche 10.000-Einwohner-Stadt Ribe. Ihr Prunkstück ist die verwinkelte historische Altstadt mit kopfsteingepflasterten Gassen, vom Alter gebeugten Fachwerkhäusern und dem romanischen Dom, einer der ältesten Kirchen Dänemarks überhaupt. Sehenswert sind aber auch das Museum zur Geschichte der Stadt im Mittelalter und das südlich von Ribe gelegene VikingeCenter.

Seit archäologischen Ausgrabungen in den 1980er-Jahren ist es offiziell: Ribe ist nachweislich die älteste Stadt Dänemarks. Bereits im Jahr 710 befand sich hier eine stadtähnliche Siedlung, die sich aufgrund ihrer Lage an den Handelswegen des Mittelalters zu einer blühenden Metropole mauserte. Im 15. Jahr-

Der Kommandørgården auf Rømø war das Zuhause eines Walfängers

Ausflüge → Karte Cover hinten

hundert verlor die Stadt langsam an Bedeutung, was durch eine verheerende Brandkatastrophe (1580) und die Buchardiflut (1634) noch beschleunigt wurde. Der Niedergang gereicht der Stadt heute zum Vorteil, denn nach dem Wiederaufbau infolge der erwähnten Brandkatastrophe sind städtebauliche Modernisierungen im großen Stil ausgeblieben. Und so fühlt man sich gerade in den Gassen um die Fiskergade noch heute in alte Zeiten zurückversetzt.

Überragt wird die Stadt von dem mächtigen **Dom** mit seiner ungewöhnlichen Silhouette. Die zu Baubeginn im Jahr 1150 als dreischiffige Basilika im Stile der Romanik geplante Kirche wurde im Laufe der Jahrhunderte sukzessive erweitert. Heute präsentiert sich der Dom als 36 Meter breiter und über 60 Meter langer fünfschiffiger Kirchenbau. Auffallend sind die achteckige Kuppel aus Tuffstein über der Vierung und die zwei verschiedenartigen Türme. Der südliche stammt noch aus der Romanik, sein nördliches Pendant wurde im 14. Jahrhundert durch einen Ziegelsteinturm mit flachem Dach im Stil der flämischen Bürgertürme ersetzt. Trotz der bilderstürmerischen Reformatoren des 16. Jahrhunderts sind auch im Inneren unzählige Kunstwerke erhalten geblieben, darunter die Grabplatte von Ivar Munk, dem letzten katholischen Bischofs von Ribe. Sie zeigt ein recht lebensechtes Abbild des Gottesmannes, von dem erzählt wird, dass er den „größten Teil seiner Zeit [damit] verbrachte [...] sein Eigentum und das der Kirche zu verwalten".

Die gut erhaltene Altstadt Ribes

Wer sich bei einem Besuch intensiv mit dem Dom beschäftigen will, dem sei der sehr gute, auch auf Deutsch erhältliche Kirchenführer empfohlen. Der Dom ist im Sommer von 10 bis 17 Uhr geöffnet, der Eintritt ist frei, nur wer den Bürgerturm besteigen möchte, muss Eintritt bezahlen.

Einen tollen Einblick in die Geschichte der Stadt erhält man im **Museet Ribes Vikinger,** das gleich am Bahnhof liegt. Schön präsentierte Ausstellungsstücke machen die Lebenswelt in der Wikingerzeit und im Mittelalter lebendig. So wird beispielsweise ein Markttag aus dem Jahr 800 in Szene gesetzt oder die Arbeit an einer städtischen Baustelle aus dem Jahr 1500. Darüber hinaus kann man sich zahllose Fundstücke aus der Umgebung der Stadt anschauen, darunter Schmuck, Waffen und Kultgegenstände. Der Besuch des Museums lohnt sich, auch wenn nicht alle Vitrinen mit deutsch- oder englischsprachigen Erklärungen versehen sind (Juli/August täglich 10–18 Uhr, sonst 10–16 Uhr, November–März montags geschlossen; Erw. 60 DKK, bis 17 Jahre frei, ✆ 76163939, www.ribesvikinger.dk).

Vollständig abtauchen in die Welt der Wikinger kann man im **Ribe Vikinge Center** südlich der Stadt. Auf dem großen Freigelände hat man einen Jarlshof (Häuptlingshof) aus dem 10. Jahrhundert mitsamt einem Wikingerlanghaus, einer Schmiede und Stallungen rekonstruiert. Falkner und Bogenschützen zeigen ihre Künste. Man kann durch das Ribe des Jahres 825 schlendern und auf einem

großen Wikingermarkt Kunsthandwerk erstehen. Angehende Wikinger können ihr eigenes Fladenbrot backen und – möglicherweise interessanter – sogar das Waffenhandwerk erlernen. Der Autor war hellauf begeistert von dem hier nachgestellten Leben der Wikinger (Juli/August 11–17 Uhr, sonst 10–15.30 Uhr; Erw. ca. 12 €, bis 13 Jahre ca. 6 €, ✆ 75411611, www.ribevikingecenter.dk).

Anfahrt nach Ribe Wenn Sie Ribe mit dem **Auto** via Rømø ansteuern, fahren Sie über den Inseldamm und biegen am Ende links Richtung Norden in die Fernstraße A 11 ein. Danach geht es immer geradeaus über flaches Land und durch kleine Orte. Nach ca. 40 km erreichen Sie Ribe. Der Weg zum vor Ribe gelegenen VikingeCenter ist ausgeschildert. Wenn Sie mit dem Autozug erst nach Niebüll fahren, geht's von dort auf die B 5 Richtung Tønder und dann weiter auf der A 11 Richtung Ribe.

Mit der **Bahn** gelangt man ebenfalls zur ältesten Stadt Dänemarks (siehe „Unterwegs in Dänemark", S. 263).

Touristeninformation Das **Ribe** Turistbureau befindet sich gleich am Dom. Torvet 3, ✆ 75421500, www.visitribe.dk.

Ausflüge → Karte Cover hinten

Løgumkloster

Inmitten des kleinen Fleckens nordöstlich von Tønder befindet sich die größte Aluminiumbrücke des Königreichs. Deswegen sollte man den Ort aber nicht besuchen. Im Jahr 1173 kamen Zisterzienser hierher, sahen sich um und beschlossen, hier ein Kloster zu gründen. Locus Dei, „Ort Gottes", nannten sie den Bauplatz. Das Kloster bestand aus vier Flügeln, von denen heute nur noch der Nordflügel – die Kirche – und Teile des Ostflügels erhalten sind. Die Kirche

ist ein beeindruckendes Beispiel für einen mittelalterlichen Ziegelsteinbau. Zwischen 1225 und 1325 wurde sie umgebaut, sodass sich spätromanische und frühgotische Stilelemente vermischen, gut abzulesen an den Fenstern des Hauptschiffs. Wie es sich für eine Klosterkirche der Zisterzienser gehört, ist die Ausstattung sehr schlicht, doch das mindert den Raumeindruck nicht. Wer etwas Zeit auf seinem Tagesausflug hat, sollte in Løgumkloster einen kurzen Zwischenstopp einlegen.

Løgumkloster liegt zwischen Ribe und Tønder. Sie biegen bei Bredebro von der Fernstraße A 11 ab und haben nach ca. 6 km den Ort erreicht. Mo–Sa 10–18.30 Uhr, So und feiertags 12–17 Uhr. Eintritt frei. Führung nur für Gruppen, vorher unter ☏ 74745240 anmelden.

Erhabener Raumeindruck:
die Kirche des Løgumklosters

Tønder

Gleich hinter der deutschen Grenze wartet das kleine, sehenswerte Städtchen auf die Besucher aus dem Süden. Viele Touristen kommen, um hier typisch Dänisches einzukaufen, aber ein Spaziergang durch die schöne Altstadt lohnt sich auch für Nichtkonsumenten. Tønder kam im 17. Jahrhundert zu Wohlstand durch die Herstellung von Spitzen. Der Reichtum dokumentiert sich in den ansehnlichen barocken Wohnhäusern, die noch heute das Bild der Altstadt bestimmen. Das älteste Haus der Stadt, das **Klosterbagerens Hus** aus dem Jahr 1520, liegt gleich am Marktplatz, wo sich auch die Figur des **Kagmanden** befindet. Sie ist wie der Piratenkapitän Hook aus „Peter Pan" gewandet und hielt früher eine Peitsche in der Hand, mit der hier die an den Pranger gestellten Verbrecher gezüchtigt wurden. Ein Blick wert ist auch die ganz in der Nähe des Marktplatzes gelegene **Christkirche**. Sie wurde Ende des 16. Jahr-

Schnurgrade: die Slotsgade

hunderts errichtet, da die Vorgängerkirche baufällig geworden war. Obwohl man sich schon in der Renaissance befand, gab man sich konservativ und verpasste ihr eine spätgotische Architektur. Nur den Turm der Vorgängerkirche ließ man stehen, und der ist damit – eine kunsthistorische Besonderheit – älter als die Kirche selber.

Anfahrt Mit dem **Auto** ist man von Niebüll über die B 5 recht flott in der Stadt. Wenn man von Rømø kommt, biegt man am Ende des Dammes rechts auf die A 11 ab und hat nach ca. 40 km Tønder erreicht.

Auch mit der **Bahn** ist Tønder zu erreichen,

die Nord-Ostsee-Bahn fährt die dänische Gemeinde von Niebüll aus an. Siehe „Unterwegs in Dänemark", S. 263.

Touristeninformation Das **Tønder Turist bureau** befindet sich gleich am Marktplatz. Torvet 1, ✆ 74721220, www.visittonder.dk.

Møgeltønder

In der kleinen Gemeinde westlich von Tønder wohnt ein Prinz! Seine Königliche Hoheit Prinz Joachim, zweiter Sohn Königin Margarethes, nennt **Schloss Schackenbro** sein Eigen. Es befindet sich gleich am östlichen Ortseingang. Die dreiflügelige Anlage aus dem 17. Jahrhundert liegt inmitten eines herrlich bewaldeten Schlossparks, der für Führungen geöffnet ist. Das Schloss selber ist nicht zu besichtigen. Der kleine Ort lohnt auch einen Blick, besonders idyllisch ist die **Slotsgade,** die Schlossstraße. An der kopfsteingepflasterten Straße reihen sich geduckte Ziegelsteinhäuser schnurgerade aneinander. Beschattet werden sie von alten Linden. In der Dorfkirche aus dem Jahr 1200 findet sich eine der ältesten Orgeln Dänemarks.

Møgeltønder liegt etwa 5 km westlich von Tønder und ist über die Landstraße 419 zu erreichen. Führungen im Schlosspark finden im Sommer zu unterschiedlichen Zeiten statt, das Tønder Turistbureau (✆ 74721220) weiß mehr.

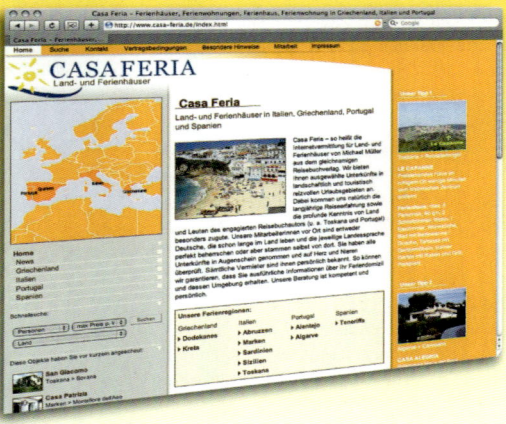

Register

ISBN 978-3-89953-725-3

© Copyright Michael Müller Verlag GmbH, Erlangen 2010, 2012. Alle Rechte vorbehalten. Alle Angaben ohne Gewähr. Druck: Wilhelm & Adam, Heusenstamm.